岳麓書社

读名著　选岳麓

大唐西域记

周国林　注译

岳麓書社·长沙

前言

一

《大唐西域记》是唐代关于西域的一部历史地理著作，作者是唐代著名高僧、佛学理论家与翻译家玄奘。

玄奘（602—664），俗姓陈，名祎，洛州缑氏（今河南偃师缑氏镇）人。他出身于儒学世家，十三岁时出家于洛阳净土寺。武德元年（618）至成都，从道基、宝暹等受学，崭露头角。后游历至荆州、吴会、相州等地，讲学问难。武德末年，到长安大庄严寺挂褡。在对佛教经论的研习中，他广泛接触各派理论，深感其中疑难问题甚多，怀疑原有译经讹谬，于是发愿至佛教发源地印度，广求异本，以为参验。恰逢中印度僧人颇密多罗到长安，向他介绍那烂陀寺（在今印度比哈尔邦巴特那县巴腊贡村与旧王舍村之间）戒贤法师的讲学规模和他所讲授的《瑜伽师地论》，更坚定了玄奘西行求法的决心。

贞观元年（627），玄奘从长安出发，经凉州，穿越沙碛，历尽艰辛，至达高昌，而后取道焉耆、龟兹，越凌山，经粟特诸国境，过铁门（今乌兹别克斯坦南部布兹嘎拉山口），入吐火罗（今阿富汗北部地区）国境，而后沿今巴基斯坦北部，过克什米尔，入北印度。他在印度各地游历，到过尼泊尔南部，巡礼佛教六大圣地。贞观四年（630）到那烂陀寺，拜戒贤为师，学习五年。随后，又遍访印度各地，于贞观十四年（640）重回那烂陀寺。他研习大小乘学说，成为当地学问最高的佛学家，曾在戒日王主持下，经过辩论战胜五天竺大小乘所有论敌，被称为“大乘天”。贞观十九年（645），他携带搜集到的佛经六百五十七部以及佛像、花果种子等回国。玄奘历时十多年的西行求法，行程五万里，堪称中古史上一次艰险而伟大的旅行。

玄奘回到长安，受到盛大欢迎。唐太宗命令宰相房玄龄选取高僧，组织宏大的译场，协助玄奘翻译佛经。这是中国佛学史上一次著名的译经活动，玄奘在回国后的十九年中，共译出佛教经、论七十五部，一千三百三十五卷，成为佛教史上与鸠摩罗什、真谛、不空齐名的四大翻译家之一。在佛教理论方面，玄奘着重传播古印度无著、世亲一派的唯识法相学，主张唯识论，认为“识”是一切自然事物和心理现象的起源，成为中国唯识法相宗的创始人。他还将印度的因明学（即逻辑推理的方法）介绍过来，引起中国学者对因明学的兴趣。

回国后，玄奘还遵照唐太宗的意旨，口述旅途所经各地情况，由协助译经的辩机笔录，在贞观二十年（646）完成《大唐西域记》的写作。全书十二卷，按照玄奘的旅行路线，对于沿途所见的城邦、地区和国家，逐章描述，中间不时穿插沿途所得传闻，而用“行”和“至”二字，把目睹与耳闻区别开来。卷一所述是从阿耆尼到迦毕试国，即从中国新疆经中亚抵达阿富汗；卷二为印度总述，并记载滥波国至健驮逻国之事，即从阿富汗进入北印度；卷三至卷十一所述从乌仗那国至伐剌拏国，包括北、中、东、南、西五印度及传闻；卷十二所述从漕矩吒国至纳缚波故国，即从阿富汗返抵中国新疆南部地区。用敬播在序言中的话来概括，是“亲践者一百一十国，传闻者二十八国”，连同附带述及的十二国，则共有一百五十国。自然，这里所谓“国”，有些是较大的国家，有的则是以一个城市为中心，连同附近一些领地而建立的城邦。如中亚境内窣利地区和睹货逻国故地的一些小国，基本上是依附突厥而无自主之权的。

书中的内容非常丰富，有各地的地理形势、水陆交通、气候、物产、民族、语言、历史、政治、经济、宗教、文化、风俗习惯等方面的叙述。特别是对各地宗教寺院的状况和佛教故事传说，都作了详细的记载。这对于当时的中国人了解外部世界的面貌，实在是不可多得的著述。此前，古人关于西域的记载不是神话传说成分多，便是记载范围小。玄奘以其所见所闻，记载今日中国新疆、中亚以及印巴次大陆和邻近地区的历史地理状况，就克服了以上双重缺陷，内容既丰富，又准确。近现代以来的若干考古发掘，已经证实了玄奘记载的真实性。

随着时光的流逝，《大唐西域记》愈来愈显示出巨大的史料价值。众所周知，印度民族在古代曾创造灿烂的文化，在哲学、自然科学方面造诣甚高。但这个民族却不大注重历史的记载，在时间和空间两方面难免出现幻想过多、夸张过甚的倾向，以至马克思有“印度社会根本没有历史”之叹。如欲认真研究印度古代史，就得借助于别国人的记载。这方面，《大唐西域记》处于最受重视之列。比如书中关于印度历史上著名的国王毗卢择迦王、阿育王、迦腻色迦王等人和杰出的梵文文法学家波你尼的相关事迹，都留下了宝贵的史料。所述佛教史上几次著名的结集，大小乘部派的分布，一些著名佛教学者的活动等，更是印度佛教史研究的难得资料。书中还谈到了释迦牟尼的生卒年份，这对于印度历史年代的确定，起到了关键作用。这部书还是中亚和南亚考古时不可或缺的参考文献。考古学家曾经根据书中提供的线索，发掘和鉴定了许多有价值的历史遗迹和文物。像印度著名的那烂陀寺遗址，就是根据这部书提供的线索发掘和复原的。这一点，许多印度的历史学家也给予了高度评价。如马宗达在其《古代印度》中说：“我们记述的有关曷利沙伐弹那的绝大部分事实都来自一个游方僧的惊人的记载，此外，这些记载还给我们描绘了一幅印度当时情况的图画，这种图画是任何地方都找不到的。”当代印度史学家阿里教授在给中国学者季羡林先生的信中写道:“如果没有法显、玄奘和马欢的著作，重建印度史是完全不可能的。”可以说，玄奘对印度历史编纂学的贡献，无论怎样评价也不会过高。

至此，有一点需要加以说明。在唐代的著录中，皆称《大唐西域记》为玄奘所撰。而自本书北宋本以下，各卷卷首题名就分作二行，称“三藏法师玄奘奉诏译，大总持寺沙门辩机撰”，将辩机与玄奘并列。这当是因为辩机参与了全书的编录润色，书末又附有他的《记赞》所致。我们认为，辩机的作用实在不能同玄奘相提并论，“西域”之事，非亲身经历者不能道，将助手称作者，实在是太抬高他了。不过，这一切并非辩机本人所为，加之他对全书有过贡献，现在书中的署名仍循旧不改。

二

《大唐西域记》在流传过程中，古抄旧刻有很多种。前辈学者广事搜罗，精加校勘，成就卓著。就国内而言，高水准的校点本有章巽先生和季羡林等先生的两种。我们这次用作注译底本的，是季羡林等先生的校注本。而季先生等人所依据的，是日本京都帝国大学文科大学校印出版的高丽新藏本，高丽新藏本是个保存完好的古本（据题记推算原刻于公元 1244 年），刊刻之时曾“去短取长，成一最精之本”。鉴于本书的普及性质，我们借用季先生等人校勘成果为多，只在极个别处参考其他版本，提出了校改意见。

在注译过程中，我们吸收了不少前辈及当代学者的研究成果。如冯承钧、向达、季羡林、章巽、周连宽、杨廷福、芮传明等先生的著述，对本书的注释大有帮助。译文方面，季羡林等先生的《大唐西域记今译》、芮传明先生的《大唐西域记全译》，对本书的启发不小。对于他们的成果，在此表示敬意与谢意。

本书的注释，因篇幅较长而力求简明，不作烦琐的考证。译文以直译为主，基本上不用意译，尽可能紧贴原文。对原文中的夹注，为与当代的书写习惯统一，翻译之时，说明性的文字前后用括号标示，注音文字则略去。自然，由于水平有限，注译中的问题定然不少，恳请读者不吝赐教。

周国林

于武昌桂子山

目录

序一[1]

原文

窃以穹仪方载之广，蕴识怀灵之异，《谈天》无以究其极[2]，《括地》讵足辩其原[3]？是知方志所未传、声教所不暨者，岂可胜道哉！

详夫天竺之为国也[4]，其来尚矣。圣贤以之叠轸[5]，仁义于焉成俗。然事绝于曩代，壤隔于中土，《山经》莫之纪[6]，《王会》所不书[7]。博望凿空，徒置怀于邛竹；昆明道闭，谬肆力于神池。[8]遂使瑞表恒星，郁玄妙于千载；梦彰佩日，秘神光于万里。[9]

译文

浅见以为宇宙广阔无际，人类智慧各不相同，《谈天》无法穷究它的极致，《括地》怎能尽辩它的渊源？由此可知地方志所未记载、声威教化所未到达的地方，哪里讲得完呢？

至于天竺这个国家的建立，它的历史是很久远的了。圣贤之士不断涌现，仁义在那里蔚然成风。然而从前没有来往，疆土和中国不相接壤，《山海经》没有记载，《王会篇》没有书写。博望侯张骞开通西域，由邛山竹杖徒然产生经由西南入天竺的设想；昆明的道路被堵塞，使汉武帝只能枉费财力在神池演练水军。因此，虽然佛陀诞生时有种种瑞兆，玄妙的佛法却被封闭了千年时间；直到汉明帝梦见神人身有日光，佛法的神光仍被阻隔在万里之外。

注释 1 序一：宋、元、明各藏本无此序，此序为唐朝秘书著作佐郎敬播所撰。 2《谈天》:战国时齐人驺衍所著之书。以书言天事,故曰《谈天》。 3《括地》：相传夏禹所得地理之书《括地象图》的简称。 4 天竺：印度的古称。 5 叠轸：车马往来的盛况。叠，重复；轸，车厢底部四面的横木，代指车辆。 6《山经》：即《山海经》，为古代地理名著。《汉书·艺文志》列入《数术略·形法类》，十三篇，作者不详。 7《王会》:《逸周书》中的一篇，记载成周之会，诸侯入朝的盛况。 8 “博望”二句：西汉武帝时，张骞以开通西域，封博望侯。凿，开也，空，通也，凿空即开通。邛竹，邛山（今四川荥经西南）所产竹杖。史载，张骞在大夏国（今阿富汗北部）见到转购自印度的邛竹，而知蜀中有道路通印度，因而建议武帝经营西南。“昆明”二句：汉武帝在长安上林苑挖掘昆明池，以操习水战，旨在征讨阻隔汉使通往印度的昆明国。 9 “遂使”二句：指释迦牟尼诞生时包括星辰在内的种种祥瑞。“梦彰”二句：史书所载汉明帝梦见神人之事。

暨于蔡愔访道，摩腾入洛[1]。经藏石室，未尽龙宫之奥[2]，像画凉台，宁极鹫峰之美[3]？自兹厥后，时政多虞。阉竖乘权，愤东京而鼎峙[4]；母后成衅，剪中朝而幅裂。宪章泯于函、雒，烽燧警于关塞，四郊因而多垒，况兹邦之绝远哉！[5]然而钓奇之客，希世间至。颇存

及至蔡愔西行访求佛道，摄摩腾才随他东来洛阳译经。经文藏于石室，不如天竺龙宫中的那样高深；佛像绘在凉台，又怎及鹫峰中的那样精美？从那时以后，政事多变故。宦官专权，祸害东京而造成三国鼎立；母后干政酿成灾患，使中原割据而分裂。朝章典制在函谷关、洛阳一带泯灭，烽火烟燧在边关要塞报警，京城四郊壁垒森严，哪里还顾得上同这遥远之地的交往呢？不过牟取大利的人，仍偶尔前往那里。虽然

记注，宁尽物土之宜？徒采《神经》[6]，未极真如之旨[7]。

有过一些记述，哪能详尽了知那里的物产人情？徒然采摘一些经文，没有深入到佛法要旨。

注释 1 “暨于”二句：据王琰《冥祥记》等书记载，汉明帝派遣郎中蔡愔等人访求佛法，在天竺遇见摄摩腾，乃邀其入洛阳。 2 “经藏”二句：据释慧皎《高僧传》记载，摄摩腾所译《四十二章经》，收藏在兰台石室中。龙宫，佛教传说中龙王宫殿在大海底下，十分庄严。 3 “像画”二句：凉台，全称为清凉台，为汉明帝避暑读书之处。鹫峰，即灵鹫山，以山似鹫头而得名，见本书卷九“摩揭陁国”条。 4 东京：指东汉政权，因东汉建都洛阳，故有此称。 5 “宪章”四句：描写东汉末年政局混乱不堪的局面。 6 《神经》：即《神异经》，旧题汉代东方朔所撰，内容为神奇怪异之事。 7 真如：佛教表示最高真理的概念。

有隋一统，实务恢疆，尚且眷西海而咨嗟[1]，望东离而杼轴[2]。扬旌玉门之表，信亦多人；利涉葱岭之源[3]，盖无足纪。曷能指雪山而长骛[4]，望龙池而一息者哉[5]！良由德不被物，威不及远。我大唐之有天下也，辟寰宇而创帝图，扫搀枪而清天步[6]，功侔造化，明等照临。人荷

隋朝统一了天下，致力于拓展疆土，但还只能对着西海而咨嗟叹息，望着东离之国而筹划谋议。在玉门关外飘扬战旗建功的，诚然也有很多人；而顺利翻越葱岭探索源头的，却没有记载过。哪能向着雪山而长驱，望着龙池行进而抵达憩息呢？这实在是由于隋朝德泽不能遍及万物，声威不能传布到异方殊域。我们大唐拥有天下后，开辟疆土而创造帝业，扫除叛逆而廓清政治，功业同于天地化育万物，光明等于日月照耀四海。人民获得新生，如从豺狼嘴角夺得性命；家

再生,肉骨豺狼之吻;家蒙锡寿,还魂鬼蜮之墟。总异类于藁街[7],掩遐荒于舆地,苑十洲而池环海[8],小五帝而鄙上皇[9]。

庭蒙恩添寿,如从鬼蜮之墟还魂归来。各异族人物汇聚在藁街,远方绝远之地纳入中国版图,可谓是以十洲为苑囿、以四海为池沼,从而小视五帝而傲视上古先王。

注释 1 眷西海而咨嗟:指东汉和帝时班超遣属下甘英出使大秦,临西海而还之事。西海,地域未详,当泛指西边的海洋。 2 东离:据《后汉书·西域传》,为天竺东南三千余里的大国。 3 葱岭:指今帕米尔高原一带地区。 4 雪山:通常指今喜马拉雅山,书中也有述及他处者,具体方位见有关各条注释。 5 龙池:此处似指本书卷一"迦毕试国"中的大雪山龙池。书中记载的龙池还有数处。 6 搀枪:即彗星。天步:国家命运。 7 藁街:汉代长安街名,为周边民族与外国人聚居之地。 8 十洲:传说中大海之中有十洲,即祖洲、瀛洲、玄洲、炎洲、长洲、元洲、流洲、生洲、凤麟洲、聚窟洲。 9 五帝:传说中古代的五个帝王。《周易·系辞》中以为是伏羲、神农、黄帝、尧、舜。《世本》中以为是黄帝、颛顼、帝喾、尧、舜。《帝王世纪》中以为是少昊、颛顼、高辛、尧、舜。上皇:上古帝王。

法师幼渐法门[1],慨祇园之莫履[2];长怀真迹,仰鹿野而翘心[3]。褰裳净境[4],实惟素蓄。会淳风之西偃,属候律之东归[5],以贞观三年,杖锡遵路。资皇灵而

玄奘法师自幼深受佛法熏陶,感慨没有到过祇园精舍;成年后缅怀释迦真迹,为瞻仰鹿野圣地而衷心向往。束装迈向佛教发源的国度,是他早已蕴藏的愿望。正值敦厚古朴的风气向西传布、西方顺从时令节律东归的时候,法师在贞观三年,手持锡杖启程了。依仗皇帝的威灵而抵

抵殊俗，冒重险其若夷；假冥助而践畏途，几必危而已济。暄寒骤徙，展转方达。言寻真相，见不见于空有之间[6]；博考精微，闻不闻于生灭之际[7]。廓群疑于性海[8]，启妙觉于迷津[9]。于是隐括众经，无片言而不尽；傍稽圣迹，无一物而不窥。周流多载，方始旋返。十九年正月，届于长安。所获经论六百五十七部，有诏译焉。

达风俗迥异之邦，经历重重险阻终于化险为夷；凭借神明的护佑而踏上可畏的路途，多少次在危难之处而死里逃生。酷热严寒骤然变化，历经曲折方才到达目的地。他请教探讨佛学真谛，理解了事物的虚幻与存在的关系；广泛考索精微的教义，觉悟了有为诸法的因缘和合与离散的关系。他廓清了众生对真如理性的诸多疑惑，使众生从迷茫之中获得绝妙无上的觉悟。在这时，他修正诸多佛经，没有只言片语不曲尽其意；到处礼拜释迦圣迹，没有一件遗物不曾见到。周游多年之后，他方才返回。十九年正月，到达长安。所获得的经论共六百五十七部，皇帝下诏让他翻译出来。

注释　1 法师：这里指玄奘。法门：到真理之门，入佛法之门，这里泛指佛教教义。　2 祇园：即给孤独园，据传释迦牟尼成道后，曾在此居住说法二十五年。　3 鹿野：即鹿野伽蓝，为释迦牟尼说四谛之法、度阿若憍陈如等五比丘之处。　4 净境：即净土，是佛教徒对圣者所住国土的称呼。　5 候律：时令。古代历法一年分为七十二候，一候为五天，以鸟兽草木生长发展证验月令变化。　6 空有：佛教基本概念。超乎色相现实的境界为空，谓世间一切现象皆因缘所生，无质的规定性和独立实体，假而不实，故曰空。有与空相对而言，意为存在。

7 生灭：佛教用语。有为现起为生，依因待缘而得成就者为有为法。依因缘离散而为已有法之无，称之为灭。　8 性海：本性之海。真理普遍广大，有如大海，故称性海。 9 妙觉：佛的不可思议的绝妙无上的觉悟。

亲践者一百一十国，传闻者二十八国，或事见于前典，或名始于今代。莫不餐和饮泽[1]，顿颡而知归；请吏革音，梯山而奉赆[2]。欢阙庭而相抃[3]，袭冠带而成群。尔其物产风土之差，习俗山川之异，远则稽之于国典，近则详之于故老。邈矣殊方，依然在目。无劳握椠[4]，已详油素[5]，名为《大唐西域记》，一帙十二卷。窃惟书事记言，固已缉于微婉，琐词小道，冀有补于遗阙。秘书著作佐郎敬播序之云尔[6]。

他亲自到达的地方有一百一十个国家，听到传闻的有二十八个国家，有的国家见载于前朝典籍，有的国家名称当代才知道。它们莫不深受大唐的和德恩泽，顿首而求归附；请求派遣官吏革除旧音，翻山越岭而奉献方物。在朝廷欢聚而相互鼓掌，穿戴大唐服装而成群出行。至于这些国家物产风土的不同，习俗山川的差异，远的就稽考其国典籍，近的就详细询问耆旧故老。遥远的殊域他国，宛然如在眼前。不必再劳烦握板采访，已经详细记载在白绢上，这部书命名为《大唐西域记》，一函十二卷。浅见以为书中记事记言，的确已够精微婉曲了；而我的序文琐琐碎碎，属于小道，只是希望对前史的遗漏阙略有所补充。秘书省著作佐郎敬播谨序于此。

注释 1 餐和饮泽：和为和德，意谓以德施人，使人感戴不已。 2 赆（jìn）：赠别的财物，这里指域外诸国的朝贡之物。 3 抃（biàn）：鼓掌。 4 椠（qiàn）：记事用的木板。 5 油素：光滑的白绢，多用于书画。 6 敬播：唐代学者。蒲州河东（治今山西永济西南）人，贞观初擢进士第。参纂隋史，迁著作佐郎，兼修国史。从太宗伐高丽，还迁太子司议郎。又与令狐德棻等撰《晋书》，大抵凡例皆播所发。高宗永徽后，历谏议大夫、给事中。初与许敬宗撰《高祖实录》，尽贞观十四年。至是又撰《太宗实录》，讫二十三年。坐事出为越州长史，徙安州（今属朝鲜），卒。

序二[1] 尚书左仆射燕国公于志宁制[2]

原文

若夫玉毫流照[3],甘露洒于大千[4];金镜扬辉[5],薰风被于有截[6]。故知示现三界[7],粤称天下之尊;光宅四表,式标域中之大。是以慧日沦影[8],像化之迹东归[9];帝猷宏阐,《大章》之步西极[10]。

译文

佛陀的光芒照临四方,佛法的甘露洒满大千世界;华夏明镜光耀天下,和煦的道德之风广及海外。佛法展示于三界,堪称天下的至尊;华夏圣德普照周边,堪称宇内的巨人。所以佛陀圆寂,而佛像及其教化东归华夏;帝王的大道广为传扬,华夏的声威远播西方极远之地。

注释 **1** 序二:原本无此序,而宋、元、明各《藏》本等皆有之。此据金陵本录文。 **2** 于志宁:唐代官吏、学者。字仲谧,京兆高陵(治今陕西高陵西南)人。以大族,隋末为冠氏县长。唐高祖李渊入关,志宁归附,屡迁至文学馆学士。贞观三年(629),为中书侍郎。后又加散骑常侍、太子左庶子、黎阳县公。高宗时,进封燕国公,监修国史。后官至尚书左仆射、同中书门下三品。前后预撰格式律令、《五经义疏》及修礼、修史等,有集二十卷。 **3** 玉毫:眉间的白毫,为佛相的象征,也作为佛的别称。 4 甘露：佛教对教义的比喻。大千：即大千世界，是古代印度传说中对广大无极世界的名称。谓以须弥山为中心，以铁围山为外郭，是一小世界；一千小世界合起来就是小千世界；一千个小千世界合起来就是中千世界；一千个中千世界合起来就是大千世界。总称三千大千世界。 5 金镜：金色的镜子，意为明镜，比喻明道。 6 薰风:和风，比喻德政。有截:语出《诗经·商颂·长发》“海外有截”，因指代“海外”。 7 三界:佛教把生死流转的人世间分为三界,即欲界、色界、无色界。欲界是具有食欲、淫欲的众生居住处；色界已脱离食、淫二欲，但仍享受着殊妙精美的有形物质；无色界是无形色众生居住之处，是超越物质之上的世界。佛教认为三界是“迷界”，只有设法解脱出来，才能达到涅槃的境界。 8 慧日：佛的智慧有无量光辉，无远不照，有如日光。 9 像化:佛教立像以设教，故称像化。 10《大章》:传说中尧时音乐名称。

有慈恩道场三藏法师,讳玄奘,俗姓陈氏,其先颍川人也。帝轩提象,控华渚而开源;大舜宾门,基历山而耸构。[1]三恪照于姬载[2],六奇光于汉祀[3]。书奏而承朗月[4],游道而聚德星[5]。纵壑骈鳞,培风齐翼。世济之美,郁为景胄[6]。

慈恩道场的三藏法师,法名玄奘,俗姓陈氏,他的先辈是颍川人。黄帝轩辕氏时上天垂象,大星如虹下流华渚,从而开陈姓之端;大舜开四方之门亲迎诸侯,在历山躬耕时已奠定根基。陈国与蓟、祝为三恪,显耀于周朝;陈平六出奇计,显名于汉代。陈宠父子屡上奏疏,犹如明月继白昼;陈寔与子侄访贤问道,而有瑞星聚于天际。陈氏如巨鳞齐游大壑,大鹏乘风比翼。历代相传的美德,形成陈氏高贵的门第。

注释 1 “帝轩”二句：帝轩，即黄帝。提象，上天垂象。二句之意在把玄奘先世同黄帝联系起来。“大舜”二句：大舜宾门，即舜在四门宾迎入朝的诸侯。历山，山名，传说中舜的躬耕之地，其方位则说法不一。 2 三恪：古代新的统治王朝为笼络人心，往往封前代三个王朝的子孙为王侯，称为三恪。据《礼记·乐记》，周武王封黄帝之后于蓟、帝尧之后于祝、帝舜之后于陈。 3 六奇：指汉初陈平曾六出奇计以安社稷。 4 “书奏”句：本句指东汉陈宠、陈忠父子之事。陈氏世典律法，屡次上书言事，名重一时。 5 “游道”句：本句指东汉末陈寔与其子侄之事。檀道鸾《续晋阳秋》载：“陈仲弓从诸子侄造荀（季和）父子，于时德星聚，太史奏五百里贤人聚。” 6 景胄：大族。

法师籍庆诞生，含和降德，结根深而莅茂[1]，导源浚而灵长。奇开之岁，霞轩月举；聚沙之年[2]，兰薰桂馥。洎乎成立，艺殚坟素。九皋载响[3]，五府交辟。以夫早悟真假，夙昭慈慧，镜真筌而延伫，顾生涯而永息。而朱绂紫缨，诚有界之徽网；[4]宝车丹枕，实出世之津途。由是摈落尘滓，言归闲旷。令兄长捷法师[5]，释门之栋干者也。擅龙象于身世[6]，挺鹙鹭于当年[7]。朝野挹其

法师凭借先世吉庆而降生，天含和气，降下德星，根基深厚，枝叶繁茂，导源深远而家运绵长。幼小之时，仪容如朝霞明月；童年时期，已如兰桂飘香。到长大成人，遍读古代典籍。名闻天下，官府争相辟召。然而法师早已认识真假之义，自始已以慈悲为怀，面对佛教真理而眷恋不已，感慨人生短促而长吟叹息。故而认为高官厚禄，是世俗人间的罗网；佛法典籍，是出世的桥梁道路。因此他抛弃世俗之念，专意佛学。他的兄长长捷法师，是佛门中的栋梁之才。修持如龙象般勇猛进取，智慧出众似当年的鹙鹭子。朝野钦佩他的风度情操，内外仰慕他的

风猷，中外羡其声彩。既而情深友爱，道睦天伦。法师服勤请益，分阴靡弃。业光上首，擢秀檀林[8]；德契中庸，腾芬兰室[9]。抗策平道，包九部而吞梦；鼓枻玄津，俯四韦而小鲁。[10]自兹遍游谈肆，载移凉燠，功既成矣，能亦毕矣。

声容神采。既而兄弟二人情深友爱，和睦深合天伦之道。玄奘法师殷勤侍奉兄长，多方请益，一分的光阴也不虚掷。从而学业光耀称首座，在寺院中出类拔萃；德性契合于中道要义，声誉传布于僧徒之中。高论平等法，包罗九部分类，有气吞云梦之势；沉潜典籍，俯视《吠陀》四经，如登东山而小鲁。从此遍历讲坛，几载寒暑，功德既成，学业也完备了。

注释 1 蕤（ruì）：草初生的样子。 2 聚沙之年：典出《法华经·方便品》："乃至童子戏，聚沙为佛塔。"比喻童年。 3 九皋载响：语出《诗经·小雅·鹤鸣》："鹤鸣于九皋，声闻于天。"比喻玄奘名闻四方。 4 "而朱"二句：朱绂紫缨，赤色的系印丝绳与紫色的系冠之带，比喻官高位显。有界，是欲界、色界、无色界的总称。 5 长捷法师：玄奘第二兄，俗名陈素，早年出家，住东都净土寺，事详《大慈恩寺三藏法师传》卷一。 6 龙象：诸阿罗汉中，修行勇猛有最大力者为龙象。水行龙力最大，陆行象力最大，故以龙象为喻。佛教中又取以为佛僧敬称。 7 鹙鹭：即鹙鹭子，是释迦牟尼十大弟子之一，以智慧第一著称。 8 檀林：旃檀之林的省称，用以尊称寺院。 9 中庸：指佛教的中道观，是远离两个事物的对立状态，不落于空与有两个极端的理论。兰室：佛寺的异称。 10 "抗策"二句：平道，指佛教的平等法，即一切众生平等成佛之法。九部，即佛教的九部经，十二部经中除去《授记》《无问自说》《方广》三部外，是小乘佛教的九部经。大乘佛教的九部经与之有别。吞梦，气吞云梦，喻指玄奘学殖广大。"鼓枻"二句：

鼓枻，摇动船桨；玄津，玄妙的渡口；鼓枻玄津喻指玄奘沉潜于佛教典籍中。四韦，即四《吠陀》，所谓《梨俱吠陀》《耶柔吠陀》《娑摩吠陀》《阿闼婆吠陀》，是婆罗门教的根本经典。小鲁，语出《孟子·尽心上》"登东山而小鲁"，喻指玄奘博通佛经后，婆罗门教的经典就不显得尊贵了。

至于泰初日月[1]，独耀灵台[2]；子云鞶帨[3]，发挥神府。于是金文暂启，伫秋驾而云趋；玉柄才挠，披雾市而波属。[4]若会斫轮之旨，犹知拜瑟之微。[5]以泻瓶之多闻[6]，泛虚舟而独远。乃于辗辕之地，先摧镖腹之夸；井络之乡，遽表浮杯之异。[7]远迩宗挹，为之语曰："昔闻荀氏八龙[8]，今见陈门双骥。"汝、颍多奇士，诚哉此言。

他如夏侯泰初那样日月入怀，独照内心；如扬子云那样披沙拣金，发人神思。于是经义顿时明晰，等待四方僧徒如云相趋；玉柄刚一挥动，便拨开迷雾如波相属。至于领会斫轮的意旨，尚知琴瑟的奥妙。他博闻强识，如瓶泻水一般，驾着轻舟独自远游。于是先在辗辕之地，击败自夸腹藏一切智慧的狂徒；后在蜀中，突然向兄长表达云游访学的意愿。远近之人仰慕推崇，称赞说："从前听说过荀氏八龙，今日又见到陈门双骥。"汝、颍之间多出奇人异士，这话真是千真万确。

注释 **1** 泰初日月：泰初，曹魏人夏侯玄的表字，时人曾称他"朗朗如日月之入怀"，见《世说新语·容止篇》。 **2** 灵台：语出《庄子·庚桑楚》"不可内于灵台"，指心。 **3** 子云：东汉学者扬雄的表字。鞶帨：大带与佩巾。扬雄《法言·寡见》："今之学也，非独为之华藻也，又从而绣其鞶帨。"意在批评为文烦碎。 **4** "玉柄"二句：玉柄，魏晋人清谈时所执的拂尘柄。挠，后作"挥"。雾市，比喻迷茫不知所从。

5 “若会”二句：斫轮，语出《庄子·天道篇》，喻指熟能生巧，技艺精湛。拜瑟，出处不详，待考。 6 “以泻”句：佛陀十大弟子之一的阿难以多闻著名，佛称其“持我所说十二经，一经于耳，曾不再问，如泻瓶水”。（见《大般涅槃经》）此喻玄奘的博闻强识。 7 “乃于”二句：轘辕，山名，在今河南偃师东南。鍱腹之夸，鍱是用铜铁炼成的薄片，传说骄慢外道萨遮祇尼犍子自夸腹中容纳一切智慧，恐其破裂，遂以铜鍱护腹。“井络”二句：井络之乡，指蜀地，井络为星名。浮杯，刘宋时有僧人杯度，常以木杯渡水，后因之称僧人云游为“浮杯”。 8 荀氏八龙：东汉时荀淑有子八人，皆显名于世，时人称之为“八龙”。

法师自幼迄长，游心玄籍。名流先达，部执交驰，趋末忘本，摭华捐实，遂有南北异学，是非纷纠。[1]永言于此，良用怃然。或恐传译踳驳，未能筌究，欲穷香象之文[2]，将罄龙宫之目。以绝伦之德，属会昌之期，杖锡拂衣，第如遐境。于是背玄灞而延望[3]，指葱山而矫迹。川陆绵长，备尝艰险。陋博望之非远，嗤法显之为局[4]。游践之处，毕究方言，镌求幽赜，妙穷津会。于是词发雌黄[5]，

法师从幼年到成年，潜心钻研佛教经典。名家与前辈，各执己见而纷争，追求细节忘记根本，拾取花朵丢弃果实，于是有了南北不同的学派，是非纠缠不休。每念及此，法师深为感叹。担心翻译错谬杂乱，不能洞悉原意，想要穷究佛经原文，遍得龙宫真经。以无与伦比的德行，遇上国家昌盛之时，手持锡杖束装前行，奔往遥远的地方。于是离开灞水，眺望圣地，向着葱岭而启程。水陆道路阻远，受尽了艰难困苦。鄙视博望侯张骞行路不远，小瞧法显游历区域有限。游历经过的地方，都详尽研究当地语言，探求幽深的学问，微妙地穷尽精髓之处。于是纠正

飞英天竺;文传贝叶[6],聿归振旦[7]。

前人谬误,美名传扬于天竺;以贝叶书写经文,顺利回归中国。

注释 1 “遂有”二句:指玄奘西行前中国佛教的南北差异。北方为地论宗学派,南方为摄论宗学派。 2 香象之文:佛典的通称。 3 玄灞:指灞水,即今陕西渭水支流灞河。 4 法显:东晋名僧。俗姓龚,平阳武阳(今山西临汾西南)人。幼年出家,以经律多误阙,矢志赴天竺求经。隆安三年(399),自长安西行,经西域,抵达北、中天竺,得《摩诃僧祇律》《方等般泥洹经》等,又至师子国(今斯里兰卡)搜求佛经,经海道归国。义熙八年(412),在青州牢山(今山东崂山)登陆。随之译经百余万言,又将亲历三十余国见闻写成《佛国记》。 5 雌黄:矿物名,可作颜料。古人以黄纸写字,有误,则以雌黄涂之,因称改易文字为雌黄。此处指对前人之书的批评。 6 贝叶:贝多树叶的简称。这种树叶可抄佛经,因喻指佛经。 7 振旦:古代印度对中国的称呼。

太宗文皇帝金轮纂御,宝位居尊。载伫风徽,召见青蒲之上[1];乃眷通识,前膝黄屋之间[2]。手诏绸缪,中使继路。俯摛睿思,乃制《三藏圣教序》,凡七百八十言。今上昔在春闱[3],裁《述圣记》,凡五百七十九言。启玄妙之津,尽揄扬之旨。盖非道映鸡林[4],誉光鹫岳,岂能缅降

太宗文皇帝犹如金轮圣王继位,为天下之至尊。向来具有礼贤下士的风度,召见玄奘到宫廷内殿;眷顾通达有识之人,约谈在乘舆之间。亲手下诏,情意深长,内使来往于行路。抒发睿智之思,于是写成《三藏圣教序》,共七百八十字。当今皇上从前在春宫为太子时,撰写《述圣记》,共五百七十九字。揭示佛法的真谛,畅发宣扬的旨意。若不是玄奘法师德行辉映鸡林精舍,声誉光耀鹫峰,哪能使皇帝尽降神

神藻，以旌时秀？

奉诏翻译梵本，凡六百五十七部。具览遐方异俗，绝壤殊风，土著之宜，人伦之序，正朔所暨[5]，声教所覃，著《大唐西域记》，勒成一十二卷。编录典奥，综核明审，立言不朽，其在兹焉。

奇的词藻，来表彰这位当今秀异之士？

法师奉诏翻译梵文经典，共六百五十七部。遍览远方不同的习俗，边远地区不同的风尚，土地所宜生产的物品，人伦的次第，地域上国家政权所及之处，声威所达之境，著《大唐西域记》，编为一十二卷。所编内容典雅深邃，全面考察而详明精审，立言的不朽，就在这里了。

注释 1 青蒲：青色的蒲团，为皇宫内的装饰之物。 2 黄屋：帝王车盖，以黄缯为盖，故名。 3 今上：指唐高宗。春闱：太子宫。 4 鸡林：即鸡林精舍，在中印度摩揭陁国波吒厘子城附近。参见本书卷八。 5 正朔所暨：国家政权所辖之地。正朔，正为一年之始，朔为一月之始。接受某一政权所颁正朔，意味着接受其管辖。

卷第一　三十四国

三藏法师玄奘奉诏译
大总持寺沙门辩机撰[1]

序论

原文

历选皇猷，遐观帝录，庖羲出震之初[2]，轩辕垂衣之始[3]，所以司牧黎元，所以疆画分野。暨乎唐尧之受天运，光格四表，虞舜之纳地图，德流九土。自兹已降，空传书事之册；逖听前修，徒闻记言之史。岂若时逢有道，运属无为者欤？我大唐御极则天，乘时握纪，一六合而光宅[4]，四三皇而照临[5]。玄化滂流，祥风遐扇，同乾坤之覆载，齐风雨之鼓润。与夫东夷入贡，西戎即叙，创业垂统，拨乱反正，固以跨越前王，囊括先代。同

译文

遍览皇家谋划，远观帝王业绩，庖羲氏开创人类文明起点，轩辕氏无为而天下治，分司管理民众，划分疆土封界。到了唐尧接受天命，德行光耀四方；虞舜受纳地图，德泽遍及九州。从此以后，徒然流传记事的典册；远闻前代贤人，只听到记言的史书。哪里能像天下有道、无为而治的时代呢？我大唐依照天道建国，顺应时机掌握纲纪，统一天下，恩德远播，比配三皇，光明普照。德泽滂流，和风远扬，如同天覆地载，如同风雨滋润万物。东夷入朝贡奉，西戎称臣听命，创造王业永传后世，治理混乱恢复正道，本来已超越了前王，胜过了先代。书同文、车同轨，大治的神功，不记载

文共轨，至治神功，非载记无以赞大猷，非昭宣何以光盛业？玄奘辄随游至，举其风土，虽未考方辨俗，信已越五逾三。含生之俦，咸被凯泽；能言之类，莫不称功。越自天府[6]，暨诸天竺，幽荒异俗，绝域殊邦，咸承正朔，俱沾声教。赞武功之绩，讽成口实；美文德之盛，郁为称首。详观载籍，所未尝闻；缅惟图牒，诚无与二。不有所叙，何记化洽？今据闻见，于是载述。

不能赞美伟大谋略，不宣扬怎么能显耀盛大业绩？我依据游历所到之处，列举其风土人情，虽然没考证方位、辨别习俗，足知大唐功业确已超迈三皇五帝。一切生灵，都沾被大唐恩泽；凡属人类，无不称述大唐功勋。出自大唐疆域，到达天竺，边远异俗、辽远殊邦，都承奉大唐正朔，沐浴大唐教化。称赞武功的伟绩，传为美谈；赞颂文德的昌盛，公认天下之最。详览古书记载，从未见到过；遍观图谱资料，实在没有与之可比的。不有所叙述，何以展现大唐教化所及？现在依据所闻所见，在这里记述下来。

注释　1 本书作者题名，除日本松本初子所藏中尊寺金银泥经本外，皆同此。辩机承旨缀撰本书，详于本书尾《记赞》，又见于道宣《续高僧传》等记载，故循旧不改。　2 庖羲：即伏羲氏，相传他始画八卦，教民捕鱼畜牧，以充庖厨。羲，原作“牺”，据他本改。出震：语出《周易·说卦》“帝出乎震”。震，八卦之一，主东方，为万物之始。　3 “轩辕”句：轩辕，即黄帝。《周易·系辞》：“黄帝、尧、舜垂衣裳而天下治。”　4 六合：指天地及四方。　5 四：此处用作动词，比配之意。三皇：上古三位帝王，说法不一，如言为伏羲、神农、黄帝，或为天皇、地皇、泰皇等。　6 天府：肥沃、险要、物产丰富的国家。此处指唐朝。

然则索诃世界[1]，旧曰娑婆世界，又曰娑诃世界，皆讹也。三千大千国土，为一佛之化摄也。今一日月所临四天下者，据三千大千世界之中，诸佛世尊，皆此垂化，现生现灭，导圣导凡。苏迷卢山[2]唐言妙高山。旧曰须弥，又曰须弥娄，皆讹略也。四宝合成，在大海中，据金轮上[3]，日月之所照回，诸天之所游舍[4]。七山七海[5]，环峙环列；山间海水，具八功德[6]。七金山外，乃咸海也。海中可居者，大略有四洲焉。东毗提诃洲，旧曰弗婆提，又曰弗于逮，讹也。南赡部洲，旧曰阎浮提洲，又曰剡浮洲，讹也。西瞿陁尼洲，旧曰瞿耶尼，又曰劬伽尼，讹也。北拘卢洲。旧曰郁单越，又曰鸠楼，讹也。金轮王乃化被四天下，银轮王则政隔北拘卢，铜轮王除北拘卢及西瞿陁尼，铁轮王则唯赡

在索诃世界，（旧称娑婆世界，又称娑诃世界，都是错误的。）三千大千国土，都是佛陀教化的范围。现在同一个日月照临四个天下，在这三千大千世界之中，众多的佛都在这里下降化身，展示生灭关系，导引圣人和凡人。苏迷卢山（大唐语称妙高山。旧称须弥，又称须弥娄，都属讹误阙略。）由四种宝物组合而成，在大海之中，坐落在金刚轮上，是日月照耀回转，诸神遨游居住的地方。七重金山七个大海，环列在其周围；诸山之间的海水，具有八种功德。七重金山之外，就是咸海。海中可以居住的，大约有四个洲，东面的为毗提诃洲，（旧称弗婆提，又称弗于逮，是错误的。）南面的为赡部洲，（旧称阎浮提洲，又称剡浮洲，是错误的。）西面的为瞿陁尼洲，（旧称瞿耶尼，又称劬伽尼，是错误的。）北面的为拘卢洲。（旧称郁单越，又称鸠楼，是错误的。）金轮王的教化遍及四天下，银轮王的统治区域是除开北面拘卢外的三洲，铜轮王的统治区域是除开北面拘卢和西面瞿陁尼外的二洲，铁轮王则只统领赡部洲。所谓轮王，

部洲。夫轮王者，将即大位，随福所感，有大轮宝浮空来应，感有金、银、铜、铁之异，境乃四、三、二、一之差，因其先瑞，即以为号。

在将要登大位时，依据福德的感应，有大轮宝从天空飘浮而来，感应有金、银、铜、铁的差异，统领的地域于是有四、三、二、一洲的不同，皆因先前的祥瑞，作为各王的名号。

注释　**1** 索诃世界：索诃意为“堪忍”“忍土”，是佛教三千大千世界的通名。　**2** 苏迷卢山：是古代印度人泛称的大雪山之一，此处指喜马拉雅山。　**3** 金轮：佛教认定的世界载体之一。世界最下层为风轮，上为水轮，最上层为金轮。金轮为金刚组合而成，故又称金刚轮。　**4** 诸天：天本有光明、自然、清净诸义，此处指诸神。　**5** 七山七海：佛教对宇宙的想象，认为围绕苏迷卢山有七重金山，山与山之间有大海，故名。　**6** 八功德：八种优良的属性，即澄净、清泠、甘美、轻软、润泽、安和、除饥渴、长养诸根。

则赡部洲之中地者，阿那婆答多池也，唐言无热恼。旧曰阿耨达池，讹也。在香山之南[1]，大雪山之北，周八百里矣。金、银、琉璃、颇胝[2]饰其岸焉。金沙弥漫，清波皎镜。八地菩萨以愿力故[3]，化为龙王，于中潜宅，出清泠水，给赡部洲。是以池东面银牛口，流出殑巨胜反。伽河[4]，旧曰恒河，又曰恒伽，讹也。绕池一匝，入

在赡部洲的中央，是阿那婆答多池，（唐朝语言是无热恼。旧称阿耨达池，是错误的。）在香山的南面，大雪山的北面，方圆八百里。金、银、琉璃、水晶，装饰在岸边。金沙弥布，清波皎洁照人。八地菩萨因虔诚志愿之力的缘故，化为龙王，潜入池中居住，排放清泠水，供给赡部洲。所以池的东面银牛口，流出殑伽河，（旧称恒河，又称恒伽，是错误的。）绕池一周，注入东南海

东南海；池南面金象口，流出信度河[5]，旧曰辛头河，讹也。绕池一匝，入西南海；池西面琉璃马口，流出缚刍河[6]，旧曰博叉河，讹也。绕池一匝，入西北海；池北面颇胝师子口，流出徙多河[7]，旧曰私陁河，讹也。绕池一匝，入东北海，或曰潜流地下，出积石山[8]，即徙多河之流，为中国之河源云。

中；池的南面金象口，流出信度河，（旧称辛头河，是错误的。）绕池一周，注入西南海中；池的西面琉璃马口，流出缚刍河，（旧称博叉河，是错误的。）绕池一周，注入西北海中；池的北面颇胝师子口，流出徙多河，（旧称私陁河，是错误的。）绕池一周，注入东北海中，有人说它潜流地下，至积石山，为徙多河的流水，是中国黄河的源头。

注释 1 香山：亦作香醉山，佛教传说其为赡部洲最高中心。 2 颇胝：即水晶。 3 菩萨：是菩提萨埵的简称。菩提意为正觉，萨埵意为众生。菩萨意为既能自觉本性，又能普度众生。罗汉修行精进便成菩萨，位次于佛。 4 殑（jìng）伽河：即恒河。发源于今喜马拉雅山南麓，流经印度、孟加拉国，注入孟加拉湾。 5 信度河：即今印度河。发源于我国西藏冈底斯山西麓，经印度、巴基斯坦，注入阿拉伯海。 6 缚刍河：即今阿姆河。发源于帕米尔，西流汇入帕米尔河后称喷赤河，再西流汇入瓦赫什河后称阿姆河，注入咸海。 7 徙多河：即我国新疆境内的叶尔羌河与塔里木河。 8 积石山：山名，即今青海东南部积石山脉。古人误以为黄河源于昆仑而出积石山。

时无轮王应运，赡部洲地有四主焉[1]。南象主则暑湿宜象，西宝主乃临海盈宝，北马主寒劲宜

在没有轮王应运而生时，赡部洲大地有四大君主。南方象主之地炎热潮湿，适宜象的繁殖，西方宝主之地濒临大海，财宝充溢，北方马主之地寒冷风烈，适宜

马，东人主和畅多人。故象主之国躁烈笃学，特闲异术，服则横巾右袒，首则中髻四垂，族类邑居，室宇重阁。宝主之乡，无礼义，重财贿，短制左衽，断发长髭，有城郭之居，务殖货之利。马主之俗，天资犷暴，情忍杀戮，毳帐穹庐，鸟居逐牧。人主之地，风俗机慧，仁义昭明，冠带右衽，车服有序，安土重迁，务资有类。三主之俗，东方为上。其居室则东辟其户，旦日则东向以拜。人主之地，南面为尊。方俗殊风，斯其大概。至于君臣上下之礼，宪章文轨之仪，人主之地无以加也。清心释累之训，出离生死之教，象主之国其理优矣。[2]斯皆著之经诰，问诸士俗，博关今古，详考见闻。然则佛兴西方，法流东国，通

马的生长，东方人主之地，气候宜人，人口众多。所以象主的国家，性情暴躁而专意求学，特别精悉异术，服饰是横披布巾，露出右臂，头上扎一个髻，头发四面垂下，同姓的人住在一起，房屋建筑楼阁相通。宝主的区域里，没有礼义，看重钱财，衣服短小，前襟向左，剪短头发，留着长胡子，有城郭建筑，专力从事商贩谋利。马主之地的风俗，本性粗犷暴躁，性格残忍好杀戮，住在毳帐穹庐中，如鸟居似的随水草迁移游牧。人主的地盘上，风俗机敏聪颖，仁义昭示于下，装饰有冠带，衣襟向右，车马服饰有等级次序，安于本地不轻易迁移，一意资助同族类的人。北、西、南三主之地的习俗，崇尚东方。东方的居室是向东开门，清晨向东跪拜。人主的区域内，以面向南为尊。各地风俗差异，这是个大概。至于君臣上下的礼制，典章制度的仪式，没有比人主之地更美好的了。心源清净、摒弃贪欲的训示，脱离生死、入于涅槃的教化，象主之国的理论最为优越。这些都是著录于经文典籍，访求于各地风土，并可博观古今，详尽考之于见闻的。然而佛教兴起于西方，佛法流传于东方国家，翻译

译音讹，方言语谬，音讹则义失，语谬则理乖。故曰“必也正名乎”[3]，贵无乖谬也。

时语言失误，各地方言又多差谬，语言失误则教义失去本义，方言差谬则道理乖违。所以说“必须先正名分”，贵在用词没有失误乖舛之处。

注释 1 四主：四位君主，一般认为南象主指五印度，西宝主泛指波斯、大食以至大秦，北马主指突厥、回纥，东人主指中国。 2 “清心”二句：这是玄奘对佛教教义的概括。佛教基本教义是四谛（苦、集、灭、道）和八正道（一正见、二正思维、三正语、四正业、五正命、六正精进、七正念、八正定）。修证的标准在破二执（我执和法执），证二空（我空和法空）、断二障（烦恼障和所知障），从而灭绝一切欲望，达到不生不灭的涅槃境界。 3 必也正名乎：语出《论语·子路篇》，意为正名分，纠正有关古代礼制名分上的用词不当。

夫人有刚柔异性，言音不同，斯则系风土之气，亦习俗之致也。若其山川物产之异，风俗性类之差，则人主之地，国史详焉。马主之俗、宝主之乡，史诰备载，可略言矣。至于象主之国，前古未详，或书地多暑湿，或载俗好仁慈，颇存方志，莫能详举。岂道有行藏之致[1]，固世有推移之运矣？是故候律以归

人的性情有刚强有柔顺，语言发音也有不同，这是由于风土的气质，也是习俗所导致的。至于山川物产的不同，风俗性情的差异，人主的地域内，国史记载得很详细了。马主地区的习俗、宝主地区的乡土，史书记载也算完备，可以从略。至于象主的国家，古代的不详细，有的说土地大多炎热潮湿，有的记载风俗崇尚仁慈，方志中保留了一些资料，但都不能详细列举。难道是道有实行、隐藏的周期，因而世间有推移的气运吗？由此可知，他们顺

化，饮泽而来宾，越重险而款玉门[2]，贡方奇而拜绛阙者[3]，盖难得而言焉。由是之故，访道远游，请益之隙，存记风土。黑岭已来[4]，莫非胡俗。虽戎人同贯，而族类群分，画界封疆，大率土著。建城郭，务殖田畜，性重财贿，俗轻仁义。嫁娶无礼，尊卑无次，妇言是用，男位居下。死则焚骸，丧期无数。剺面截耳[5]，断发裂裳，屠杀群畜，祀祭幽魂。吉乃素服，凶则皂衣。同风类俗，略举条贯。异政殊制，随地别叙。印度风俗，语在后记。

出高昌故地[6]，自近者始，曰阿耆尼国。旧曰焉耆。

应时令节律而来归化，沐浴华夏德泽而来宾服，越过重重险阻而叩玉门关，贡奉地方特产而跪拜朝廷，实在是难得而言的啊！由于这个缘故，我访道远游，在请教求益的空闲之时，记下各地风土人情。黑岭以来，都是胡人习俗。虽然戎人种族相同，但族类划分很多，各自划分疆界，大体都是土著定居。建筑城郭，从事耕种放牧，习俗看重财货，轻视仁义。嫁娶没有礼仪，尊卑没有等级，妇人的意见得到重视，男人的地位处于下层。死后焚毁尸体，丧期没有固定期限。划破脸面截断耳朵，割断头发撕裂衣裳，屠杀各种牲畜，祭祀幽灵。遇到吉事穿白色衣服，遇到凶事则穿黑色衣服。相同的风尚、类似的习俗，约略地列举出来。不同的政事和特殊的制度，则随地分别叙述。印度的风尚习俗，记述在后面。

离开高昌故地，从与它最近的开始叙述，是阿耆尼国。（旧称焉耆。）

注释　1 行藏：语出《论语·述而》“用之则行，舍之则藏”，意谓天下有道则行其所学，否则退隐以待时机。　2 款：归顺，归附。　3 绛阙：宫殿的门阙，代指朝廷。　4 黑岭：一作黑山，即今兴都库什山脉。

一说系泛指山岭颜色，自印度本土北望大雪山的雪岭，北面终年积雪，南面却积雪很少，呈灰黑色，故名黑岭。 5 剺（lí）：用刀割，划开。6 高昌：古城名，即今新疆吐鲁番东南高昌废址。

阿耆尼国[1]

原文

阿耆尼国，东西六百余里，南北四百余里。国大都城周六七里，四面据山，道险易守。泉流交带，引水为田。土宜穈、黍、宿麦、香枣、蒲萄、梨、柰诸果[2]。气序和畅，风俗质直。文字取则印度，微有增损。服饰毡褐[3]，断发无巾。货用金钱、银钱、小铜钱。王，其国人也，勇而寡略，好自称伐，国无纲纪，法不整肃。伽蓝十余所[4]，僧徒二千余人，习学小乘教说一切有部[5]。经教律仪，既遵印度，诸习学者，

译文

阿耆尼国东西有六百多里，南北有四百多里。大都城方圆有六七里，四面群山环抱，道路险要，易于守卫。泉水溪流交织如带，引水灌溉田园。土地适宜种植穈、黍、宿麦、香枣、葡萄、梨、柰等果物。气候温和舒适，风俗质朴直爽。文字效法印度，略微有所增损。服饰用粗毛和粗麻织成，剪短头发不用巾帻。交易采用金钱、银钱、小铜钱。国王，是当地人，勇猛而少谋略，喜好炫耀自己。国家没有纲常法纪，政令不整饬严明。寺院有十多所，僧徒两千多人，研习小乘佛教说一切有部。佛经教义及戒律仪轨，既遵循印度，众多的研究者，便依

即其文而玩之。戒行律仪，洁清勤励。然食杂三净[6]，滞于渐教矣[7]。

印度原文而探索。信徒遵守戒律仪轨，洁身自好，勤奋刻苦，然而饮食中杂有三种净肉，拘泥于渐悟的小乘教义。

从此西南行二百余里，逾一小山，越二大河，西得平川，行七百余里，至屈居勿反支国。旧曰龟兹。

从这里向西南行走两百多里，翻过一座小山，越过两条大河，西面便是一片平原，行走七百多里，就到达屈支国。（旧称龟兹。）

注释　1 阿耆尼国：即焉耆，辖地包括今新疆维吾尔自治区焉耆回族自治县附近地区。 2 穈（mí）：穄子。一年生草本植物，形状跟黍子相似，但子实不黏。柰（nài）：柰子，苹果的一种。 3 毡：兽毛碾合成的片状物。此处疑为棉布。 4 伽蓝：梵文僧伽蓝摩的略称，意译为“众园”或“僧院”，即僧众居住的园林。后代指寺院。 5 小乘教说一切有部：小乘教，为佛教内的一个大派别。公元一世纪后，由于大乘佛教流行，将原始佛教和部派佛教贬称为小乘。小乘教只信奉《阿含经》等根本教典，重在自我解脱，以证得阿罗汉果为止境。说一切有部，又名说因部，简称有部，是小乘佛教中最有力的学派。他们以实在论的立场，强调“我空法有，三世实有，法体恒有”，以一切法有实体，这实体通过去、现在、未来而不消失。 6 三净：三种净肉，是小乘佛教允许僧徒所食用的肉类（不见其为我杀者、不闻为我杀者、无为我杀之疑者）。 7 渐教：指小乘佛教。以其讲究渐悟，故名。

屈支国[1]

原文

屈支国，东西千余里，南北六百余里。国大都城周十七八里，宜穈、麦，有粳稻，出蒲萄、石榴，多梨、柰、桃、杏。土产黄金、铜、铁、铅、锡。气序和，风俗质。文字取则印度，粗有改变。管弦伎乐，特善诸国。服饰锦褐，断发巾帽。货用金钱、银钱、小铜钱。王，屈支种也，智谋寡昧，迫于强臣。其俗生子以木押头，欲其匾㔸也[2]。伽蓝百余所，僧徒五千余人，习学小乘教说一切有部。经教律仪，取则印度，其习读者，即本文矣。尚拘渐教，食杂三净。洁清耽玩，人以功竞。

译文

屈支国东西一千多里，南北六百多里。大都城方圆十七八里。土地适宜种植穈、麦，有粳稻，出产葡萄、石榴，盛产梨子、柰子、桃子、杏子。矿产有黄金、铜、铁、铅、锡。气候温和，风俗质朴。文字效法印度，略有改变。管弦歌舞，超过周围国家。服饰用彩绸粗布，剪短头发戴上巾帻冠冕。交易采用金钱、银钱、小铜钱。国王，是屈支种族人，谋略很少，受制于强臣。其地风俗，生了孩子用木板箍扎头部，想让头部扁薄。境内寺院有一百多所，僧徒五千多人，研习小乘佛教的说一切有部。佛经教义、戒律仪轨，仿效印度，故学习的人就依据印度原文了。他们还拘泥于渐悟的小乘教义，食物中杂有三种净肉。但他们洁身自好，潜心于佛典，人人以修行的功效相竞争。

注释 1 屈支国：又有龟兹、丘兹、屈茨等称呼，在今新疆库车。2 匾匮（tī）：薄。《方言》："物之薄者，曰匾匮。"

一、大龙池及金花王

国东境城北天祠前[1]，有大龙池。诸龙易形，交合牝马，遂生龙驹，㦜戾难驭。龙驹之子，方乃驯驾，所以此国多出善马。闻之先志曰：近代有王，号曰金花[2]，政教明察，感龙驭乘。王欲终没，鞭触其耳，因即潜隐，以至于今。城中无井，取汲池水。龙变为人，与诸妇会，生子骁勇，走及奔马。如是渐染，人皆龙种，恃力作威，不恭王命。王乃引构突厥[3]，杀此城人，少长俱戮，略无噍类[4]。城今荒芜，人烟断绝。

屈支国东部城池北面天祠前，有个大龙池。各个龙改变形状，出来和母马交配，于是生下龙驹，暴戾凶悍，难以控驭。龙驹所产的马，才可以驯养驾车，所以这个国家多产良马。听老年人讲：近代有位国王，名号为金花，政教清明廉洁，感动了池中之龙，愿为国王驾车。国王临终，用鞭子触动龙的耳朵，龙随即隐藏到池水中，一直到现在。城中没有井，人们取池水饮用。龙变成人形，与众多妇人交合，生的孩子骁勇无比，跑起来赶得上奔驰的马。如此逐渐扩展，当地人都成为龙种，仗恃勇力作威作福，不听从国王命令。国王于是招引突厥族，杀死这座城的人，不分老幼，一概斩尽，没有留下一个人。城池现在已经荒芜，没有人烟。

注释 1 天祠：本指祭祀大自在天的祠所，此处当指祆教祠所。 2 金花：似指《旧唐书·龟兹传》中提到的隋末时在位的国王苏发勃驶。 3 突厥：古代阿尔泰山一带的游牧民族。 4 噍（jiào）类：能吃东西的动物，特指活着的人。

二、昭怙厘二伽蓝[1]

荒城北四十余里，接山阿，隔一河水，有二伽蓝，同名昭怙厘，而东西随称。佛像庄饰，殆越人工。僧徒清肃，诚为勤励。东昭怙厘佛堂中有玉石，面广二尺余，色带黄白，状如海蛤。其上有佛足履之迹，长尺有八寸，广余六寸矣。或有斋日[2]，照烛光明。

在荒芜城池以北四十多里，与山凹相接的地方隔着一条河，有两座寺院，同称昭怙厘，一东一西相对称。佛像装饰精美，几乎超出人间技艺水平。僧徒清净肃穆，实在是勤奋尽心。东昭怙厘佛堂中有玉石，面宽二尺多，色泽呈黄白色，形状如海蛤。上面有佛陀走过的印迹，长一尺八寸，宽六寸多。在斋戒的日子，玉石上的足印会发出光芒。

注释 1 昭怙厘：又作雀离。遗址在今新疆库车北。 2 斋日：出家比丘每半月举行忏悔说戒的布萨仪式。在家信徒按日期所持的八斋戒也称斋日。

三、大会场

大城西门外，路左右各有立佛像，高九十余尺。于此像前，建五年一大会处[1]，每岁秋分数十日间，举国僧徒皆来会集。上自君王，下至士庶，捐废俗务，奉持斋戒，受经听法，渴日忘疲[2]。诸僧伽蓝庄严佛像，莹以珍宝，饰之锦绮，载诸辇舆，谓之行像[3]，动以千数，云集会所。常以月十五日晦日，国王大臣谋议国事，访及高僧，然后宣布。

在大都城西门外，道路左右各有站立状的佛像，高九十多尺。在这些佛像前，设立五年一次大会的会场，每年秋分前后的几十天里，全国僧徒都来聚会。上自君王，下到官吏百姓，抛开世俗事务，沐浴更衣，持斋受戒，聆听讲经说法，终日不知疲劳。各个寺院装饰佛像，点缀奇珍异宝，披挂上锦绣罗绮，载在车上，称之为行像，一行动就以千计数，汇集在大会场。常常在每月的十五日及月底，国王和大臣商议国家事务，征询有道高僧的意见后，然后公之于众。

注释　1 五年一大会：五年一次的大斋会，即无遮大会，以布施为中心。2 渴日：终日，尽日。　3 行像：奉佛像出行。

四、阿奢理贰伽蓝及其传说[1]

会场西北，渡河至阿奢理贰伽蓝。唐言奇特。庭宇显敞，佛像工饰。僧

从大会场的西北，渡河到达阿奢理贰伽蓝。（唐朝语言是奇特。）庭院殿堂明亮宽敞，佛像精致美观。僧徒庄重恭

徒肃穆，精勤匪怠，并是耆艾宿德，硕学高才，远方俊彦，慕义至止。国王、大臣、士庶、豪右四事供养[2]，久而弥敬。闻诸先志曰：昔此国先王崇敬三宝[3]，将欲游方观礼圣迹，乃命母弟摄知留事。其弟受命，窃自割势，防未萌也。封之金函，持以上王。王曰："斯何谓也？"对曰："回驾之日，乃可开发。"即付执事，随军掌护。王之还也，果有构祸者曰："王令监国，淫乱中宫。"王闻震怒，欲置严刑。弟曰："不敢逃责，愿开金函。"王遂发而视之，乃断势也。曰："斯何异物？欲何发明？"对曰："王昔游方，命知留事，惧有谗祸，割势自明。今果有征，愿垂照览。"王深敬异，情爱弥隆，出入后庭，无所禁碍。王弟于后

敬，勤奋不懈，都是年高德劭、博学多才的人，远方俊杰都因仰慕而前来。国王、大臣、官吏百姓、豪门大族供给他们饮食、衣服、卧具和医药，时日长久，敬意更深。听老年人讲：从前这个国家的先王崇奉三宝，将要云游四方，瞻仰佛祖圣迹，就命令同母弟代掌国家事务。他的弟弟受命后，私下里割去生殖器，在谗言未出现时就预先防范。密封在金匣之中，拿去献给国王。国王说："这是什么意思？"他的弟弟回答说："在您返回时，才可以打开匣子。"国王当即将金匣交付主事官员，随军掌管。国王返回时，果然有人造谣说："国王命令他代掌国政，他却淫乱宫中嫔妃。"国王听说后大怒，将要施用严刑。他的弟弟说："我不敢逃避罪责，但愿您打开金匣。"国王于是打开金匣查看，是割断的生殖器。说："这是什么怪东西？你想说明什么？"他的弟弟回答说："大王往日云游四方，命令我掌管留守事务，我担心有诬陷的祸患，就自割生殖器以表明清白。如今果然有受谗言中伤的应验，希望大王明察。"国王深为惊讶敬异，二人的感情更为深厚，从此弟弟出入后宫，没有禁限。国王的

行，遇一夫拥五百牛，欲事刑腐。见而惟念，引类增怀："我今形亏，岂非宿业？"即以财宝赎此群牛。以慈善力，男形渐具。以形具故，遂不入宫。王怪而问之，乃陈其始末。王以为奇特也，遂建伽蓝，式旌美迹，传芳后叶。

从此西行六百余里，经小沙碛。至跋禄迦国。旧谓姑墨，又曰亟墨。

弟弟随后行路，遇到一个人赶着五百头牛，将要煽割。国王的弟弟见到后深思，亲身的遭遇增添了他的感伤："我现在的形体亏损，难道不是前世罪孽造成的？"当即拿出财宝赎买了这群牛。因为慈善的力量，他的男性器官逐渐复生。因为性器官的原因，就不再进入宫中。国王奇怪地询问他，他便陈说了事情的始末。国王认为这件事很奇特，就建筑寺院，来表彰弟弟的美好事迹，使他流芳后世。

从这里往西行走六百多里，经过小沙碛，便到达跋禄迦国。（旧称姑墨，又称亟墨。）

注释　**1** 阿奢理贰伽蓝：寺院名。"阿奢理"意为奇特。遗址大约在今新疆库车西部库木土拉河对岸。　**2** 四事：指饮食、衣服、卧具、医药的供给。　**3** 三宝：即佛宝、法宝、僧宝。

跋禄迦国[1]

原文

跋禄迦国东西六百余里，南北三百余里。国大都城周五六里。土宜气序、人性风俗、文字法则同屈支国，语言少异。细毡细褐，邻国所重。伽蓝数十所，僧徒千余人，习学小乘教说一切有部。

译文

跋禄迦国东西六百多里，南北三百多里。都城方圆有五六里。土质气候、人情风俗、文字语法，都与屈支国相同，语言小有差异。细毡和细麻布，为邻国所看重。寺院有几十所，僧徒一千多人，研习小乘佛教的说一切有部。

注释　1 跋禄迦国："跋禄迦"之义为"沙"，其地在今新疆阿克苏。

凌山及大清池[1]

国西北行三百余里，度石碛，至凌山。此则葱岭北原，水多东流矣。山谷积雪，春夏合冻，虽时消泮，寻复结冰。经途险阻，寒风惨烈，多暴龙，难凌犯。行人由此路者，不得赭衣持瓠大声叫唤[2]。微有违犯，灾祸

从跋禄迦国向西北行走三百多里，经过戈壁，就到达凌山。这里是葱岭北端，河水多数向东流去。山谷中积雪，春夏也是冰冻在一起，虽然时而消融，但不久又结成为冰。道途险阻，寒风凛冽，多有暴龙，不敢冒犯。行人走这条路，不能穿红褐色衣服、携带葫芦大声叫唤。稍微有违犯，

目睹。暴风奋发，飞沙雨石，遇者丧没，难以全生。

山行四百余里，至大清池，或名热海，又谓咸海。周千余里，东西广，南北狭。四面负山，众流交凑，色带青黑，味兼咸苦，洪涛浩汗，惊波汩淴[3]。龙鱼杂处，灵怪间起，所以往来行旅，祷以祈福，水族虽多，莫敢渔捕。

灾祸马上发生在眼前。暴风骤起，飞沙走石，遭遇者送掉性命，难以生还。

在凌山中行走四百多里，到达大清池，（有人称作热海，又称咸海。）周长一千多里，东西长，南北窄。四面靠着山，许多河流汇聚到这里，颜色呈青黑色，味道又咸又苦，波涛浩瀚，汹涌澎湃，龙和鱼杂处一起，灵怪时而出没。所以来往的行人，都祈祷以求保佑，水中物产虽多，没有人敢于捕捞。

注释 1 凌山：山名，当即冰山，在今伊犁、温宿之间。一说为温宿之西的勃达岭。大清池：又作热海，即今吉尔吉斯斯坦东北部的伊塞克湖。 2 赭（zhě）：红褐色。 3 汩淴（gǔhū）：水急流的样子。

素叶水城[1]

清池西北行五百余里，至素叶水城。城周六七里，诸国商胡杂居也。土宜糜、麦、蒲萄，林树稀疏。气序风寒，人衣毡褐。

素叶以西数十孤城，城皆立长，虽不相禀命，然皆役属突厥。

从大清池向西北行走五百多里，就到达素叶水城。城池方圆六七里，各国商人杂居在这里。土地适宜种植穄子、麦子、葡萄，树木稀少。气候寒冷，人们穿皮衣粗麻布御寒。

素叶城以西有几十座孤城，每座城都设酋长，虽然互不臣服，但都隶属于突厥。

注释 1 素叶水城：城名，又称碎叶城、素叶城，在今吉尔吉斯斯坦托克玛克城西南。

窣利地区总述[1]

原文

自素叶水城，至羯霜那国[2]，地名窣利，人亦谓焉。文字语言，即随称矣。字源简略，本二十余言，转而相生，其流浸广。粗有书记，竖读其文，递相传授，师资无替。服毡褐，衣皮氎，裳服褊急。齐发露顶，或总剪剃，缯彩络额。形容伟大，志性恇怯。风俗浇讹，多行诡诈，大抵贪求，父子计利，财多为贵，良贱无差。虽富巨万，服食粗弊。力田逐利者杂半矣。

译文

从素叶水城到羯霜那国之间的广大区域，地名叫窣利，居民也被称为窣利人。文字和语言，也随之称为窣利文、窣利语。文字的字母简略，本来只有二十多个，辗转衍生，词汇广泛。粗略地有些文字记录，文字竖读，依次传授内容，师资力量没有间断。居民服饰用兽毛粗麻布，穿皮衣细棉布，下面的衣服短小。头发剪齐露出头顶，有的全部剃光，用彩色丝带缠在额头上。身材高大，性格却胆小怕事。风俗浇薄，多行诡计欺诈，大多数人贪求财产，父子之间也计较利益多少，人们以财产多为尊贵，身份良贱没有差别。即使财富成千上万，衣服、食物却很简陋。种田与经商的人，大约各占居民的一半。

注释　1 窣（sū）利：即粟特。通常是指锡尔河与阿姆河之间，以泽拉夫善河为中心的一片地区。玄奘所述窣利地区，北界推得更广阔，或许当时粟特人控制的范围较后世大一些。　2 羯霜那国：国名，详见本卷所载第十六个国家。

千　泉[1]

素叶城西行四百余里，至千泉。千泉者，地方二百余里，南面雪山，三陲平陆。水土沃润，林树扶疏，暮春之月，杂花若绮，泉池千所，故以名焉。突厥可汗每来避暑[2]。中有群鹿，多饰铃环，驯狎于人，不甚惊走。可汗爱赏，下命群属："敢加杀害，有诛无赦。"故此群鹿，得终其寿。

从素叶水城向西行走四百多里，到达千泉。千泉这个地方，方圆两百多里，南方面对雪山，其他三面是平地。水源充足，土地肥沃，树木茂密，林荫匝地，晚春时分，繁花似锦，泉水形成的池沼达千处，故而称之为千泉。突厥可汗每年来这里避暑。里面有很多鹿，大多装饰有铃铛佩环，已经驯服，与人亲近，不会轻易地惊慌逃跑。可汗喜爱这些鹿，对部属们下令说："谁胆敢杀害鹿群，一定处死，不加赦免。"这些鹿因此得以安宁，老后才自然死去。

注释　1 千泉：《慈恩传》中作"屏聿"，其地当在今吉尔吉斯山脉北麓。2 可汗：我国古代鲜卑、柔然、突厥、回纥、蒙古等族对最高统治者的称呼。

呾逻私城[1]

千泉西行百四十五里，至呾逻私城。城周八九里，诸国商胡杂居也。土宜气序，大同素叶。

从千泉向西行走一百四十五里，到达呾逻私城。这座城方圆八九里，各国商胡杂居于其中。土质条件和气候，大体上与素叶水城相同。

注释　1 呾（dá）逻私城：城名，在今哈萨克斯坦共和国江布尔城区内。

小孤城

南行十余里有小孤城，三百余户，本中国人也，昔为突厥所掠，后遂鸠集同国，共保此城，于中宅居。衣裳去就[1]，遂同突厥，言辞仪范，犹存本国。

从呾逻私城向南行走十多里，有一座小孤城，住着三百多户人家，他们本来是中原人，从前遭突厥掳掠，后来就纠合本国同胞，共同保据这座城，在里面筑宅而居。他们的衣着与举止，已经与突厥人相同，而语言和行为规范，仍然保持着本国传统。

注释　1 去就：去留，进退。这里指外在的行为举止。

白水城[1]

从此西南行二百余里，至白水城，城周六七里。土地所产，风气所宜，逾胜呾逻私。

从这里向西南行走两百多里，到达白水城，白水城方圆六七里。土地所出产，气候所适宜，更胜过呾逻私城。

注释 1 白水城：城名，在今塔什干东北，西距奇姆肯特约十五公里处。

恭御城[1]

西南行二百余里，至恭御城，城周五六里。原隰膏腴，树木蓊郁[2]。

从此南行四五十里，至笯奴故反。赤建国。

从白水城向西南行走两百多里，到达恭御城，这座城方圆五六里。这里的平原和低洼之处都很肥沃，林木葱茏。

从这里向南行走四五十里，到达笯赤建国。

注释 1 恭御城：城名，详址待考，大抵当在阿拉伯地理学家所言“察赤－伊拉克”地区内。 2 蓊（wěng）郁：形容草木茂盛。

笯赤建国[1]

原文

笯赤建国，周千余里。地沃壤，备稼穑。草木郁茂，华果繁盛，多蒲萄，亦所贵也。城邑百数，各别君长，进止往来，不相禀命。虽则画野区分，总称笯赤建国。

从此西行二百余里，至赭时国。唐言石国。

译文

笯赤建国方圆一千多里。土地肥沃，适宜耕种收获。草木茂盛，花果繁多，盛产葡萄，为当地人所贵重。城池有一百来座，各自设立君主酋长，自行决定政策及与外界的交往，不相统属。各城池虽然划分疆域边界，但总称为笯赤建国。

从这里向西行走两百多里，就到达赭时国。（唐朝语言称作石国。）

注释 1 笯赤建国：即弩室羯（见《新唐书·西域传》）。据前苏联考古学者推定，其地址在今塔什干地区的汗阿巴德。

赭时国[1]

原文

赭时国周千余里。西临叶河[2]，东西狭，南北长。土

译文

赭时国方圆一千多里，西部濒临叶河，东西窄，南北长。土质

宜气序，同笯赤建国。城邑数十，各别君长，既无总主，役属突厥。

从此东南千余里，至怖（敷发反。）捍国。

和气候，与笯赤建国相同。有几十座城池，各自有君主酋长，既没有总的主宰，便全部隶属于突厥。

从这里向东南行走一千多里，到达怖捍国。

注释 1 赭时国：又作者舌、柘支、柘折等，兼为地区名和城名。地区的大致范围在今锡尔河支流奇尔奇克河流域，古城称旧塔什干，在今塔什干城西约五十公里处。 2 叶河：又作叶叶河，即今中亚的锡尔河。

怖捍国[1]

原文

怖捍国周四千余里，山周四境。土地膏腴，稼穑滋盛，多花果，宜羊马。气序风寒，人性刚勇，语异诸国，形貌丑弊。自数十年，无大君长，酋豪力竞，不相宾伏，依川据险，画野分都。

译文

怖捍国方圆四千多里，群山遍布四境。土地肥沃，庄稼滋长茂盛，花果品种多，适宜养羊与马。气候寒冷多风，居民性格刚强勇猛，语言不同于各国，形貌丑陋。几十年来，没有统领全境的最高君主，豪帅拼命竞争，不相臣服，依仗河流，据守险阻，划分疆界，各自建筑城池。

从此西行千余里，至窣堵利瑟那国。

从这里向西行走一千多里，到达窣堵利瑟那国。

注释 1 怖捍国：又作破洛那、沛汗等，在今中亚费尔干纳地区，位处乌兹别克斯坦与吉尔吉斯斯坦之间。

窣堵利瑟那国[1]

原文

窣堵利瑟那国周千四五百里，东临叶河。叶河出葱岭北原，西北而流，浩汗浑浊，汩淴漂急。土宜风俗，同赭时国。自有王，附突厥。

译文

窣堵利瑟那国方圆一千四五百里，东部濒临叶河。叶河发源于葱岭北端，向西北流去，水流浩荡浑浊，汹涌湍急。土质和风俗，与赭时国相同。自有君王，依附于突厥。

注释 1 窣堵利瑟那国：又作苏对沙那、率都沙那、苏都识匿等，位于今塔吉克斯坦共和国费尔干纳盆地西部出口处。

大沙碛

从此西北入大沙碛，绝无水草。途路弥漫，疆境难测。望大山，寻遗骨，以知所指，以记经途。行五百余里，至飒秣建国。唐言康国。

从这里向西北行走，进入大沙碛，没有一点水流和草地。道路上风尘弥漫，难以辨别四方边界。望着大山，寻找遗骸，以得知方向，辨识路径。行走五百多里后，到达飒秣建国。（唐朝语言称为康国。）

飒秣建国[1]

原文

飒秣建国周千六七百里，东西长，南北狭。国大都城周二十余里，极险固，多居人。异方宝货，多聚此国。土地沃壤，稼穑备植，林树蓊郁，花果滋茂，多出善马。机巧之技，特工诸国。气序和畅，风俗猛烈。凡诸胡国，此为其中，进止威仪，近远取则。

译文

飒秣建国方圆一千六七百里，东西长，南北窄。国家的都城方圆二十多里，极其险要坚固，居民很多。各地的珍宝货物，多汇集到这个国家。土地肥沃，种植各种庄稼，树木郁郁葱葱，花果繁多茂盛，多出优良马匹。制作奇巧器具的工艺，比各国都精巧。气候温和宜人，民风刚猛暴躁。所有胡人国家，以飒秣建为中心，行为举止和制度规范，远近的人都取作法则。

其王豪勇，邻国承命。兵马强盛，多是赭羯[2]。赭羯之人，其性勇烈，视死如归，战无前敌。

从此东南至弭秣贺国。唐言米国。

国王豪迈英勇，邻国秉承他的号令，兵强马壮，多是被称作“赭羯”的武士。这样的武士，性格勇猛刚烈，视死如归，战斗中没有敢和他们对抗的。

从这里向东南行进，到达弭秣贺国。（唐朝语言称米国。）

注释 1 飒秣建国：又作悉万斤、萨末鞬、康国等。其都城在今中亚撒马尔罕以北3.5公里处。 2 赭羯（jié）：战士，卫士。或认为赭羯为地名、族名，因其地、其族之人强悍，后用为战士的称呼。

弭秣贺国[1]

原文

弭秣贺国周四五百里，据川中，东西狭，南北长。土宜风俗，同飒秣建国。从此北至劫布呾那国。唐言曹国。

译文

弭秣贺国方圆四五百里，位于河谷之中，东西窄，南北长。土质所宜种植的作物和风俗，与飒秣建国相同。从这里向北行走，到达劫布呾那国。（唐朝语言称为曹国。）

注释 1 弭秣贺国：又作弥末、米国，其都城当在今撒马尔罕东南约一百公里处的麻坚。

劫布呾那国[1]

原文

劫布呾那国周千四五百里，东西长，南北狭。土宜风俗，同飒秣建国。从此国西三百余里，至屈居勿反。霜去声。你迦国。唐言何国。

译文

劫布呾那国方圆一千四五百里，东西长，南北窄。土地适宜种植的作物和风俗，与飒秣建国相同。从这个国家向西行走三百多里，到达屈霜你迦国。（唐朝语言称为何国。）

注释 1 劫布呾那国：又作伽不单，其都城在今中亚撒马尔罕的西北约十公里处。

屈霜你迦国[1]

原文

屈霜你迦国周千四五百里，东西狭，南北长。土宜风俗，同飒秣建国。从此国西二百余里，至喝捍国。唐言东安国。

译文

屈霜你迦国方圆一千四五百里，东西窄，南北长。土地所宜种植的作物和风俗，与飒秣建国相同。从这个国家向西行走二百多里，到达喝捍国。（唐朝语言称为东安国。）

注释 1 屈霜你迦国：又作贵霜匿，在今中亚撒马尔罕西北约一百公里处。

喝捍国[1]

原文

喝捍国周千余里。土宜风俗，同飒秣建国。从此国西四百余里，至捕喝国。唐言中安国。

译文

喝捍国方圆一千多里。土地所宜种植的作物和风俗，与飒秣建国相同。从这个国家向西行走四百多里，到达捕喝国。（唐朝语言称为中安国。）

注释 1 喝捍国：又作喝汗、东安国。其都城位于今中亚撒马尔罕西北，北邻泽拉夫善河。

捕喝国[1]

原文

捕喝国周千六七百里，东西长，南北狭。土宜风俗，

译文

捕喝国方圆一千六七百里，东西长，南北窄。土地所宜种植的作物和

同飒秣建国。从此国西四百余里,至伐地国。唐言西安国。

风俗,与飒秣建国相同。从这个国家向西行走四百多里,到达伐地国。(唐朝语言称为西安国。)

注释 1 捕喝国:又作忸密、安息、布豁、安国等。都城在今中亚著名城市布哈拉。

伐地国[1]

原文

伐地国周四百余里,土宜风俗,同飒秣建国。从此西南五百余里,至货利习弥迦国。

译文

伐地国方圆四百多里,土地所宜种植的作物和风俗,与飒秣建国相同。从这里向西南行走五百多里,到达货利习弥伽国。

注释 1 伐地国:又作毕国、西安国。其都城在今中亚的布哈拉西南,阿姆河的西岸。

货利习弥伽国[1]

原文

货利习弥伽国顺缚刍河两岸[2]，东西二三十里，南北五百余里。土宜风俗，同伐地国，语言少异。

从飒秣建国西南行三百余里，至羯霜去声。那国。唐言史国。

译文

货利习弥伽国的疆域分布在缚刍河两岸，东西宽二三十里，南北长五百多里。土地所宜种植的作物和风俗，与伐地国相同，语言稍有差异。

从飒秣建国向西南行走三百多里，到达羯霜那国。（唐朝语言称为史国。）

注释　1 货利习弥伽国：又作呼似密、火寻、过利等，在今中亚咸海以南的基发一带。 2 缚刍河：即今阿姆河。

羯霜那国[1]

原文

羯霜那国周千四五百里，土宜风俗，同飒秣建国。

译文

羯霜那国方圆一千四五百里，土地所宜种植的作物和风俗，与飒秣建国相同。

从此西南行二百余里入山，山路崎岖，溪径危险，既绝人里，又少水草。东南山行三百余里，入铁门。

从这里向西南行走两百多里进入山区，山路崎岖，羊肠小道危险难行，沿途既没有人烟，又很少有水流草木。在山中沿东南方向行走三百多里，便进入铁门。

注释 **1** 羯霜那国：都城在今中亚撒马尔罕以南的沙赫里夏勃兹，是中世纪粟特地区最重要的城市。

铁 门[1]

铁门者，左右带山，山极峭峻，虽有狭径，加之险阻，两傍石壁，其色如铁。既设门扉，又以铁锢，多有铁铃，悬诸户扇，因其险固，遂以为名。

所谓铁门，左右都是山壁，山势极为陡峭险峻，虽有狭窄的通道，但险阻重重，两旁的石壁，颜色阴森如铁。山口装置了大门，又用铁加固，有很多铁铃，悬挂在大门上，由于地理位置如此险要坚固，于是就以铁门为名。

注释 **1** 铁门：关隘名，在今乌兹别克斯坦共和国南部达尔本特之西。

睹货逻国故地[1]

原文

出铁门，至睹货逻国旧曰吐火罗国，讹也。故地。南北千余里，东西三千余里。东厄葱岭，西接波刺斯[2]，南大雪山，北据铁门，缚刍大河中境西流。自数百年王族绝嗣，酋豪力竞，各擅君长，依川据险，分为二十七国。虽画野区分，总役属突厥。气序既温，疾疫亦众。冬末春初，霖雨相继。故此境已南，滥波已北[3]，其国风土，并多温疾。而诸僧徒以十二月十六日入安居[4]，三月十五日解安居，斯乃据其多雨，亦是设教随时也。其俗则志性恇怯，容貌鄙陋，粗知信义，不甚欺诈。语言去就，稍异诸国；字源二十五言，

译文

出铁门到达睹货逻国（旧称吐火罗国，是错误的。）故地，该地区南北一千多里，东西三千多里，东部紧靠葱岭，西部连接波刺斯，南部挨着大雪山，北部以铁门为屏障，缚刍大河横贯中央，向西流去。几百年来，王族子嗣断绝，部帅豪强拼力相争，擅自立为君主，凭借河流占据险阻，分为二十七国。虽然各自划分疆界，但全部隶属于突厥。境内气候温暖，疾病瘟疫也很多。冬末春初，雨水不断，所以这一地区以南，滥波以北，每个国家的风土情况都是温暖多病。于是，僧徒们从十二月十六日起开始入室安居，到三月十五日解除安居，这是根据这个季节多雨，也是因时制宜而设立教规。境内的习俗是，性格胆小怕事，容貌丑陋，居民粗略知道一点信义，不太耍欺诈手段。语言和行为举止，与其他各国略有差异；文字的字母有二十五个，

转而相生，用之备物。书以横读，自左向右，文记渐多，逾广窣利。多衣氎，少服褐。货用金、银等钱，模样异于诸国。

转相派生，可用以表述一切事物。书写文字横着读，从左向右写，文字记载不断增多，超过了窣利地区。居民多穿棉布，少穿麻布衣服。交易采用金银等钱币，模样跟别国不一样。

顺缚刍河北，下流至呾蜜国。

顺着缚刍河的北岸，向下游行走就到达呾蜜国。

注释 **1** 睹货逻国故地：睹货逻又作吐呼罗、吐火罗、土豁罗等。其地通常指阿姆河以南及兴都库什山以北，即今阿富汗北部地区。玄奘所述睹货逻国故地大于此，北界始自铁门，南界至今兴都库什山脉，当指其强盛时的领土范围。至玄奘西行之时，睹货逻已由突厥统属。**2** 波剌斯：又作波斯，其地约相当于现今西亚的伊朗。**3** 滥波：又作蓝波、蓝婆等，在今阿富汗东北拉格曼省一带，详见本书卷二“滥波国”条。**4** 安居：又称雨安居。在印度，从四月十五日（或五月十五日）开始的三个月都是雨季，在这时外出，容易不慎踏杀草木小虫，为避免这些事故，佛教徒留在洞窟或寺院中专心修行，不外出。这种生活习惯称为雨安居，略称安居。本书中安居时间与之有异。

呾蜜国[1]

原文

呾蜜国东西六百余里，南北四百余里。国大都城周二十余里，东西长，南北狭。伽蓝十余所，僧徒千余人。诸窣堵波即旧所谓浮图也，又曰鍮婆，又曰私鍮簸，又曰薮斗波，皆讹也。及佛尊像[2]，多神异，有灵鉴。

东至赤鄂衍那国。

译文

呾蜜国东西长六百多里，南北宽四百多里。都城方圆二十多里，东西长，南北窄。寺院有十多所，僧徒一千多人。各佛塔(就是旧日所说的浮图，又称鍮婆，又称私鍮簸，又称薮斗波，都是错误的。)和佛祖像，大多有神异，有显灵的事迹。

从呾蜜国往东行走，到达赤鄂衍那国。

注释　**1** 呾蜜国：又作怛满、怛没等，其都城在今乌兹别克斯坦共和国南部的阿姆河北岸的铁尔梅兹。**2** 窣堵波：又作窣都婆、伦婆等，即佛塔。内藏法物或经文，或埋葬有名僧人骨、牙、发等。

赤鄂衍那国[1]

原文

赤鄂衍那国东西四百余里，南北五百余里。国大都城周十余里。伽蓝五所，僧徒鲜少。

东至忽露摩国。

译文

赤鄂衍那国东西四百多里，南北五百多里。都城方圆十多里。有五所寺院，僧徒很少。

从赤鄂衍那国往东行走，到达忽露摩国。

注释 **1** 赤鄂衍那国：又作石汗那、支汗那等，其都城在今阿姆河北岸的铁尔梅兹东北的迭瑙。

忽露摩国[1]

原文

忽露摩国东西百余里，南北三百余里。国大都城周十余里。其王奚素突厥也[2]。伽蓝二所，僧徒百余人。

东至愉朔俱反。漫国。

译文

忽露摩国东西一百多里，南北三百多里。国家的都城方圆十多里。国王是奚素突厥人。寺院有两所，僧徒一百多人。

从忽露摩国往东行走，到达愉漫国。

注释　1 忽露摩国：国名，其都城在今塔吉克斯坦共和国杜尚别略西。2 奚素：地名（又作国名），在塔吉克斯坦共和国卡菲尼甘河的上游。

愉漫国[1]

原文

愉漫国东西四百余里，南北百余里。国大都城周十六七里。其王奚素突厥也。伽蓝二所，僧徒寡少。

西南临缚刍河，至鞠和衍那国。

译文

愉漫国东西四百多里，南北一百多里。国家的都城方圆十六七里。国王是奚素突厥人。寺院有两所，僧徒很少。

从愉漫国西南行走到缚刍河畔，就到达鞠和衍那国。

注释　1 愉漫国：国名，都城在今塔吉克斯坦共和国杜尚别附近。

鞠和衍那国[1]

原文

鞠和衍那国东西二百余里，南北三百余里。国大都城周十余里。伽蓝三所，僧徒百余人。

东至镬沙国。

译文

鞠和衍那国东西两百多里，南北三百多里。国家的都城方圆十多里。寺院有三所，僧徒一百多人。

从鞠和衍那国往东行走，到达镬沙国。

注释　1 鞠和衍那国：又作俱德建、久越得健等，其都城在今塔吉克斯坦共和国卡菲尼甘河下游西岸的卡巴第安。

镬沙国[1]

原文

镬沙国东西三百余里，南北五百余里。国大都城周十六七里。

东至珂咄罗国。

译文

镬沙国东西三百多里，南北五百多里。国家的都城方圆十六七里。

从镬沙国往东行走，到达珂咄罗国。

注释　1 镬（huò）沙国：又作沃沙，其都城在今塔吉克斯坦共和国库尔干秋别之北。

珂咄罗国[1]

原文

珂咄罗国东西千余里[1]，南北千余里。国大都城周二十余里。

东接葱岭，至拘谜莫闭反。陁国。

译文

珂咄罗国东西一千多里，南北一千多里。国家的都城方圆十多里。

珂咄罗国的东部与葱岭相接，到达拘谜陁国。

注释 1 珂咄罗国：又作珂咄、骨咄，其都城在今库尔干秋别东北的库利亚布。

拘谜陁国[1]

原文

拘谜陁国东西二千余里，南北二百余里，据大葱岭中。国大都城周二十余里。西南邻缚刍河，南接尸弃尼国。[2]

译文

拘谜陁国东西两千多里，南北两百多里，位于大葱岭之中。国家的都城方圆二十多里。西南濒临缚刍河，南部与尸弃尼国接壤。

向南渡过缚刍河，到达达摩悉

南渡缚刍河，至达摩悉铁帝国、钵铎创那国、淫薄健国、屈浪拿国、呬火利反。摩呾罗国、钵利曷国、讫栗瑟摩国、曷逻胡国、阿利尼国、瞢健国。自活国东南至阔悉多国、安呾逻缚国，事在回记。

活国西南至缚伽浪国。

铁帝国、钵铎创那国、淫薄健国、屈浪拿国、呬摩呾罗国、钵利曷国、讫栗瑟摩国、曷逻胡国、阿利尼国、瞢健国。从活国东南行进，到达阔悉多国、安呾逻缚国，有关事项将在后面叙述。

从活国向西南行走，到达缚伽浪国。

注释　1 拘谜陁国：又作居密、久末陀、俱蜜等，其都城在今瓦克什河上游的苏尔霍勃河流域。　2 “南接”句：本句中的尸弃尼国以及下文提到的十几个国家，均见本书卷十二有关各条。

缚伽浪国[1]

原文

缚伽浪国东西五十余里，南北二百余里。国大都城周十余里。

南至纥露悉泯健国。

译文

缚伽浪国东西五十多里，南北两百多里。国家的都城方圆十多里。

从缚伽浪国向南行走，到达纥露悉泯健国。

注释　1 缚伽浪国：国名，都城在今阿富汗东北部昆都士河右岸的巴格兰。

纥露悉泯健国[1]

原文

纥露悉泯健国周千余里。国大都城周十四五里。

西北至忽懔国。

译文

纥露悉泯健国方圆一千多里。国家的都城方圆十四五里。

从纥露悉泯健国向西北行走，到达忽懔国。

注释　**1** 纥露悉泯健国：国名，都城在今阿富汗巴格林以西的艾巴克。

忽　懔　国[1]

原文

忽懔国周八百余里。国大都城周五六里。伽蓝十余所，僧徒五百余人。

西至缚喝国。

译文

忽懔国方圆八百多里。国家的都城方圆五六里。寺院有十多所，僧徒五百多人。

从忽懔国向西行走，到达缚喝国。

注释　**1** 忽懔国：国名，都城在今阿富汗北部的胡尔姆。

缚喝国[1]

原文

缚喝国东西八百余里，南北四百余里，北临缚刍河。国大都城周二十余里，人皆谓之小王舍城也[2]。其城虽固，居人甚少。土地所产，物类尤多，水陆诸花，难以备举。伽蓝百有余所，僧徒三千余人，并皆习学小乘法教。

译文

缚喝国东西八百多里，南北四百多里，北部濒临缚刍河。国家的都城方圆二十多里，人们称之为小王舍城。这座城池虽然坚固，居住的人却很少。土地上出产之物，种类格外多，水上、陆地上的种种花卉，难以一一列举。境内有寺院一百多所，僧徒三千多人，全都研习小乘佛教。

注释 **1** 缚喝国：又名缚喝罗、缚渴罗等，其都城在今阿富汗北境马扎里沙里夫以西的巴尔赫。 **2** 王舍城：城名，在中印度摩伽陀国（参见本书卷九“王舍城”条），以王先舍于此，故意译为王舍。

一、纳缚僧伽蓝[1]

城外西南有纳缚唐言新。僧伽蓝，此国先王之所建也。大雪山北作论诸师，惟此伽蓝美业不替。

小王舍城外西南有一所纳缚（唐朝语言称为新。）僧伽蓝，是这个国家前代君王所建造的。大雪山以北撰作经论的大师，只有这所寺院事业代代

其佛像则莹以名珍，堂宇乃饰之奇宝，故诸国君长利之以攻劫。此伽蓝素有毗沙门天像[2]，灵鉴可恃，冥加守卫。近突厥叶护可汗子肆叶护可汗[3]，倾其部落，率其戎旅，奄袭伽蓝，欲图珍宝。去此不远，屯军野次。其夜梦见毗沙门天曰："汝有何力，敢坏伽蓝？"因以长戟贯彻胸背。可汗惊悟，便苦心痛，遂告群属所梦咎征，驰请众僧，方伸忏谢，未及返命，已从殒殁。

伽蓝内南佛堂中有佛澡罐，量可斗余，杂色炫耀，金石难名。又有佛牙，其长寸余，广八九分，色黄白，质光净。又有佛扫帚，迦奢草作也[4]，长余二尺，围可七寸，其把以杂宝饰之。凡此三物，每至六斋[5]，法侣咸会，陈设供养，至诚所感，或放光明。

相传。寺院的佛像用名贵的珍珠镶嵌，殿堂屋宇用奇异的宝物装饰，所以各国的君主为贪图珍宝而前来攻打劫掠。寺院中原先有毗沙门天的塑像，其灵验可以仗恃，暗暗地守卫着寺院。最近突厥叶护可汗的儿子肆叶护可汗出动所有的部落，率领所有兵马，袭击寺院，意欲掠夺珍宝。在离寺院不远的地方，扎下营盘驻下来。这天夜里，他梦见毗沙门天说："你有什么力量，敢毁坏这所寺院？"说着就用长戟戳穿了他的胸背。肆叶护可汗惊醒过来，就感觉到心口痛，于是告诉属下所梦见的受谴责的征兆，派人飞马延请众高僧，将要向他们表示忏悔、道歉，还没等使者返回复命，可汗已经死去。

这所寺院内南面的佛堂中，有一个佛澡罐，容量有一斗多，各种色彩闪耀，难以判断是金子还是石料制成。又有一颗佛牙，长一寸多，宽八九分，呈黄白色，质地光亮洁净。又有一把佛扫帚，是迦奢草扎成的，长二尺多，粗约七寸，把柄上以各种宝物装饰。这三件物品，每到六斋日，僧俗人众都来聚会，陈设起来加以供奉，有时为众人诚心所感，会放射出光芒。

注释 1 纳缚僧伽蓝：意为“新寺”。 2 毗沙门天：又名多闻天，为四大天王（即中原佛教所谓四大金刚）之一，为北方的守护神。 3 叶护可汗：西突厥统治者。唐贞观二年，即公元628年，为伯父所杀，其子被立为肆叶护可汗。 4 迦奢：多年生草本植物，是一种茅草。通常丛生，茎高三尺许。 5 六斋：在家的人为保持身心的清净，在精进日行善事。精进日为每月的八日、十四日、十五日、二十三日、二十九日、三十日。

伽蓝北有窣堵波，高二百余尺，金刚泥涂，众宝厕饰。中有舍利[1]，时烛灵光。

伽蓝西南有一精庐，建立以来，多历年所。远方辐凑，高才类聚，证四果者[2]，难以详举。故诸罗汉将入涅槃示现神通[3]，众所知识[4]，乃有建立，诸窣堵波基迹相邻，数百余矣。虽证圣果，终无神变，盖亦千计，不树封记。今僧徒百余人，夙夜匪懈，凡圣难测。

寺院的北面有一座佛塔，高两百多尺，用金刚石的粉末涂饰，并有各种宝物点缀其中。塔中有舍利，时时放射出灵光。

寺院的西南有一处精舍，建造之后，经过了很长的岁月。远方的人聚集到这里，卓越的人物云集于其中，证得圣果的人，难以一一列举。所以一些罗汉将要入寂时，都会显示神通，那些了解他们的人，就为之建立佛塔，塔基彼此相邻，已有几百座了。有的虽然证得圣果，却没有显示神通的，也大约有一千人，没有留下标记。现在全寺僧徒有一百多人，昼夜修行不松懈，谁是凡僧谁是罗汉尚难测定。

注释 1 舍利：其意为遗骨，特别是佛或有修行的人的遗骨。 2 四果：佛教徒修习到圣果的四个阶段，即须陀洹果（预流果）、斯陀含果

（一来界）、阿那含果（不还果）、阿罗汉果（无学果）。第一阶段指凡夫初入圣道，断绝三界见惑。第二阶段指断绝欲界九品修惑中的前六品。第三阶段指断绝欲界九品修惑中的后三品。第四阶段指断绝一切见思之惑，永入涅槃。 **3** 涅槃：又作泥洹，译为灭度，指脱离一切烦恼，进入自由无碍的境界。后来把高僧逝世，也称为涅槃。 **4** 知识：指朋友，识其貌而知其心的人。

二、提谓城及波利城[1]

大城西北五十余里，至提谓城。城北四十余里有波利城。城中各有一窣堵波，高余三丈。昔者如来初证佛果，起菩提树[2]，方诣鹿园[3]。时二长者遇被威光，随其行路之资，遂献麨蜜，世尊为说人天之福，最初得闻五戒十善也[4]。既闻法诲，请所供养，如来遂授其发、爪焉。二长者将还本国，请礼敬之仪式。如来以僧伽胝旧曰僧祇梨，讹也。方叠布下[5]，次郁多罗僧[6]，次僧却崎[7]，旧曰僧祇支，讹也。又覆钵竖锡杖，

出都城西北五十多里，到达提谓城。在都城以北四十多里处，有波利城。两城之中各有一座佛塔，高三丈多。从前，如来刚刚得道成佛，从菩提树起身，前往鹿园。其时两位长者感受到神威的灵光，就追随他于旅途中，献上炒面、蜂蜜。如来为二人讲说天人的福祉，二人因而最先听到五戒十善的教导。二人听到佛法教诲后，请求赐予可以供养的物品，如来于是将自己的头发、指甲授予他们。二位长者即将返回本国时，请教礼敬的仪式，如来便将外面穿的僧衣僧伽胝（旧称僧祇梨，是错误的。）叠成四方，铺在地上，随后脱下郁多罗僧，又脱下僧却崎，（旧称僧祇支，是错误的。）照样铺

如是次第为窣堵波。二人承命,各还其城,拟仪圣旨,式修崇建,斯则释迦法中最初窣堵波也。

城西七十余里有窣堵波,高余二丈,昔迦叶波佛时之所建也[8]。

从大城西南入雪山阿,至锐秣陁国。

在地上,再倒覆食钵,竖立锡杖,按照这个顺序,构成佛塔。二人秉承如来的教诲,各自返回自己居住的城中,根据如来旨意,修造起佛塔,这就是佛法中最初的塔。

都城西七十多里,也有一座佛塔,高二丈多,是从前迦叶波佛时所建造的。

从都城西南进入雪山旁边,就到达锐秣陁国。

注释 **1** 提谓城:提谓,北印度商人。他与波利是释迦牟尼成道后最先受教的二人。提谓城是以人名为城名。波利城:波利,北印度商人,最先接受释迦牟尼教化者之一。波利城乃以人名为城名。 **2** 菩提树:树名,即贝多树。相传佛祖在此种树下得证菩提果而成佛,因以名树。菩提意译为正觉,含明辨善恶、觉悟真理之义。 **3** 鹿园:即鹿野苑,传说为释迦牟尼成道后最初传道之处。详见本书卷七"鹿野伽蓝"条。 **4** 五戒十善:五戒又称五支净戒,是佛教在家信徒的五条禁戒,即不杀生、不偷盗、不邪淫、不妄语、不饮酒。十善是相对于"十恶"的十种善行,即不杀生、不偷盗、不邪淫、不妄语、不两舌(挑拨离间)、不恶口(口出恶言)、不绮语(口出杂秽含淫意之语)、不贪欲、不嗔恚、不邪见。 **5** 僧伽胝:又作僧伽梨等,是僧徒所穿三衣中的最大者。因由许多布条缝成,又称杂碎衣。僧徒入王宫、乞食、说法时必须穿僧伽胝。 **6** 郁多罗僧:又作优多罗僧等,意译为上衣,是僧徒三衣之一,在礼诵、听讲、布萨时穿此衣。 **7** 僧却崎:又作僧竭支等,意译为覆膊衣或掩腋衣。系长方形衣片,为袈裟的下挂。 **8** 迦叶波佛:又作迦叶佛等,传说为释迦佛以前的"过去七佛"之一。

锐秣陁国[1]

原文

锐秣陁国东西五六十里，南北百余里。国大都城周十余里。

西南至胡寔健国。

译文

锐秣陁国的疆域，东西五六十里，南北一百多里。国家的都城方圆十多里。

从锐秣陁向西南方向行走，到达胡寔健国。

注释 1 锐秣陁国：又作税末陀，其地在今阿富汗波尔克西南地区。

胡寔健国[1]

原文

胡寔健国东西五百余里，南北千余里。国大都城周二十余里。多山川，出善马。

西北至呾剌健国。

译文

胡寔健国的疆域，东西五百多里，南北一千多里。国家的都城方圆二十多里。境内山地河流多，出产良马。

从胡寔健国向西北方向行走，到达呾剌健国。

注释 1 胡寔健国：又作护时犍等，其地在今阿富汗北境席巴尔干南。

呾剌健国[1]

原文

呾剌健国东西五百余里，南北五六十里。国大都城周十余里。西接波剌斯国界。

从缚喝国南行百余里，至揭职国。

译文

呾剌健国的疆域，东西五百多里，南北五六十里。国家的都城方圆十多里。西界与波剌斯国接壤。

从缚喝国向南行走一百多里，到达揭职国。

注释 **1** 呾剌健国：又作多勒建等，其地在今阿富汗昆都士以东。

揭 职 国[1]

原文

揭职国东西五百余里，南北三百余里。国大都城周四五里。土地硗确[2]，陵阜连属，少花果，多菽、麦。气序寒烈，风俗刚猛。伽蓝十余所，僧徒三百余人，并学小乘教说一切有部。

译文

揭职国的疆域东西五百多里，南北三百多里。国家的都城方圆四五里。境内土地硗薄，丘陵相接，花草、水果少，菽豆、麦子多。气候寒冷，民风刚强勇猛。寺院有十多所，僧徒三百多人，都研习小乘佛教的说一切有部。

注释　1 揭职国：当即《隋书》中的伽折国，其地在今阿富汗境内巴尔赫以南。　2 硗（qiāo）确：土地坚硬不肥沃。

大雪山

东南入大雪山，山谷高深，峰岩危险，风雪相继，盛夏合冻，积雪弥谷，蹊径难涉。山神鬼魅，暴纵妖祟，群盗横行，杀害为务。

行六百余里，出睹货逻国境，至梵衍那国。

从揭职国向东南方向行走，进入大雪山，山高谷深，层峦叠嶂，险恶异常，风雪接连不断，盛夏时节也结冰，积雪填满山谷，道路难以通行。山神鬼怪，肆意作祟，众多盗贼恣意妄为，专干杀人勾当。

在山中行走六百多里，走出睹货逻国境，到达梵衍那国。

梵衍那国[1]

原文

梵衍那国东西二千余里，南北三百余里，在雪山之中也。人依山谷，逐势邑居。国大都城据崖跨谷，

译文

梵衍那国东西两千多里，南北三百多里，在雪山的范围内。居民依山傍谷，随着地势筑城居住。国家的都城建筑在山崖上，长六七里，北面背靠

长六七里，北背高岩。有宿麦，少花果，宜畜牧，多羊马。气序寒烈，风俗刚犷，多衣皮褐，亦其所宜。文字风教，货币之用，同睹货逻国，语言少异，仪貌大同。淳信之心，特甚邻国。上自三宝，下至百神，莫不输诚，竭心宗敬。商估往来者，天神现征祥，示祟变，求福德。伽蓝数十所，僧徒数千人，宗学小乘说出世部[2]。

高耸的悬崖。境内出产冬小麦，花果少，适宜放牧，多养羊马。气候严寒，民风刚烈粗犷，经常穿着皮衣粗麻布，也是适合于当地气候。采用的文字风俗、通用的货币，与睹货逻国相同，语言稍微有些差异，外貌仪表大致相同。纯朴信实的心理，远远超出邻国，上自佛教三宝，下到各类神祇，没有不献出忠诚、尽心供奉的。商人来往，天神向他们显示吉兆、呈现祸变的征候，使他们祈求福祉。境内寺院有几十所，僧徒几千人，宗奉小乘佛教说出世部。

注释　1 梵衍那国：又作范延、帆延、失范延等，在今阿富汗喀布尔西北的巴米扬。　2 说出世部：小乘佛教的十八部派之一，据说是佛灭二百年后从根本大众部中分出。其基本观点是认为世间诸法都是虚妄的，而出世法则为实体，故名为出世部。这与说一切有部的“诸法实有”观点，正好相反。

一、大立佛及卧佛像

王城东北山阿有立佛石像，高百四五十尺，

梵衍那国都城东北的山麓，有一座立佛石像，高一百四五十尺，金色光彩

金色晃曜，宝饰焕烂。东有伽蓝，此国先王之所建也。伽蓝东有鍮石释迦佛立像[1]，高百余尺，分身别铸，总合成立。

闪耀，珠宝装饰灿烂。佛像东面有一所寺院，是这个国家前代君王所建造的。寺院的东面有黄铜铸造的释迦佛立像，高一百多尺，身上各部位分别铸造，然后组装合成。

城东二三里伽蓝中有佛入涅槃卧像[2]，长千余尺。其王每此设无遮大会，上自妻子，下至国珍，府库既倾，复以身施，群官僚佐就僧酬赎，若此者以为所务矣。

都城东面二三里的寺院中，有佛陀入涅槃的卧像，长一千多尺。国王每每在此开设无遮大会，上自国王的妻子儿女，下到国家的珍宝，都施舍出来。国库中的积蓄用光了，又以自身施舍。文武官员及其僚属，再从僧人那里用重金赎回，像这样的做法已经习以为常了。

注释　1 鍮（tōu）石：黄铜。　2 入涅槃：即入灭。佛教称僧人死亡为入灭、入涅槃。

二、小川泽僧伽蓝

卧像伽蓝东南行二百余里，度大雪山，东至小川泽，泉池澄镜，林树青葱。有僧伽蓝，中有佛齿及劫初时独觉齿[1]，长余五寸，广减四寸。复有金轮王齿，

从有佛入涅槃卧像的寺院向东南行走两百多里，翻越大雪山，再东行抵达小川泽，泉流池水明镜般的清澈，树林果木青翠葱绿。那里有一座佛寺，里面有佛齿和世界形成之初时的独觉齿，长五寸多，宽不到四寸。又有金轮

长三寸，广二寸；商诺迦缚娑旧曰商那和修，讹也。大阿罗汉所持铁钵[2]，量可八九升。凡三贤圣遗物[3]，并以黄金缄封。又有商诺迦缚娑九条僧伽胝衣，绛赤色，设诺迦草皮之所绩成也[4]。商诺迦缚娑者，阿难弟子也[5]，在先身中，以设诺迦草衣，于解安居日持施众僧。承兹福力，于五百身中阴、生阴恒服此衣[6]。以最后身，从胎俱出，身既渐长，衣亦随广。及阿难之度出家也，其衣变为法服；及受具戒，更变为九条僧伽胝。将证寂灭，入边际定[7]，发智愿力，留此袈裟，尽释迦遗法，法尽之后，方乃变坏。今已少损，信有征矣。

从此东行入雪山，逾越黑岭，至迦毕试国。

王齿，长三寸，宽二寸；商诺迦缚娑（旧称商那和修，是错误的。）大罗汉所持用的铁钵，容量大约八九升。凡属三贤菩萨的遗物，都以黄金密封。又有商诺迦缚娑的一袭九条僧衣，色泽深红，是用设诺迦草的纤维织成的。商诺迦缚娑，是阿难的弟子，在前世中，将设诺迦草衣在解安居之日施舍给了众僧人。凭着这一行为的福力，在五百世即将投生和诞生之时，总穿着这件衣服。在他最后一次转世时，这件衣服与生俱来，身体逐渐长大，衣服也随之增长。到阿难度他出家时，衣服变成了法服；再等到受具足戒时，又变成了九条僧衣。当他即将圆寂，进入禅定境界时，借助智慧的愿力，留下这件袈裟，希望袈裟随佛法一样长久，须等佛法灭尽之后，袈裟才变坏。现在袈裟已有略微的损伤，看来这种说法是有根据的。

从这所寺院向东行走，进入雪山，翻过黑岭后，就到达迦毕试国。

注释 1 劫初：又作劫波，指成劫之初，此世界形成之初，是一个不能以年月日时计算的漫长的时间概念，泛指远古的原始时代。独觉：

又作缘觉，意译为辟支佛。佛教称上古无佛之世，已修行成功而脱离生死者为独觉。 **2** 商诺迦缚娑：又作商那和修、舍那和修等，是阿难的弟子。因出生时穿商那衣，故名。 **3** 三贤圣：据小乘阿毗达磨的说法，在五停心观、别相念住、总相念住三位中的圣者，称为三贤圣。而天台、华严以为，菩萨阶位中的十住、十行、十回向三者为三贤圣。 **4** 设诺迦：又作奢那、商那等，即大麻，其纤维可以制衣。 **5** 阿难：释迦如来的十大弟子之一，或译作阿难陀，意为欢喜、庆喜。为斛饭王之子，释迦牟尼之从弟，生于佛成道之夜，故以阿难为名。二十五岁时从佛出家，侍佛二十五年，亲承音旨，称为多闻第一。佛灭后，编录佛说，继为长老。 **6** 中阴：又称中有、中蕴，佛教指众生死有（死亡的瞬间）与生有（接受下一个生命）之间的状态。这是所谓灵魂身，是一种意识的作用。生阴：由中有而宿于母胎中的一念识心相续，由此可生起五蕴。 **7** 入边际定：入于禅定的境界。把心定于一处，停止身、口、意的活动。

迦毕试国[1]

原文

迦毕试国周四千余里，北背雪山，三陲黑岭。国大都城周十余里。宜谷麦，多果木，出善马、郁金香。异方奇货，多聚此国。

译文

迦毕试国方圆四千多里，北面靠着雪山，其他三面都环绕着黑岭。国家的都城方圆十多里。境内适宜种植稻谷、麦子，花果树木多，出产良马、郁金香。各方的珍奇货物，多汇

气序风寒,人性暴犷,言辞鄙亵,婚姻杂乱。文字大同睹货逻国,习俗、语言、风教颇异。服用毛氎,衣兼皮褐。货用金钱、银钱及小铜钱,规矩模样异于诸国。王,刹利种也[2],有智略,性勇烈,威慑邻境,统十余国。爱育百姓,敬崇三宝,岁造丈八尺银佛像,兼设无遮大会,周给贫窭[3],惠施鳏寡。伽蓝百余所,僧徒六千余人,并多习学大乘法教[4]。窣堵波、僧伽蓝崇高弘敞,广博严净。天祠数十所[5],异道千余人,或露形,或涂灰,连络髑髅,以为冠鬘[6]。

聚到这个国家。气候严寒多风,人的性格暴烈粗犷,言语粗俗,婚姻关系混乱。文字与睹货逻国大致相同,习俗、语言、文化教育却有不少差异。衣服多用细毛布,兼用毛皮粗麻布。货物交易使用金钱、银钱和小铜钱,形制样式,和其他各国不同。国王,出自刹利种姓,有智慧谋略,性格勇猛刚烈,声威慑服邻国,统治十多个国家。他爱护百姓,崇敬佛法,每年铸造一尊一丈八尺的银佛像,并召开无遮大会,救济贫穷的人,布施鳏夫寡妇。境内寺院有一百多所,僧徒六千多人,大都研习大乘佛教。佛塔、佛寺高大宽敞,肃穆洁净。另有天祠几十所,外教教徒一千多人,有的属露形派,有的属涂灰派,连接死人头骨,作为帽上的装饰。

注释　1 迦毕试国:又作迦臂施、伽比沙等,其地在今阿富汗西部喀布尔流域。　2 刹利:又作刹帝利,古印度种姓制度中的第二等级,拥有政治和军事实权,是世俗统治者。季羡林等《校记本》依《敦甲本》《石本》《中本》改作"窣利"。此处似以作"刹利"为正。　3 贫窭(jù):贫穷。　4 大乘法教:佛教内部两大基本派别之一,与小乘相对而言。主张开一切智、尽未来际化益众生之教为大乘。大乘教强调普遍渡化,以为真正的渡化是自渡与他渡同时完成，这与小乘教强调个别渡化是不同的。 5 天祠：异道祭祀之处。 6 鬘（mán）：缨络。

一、质子伽蓝

大城东三四里，北山下有大伽蓝，僧徒三百余人，并学小乘法教。闻诸先志曰：昔健驮逻国迦腻色迦王威被邻国[1]，化洽远方，治兵广地，至葱岭东，河西蕃维畏威送质[2]。迦腻色迦王既得质子，特加礼命，寒暑改馆，冬居印度诸国，夏还迦毕试国，春、秋止健驮逻国。故质子三时住处，各建伽蓝。今此伽蓝，即夏居之所建也。故诸屋壁，图画质子，容貌服饰，颇同中夏。其后得还本国，心存故居，虽阻山川，不替供养。故今僧众，每至入安居、解安居，大兴法会，为诸质子祈福树善，相继不绝，以至

都城以东三四里，北山下有一所大寺院，僧徒有三百多人，都学习小乘佛教。听老年人讲：从前健驮逻国迦腻色迦王，声威广及邻国，教化布及远方，扩充兵力开疆拓土，直到葱岭以东，河西地区的小王国慑于他的声威，也送去质子。迦腻色迦王得到质子后，特别给予优待，根据寒暑变化改变他的住处，冬天居住在印度各国，夏天回到迦毕试国，春秋时节住在健驮逻国。所以质子在三个时期的住处，各自建立寺院。现在的这所寺院，就是在夏天住处建立的。因此各间房屋墙壁上，都绘有质子的肖像，容貌和服饰，与华夏人物比较相近。其后他得以回到本国，心中却思念故居，虽然远隔山川，没有间断供奉。所以现在僧人们在入安居、解安居之时，都大办佛事，为所有质子祈

于今。

伽蓝佛院东门南大神王像右足下，坎地藏宝，质子之所藏也。故其铭曰："伽蓝朽坏，取以修治。"近有边王贪婪凶暴，闻此伽蓝多藏珍宝，驱逐僧徒。方事发掘，神王冠中鹦鹉鸟像乃奋羽惊鸣，地为震动，王及军人僻易僵仆，久而得起，谢咎以归。

伽蓝北岭上有数石室，质子习定之处也。其中多藏杂宝，其侧有铭，药叉守卫[3]。有欲开发取中宝者，此药叉神变现异形，或作师子，或作蟒蛇、猛兽、毒虫，殊形震怒，以故无人敢得攻发。

石室西二三里大山岭上，有观自在菩萨像[4]。有人至诚愿见者，菩萨从其像中出妙色身[5]，安慰行者。

求福祉。这种做法相继不断，一直传到现在。

寺院东门以南的大神王像右脚下，挖地窖藏宝，是质子埋藏的。所以上面的铭文说："寺院如朽坏，从这里取宝物修治。"近来，边远之地有个贪婪凶暴的国王，听说寺院中多藏珍宝，驱赶僧徒。将要挖掘宝物，神王冠冕上的鹦鹉像，立即拍打着翅膀惊叫，大地为之震动。国王和军人，仓皇躲闪，倒在地上，很久后才爬起来，谢罪后归去。

寺院北面山岭上有几间石室，是质子修习禅定的地方，里面也藏有各种宝物。石室旁边有铭文，由药叉守卫。如有人要打开石室取宝物，这个药叉神就变化出种种异相，有时作狮子，有时作蟒蛇、猛兽、毒虫，奇形怪状的动物十分愤怒，因此没有人胆敢打开石室取宝物。

在石室以西二三里的大山岭上，有一尊观自在菩萨像。如有人心怀至诚希望拜见，菩萨就会从像中显现美妙色身，来安慰行者。

注释 1 健驮逻：又作乾陀罗、月氏、乾陀等，其地在今阿富汗喀布尔河下游流域。迦腻色迦：贵霜王朝的著名国王，其在位时间说法不一，约在公元一世纪后期或二世纪上半叶。 2 河西蕃维：河西在汉唐时期，指今甘肃、青海二省黄河以西，即河西走廊与湟水流域一带。河西蕃维的范围当更广，指河西及其以外地区的羁縻区域。 3 药叉：又作夜叉等。原为印度神话中一种半神的小精灵，佛教东传入中国，其形象变得可恶，成为八部鬼众之一。但有时也被列入护法神一类。本文中的药叉属后者。 4 观自在菩萨：即观世音菩萨，与阿弥陀佛及其右胁侍大势至合称为西方三圣。 5 色身：物质的身体。佛教以四大（地、水、风、火）五尘（色、身、香、味、触）等色法之身为色身。

二、曷逻怙罗僧伽蓝

大城东南三十余里，至曷逻怙罗僧伽蓝。傍有窣堵波，高百余尺，或至斋日，时烛光明。覆钵势上石隙间流出黑香油[1]，静夜中时闻音乐之声。闻诸先志曰：昔此国大臣曷逻怙罗之所建也。功既成已，于夜梦中有人告曰："汝所建立窣堵波未有舍利，明旦有献上者，宜从王请。"旦入朝进请曰："不量庸

从都城向东南行走三十多里，到达曷逻怙罗寺院。寺院旁有座佛塔，高一百多尺，到斋日期间，有时放射出光芒。塔身覆钵形状的石缝间，流出黑色的香油，夜深人静时常能听到音乐声。听老年人讲：这座佛塔是从前这个国家的大臣曷逻怙罗所建造的。塔建成之后，他在夜晚做梦，有人告诉他："你所建立的佛塔，里面没有舍利。明天早上有人向国王献舍利，你应向国王请求赐予。"他早上进入王宫朝见，请求说："臣下不自量平庸和冒昧，胆

昧，敢有愿求。”王曰：“夫何所欲？”对曰：“今日有先献者，愿垂恩赐。”王曰：“然。”曷逻怙罗伫立宫门，瞻望所至。俄有一人持舍利瓶，大臣问曰：“欲何献上？”曰：“佛舍利。”大臣曰：“吾为尔守，宜先白王。”曷逻怙罗恐王珍贵舍利，追悔前恩，疾往伽蓝，登窣堵波，至诚所感，其石覆钵自开，安置舍利，已而疾出，尚拘衣襟。王使逐之，石已掩矣。故其隙间，流黑香油。

敢向国王提一个请求。”国王说：“你有什么愿望？”曷逻怙罗回答说：“今天有先向大王献贡品的，希望大王开恩赐给我。”国王答应说：“可以。”曷逻怙罗站在宫门等候，瞻望到来的人。不久有一个人拿着舍利瓶，大臣问道：“你要将何物献上？”那人回答：“佛的舍利。”大臣说：“我为你守护，你应先去禀报国王。”曷逻怙罗担心国王珍重舍利，追悔先前的恩赏，立即赶往寺院，登上佛塔，受他至诚的感动，塔上的石覆钵自行开启，大臣安放好舍利，立即退出，衣襟还被夹在石缝中。国王派人追赶他想拿回舍利，塔石已经合龙。因为这个缘故，石缝中流出黑色的香油。

注释　1 覆钵：倒覆的食钵。这里指覆钵状的塔身。

三、霫蔽多伐剌祠城及阿路猱山[1]

城南四十余里至霫胥立反。蔽多伐剌祠城。凡地大震，山崖崩坠，周此城界，无所动摇。

从都城向南行走四十多里，到达霫蔽多伐剌祠城。每当遇到地震时，山崖崩塌，唯独这座城池周围地区没有震动。

霫蔽多伐剌祠城南三十余里，至阿路猱奴高反。山[2]，崖岭峭峻，岩谷杳冥。其峰每岁增高数百尺，与漕矩吒国稸士句反。下同。那呬罗山仿佛相望[3]，便即崩坠。闻诸土俗曰：初，稸那天神自远而至，欲止此山。山神震恐，摇荡溪谷。天神曰："不欲相舍，故此倾动，少垂宾主，当盈财宝。吾今往漕矩吒国稸那呬罗山，每岁至我受国王、大臣祀献之时，宜相属望。"故阿路猱山增高既已，寻即崩坠。

从霫蔽多伐剌祠城向南行走三十多里，到达阿路猱山，山崖陡峭险峻，峡谷幽深杳冥。它的山峰每年增高几百尺，与漕矩吒国的稸那呬罗山的高度差不多相同时，就自行崩塌。听当地人讲：当初稸那天神从远方来到这里，打算住在这座山上，山神大为恐惧，就摇动山谷。天神说："你不想让我在此居住，故而摇动山谷，只要你稍尽地主之谊，当使你财宝盈积。我现在前往漕矩吒国的稸那呬罗山，在到我每年接受国王、大臣的祭祀供奉时，你可远远地观望。"所以阿路猱山增高到一定高度，不久就会崩塌。

注释　1 霫（xí）蔽多伐剌祠：寺院名。季羡林等推测霫蔽多伐剌是印度西北部的一个俗语名词，或以为寺院地址在今阿富汗东南。
2 阿路猱山：山名，又作阿楼那、阿卢那等，在今阿富汗盖拉莎山脉以西。
3 漕矩吒国：又作漕矩、曹国等，其都城在今阿富汗东部的加兹尼。稸那呬罗山：山名，意译为"太阳神之山"。

四、大雪山龙池及其传说

王城西北二百余里，至大雪山。山顶有池，请雨祈晴，随求果愿。闻诸先志曰：昔健驮逻国有阿罗汉，常受此池龙王供养，每至中食[1]，以神通力，并坐绳床[2]，凌虚而往。侍者沙弥密于绳床之下攀缘潜隐[3]，而阿罗汉时至便往，至龙宫乃见沙弥，龙王因请留食。龙王以天甘露饭阿罗汉，以人间味而馔沙弥。阿罗汉饭食已讫，便为龙王说诸法要。沙弥如常为师涤器，器有余粒，骇其香味，即起恶愿，恨师忿龙："愿诸福力，于今悉现，断此龙命，我自为王。"沙弥发是愿时，龙王已觉头痛矣。罗汉说法诲谕，龙王谢咎责躬。沙弥怀忿，未从诲谢。既还伽蓝，至诚发愿，福力所致，是夜命

从都城向西北行走两百多里，到达大雪山。山顶上有个水池，向它请求下雨和祈祷天晴，可以随要求而实现心愿。听老年人讲：从前健驮逻国有位阿罗汉，经常受到这个池子里龙王的供奉，每到斋日午饭之前，他凭着神通的力量坐在胡床上，从空中前往。有一次，侍奉他的沙弥偷偷地躲在胡床下，攀附着边缘隐藏起来，而阿罗汉到了时间就前往，到了龙宫才发现沙弥，龙王于是邀请他留下来吃饭。龙王用天上的甘露款待阿罗汉，用人间的菜肴招待沙弥。阿罗汉吃完饭后，就为龙王讲说佛学要旨。沙弥如平常一样为师父洗涤食具，食具上有吃剩的饭粒，沙弥惊讶饭粒的香味，就起了恶毒的念头，怨恨师父，气愤龙王："希冀各种福力，在现在显现，断送这个龙王的性命，由我自己来为王。"沙弥发这个愿时，龙王已经感到了头痛。阿罗汉说法教诲龙王，龙王谢罪自责。沙弥心怀不满，不听从阿罗汉的教诲和龙王的道歉。回到寺院后，沙弥诚

终，为大龙王，威猛奋发。遂来入池，杀龙王，居龙宫，有其部属，总其统命。以宿愿故，兴暴风雨，摧拔树林，欲坏伽蓝。时迦腻色迦王怪而发问，其阿罗汉具以白王。王即为龙于雪山下立僧伽蓝，建窣堵波，高百余尺。龙怀宿忿，遂发风雨。王以弘济为心，龙乘瞋毒作暴[4]，僧伽蓝、窣堵波六坏七成。迦腻色迦王耻功不成，欲填龙池，毁其居室，即兴兵众，至雪山下。

心发誓愿，由福力的作用，沙弥当夜死去，变为大龙王，威严凶猛。于是来到龙池，杀死龙王，住在龙宫，占有龙王的部属，总掌一切号令。因先前发愿的缘故，掀起狂风暴雨，吹倒、拔起树木，想要毁坏寺院。当时迦腻色迦王感到奇怪而发问，阿罗汉就把前因后果都告诉了国王。国王为龙在雪山下建造寺院，修建佛塔，高一百多尺。龙心怀往日怨恨，就又兴起风雨。国王旨在普济世人，龙则出于瞋毒之念而作恶，寺院、佛塔被毁六次，第七次才建成。迦腻色迦王以大功不成为耻，想要填平龙池，毁掉龙宫居室，就调动兵马，来到雪山下。

注释　1 中食：斋食的异称。在日中而食（过午不得食），故称中食。2 绳床：即胡床，是一种可折叠的轻便坐具。3 沙弥：佛教谓男子出家初受十戒者为沙弥。女性为沙弥尼。4 瞋毒：又作瞋恚，是三毒之一，另二毒为贪毒、痴毒，此毒最恶。

时彼龙王深怀震惧，变作老婆罗门[1]，叩王象而谏曰："大王宿植善本，多种胜因，得为人王，无思不服。今日何故

这时那个龙王深感恐惧，变成一个老年婆罗门，勒住国王骑乘的象而规劝说："大王前世广植善根，多种胜因，得以成为人王，没有人敢不服从。今日为什么要同龙争斗呢？龙不过是个畜牲，

与龙交争？夫龙者畜也，卑下恶类，然有大威，不可力竞。乘云驭风，蹈虚履水，非人力所制，岂王心所怒哉？王今举国兴兵，与一龙斗，胜则王无服远之威，败则王有非敌之耻。为王计者，宜可归兵。”迦腻色迦王未之从也。龙即还池，声震雷动，暴风拔木，沙石如雨，云雾晦冥，军马惊骇。王乃归命三宝，请求加护，曰：“宿殖多福，得为人王，威慑强敌，统赡部洲，今为龙畜所屈，诚乃我之薄福也。愿诸福力，于今现前。”即于两肩起大烟焰，龙退风静，雾卷云开。王令军众人担一石，用填龙池。龙王还作婆罗门，重请王曰：“我是彼池龙王，惧威归命。惟王悲愍，赦其前过。王以含育，覆焘生灵[2]，如何于我独加恶害？王若杀我，我之与

属卑下低劣之类，不过有很大威力，不可同它拼力相竞。它乘云驭风，浮空踏水，不是人力所可制伏的，大王心中何必对它发怒呢？大王现在调动全国兵马，和龙一决雌雄，获胜了大王没有降伏远方的声威，失败了大王却有不能取胜的耻辱。为大王考虑，可以罢兵返回。”迦腻色迦王没有听从，龙王当即返回龙池，电闪雷鸣，暴风拔起树木，沙石如雨般地落下，云雾密布，天昏地暗，军马因之惊恐不安。国王于是命令属下归心三宝，请求加以护佑，说：“前世广植福德，得以成为人王，威风慑服强大的敌人，统领赡部洲，现在为龙这一畜牲所屈服，实在是由于我的福德尚浅。我希望各种福力，立即显现于眼前。”他的两肩马上腾起大火焰，龙王退走，风停下来，云开雾散。国王命令军队每人搬一块石头，去填平龙池。龙王又变作婆罗门，重新请求国王说：“我是那个池的龙王，畏惧大王的威力而归附。望大王慈悲怜悯，赦免我从前的罪过。大王以化育众生之心，庇护天下生灵，为什么对我独加杀害呢？大王如果杀了我，我和大王

王俱堕恶道,王有断命之罪,我怀怨仇之心。业报皎然[3],善恶明矣。”王遂与龙明设要契,后更有犯,必不相赦。龙曰:“我以恶业,受身为龙,龙性猛恶,不能自持,瞋心或起,当忘所制。王今更立伽蓝,不敢摧毁。每遣一人候望山岭,黑云若起,急击犍椎,我闻其声,恶心当息。”其王于是更修伽蓝,建窣堵波,候望云气,于今不绝。

闻诸先志曰:窣堵波中有如来骨肉舍利,可一升余,神变之事,难以详述。一时中窣堵波内忽有烟起,少间便出猛焰,时人谓窣堵波已从火烬。瞻仰良久,火灭烟消,乃见舍利如白珠幡,循环表柱,宛转而上,升高云际,萦旋而下。

都堕入了恶道,大王有杀人性命的罪过,我有怀恨记仇的心理。因果报应毫厘不爽,善恶是非是清晰分明的。”国王于是和龙王当众立下约定,以后再有相犯,一定不予以赦免。龙王说:“我因前世罪孽,转世为龙,龙的禀性凶猛恶劣,不能自己约束自己,有时瞋恶之念一产生,会忘记克制。大王现在再建立寺院,不敢摧毁。请大王派一人在山岭观望,黑云如果升起,急忙敲击犍槌,我听到它的声音,瞋恶的心就会平息。”国王于是再修寺院,建造佛塔,派人观望云气,至今仍不间断。

听老年人讲:佛塔中有如来佛的骨肉舍利,大约一升多,舍利神妙变化的事情,难以详尽叙述。有时,佛塔中突然有烟升起,短时之间就窜出猛烈的火焰,其时人们以为佛塔已在火中化为灰烬。仰望许久之后,烈火熄灭,浓烟消散,只见舍利如白珠般的旗帜,环绕着表柱,宛转地上升,升高到云端,又缓缓地盘旋而下。

注释 1 婆罗门:印度古代四大种姓中的最高等级,专司祭祀。 2 覆焘:指恩惠普照生灵。 3 业报:又称果报,佛教谓由过去的善恶业因,招来现在的果报。

五、旧王及旧王妃伽蓝

王城西北大河南岸旧王伽蓝内,有释迦菩萨弱龄龀齿[1],长余一寸。其伽蓝东南有一伽蓝,亦名旧王,有如来顶骨一片,面广寸余,其色黄白,发孔分明。又有如来发,发色青绀,螺旋右萦,引长尺余,卷可半寸。凡此三事,每至六斋,王及大臣散花供养。

顶骨伽蓝西南,有旧王妃伽蓝,中有金铜窣堵波,高百余尺。闻诸土俗曰:其窣堵波中有佛舍利升余,每月十五日,其夜便放圆光,烛耀露盘,联晖达曙,其光渐敛,入窣堵波。

在都城西北大河的南岸旧王寺院内,有释迦菩萨童年时的乳齿,长一寸多。这所寺院的东南又有一所寺院,也叫旧王寺院,里面有一片如来的头骨,平面一寸多,颜色呈黄白色,发孔看得很清楚。又有如来的头发,头发颜色是天青色,向右螺旋,拉直有一尺多长,卷起来只有半寸。这三件宝物,每到六斋日,国王和大臣都要散花供奉。

在有头骨的寺院的西南,有一所旧王妃寺院,里面有金铜佛塔,高一百多尺。听当地人讲:那座佛塔里有一升多佛舍利,每月十五日,夜晚就放射圆轮光芒,照耀露盘,与月光交相辉映到天明,然后光芒逐渐收敛,进入佛塔。

注释 1 龀(chèn)齿:毁齿,指儿童换牙。这里指乳齿。

六、比罗娑洛山及龙泉

城西南有比罗娑洛山。唐言象坚。山神作象形，故曰象坚也。昔如来在世，象坚神奉请世尊及千二百大阿罗汉[1]。山颠有大磐石，如来即之，受神供养。其后无忧王即磐石上起窣堵波[2]，高百余尺，今人谓之象坚窣堵波也。亦云中有如来舍利，可一升余。

象坚窣堵波北山岩下有一龙泉，是如来受神饭已，及阿罗汉于中漱口嚼杨枝，因即种根，今为茂林。后人于此建立伽蓝，名鞞铎佉。唐言嚼杨枝也。

自此东行六百余里，山谷接连，峰岸峭峻，越黑岭，入北印度境，至滥波国。北印度境。

都城的西南有比罗娑洛山(唐朝称为象坚山)。这座山的山神显现出象的形貌，所以称象坚神。从前如来在世时，象坚神恳请如来和一千二百大阿罗汉前来。山顶上有块大磐石，如来坐在上面，受山神的供奉。其后无忧王在磐石上建造佛塔，高一百多尺，现在人们称之为象坚佛塔。也有人说佛塔中有如来舍利，约有一升多。

象坚佛塔北边山岩下有一处龙泉，那是如来接受山神饭食后，和阿罗汉漱口嚼杨枝的地方，当时随手插杨枝入土，现在成为一片茂林。后人在这里建立寺院，取名为鞞铎佉。(唐朝语言称为嚼杨枝。)

从这里向东行走六百多里，山谷连接，悬崖峭壁，翻过黑岭之后，便进入北印度境内，到达滥波国。(在北印度境内。)

注释　1 世尊：是释迦牟尼的尊号。　2 无忧王：是阿育王的意译。阿育王是古印度摩揭陀国孔雀王朝国王，生年不详，卒于公元前232年。

在位期间，除印度半岛南端外，几乎统一印度全境。起初信奉婆罗门教，后皈依佛教，并以佛教为国教。曾于华氏城举行第三次佛典结集，整理经律论三藏经典，并派人向国外传教。佛教传播于国外，多赖其力。

卷第二　三国

三藏法师玄奘奉诏译
大总持寺沙门辩机撰

印度总述

一、释名

原文

详夫天竺之称，异议纠纷，旧云身毒[1]，或曰贤豆，今从正音，宜云印度。印度之人，随地称国，殊方异俗，遥举总名，语其所美，谓之印度。印度者，唐言“月”。月有多名，斯其一称。言诸群生轮回不息，无明长夜莫有司晨，其犹白日既隐，宵月斯继，虽有星光之照，岂如朗月之明！苟缘斯致，因而譬月。良以其土

译文

探讨天竺的称呼，各种说法纠缠不清，旧时称为身毒，有人称为贤豆，现在依从正确的发音，应该称印度。印度的人，各随居住地而称呼其国，各地风俗差别很大，举列一个总名称，表述他们所喜爱的地方，称为印度。所谓印度，唐朝的意思是和“月亮”。月亮有多种名称，印度是其中之一。意思是众生轮回永不停息，如同没有光明的夜晚而无报晓者，又好似白天的太阳落山，晚上月亮继之而起，虽然有星光照耀，哪里赶得上明月的光亮！由于这个缘故，因而以月亮譬喻印度。实在是因为这片

圣贤继轨，导凡御物，如月照临。由是义故，谓之印度。印度种姓族类群分[2]，而婆罗门特为清贵。从其雅称，传以成俗，无云经界之别，总谓婆罗门国焉。

土地上的圣人贤士相继出现，引导世人，统御万物，如同月亮照临大地。出于这个原因，称之为印度。印度存在着种姓，依族类分为若干集团，而以婆罗门最为清高尊贵。人们依从他们的雅称，相传而成习俗，不再讲疆界的分别，总起来称为婆罗门国。

注释　**1** 身（yuān）毒：古印度的音译。《史记》的《大宛列传》及《西南夷列传》皆载有身毒国之事，是中国典籍关于印度的最早记载。
2 种姓：古印度划分严格的等级集团，地位尊卑依次为婆罗门、刹帝利、吠奢、戍陀罗等。

二、疆域

若其封疆之域，可得而言。五印度之境[1]，周九万余里。三垂大海，北背雪山。[2]北广南狭，形如半月。画野区分，七十余国。时特暑热，地多泉湿。北乃山阜隐轸，丘陵舄卤[3]；东则川野沃润，畴陇膏腴；南方草木荣茂；西方土地硗确。斯大概也，可略言焉。

至于印度的疆域，可以在此谈一谈。五印度的疆土，方圆有九万多里，三面濒临大海，北面靠着雪山。北部广阔，南部狭窄，形状如半月。划分疆域界线，有七十多个王国。气候特别炎热，土地多泉流潮湿。北部山地众多，丘陵是盐碱土质；东部多河流平原，土地肥沃滋润，农田能获高产；南部草木繁茂；西部土地硗薄。这只是个大概，在此约略言及。

注释　1 五印度：古印度分为东、南、西、北、中五部。又称五天竺。2 “三垂”二句：大海指今印度洋，雪山指今喜马拉雅山脉和兴都库什山脉。　3 舄（xì）卤：盐碱地。

三、数量

夫数量之称，谓逾缮那[1]。旧曰由旬，又曰逾阇那，又曰由延，皆讹略也。逾缮那者，自古圣王一日军程也。旧传一逾缮那四十里矣，印度国俗乃三十里，圣教所载惟十六里。穷微之数，分一逾缮那为八拘卢舍[2]。拘卢舍者，谓大牛鸣声所极闻，称拘卢舍。分一拘卢舍为五百弓[3]，分一弓为四肘[4]，分一肘为二十四指[5]，分一指节为七宿麦，乃至虱、虮、隙尘、牛毛、羊毛、兔毫、铜水，次第七分，以至细尘。细尘七分，为极细尘。极细尘者，不可复析，析即归空，故曰极微也[6]。

数量的名称，叫作逾缮那。（旧称由旬，又称逾阇那，又称由延，都是错误的。）所谓逾缮那，自古以来是圣明君王一天行军的路程。以前传说一逾缮那为华夏的四十里，按印度的习俗是三十里，而佛教典籍中的记载只有十六里。把这个长度细分，一逾缮那分为八拘卢舍。所谓拘卢舍，意思是大牛鸣叫声所能传到的最远的距离，这便叫拘卢舍。一拘卢舍分为五百弓，一弓分为四肘，一肘分为二十四指，一指分为七宿麦，自宿麦至虱、虮、隙尘、牛毛、羊毛、兔毫、铜水，依次一分为七，以至于细尘。细尘又一分为七，为极细尘。所谓极细尘，不能够再分割，再分就空无所有了，所以叫作极微。

注释 1 逾缮那：古代印度计程单位。其确切长度说法不一，但一般都有几十里。 2 拘卢舍：古代印度长度单位，是牛声可以达到的距离。印度现仍用作印里的名称。 3 弓：古代印度长度单位。慧苑《新译华严经音义》卷下谓一弓为八尺。 4 肘：古代印度长度单位，取肘本端至中指末的距离为标准。慧苑《音义》谓一肘为二尺。或说一肘为一尺八寸。 5 指：古代印度长度单位，数额为大拇指的厚度。6 极微：古代印度最小的长度单位。

四、岁时

若乃阴阳历运，日月次舍，称谓虽殊，时候无异，随其星建，以标月名。[1]时极短者，谓刹那也[2]。百二十刹那为一呾刹那，六十呾刹那为一腊缚，三十腊缚为一牟呼栗多，五牟呼栗多为一时，六时合成一日一夜，昼三夜三。居俗日夜分为八时[3]。昼四夜四，于一一时各有四分。月盈至满，谓之白分；月亏至晦，谓之黑分。黑分或十四日、十五日，月有小大故也。黑前白后，合为一月。六月合为

至于阴阳变化、历法推算，日月的出没，称谓虽有不同，时令却没有差别，都依照星宿，来标出月名。时间极为短暂的，称为刹那。一百二十刹那为一呾刹那，六十呾刹那为一腊缚，三十腊缚为一牟呼栗多，五牟呼栗多为一时，六时合成一日一夜，（白日三时夜晚三时。）世俗之人把一日一夜分为八时。（白日四时夜晚四时，每一时各有四分。）月亮由盈到满这段时间，称为白分；月亮由亏到暗这段时间，称为黑分。黑分有时十四天，有时十五天，是月份有大有小的缘故。黑分在前，白

一行。日游在内，北行也；日游在外，南行也。[4]总此二行，合为一岁。又分一岁以为六时。正月十六日至三月十五日，渐热也；三月十六日至五月十五日，盛热也；五月十六日至七月十五日，雨时也；七月十六日至九月十五日，茂时也；九月十六日至十一月十五日，渐寒也；十一月十六日至正月十五日，盛寒也。如来圣教，岁为三时。正月十六日至五月十五日，热时也；五月十六日至九月十五日，雨时也；九月十六日至正月十五日，寒时也。或为四时，春、夏、秋、冬也。春三月谓制呾逻月、吠舍佉月、逝瑟吒月，当此从正月十六日至四月十五日。夏三月谓頞沙荼月、室罗伐拿月、婆达罗钵陁月，当此从四月十六日至七月十五日。秋三月谓頞湿缚庾阇月、迦剌底迦月、末伽始罗月，当此从七月十六日

分在后，合成一月。六个月合成一行。太阳运行在内，称为北行；太阳运行在外，称为南行。总合这二行，成为一年。又分一年为六时。正月十六日至三月十五日，是渐热时节；三月十六日至五月十五日，是盛热时节；五月十六日至七月十五日，是降雨时节；七月十六日至九月十五日，是草木繁茂时节；九月十六日至十一月十五日，是渐寒时节；十一月十六日至正月十五日，是盛寒时节。按照如来的佛教，一年分为三时。正月十六日至五月十五日，是炎热时节；五月十六日至九月十五日，是降雨时节；九月十六日至正月十五日，是寒冷时节。也有的分为四时，就是春夏秋冬。春天三个月称制呾逻月、吠舍佉月、逝瑟吒月，相当于我国的正月十六日至四月十五日。夏天三个月称頞沙荼月、室罗伐拿月、婆达罗钵陁月，相当于我国的四月十六日至七月十五日。秋天三个月称頞湿缚庾阇月、迦剌底迦月、末伽始罗月，相当于我国的七月十六日至十月十五日。冬天三个月称报

至十月十五日。冬三月谓报沙月、磨祛月、颇勒窭拿月,当此从十月十六日至正月十五日。故印度僧徒依佛圣教,坐雨安居,或前三月,或后三月。前三月当此从五月十六日至八月十五日,后三月当此从六月十六日至九月十五日。前代译经律者,或云坐夏,或云坐腊,斯皆边裔殊俗,不达中国正音[5],或方言未融,而传译有谬。又推如来入胎、初生、出家、成佛、涅槃日月,皆有参差,语在后记。

沙月、磨祛月、颇勒窭拿月,相当于我国的十月十六日至正月十五日。所以印度的僧徒,依照佛祖教谕,在雨季安居不动,有的在前三月,有的在后三月。前三月相当于我国的五月十六日到八月十五日,后三月相当于我国的六月十六日到九月十五日。前代翻译经律的人,有的说坐夏,有的说坐腊,这都是边远地区的特殊风俗,不通晓中印度的标准语言,也有的是不理解方言,而翻译有误。此外还推算如来投胎、诞生、出家、成佛、涅槃的日期,都有出入,将在后面谈到。

注释 1 "随其"二句:古代印度以肉眼观察到的星宿为标准,划分天空的分野,有二十八宿、十二宫、七曜之别,又以星宿名称来标月名。一年自正月起至十二月分别称为:角月、氐月、心月、箕月、女月、室月、娄月、昴月、觜月、鬼月、星月、翼月。 2 刹那:古代印度最小的计时单位。 3 "居俗"句:居俗即世俗,全句谓世俗之人分一天为八时,与佛教分为六时有异。 4 "日游在内"二句:古代印度根据太阳的运行,提出了十二宫之时,北行是指冬至到夏至的运行。"日游在外"二句:指太阳从夏至到冬至的运行。 5 中国:这里指中印度。

五、 邑居

若夫邑里闾阎,方城广峙,街衢巷陌,曲径盘迂。阛阓当涂[1],旗亭夹路。屠、钓、倡、优、魁脍、除粪[2],旌厥宅居,斥之邑外,行里往来,僻于路左。至于宅居之制,垣郭之作,地势卑湿,城多叠砖,暨诸墙壁,或编竹木。室宇台观,板屋平头,泥以石灰,覆以砖墼[3]。诸异崇构,制同中夏。苫茅苫草[4],或砖或板,壁以石灰为饰,地涂牛粪为净,时花散布,斯其异也。诸僧伽蓝,颇极奇制。隅楼四起,重阁三层,榱梠栋梁,奇形雕镂,户牖垣墙,图画众彩。黎庶之居,内侈外俭。隩室中堂,高广有异,层台重阁,形制不拘。门辟东户,朝座东面。至于坐止,咸用绳床,王族、

至于城市聚居之地,方形城垣宽广厚实,大街小巷,曲折环绕。交易场所遍布路口,楼店林立街道两旁。屠夫、渔夫、倡妓、乐人、厨子、清洁工,住处有特殊标志,被排斥在城郭外,如在街市行走,只能避让在道路左边。至于住宅的构造,城垣的建筑,因地势低下潮湿,城墙多用砖砌成,住宅墙壁,有的编扎竹木。房屋楼台,用木头铺顶,涂上石灰,再盖上砖坯。各种大的建筑,形制与华夏相同。屋顶铺茅铺草,或用砖盖,或用板盖,墙壁上以涂石灰为装饰,地上以涂牛粪为洁净,各种花朵撒在上面,这是同华夏不同的地方。各个寺院,结构格外奇特。四角高楼耸起,楼阁达到三层,屋椽屋梁,雕刻得奇形怪状,大门、窗户和墙壁上,画着各种彩色的图案。一般民众的住处,内部华丽而外部简约。内室和中堂,高低宽窄不同,亭台楼阁,形制不拘一格。大门向东开,君王座位也面向东方。至于坐下休息,都用胡床。王室、大臣、士人、庶人、豪门大族,所用胡床的装饰各有不同,样

大人、士庶、豪右,庄饰有殊,规矩无异。君王朝座,弥复高广,珠玑间错,谓师子床,敷以细氎,蹈以宝机。凡百庶僚,随其所好,刻雕异类,莹饰奇珍。

式却无差别。朝见君王的座位,更加高大宽广,镶嵌着各种珠宝,称为师子床,上面铺有细棉布,还有一个珠宝装饰的凳子摆在前面供踏脚。百官及僚属,都各自根据自己的喜好,在座位上雕刻各种图案,装饰上奇珍异宝。

注释 1 阛阓(huánhuì):街市。 2 "屠、钓"句:本句中人物属于印度古代种姓制度中最低贱的一个种姓,不与其他等级的人杂居,住在城外。其中魁脍为炊事员,或说为刽子手,除粪为清洁工。 3 墼(jī):土坯。 4 苫(shàn):用席、草、布等遮盖。

六、衣饰

衣裳服玩,无所裁制,贵鲜白,轻杂彩。男则绕腰络腋,横巾右袒。女乃襜衣下垂[1],通肩总覆。顶为小髻,余发垂下。或有剪髭,别为诡俗。首冠花鬘,身佩璎珞[2]。其所服者,谓憍奢耶衣及氎布等。憍奢耶者,野蚕丝也。菆摩衣[3],麻之类也。顩墟严反。

衣裳服饰,不用裁缝,崇尚纯白色,轻视杂色。男人用布环绕腰间,上达腋下,横着长巾在两肩上,露出右臂。女人则围裙下垂,两肩全部遮盖起来。头顶梳成小髻,其余的头发下垂。有的人剪去胡须,还有一些别的怪异的习俗。头上戴花环,身上佩饰物。所穿的衣服,称作憍奢耶衣和细棉布衣等等。所谓憍奢耶,是野蚕丝。菆摩衣,属麻布一类的衣服。顩钵罗

钵罗衣[4]，织细羊毛也。褐剌缡衣[5]，织野兽毛也。兽毛细软，可得缉绩，故以见珍而充服用。其北印度风土寒烈，短制褊衣，颇同胡服。外道服饰，纷杂异制。或衣孔雀羽尾，或饰髑髅璎珞，或无服露形，或草板掩体，或拔发断髭，或蓬鬓椎髻，裳衣无定，赤白不恒。沙门法服[6]，惟有三衣及僧却崎、泥缚些桑个反。那[7]。三衣裁制，部执不同，或缘有宽狭，或叶有小大。僧却崎唐言掩腋。旧曰僧祇支，讹也。覆左肩，掩两腋，左开右合，长裁过腰。泥缚些那唐言裙。旧曰涅槃僧，讹也。既无带襻[8]，其将服也，集衣为襵[9]，束带以绦，襵则诸部各异，色乃黄赤不同。刹帝利、婆罗门清素居简，洁白俭约。国王、大臣服玩良异，花鬘宝冠以为首饰，环钏璎珞而作

衣，是细羊毛织成的衣服。褐剌缡衣，是野兽毛织成的衣服。兽毛又细又软，可以纺织，所以为人珍视，做成衣服。北印度气候寒冷，穿短式的紧身衣，与胡人衣服有些相同。外道人士的服饰，繁杂多样。有的穿上孔雀羽尾，有的装饰上头骨项链，有的没有衣服露出形体，有的用草和板子遮蔽全身，有的拔去头发剪断胡须，有的鬓发蓬散在头上编个小髻，衣裳没有定制，红色、白色也不固定。沙门的法服，只有三衣和僧却崎、泥缚些那。三衣的裁制，各部派不相同。有的镶边宽狭不同，有的衣幅大小不同。僧却崎（唐朝称掩腋。旧称僧祇支，是错误的。）覆盖左肩，掩蔽两腋，左边敞开右边合拢，长度才过腰部。泥缚些那（唐朝称为裙。旧称涅槃僧，是错误的。）没有带子，在将穿的时候，将衣服收拢为褶子，再用丝带缚住。褶子的形状，各部派各不相同，颜色也有黄与红的不同。刹帝利、婆罗门清廉朴素，居处简约，纯洁如玉，淡泊节俭。国王、大臣的服饰珍玩则迥然有异，以花环宝冠为头上装饰，以镯子项链为身上佩戴之物。

身佩。其有富商大贾，唯钏而已。人多徒跣，少有所履。染其牙齿，或赤或黑，齐发穿耳，修鼻大眼，斯其貌也。

有的富商大贾，仅有镯子而已。人们大多赤脚，少有穿鞋子的。对牙齿染色，有红色有黑色，剪平头发，耳朵穿孔，高鼻子大眼睛，这就是他们的相貌。

注释 1 襜（chān）衣：遮至膝前的短衣，即围裙。 2 璎珞：串珠玉而成的装饰物。 3 菆（zōu）摩衣：麻制的衣服。菆摩意思为麻。4 𫖯（yǎn）钵罗衣：细羊毛织的衣服。 5 褐剌缡衣：褐剌缡的语源不详，疑为野兽毛织成的防雨衣。 6 沙门：亦作桑门，即僧徒。 7 泥缚些那：佛教僧徒系于腰部的方裙，又译作禅裙。 8 襻（pàn）：系衣裙的带，扣住纽扣的套。 9 褶（zhě）：衣裙上的褶子。

七、馔食

夫其洁清自守，非矫其志。凡有馔食，必先盥洗，残宿不再，食器不传。瓦木之器，经用必弃。金、银、铜、铁，每加摩莹。馔食既讫，嚼杨枝而为净。[1]澡漱未终，无相执触。每有溲溺，必事澡灌。身涂诸香，所谓旃檀、郁金也[2]。

他们爱整洁清新，并非出自外力强迫。凡要进餐，一定要先盥洗，过夜的剩菜剩饭不再食用，饮食器皿不相传递。陶质和木质器具，用过后就丢弃。金、银、铜、铁，时常擦拭得放亮光。进餐之后，嚼杨枝来使口腔干净。洗澡漱口没结束，不相互接触。每当大小便后，一定要洗涤。身上涂上各种香料，所谓檀香、郁金香等。君王将要君王将浴,鼓奏弦歌。祭祀拜祠,沐浴盥洗。

沐浴,就击鼓弹奏。祭祀和入庙叩拜,必须沐浴盥洗。

注释 1 “嚼杨”句:古代印度在口腔卫生方面,有一种嚼齿木,用来揩齿刮舌。这种工具多用杨枝做成,故翻译中称为“嚼杨枝”。不过,嚼齿木也不仅限于杨枝。 2 旃檀:即檀香木。郁金:草名,即郁金香。

八、文字

详其文字,梵天所制[1],原始垂则,四十七言[2]。遇物合成,随事转用,流演枝派,其源浸广。因地随人,微有改变,语其大较,未异本源。而中印度特为详正,辞调和雅,与天同音,气韵清亮,为人轨则。邻境异国,习谬成训,竞趋浇俗,莫守淳风。

至于记言书事,各有司存。史诰总称,谓尼罗蔽荼[3],唐言青藏。善恶具举,灾祥备著。

细究印度的文字,是大梵天王所创造,最初制定下规则,是四十七字母。字母依据事物而组合,随着事物变化辗转运用,流变中枝派渐生,使用地域更广。各地由于居民不同,文字微有变化,但大体而言,没有离开本源。而中印度语言特别纯正,语调协和雅顺,与天神语音相同,气韵清明洪亮,是人们的典范。相邻地区及各国,对谬误习以为常,竞相趋向于浇薄庸俗,不遵循淳朴的风尚。

至于记言记事,各有主管部门负责。史书文告,总称为尼罗蔽荼,(唐朝语言称为青藏。)善行恶事全都记录,灾祸祯祥亦均著录。

注释 1 梵天：即大梵天王，或称梵王。初为婆罗门教的创造神，与湿婆、毗湿奴并称为婆罗门教中三大神。佛教兴起，设想一切世界为欲界、色界、无色界三界。大梵天是第二色界诸天的第三天，其王称大梵天王。 2 四十七言：梵文所用四十七字母，其中元音十四个、辅音三十三个。 3 尼罗蔽荼：是印度古代史书与官方文书的总称。

九、教育

而开蒙诱进，先导十二章[1]。七岁之后，渐授五明大论[2]：一曰声明[3]，释诂训字，诠目疏别；二工巧明，伎术机关，阴阳历数；三医方明[4]，禁咒闲邪，药石针艾；四曰因明[5]，考定正邪，研核真伪；五曰内明[6]，究畅五乘因果妙理[7]。

儿童的启蒙教育，是先教授悉昙十二章。七岁以后，逐渐讲授五明大论：一是声明，解释字义，弄清文字源流；二是工巧明，教授工程技巧，熟悉天文历算；三是医方明，教授咒语防止邪恶，掌握医药针炙技术；四是因明，内容是考定正误，研究理论的真假；五是内明，研究五乘教法，明了因果的精微道理。

注释 1 十二章：即悉昙章。悉昙是梵语字母的译音，义译是成就的意思。悉昙章讲述字母、拼法、连声等基础知识，是印度古代儿童初学课本。 2 五明大论：是佛教对僧徒进行教育的五种学科。 3 声明：研究文字、声韵、语法与修辞的学问。 4 医方明：研究医术的学问。印度古代医学是四种《副吠陀》之一，称为《寿命吠陀》。 5 因明：是研究推理证明的学问，包括形式逻辑与认识论两部分。 6 内明：是关于佛教哲学的学问。 7 五乘：佛教称使人达到其果地的五种教法。

五乘的名号说法不一，最常见的说法是以人乘（乘五戒之行法而生于人间者）、天乘（乘十善之行法而生于天上者）、声闻乘（乘四谛之行法而到达阿罗汉果者）、缘觉乘（乘十二因缘之行法而到达辟支佛果者）、菩萨乘（乘六度之行法而至于佛果者）为五乘。

其婆罗门学四《吠陀论》[1]：旧曰毗陀，讹也。一曰寿，谓养生缮性；二曰祠，谓享祭祈祷；三曰平，谓礼仪、占卜、兵法、军阵；四曰术，谓异能、伎数、禁咒、医方。

师必博究精微，贯穷玄奥，示之大义，导以微言，提撕善诱，雕朽励薄。若乃识量通敏，志怀遁逸，则拘絷反关[2]，业成后已。

年方三十，志立学成，既居禄位，先酬师德。其有博古好雅，肥遁居贞，沉浮物外，逍遥事表，宠辱不惊，声问以远，君王雅尚，莫能屈迹。然而国重聪睿，俗贵高明，褒

婆罗门要学习四《吠陀论》（旧称毗陀，是错误的。）：一是寿，讲修身养性之道；二是祠，指的是祭祀祈祷；三是平，指的是礼仪、占卜、兵法、军阵；四是术，指的是奇巧异能、驱邪念咒、医药处方等。

教师必须广泛地研究精微的义理，贯通玄妙的奥旨，对学生揭示要义，用微妙的言语引导他们，循循善诱，如同把朽木雕琢成器，把微薄的碎片磨成利刃。至于见识度量通达敏捷者，志在隐遁避世，就反锁自己于室中，直到学业有成而止。

学生年岁到了三十，志向已立学业已成，当官受禄后，先要报答教师的恩德。也有人崇尚古风，爱好清雅，隐遁之意坚贞，沉浮于俗务之外，逍遥于世事之表，受宠受辱皆不惊慌，声名远扬，君王十分欣赏他们，却不能使他们遵命而至。不过国家重视聪明饱学之人，世俗尊敬

赞既隆，礼命亦重。故能强志笃学，忘疲游艺，访道依仁，不远千里。家虽豪富，志均羁旅，口腹之资，巡丐以济，有贵知道，无耻匮财。娱游惰业、偷食靡衣，既无令德，又非时习，耻辱俱至，丑声载扬。

德行高洁之士，褒扬奖励很隆重，礼敬也很崇高。所以人们能志向坚定，刻苦求学，忘记了疲劳，访求有道之人，皈依仁爱之士，不以千里为遥远。家中虽然很富有，却志在远游，日常饮食，靠沿途乞讨而获取，他们是以明知事理为可贵，不以财产匮乏而觉耻辱。如果只好游乐，荒废学业，贪图美食佳衣，没有美好的德行，又无一技之长，就会招来各种耻辱，丑名远扬于外。

注释　**1** 四《吠陀论》：是印度雅利安人最古老的文献，婆罗门教最根本的圣典。其一为《梨俱吠陀》，集上古颂诗，共十卷，1028首。其二为《耶柔吠陀》，集四时祭祀仪式及咒语等。其三为《娑摩吠陀》，集赞歌而配音乐者，有1549首，供祭祀时歌咏之用。其四为《阿闼婆吠陀》，集禳灾禁咒、日常祈祷修法的祭歌，成书晚于前三书，内容较庞杂。　**2** 拘絷（zhí）反关：把人反关在屋中，这里指反闭其门，沉潜于学业中。絷，拴、捆、拘禁之意。

十、佛教

如来理教[1]，随类得解。去圣悠远，正法醇醨[2]，任其见解之心，俱获闻知之悟。部执峰峙，诤论波涛，异学专门，殊途

如来的佛法教义，各人依自己的才智而理解各异。现在离开圣人的时代已经久远，对纯正佛法的理解深浅，取决于各自的内心，都靠悟性来获致。现在各部派林立，争论如波涛翻涌，各种

同致。十有八部[3]，各擅锋锐；大小二乘，居止区别。其有宴默思惟，经行住立[4]，定慧悠隔[5]，喧静良殊，随其众居，各制科防。无云律论，絓是佛经，讲宣一部，乃免僧知事[6]；二部，加上房资具；三部，差侍者祗承；四部，给净人役使[7]；五部，则行乘象舆；六部，又导从周卫。道德既高，旌命亦异。时集讲论，考其优劣，彰别善恶，黜陟幽明。其有商榷微言，抑扬妙理，雅辞赡美，妙辩敏捷，于是驭乘宝象，导从如林。至乃义门虚辟，辞锋挫锐，理寡而辞繁，义乖而言顺，遂即面涂赭垩[8]，身坌尘土，斥于旷野，弃之沟壑。既旌淑慝[9]，亦表贤愚。人知乐道，家勤志学。出家归俗，从其所好。罹咎犯律，僧中科罚，轻则众

学说专主一论，却都殊途同归。十八个部派，各逞锋利的辩辞；大小二乘，居止均有区别。有的人冥思苦想，有的人盘绕往来，禅定与智慧相距甚远，喧嚣与寂静差别极大，众多的僧团，各自制立条规。无论是律是论，都属于佛经，能讲解一部，可以免除劳役事务；讲解两部，赐予上等房舍和用具；讲解三部，差遣侍者恭敬侍奉；讲解四部，给予俗人供其役使；讲解五部，就可出入乘象舆；讲解六部，可安排侍从引导随从。道德高尚的人，奖励也不同凡响。僧人时常集会讲论，考定优劣，分辨善恶，贬黜愚昧者，提升贤明的人。也有的对精微的言语加以探讨，评议玄妙的道理，言辞雅正丰富，辩解的思路敏捷，于是坐在宝象上，前后簇拥如林。至于有人义理空虚，论辩中词锋受挫，道理少而言语长，乖背义理而以言语取悦他人，就在他脸上涂抹红土白土，在他身上撒上尘土，驱赶到荒野中，抛弃到沟壑里。既分辨美好与邪恶，又彰显贤明与愚昧。于是人们乐于修道，在家中勤勉地学习。是出家还是在家，听凭各人的好尚。如果违犯科条，在寺院中处罚，轻的当众受训斥，其次是大家

命诃责,次又众不与语,重乃众不共住。不共住者,斥摈不齿,出一住处,措身无所,羁旅艰辛,或返初服[10]。

不与他讲话,重的是大家不与他住在一起。不共住一起的,被摈斥于众人之外,为人所不齿,一旦被逐出住处,无地可居,就流浪在外,备尝艰辛,有的人因此而还俗。

注释 1 理教:佛教探讨表面难以认识而在本体却有一定不变的“理”,以“理”为真谛,故称理教。 2 醇醨(chúnlí):厚酒为醇,薄酒为醨。这里比喻各家学说的深浅。 3 十有八部:释迦牟尼逝世后,原始佛教形成多种部派。小乘十八部是指一说部、说出世部、鸡胤部、多闻部、说假部、制多山部、西山住部、北山住部、说一切有部、犊子部、化地部、饮光部、经量部、法上部、贤胄部、正量部、密林山部、法藏部。 4 经行:修行的一种方法。在一定的地方旋绕往来,既防坐禅时的困倦,又为养生疗病之法。 5 定慧:禅定与智慧,是修行的两种方法。静坐敛心,专注一处,称为定;洞照事理,决断疑念,摆脱世间一切烦恼,称为慧。 6 僧知事:掌管僧院事务的僧人。 7 净人:供僧人差遣的俗人(未出家者)。 8 赭垩(è):红色和白色的黏土。 9 淑慝(tè):善良与邪恶。 10 返初服:回复到当初的服饰,即还俗。

十一、族姓[1]

若夫族姓殊者,有四流焉:一曰婆罗门,净行也[2],守道居贞,洁白其操。二曰刹帝利,王种也,旧曰

关于不同的种姓,有四个类别:第一类称为婆罗门,是外道修行者,遵守正道,行为坚贞,操守纯洁。第二类称为刹帝利,是王室种族,(旧称刹利,是

刹利，略也。奕世君临，仁恕为志。三曰吠奢，旧曰毗舍，讹也。商贾也，贸迁有无，逐利远近。四曰戍陀罗，旧曰首陀，讹也。农人也，肆力畴陇，勤身稼穑。凡兹四姓，清浊殊流，婚娶通亲，飞伏异路，内外宗枝，姻媾不杂。妇人一嫁，终无再醮。自余杂姓，实繁种族，各随类聚，难以详载。

略称。）世代统治天下，以仁慈宽恕为志向。第三类称为吠奢，（旧称毗舍，是错误的。）是商人，贩运货物，调节有无，追逐利润，不计远近。第四类称为戍陀罗，（旧称首陀，是错误的。）是农民，努力耕种田地，勤于种植收获。这四个种姓，清浊有别，在本种姓内嫁娶，富人与穷人不相通婚，父系与母系的亲属，婚姻也不相杂。妇人一出嫁，终身不再婚。其余繁杂的种姓，名目繁多，各自以类而聚，难以详细记载。

注释 1 族姓：即种姓。 2 净行：净行者的略称。相对于佛教，净行是外道修行者。

十二、兵术

君王奕世，惟刹帝利。弑篡时起，异姓称尊[1]。国之战士，骁雄毕选，子父传业，遂穷兵术。居则宫庐周卫，征则奋旅前锋。凡有四兵，步、马、车、象。象则被以坚甲，牙施利距[2]，

历代治理国家的君王，只有刹帝利。篡位弑君之事时有发生，其他种姓也有称王的。国家的战士，是从骁勇善战者中挑选出来，父子相继，因此精通兵法。平时为国王守卫宫殿，出征则充任前锋。共有四个军种，即步军、马军、车军、象军。象身上披上

一将安乘，授其节度，两卒左右，为之驾驭。车乃驾以驷马，兵帅居乘，列卒周卫，扶轮挟毂。马军散御，逐北奔命。步军轻捍，敢勇充选，负大橹，执长戟，或持刀剑，前奋行阵。凡诸戎器，莫不锋锐，所谓矛、楯、弓、矢、刀、剑、钺、斧、戈、殳、长矟、轮索之属[3]，皆世习矣。

坚甲，牙齿上安置锋利的曲钩，一个将领坐在上面，指挥战斗，两个战士在左右，为他驾驭大象。战车用四匹马拉动，军官坐在战车中，兵卒在四周护卫，紧靠车轮旁边。马军分开御敌，追赶逃跑的敌兵。步军轻装上阵，以勇敢的兵士充任，身负大盾，手持长戟，有的拿着刀剑，在前冲锋陷阵。各种兵器，无不锋利，这些矛、盾、弓、箭、刀、剑、钺、斧、戈、殳、长矟、绳索之类，都是世代传习。

注释 1 异姓：其他的种姓。异姓称尊者，如卷四所记波理夜呾罗国王，本属吠屠种姓。 2 利距：锋利的曲钩。 3 钺（yuè）：古代兵器，青铜或铁制成，形状像板斧而较大。殳（shū）：兵器，用竹竿制成，一端有棱。长矟（shuò）：杆子较长的矛。

十三、刑法

夫其俗也，性虽狷急，志甚贞质，于财无苟得，于义有余让，惧冥运之罪，轻生事之业，诡谲不行，盟誓为信，政教尚质，风俗犹

印度人的习俗，性情虽然刚猛急躁，心志却坚贞质朴，对财产不随便获取，对仁义则谦让有余，惧怕冥中受罪，看轻人间的业绩，不诡诈行事，盟誓后绝不反悔，政治教化崇尚质朴，风

和。凶悖群小，时亏国宪，谋危君上，事迹彰明，则常幽囹圄[1]，无所刑戮，任其生死，不齿人伦。犯伤礼义，悖逆忠孝，则劓鼻[2]，截耳，断手，刖足[3]，或驱出国，或放荒裔。自余咎犯，输财赎罪。理狱占辞，不加刑朴，随问款对，据事平科。拒违所犯，耻过饰非，欲究情实，事须案者，凡有四条：水、火、称、毒。水则罪人与石，盛以连囊，沉之深流，校其真伪，人沉石浮则有犯，人浮石沈则无隐。火乃烧铁，罪人踞上，复使足蹈，既遣掌案，又令舌舐，虚无所损，实有所伤。懦弱之人不堪炎炽，捧未开花，散之向焰，虚则花发，实则花焦。称则人石平衡，轻重取验，虚则人低石举，实则石重人轻。毒则以一羖羊[4]，剖其右

俗习惯于和顺。凶恶悖逆的小人，有时违犯国家法度，阴谋危害君王，事迹昭彰，就长久关在监狱里，不加刑罚杀戮，听凭自生自灭，为人所不齿。如有人违犯礼义，违背忠孝之道，就割鼻、截耳、断手、砍脚，有的驱逐出国，有的流放边疆。其余罪犯，可以输财赎罪。审理案件，听取供词，不加刑仗鞭笞，官方提问，罪犯回答，然后根据事实定罪。如有人拒绝承认犯罪事实，文过饰非，要追究事情真相，事情必须验证，共有四种办法：水判、火判、称判、毒判。水判是把罪人与石头装在袋中，两袋相连，沉到深水中，来判定真伪，人沉石头浮就表明他犯了罪，人浮石头沉就表明他没有隐瞒罪过。火判是烧红铁块，让罪犯蹲在上面，并让他的脚跳，手按、摸后，又让他用舌头舐，没有罪过就不受伤，有罪过就有所伤害。身体差的人受不了炎热，就捧着未开放的花蕾，撒到火焰上，没有罪过就花朵开放，有罪过花蕾就焦枯。称判是人和石头一起称，以轻重来验证罪案，没有罪就人低石头高，有罪就石重人轻。毒判是用一只公羊，割下它的右腿，按被告人吃的那一

髀，随被讼人所食之分，杂诸毒药置右髀中，实则毒发而死，虚则毒歇而苏。举四条之例，防百非之路。

份，把各种毒药放在右腿中，吃过后有罪就毒发而死，没有罪就会毒性消散而苏醒。采用这四种判罪方式，可以防止种种为非作歹之事。

注释 1 囹圄（língyǔ）：监狱。 2 劓（yì）鼻：古代割掉鼻子的酷刑。 3 刖（yuè）足：古代砍掉脚的酷刑。 4 羖（gǔ）：公羊。

十四、敬仪

致敬之式，其仪九等：一发言慰问，二俯首示敬，三举手高揖，四合掌平拱，五屈膝，六长跪，七手膝踞地，八五轮俱屈[1]，九五体投地[2]。凡斯九等，极惟一拜。跪而赞德，谓之尽敬。远则稽颡拜手[3]，近则舐足摩踵。凡其致辞受命，褰裳长跪。尊贤受拜，必有慰辞，或摩其顶，或拊其背，善言诲导，以示亲厚。出家沙门，既受礼敬，惟加

致敬的方式，仪式分为九等：一是发言慰问，二是低头致敬，三是举手作揖，四是双掌合于胸前鞠躬，五是下跪，六是双膝下跪，七是双手、双膝跪在地上，八是双肘、双膝及头触地，九是全身伏在地上。这九等仪式，最多也只是一拜而已。跪在地上口称盛德，是最高的礼敬。离得远就以头触地，举手作揖，离得近就用舌头舐对方的脚，用手摸对方的脚跟。凡是传达旨意、接受命令，都撩起衣服长跪地上。尊贵贤明的人接受别人拜见，一定有慰问的话，或者是摸人家的头顶，或者是拍人家的背，以善言教诲引导，以表示亲密仁厚。出家僧人受人

善愿，无止跪拜。随所宗事，多有旋绕，或唯一周，或复三匝，宿心别请，数则从欲。

礼敬后，只是酬以良好祝愿，不阻止别人跪拜。各人对所崇拜者，多用绕行表示敬意，有的只一圈，有的重复三圈，如果心中有所求，绕行的圈数就随自己的意愿。

注释　1 五轮俱屈：二肘、二膝及额头着地的礼敬方式。 2 五体投地：是四肢及头部完全俯伏于地的礼敬方式。 3 稽颡（sǎng）：跪拜之礼，以额触地。

十五、病死

凡遭疾病，绝粒七日，期限之中，多有痊愈。必未瘳差，方乃饵药。药之性类，名种不同。医之工伎、占候有异。

凡是染上疾病者，先绝食七天，这段时间中，很多人就康复了。确实没有好转的，才可服用药物。药物的性质种类，各有不同。医生的医术技巧、诊断皆有差异。

终没临丧，哀号相泣，裂裳拔发，拍额椎胸。服制无闻[1]，丧期无数。送终殡葬，其仪有三：一曰火葬，积薪焚燎；二曰水葬，沉流飘散；三曰野葬，弃林饲兽。国王殂落，先立嗣君，以主丧祭，以定上下。

人死之后发丧出殡，亲人哀痛地哭泣，撕衣裳、拔头发，拍额头、捶胸口。没有听说过有丧服制度，丧期也没有固定天数。送终殡葬，形式有三种：第一种是火葬，堆积柴禾焚烧；第二种是水葬，把尸体沉入水中漂走；第三种是野葬，把尸体抛弃在树林中喂野兽。国王死了后，先立嗣君，让嗣

生立德号，死无议谥。丧祸之家，人莫就食。殡葬之后，复常无讳。诸有送死，以为不洁，咸于郭外浴而后入。至于年耆寿耄，死期将至，婴累沈疴，生崖恐极，厌离尘俗，愿弃人间，轻鄙生死，希远世路。于是亲故知友，奏乐饯会，泛舟鼓棹，济殑伽河，中流自溺，谓得生天。十有其一，未尽鄙见。出家僧众，制无号哭，父母亡丧，诵念酬恩，追远慎终[2]，寔资冥福。

君主持丧祭，决定上下位次。生前立有歌功颂德的名号，死后不议立谥号。死了人的家庭，别人不去吃饭。安葬之后，就又没有忌讳了。凡是送葬的人，认为不洁净，都在郊外沐浴然后入城。至于年岁高的人，死期将到，重病缠身，生命垂危，厌倦尘世，愿意离开人间，看轻生死，希望远离世俗。于是亲戚朋友，奏乐为他饯行，将他载在船上，游到殑伽河，在中流投水，说是能够升天。十人中仅有一人这样做，多数人未能抛开世俗之见。出家的僧徒，按制度不能啼哭，父母亡故后，诵念佛经来酬答恩情，追念远古的祖先，慎重料理父母丧事，希望亲人在阴间得福。

注释　1 服制：旧时丧服制度。按其与死者关系的亲疏，分斩衰、齐衰、大功、小功、缌麻等五类。　2 追远慎终：语出《论语·学而》："慎终追远，民德归厚矣。"意为慎重地办理父母的丧事，虔诚地祭祀远代的祖先。

十六、赋税

政教既宽，机务亦简，户不籍书，人无徭课。

政治教化宽松，事务也简略，户口不用登记，人们没有劳役。国王田地以王田之内，大分为四：一充国用，祭祀粢盛；二以封建辅佐宰臣；三赏聪睿硕学高才；四树福田[1]，给诸异道。所以赋敛轻薄，徭税俭省，各安世业，俱佃口分。假种王田，六税其一。商贾逐利，来往贸迁，津路关防，轻税后过。国家营建，不虚劳役，据其成功，酬之价直。镇戍征行，宫庐宿卫，量事招募，悬赏待人。宰牧、辅臣、庶官、僚佐，各有分地，自食封邑。

内，大致分为四类：一是充用国家开支，提供祭祀物品；二是用来分封辅佐的大臣；三是奖赏聪颖博学的杰出人才；四是设置福田，赐予不同的宗教团体。所以民众的赋税很轻，劳役极少，各自安于世传田地，都耕种口分田。佃种国王土地，租税为收获的六分之一。商人追逐利润，来往贩运，渡口关卡，征收轻微税收后就可通过。国家兴建土木，不无偿征用劳力，据各人付出的代价，给予报酬。镇守各地、出征在外，以及宫廷守卫，都估量事务后招募士兵，标明赏金后待人应聘。宰相、辅佐之臣、各级官员、僚属，各有分地，靠封邑养活自己。

注释　1 福田：福德之田。佛教认为，对宜于供养者加以供奉，可以受到福报。印度的国王将土地施舍给寺院，旨在求功德福报。

十七、物产

风壤既别，地利亦殊。花草果木，杂种异名，所谓庵没罗果、庵弭罗果、末杜迦

各地环境和土壤有区别，土地所产也不相同。花草果木，种类繁多，名称各异，如所谓庵没罗果、庵

果、跋达罗果、劫比他果、阿末罗果、镇杜迦果、乌昙跋罗果、茂遮果、那利蓟罗果、般㮏娑果。[1] 凡厥此类，难以备载，见珍人世者，略举言焉。至于枣、栗、椑、柿，印度无闻；梨、柰、桃、杏、蒲萄等果，迦湿弥罗国已来，往往间植；石榴、甘橘，诸国皆树。

垦田农务，稼穑耕耘，播植随时，各从劳逸。土宜所出，稻、麦尤多。

蔬菜则有姜、芥、瓜、瓠、荤陁菜等[2]。葱蒜虽少，啖食亦希，家有食者，驱令出郭。

至于乳酪、膏酥、粆糖、石蜜、芥子油、诸饼麨[3]，常所膳也。鱼、羊、獐、鹿，时荐肴胾[4]。牛、驴、象、马、豕、犬、狐、狼、师子、猴、猿，凡此毛群，例无味啖，啖者鄙耻，众所秽恶，屏居郭外，希迹人间。

弭罗果、末杜迦果、跋达罗果、劫比他果、阿末罗果、镇杜迦果、乌昙跋罗果、茂遮果、那利蓟罗果、般㮏娑果等。凡是这一类的，难以一一列举，为世人所珍重的，略微举出这一些。至于枣、栗、椑、柿，在印度无人知道；梨、柰、桃、杏、葡萄等水果，从迦湿弥罗国往南，往往见有人种植；石榴、甘橘，各国都种植。

垦田务农，耕种收获，根据节令播种培育，劳逸由各人掌握。土地所宜出产，稻子、麦子特别多。

蔬菜有姜、芥、瓜、葫芦、荤陀菜等。葱和蒜虽然少，吃的时候也不多，家中有人吃它们，就会被驱赶到城外。

至于乳酪、膏酥、蔗糖、石蜜、芥子油、各种饼和麦粉，是经常的食品。鱼、羊、獐、鹿，是时而进用的肉食。牛、驴、象、马、猪、狗、狐、狼、狮子、猴、猿，这一类牲畜，照例是不吃的，吃过的人会被别人鄙视，众人认为他秽恶，赶他出城外，不得与人交往。

注释　1 “所谓”句:此句中“庵没罗”等皆为树名。庵没罗果即杧果;庵弭罗今称罗望子树,果实既可入药,又可制清凉饮料;末杜迦又译作摩头、末度迦,花与种子可制酒与榨油;跋达罗今称滇刺枣,为酸枣树之一种;劫比他又译作劫彼陀、劫毕他,属芸香科植物,果实似苹果;阿末罗又译作阿摩落迦等,其果味酸而有回甘,我国古称余甘子;镇杜迦又译作丁土迦等,属柿科柿属乔木,果味性黏,可作涂料;乌昙跋罗又译作优昙钵罗等,属桑科榕属乔木,为无花果类;茂遮即甘蕉,属巴蕉科植物;那利蓟罗即今椰子树;般樑(nuó)娑又称波罗蜜等,属桑科波罗蜜属乔木,果形巨大,可达二十公斤,有特殊甘味。 2 莙陈菜:菜名,亦作军达,是甜菜的变种。 3 石蜜:蔗糖,冰糖。4 胾(zì):切成的大块肉。

若其酒醴之差,滋味流别。蒲萄、甘蔗,刹帝利饮也;麹蘖醇醪,吠奢等饮也;沙门、婆罗门饮蒲萄、甘蔗浆,非酒醴之谓也。杂姓卑族,无所流别。

至于酒和饮料的差异,各种姓滋味不同。葡萄酒、甘蔗酒,是刹帝利所饮用;优劣不同的烈性酒,是吠奢等种姓所饮用;沙门、婆罗门,饮用葡萄浆、甘蔗浆,不属于酒一类。其他低级种姓,没有一定的饮料。

然其资用之器,巧质有殊;什物之具,随时无阙。虽釜镬斯用,而炊甑莫知。多器坯土,少用赤铜。食以一器,众味相调,手指斟酌,略无匙箸,至于老病,乃用铜匙。

家庭所用器具,工艺和质地有差别;各种物件,从来不匮乏。虽然使用锅,而不知道用甑子。器具多用土坯制成,很少用赤铜。食用时仅用一件器皿,各种味道调在一起,用手指抓食,没有勺子、筷子,直到年老多病,才用铜匙。

若其金、银、鍮石、白

至于金、银、鍮石、白玉、火珠,都

玉、火珠[1]，风土所产，弥复盈积。奇珍杂宝，异类殊名，出自海隅，易以求贸。然其货用，交迁有无，金钱、银钱、贝珠、小珠。

印度之境，疆界具举，风壤之差，大略斯在，同条共贯，粗陈梗概。异政殊俗，据国而叙。

是当地所产，积存很多。奇珍异宝，名目繁多，出自海边，用来交换商品。但交易时，沟通有无，使用金钱、银钱、贝珠、小珠。

印度地区，疆界已经指出，气候土壤的差别，大致是这一些，相同的类别，粗略地讲述了梗概。至于不同的政治、相异的习俗，则依国家而叙述。

注释　1 火珠：即火齐珠，是一种水晶石。

滥波国[1]

原文

滥波国周千余里，北背雪山，三垂黑岭。国大都城周十余里。自数百年，王族绝嗣，豪杰力竞，无大君长，近始附属迦毕试国。宜粳稻，多甘蔗，林树虽众，果实乃少。气序渐温，微霜无

译文

滥波国方圆一千多里，北部靠着雪山，三面都是黑岭。国家的都城方圆十多里。几百年以来，王族子嗣断绝，豪门大族拼力相争，没有最高君主，最近才依附迦毕试国。境内适宜种粳稻，盛产甘蔗，树木虽然多，果实却很少。气候较温暖，有少许的霜而

雪。国俗丰乐，人尚歌咏，志性怯弱，情怀诡诈，更相欺诮，未有推先。体貌卑小，动止轻躁。多衣白氎，所服鲜饰。伽蓝十余所，僧徒寡少，并多习学大乘法教。天祠数十，异道甚多[2]。

从此东南行百余里，逾大岭，济大河，至那揭罗曷国。北印度境。

无雪。国内丰裕欢乐，人们喜爱歌咏，但性情怯弱，内心诡诈，互相欺骗，不能推尊强于自己的人。居民体形矮小，举止轻浮。人们多穿白色细棉布衣，衣饰鲜美。寺院有十多所，僧徒很少，大都学习大乘佛教。另有天祠几十所，外道教徒特别多。

从滥波国向东南行走一百多里，越过一座大岭，渡过一条大河，就到达那揭罗曷国。（在北印度境内。）

注释 1 滥波国：又名岚婆、览波等，在今阿富汗东北的拉格曼省一带。2 异道：是佛教徒对一切非本教的宗教、教派的贬称。

那揭罗曷国[1]

原文

那揭罗曷国东西六百余里，南北二百五六十里。山周四境，悬隔危险。国大都城周二十余里。无大君长主令，役属迦毕试国。丰谷

译文

那揭罗曷国东西有六百多里，南北有二百五六十里。群山环绕四周，与外界隔绝，地势险要。国家的都城方圆二十多里。没有最高君主发号施令，隶属于迦毕试国。庄稼

稼，多花果，气序温暑，风俗淳质。猛锐骁雄，轻财好学，崇敬佛法，少信异道。伽蓝虽多，僧徒寡少，诸窣堵波荒芜圮坏。天祠五所，异道百余人。

茂盛，花果很多，气候温暖，风俗淳厚质朴。刚猛骁勇，轻视财物而好学，崇敬佛法，不大信仰外道。寺院虽然多，僧徒却很少，佛塔荒芜倒塌。天祠有五所，外道有一百多人。

注释 1 那揭罗曷国：又作那竭、那迦罗诃等，其地在今阿富汗东北境贾拉拉巴德及其附近地区，位于喀布尔河南岸。

一、城附近诸遗迹

城东二里有窣堵波，高三百余尺，无忧王之所建也。编石特起，刻雕奇制，释迦菩萨值然灯佛敷鹿皮衣布发掩泥得受记处。[1]时经劫坏[2]，斯迹无泯。或有斋日，天雨众花[3]，群黎心竞，式修供养。其西伽蓝，少有僧徒。次南小窣堵波，是昔掩泥之地，无忧王避大路，遂僻建焉。

都城以东二里处有一座佛塔，高三百多尺，是无忧王所建成的。塔垒石砌成，雕刻神奇，是释迦菩萨遇见燃灯佛敷鹿皮衣、解下头发掩盖泥泞，从而获得成佛预言的地方。经过了漫长岁月，这个圣迹没有泯灭。斋日期间，往往天上散落鲜花，广大民众心怀敬意，竞相朝拜供养。佛塔西的寺院中，僧徒很少。再往南有一座小佛塔，是从前掩盖泥泞的地方，无忧王避开大路，就在这偏僻处建塔。

城内有大窣诸波故

都城内有一座大佛塔的故基。听

基。闻诸先志曰：昔有佛齿，高广严丽。今既无齿，唯余故基。其侧有窣堵波，高三十余尺。彼俗相传，不知源起，云从空下，峙基于此。既非人工，实多灵瑞。

城西南十余里有窣堵波，是如来自中印度凌虚游化，降迹于此，国人感慕，建此灵基。其东不远有窣堵波，是释迦菩萨昔值然灯佛于此买花。

老年人讲：从前塔内有佛牙，又长又宽，庄严华丽。现在没有了佛牙，只剩下故基。故基旁边有一座佛塔，高三十多尺。当地民众传说，不知道这座塔的来源，据说是从空中落下，定基于此。既不是人力所建，显示出众多祥瑞征兆。

都城西南十多里有一座佛塔，是如来佛从中印度凌空遨游教化，在这里降下，人们感念敬慕，于是建立神灵之塔。在此以东不远处还有一座佛塔，是释迦菩萨从前遇见燃灯佛购买莲花的地方。

注释　1 “释迦”句：然灯佛，即燃灯佛，又作定光佛、锭光佛。相传他生时周身有光如灯。受记，又作受别、受决，佛预告某发善心者将来必然成佛的预言。佛教故事说，定光佛时，菩萨名儒童，以莲花奉佛。定光佛因记之曰：“汝自是后，九十一劫，劫号为贤，汝当作佛，名释迦文。”菩萨稽首佛足，见地上泥泞，即解鹿皮衣铺在地上，不足掩泥，又解发铺地，令佛蹈而过。　2 劫坏：佛教以天地的形成至毁坏为一劫，一劫之中又分成、住、坏、空四个时期。这里当泛指极长的时间。　3 天雨众花：天上落下众多鲜花。佛教将其视为祥瑞。

二、小石岭佛影窟

城西南二十余里至小石岭，有伽蓝，高堂重阁，积石所成。庭宇寂寥，绝无僧侣。中有窣堵波，高二百余尺，无忧王之所建也。

伽蓝西南，深涧峭绝，瀑布飞流，悬崖壁立。东岸石壁有大洞穴，瞿波罗龙之所居也[1]。门径狭小，窟穴冥暗，崖石津滴，蹊径余流。昔有佛影，焕若真容，相好具足，俨然如在。近代已来，人不遍睹，纵有所见，仿佛而已。至诚祈请，有冥感者，乃暂明视，尚不能久。昔如来在世之时，此龙为牧牛之士，供王乳酪，进奉失宜。既获谴责，心怀恚恨，即以金钱买花，供养受记窣堵波，愿为恶龙，破国害王。即趣石壁，投身而死。遂居此窟，为大龙王，便欲出穴，成本恶愿。适起此心，如来已鉴，愍此国人为龙

向都城西南行走二十多里，到达小石岭，有一所寺院，殿堂高大，楼阁重重，是堆积石头而建成。庭院寂静，没有僧人居住。寺院中有座佛塔，高二百多尺，是无忧王所建造的。

寺院的西南，有条深涧非常陡峭，瀑布飞流而下，悬崖像墙壁一样直立。东岸的石壁上有个大洞穴，是瞿波罗龙居住的地方。门口狭小，窟穴昏暗，岩石中有水滴落，流淌在石径上。从前窟中有佛影，同真面目一样容光焕发，状貌神态都具备，俨然如真人一般。近代以来，就不能人人看得见了，即使看见，也是隐隐约约而已。真心诚意祈祷请求，足以感动神佛的，才能暂时看清佛影，还是不能长久。从前如来在世时，这条龙是放牛的人，供给国王乳酪，进奉时违背了规定。在受到谴责后，他心怀怨恨，就用金钱买鲜花，供养受记的佛塔，发愿成为恶龙，破坏国家伤害国王。旋即奔向

所害，运神通力，自中印度至。龙见如来，毒心遂止，受不杀戒，愿护正法。因请如来："常居此窟，诸圣弟子，恒受我供。"如来告曰："吾将寂灭，为汝留影，遣五罗汉常受汝供。正法隐没，其事无替。汝若毒心奋怒，当观吾留影，以慈善故，毒心当止。此贤劫中[2]，当来世尊，亦悲愍汝，皆留影像。"影窟门外有二方石，其一石上有如来足蹈之迹，轮相微现，光明时烛。影窟左右多诸石室，皆是如来诸圣弟子入定之处。影窟西北隅有窣堵波，是如来经行之处。其侧窣堵波，有如来发、爪。邻此不远有窣堵波，是如来显畅真宗[3]，说蕴界处之所也[4]。影窟西有大盘石，如来尝于其上濯浣袈裟，文影微现。

石壁，投身自杀而死。于是住在这个窟穴中，成为大龙王，便想走出窟穴，实现当初的恶愿。刚刚起了这个心，如来已经了解，怜惜这个国家的人为龙所伤害，就运用神通力，自中印度赶到。龙王见到如来，恶毒的心就消失了，接受不杀生的戒条，愿意保护正法。随之请求如来："经常住在窟穴中，各个圣贤弟子，永久受我供养。"如来告诉他："我就将涅槃，为你留下身影，并派遣五个罗汉时常受你供养。即使正法消亡，这件事也不改变。你如毒心发作，应观看我留下的身影，以慈善的缘故，毒心就会停止。在这一贤劫中，将有世尊出世，也会怜悯你，都会留下影像。"影窟门外有两块方石，其中一块石头上有如来脚踩的痕迹，轮相隐约显现，有时发出光辉。佛影窟的左右石室很多，都是如来各圣弟子修习禅定的地方。佛影窟的西北角有一座佛塔，是如来散步的地方。在其旁边有一座佛塔，里面有如来的头发、指甲。离这不远有一座佛塔，是如来讲解、宣传真如法性，论说五蕴、十八界、十二处的地方。佛影窟西有块大磐石，如来曾经在上面洗涤袈裟，袈裟的影子仍依稀显现。

注释 1 瞿波罗：一作鸠波罗，意为牧羊人。 2 贤劫：佛教认为是出现一千个佛的时程，共二亿三千六百万年。 3 真宗：是所谓“真如法性”的教理。 4 蕴界处：即五蕴、十八界、十二处，合称三科。五蕴是色、受、想、行、识；十八界包括六根（眼、耳、鼻、舌、身、意）、六境（色、声、香、味、触、法）、六识（眼识、耳识、鼻识、舌识、身识、意识）；十二处指六根与六境。佛教有一个基本观点，人身由五蕴结合而成，没有常恒实在的自体，可是人们却迷恋“我”，产生“我执”，六根与六境相接而入，不能摆脱，因而污染净心，是人生和社会痛苦的根源。

三、醯罗城[1]

城东南三十余里，至醯罗城。周四五里，竖峻险固，花林池沼，光鲜澄镜。城中居人，淳质正信。复有重阁，画栋丹楹。第二阁中有七宝小窣堵波[2]，置如来顶骨。骨周一尺二寸，发孔分明，其色黄白，盛以宝函，置窣堵波中。欲知善恶相者，香末和泥，以印顶骨，随其福感，其文涣然。又有七宝小窣堵波，以贮如来髑髅骨，状若荷叶，色同顶骨，亦以

从都城向东南行走三十多里，到达醯罗城。这座城方圆四五里，高耸险固，有花果、林木和池塘，美丽明朗，水色如镜。城中居民，淳厚质朴，正直信实。又有楼阁，雕梁画栋。第二层楼上有座七宝小佛塔，放置如来的顶骨。顶骨周长为一尺二寸，发孔看得清清楚楚，颜色是黄白色，装在宝盒之内，放在佛塔中。如有人想了解自己的吉凶，就可香末和泥，印在顶骨上，根据这个人的福德，印出来的形象就会清晰可见。又有一座七宝小佛塔，贮存着如来的髑髅骨，形

宝函缄络而置。又有七宝小窣堵波，贮如来眼睛，睛大如柰，光明清彻，皦映中外，又以七宝函缄封而置。如来僧伽胝袈裟，细氎所作，其色黄赤，置宝函中，岁月既远，微有损坏。如来锡杖，白铁作环，栴檀为笴[3]，宝筒盛之。近有国王闻此诸物并是如来昔亲服用，恃其威力，迫胁而归。既至本国，置所居宫，曾未浃辰[4]，求之已失。爰更寻访，已还本处。斯五圣迹，多有灵异。迦毕试王令五净行给侍香花[5]，观礼之徒，相继不绝。诸净行等欲从虚寂，以为财用人之所重，权立科条，以止喧杂。其大略曰："诸欲见如来顶骨者，税一金钱；若取印者，税五金钱。"自余节级，以次科条。科条虽重，观礼弥众。

重阁西北有窣堵波，

状如同荷叶，颜色同于顶骨，也是用宝盒装着，放置在佛塔中。还有一座七宝小佛塔，贮藏着如来的眼睛，眼睛有柰子那么大，光明闪亮，辉映内外，也是用宝盒封装，放在佛塔中。如来的僧伽胝袈裟，是细棉布制成，颜色黄红，放置在宝盒中，岁月长久，已略有损坏。如来的锡杖，是用白铁作环，檀香木作杆，装在宝筒中。近来有个国王，听说这些宝物都是如来从前亲身使用的，就仗恃他的威力，强夺而归。回到本国后，放置在自己所住宫廷中，还不到十二天，宝物就不见了。于是再去寻找，宝物已回原处。这五件圣物，有很多灵异之事。迦毕试国王派遣五个俗人用香花供奉，观看礼拜的人，络绎不绝。几个俗人想保持寂静，以为财产是人们所看重的，就定下条规，来制止喧哗。其大意是："若欲观看如来顶骨者，每人交纳一个金币；若欲取顶骨泥印，交纳五个金币。"其他逐级上升，依例交纳。条规虽然定得严格，观礼的人却更多。

楼阁的西北有一座佛塔，不是很高大，却很灵验，人们用手指一碰，塔

不甚高大，而多灵异，人以指触，便即摇震，连基倾动，铃铎和鸣。

从此东南山谷中行五百余里，至健驮逻国。旧曰乾陁卫，讹也。北印度境。

就震动，连地基都摇动起来，塔上的铃铛也随之响起来。

从这里向东南山谷中行走五百多里，就到达健驮逻国。（旧称乾陁卫，是错误的。在北印度境内。）

注释 1 醯（xī）罗城：城名，在今阿富汗贾拉拉巴德以南约五英里处。 2 七宝：佛教的七种宝物。具体所指有多种说法，如《无量寿经》以金、银、琉璃、颇梨、珊瑚、玛瑙、砗磲为七宝。 3 笴（gǎn）：箭杆。 4 浃（jiā）辰：十二日。 5 净行：寺院中担任守卫及杂役的俗人。

健驮逻国

原文

健驮逻国东西千余里[1]，南北八百余里，东临信度河[2]。国大都城号布路沙布逻[3]，周四十余里。王族绝嗣，役属迦毕试国。邑里空荒，居人稀少，宫城一隅有千余户。谷稼殷盛，花果繁茂，多甘蔗，出石

译文

健驮逻国东西一千多里，南北八百多里，东境濒临印度河。国家的都城叫布路沙布逻，方圆四十多里。王族子嗣断绝，隶属于迦毕试国。城内空荡荒芜，居民稀少，宫城一角有一千多户人家。庄稼长势好，花果很茂密，多产甘蔗，又出

蜜。气序温暑，略无霜雪。人性恇怯，好习典艺，多敬异道，少信正法。自古已来，印度之境作论诸师，则有那罗延天、无著菩萨、世亲菩萨、法救、如意、胁尊者等本生处也。[4]僧伽蓝十余所，摧残荒废，芜漫萧条，诸窣堵波颇多颓圮。天祠百数，异道杂居。

王城内东北有一故基，昔佛钵之宝台也。如来涅槃之后，钵流此国，经数百年，式遵供养，流转诸国，在波剌斯[5]。

石蜜。气候温暖，没有一点霜雪。人们性格胆怯，喜爱学习典籍，多崇敬外道，不大信仰佛法。自古以来，印度境内作论的大师，如那罗延天、无著菩萨、世亲菩萨、法救、如意、胁尊者等人，都出生于这里。佛寺有十多所，都已毁坏荒废，破烂萧条，一些佛塔也已倒塌。天祠有一百多所，外道信徒杂居其中。

都城内的东北角有座故基，是从前安置佛钵的宝台。如来涅槃之后，佛钵流落到这个国家，经过了几百年，人们虔诚供奉，后又流传到其他各国，现在已在波剌斯。

注释 1 健驮逻国：又作乾陀罗等，其地在今阿富汗喀布尔河下游流域。 2 信度河：即印度河。 3 布路沙布逻：又作弗楼沙等，意为“丈夫宫”，在今巴基斯坦北部白沙瓦市的西北。 4 “则有”句：本句述及的六位佛学大师，那罗延天无著作流传下来。无著及其弟世亲其初皆研习小乘说一切有部的理论，后改习大乘，成为瑜伽行派（有宗）理论体系的主要建立者和重要理论家。法救为健驮逻小乘佛教有部的四大论师之一。如意曾为世亲之师，在与外道辩论时，因失辞自惭断舌而死。胁尊者是小乘佛教有部的大师，事迹详下文。 5 波剌斯：即波斯，其地约相当今西亚的伊朗。

一、毕钵罗树及迦腻色迦王大窣堵波[1]

城外东南八九里有毕钵罗树，高百余尺，枝叶扶疏，荫影蒙密。过去四佛已坐其下[2]，今犹现有四佛坐像。贤劫之中，九百九十六佛皆当坐焉。冥祇警卫，灵鉴潜被。释迦如来于此树下南面而坐，告阿难曰："我去世后，当四百年，有王命世，号迦腻色迦，此南不远起窣堵波，吾身所有骨肉舍利，多集此中。"

毕钵罗树南有窣堵波，迦腻色迦王之所建也。迦腻色迦王以如来涅槃之后第四百年，君临膺运，统赡部洲，不信罪福，轻毁佛法。畋游草泽，遇见白兔，王亲奔逐，至此忽灭。见有牧牛小竖，于林树间作小窣堵波，其高三尺。王曰："汝何所为？"牧竖对曰："昔释迦佛圣智悬记：'当有国王于

都城外东南八九里处，有棵毕钵罗树，高一百多尺，枝叶繁茂，浓荫遍布。过去四佛已经在树下坐过，现在还显现出四佛的座像。在贤劫中，还有九百九十六佛都要坐到这里。这里有冥神护卫，神灵潜伏。释迦如来在这棵树下朝南而坐，告诉阿难说："我去世之后，到四百年时，有一个国王在位，叫迦腻色迦，在距此不远的南边建一座佛塔，我身体所化的骨肉舍利子，大多藏到那里面。"

毕钵罗树南面有一座佛塔，是迦腻色迦王所建造。迦腻色迦王在如来涅槃以后第四百年，受天命当上国君，统领赡部洲，起初不相信罪福之说，轻蔑诋毁佛法。在草泽中打猎，遇上了白兔，他亲自追逐，到了这里忽然消失。看到一个放牛娃，在树林间建小佛塔，塔高三尺。迦腻色迦王问他："你在干什么？"放牛娃回答说："从前释迦佛以其圣明智慧预言：'将有国王在这一胜地建造佛塔，我身体所化的舍利大多收藏其中。'大

此胜地建窣堵波，吾身舍利多聚其内。’大王圣德宿殖，名符昔记，神功胜福，允属斯辰，故我今者先相警发。”说此语已，忽然不现。王闻是说，喜庆增怀，自负其名大圣先记，因发正信，深敬佛法。周小窣堵波，更建石窣堵波，欲以功力弥覆其上。随其数量，恒出三尺，若是增高，逾四百尺。基趾所峙，周一里半，层基五级，高一百五十尺，方乃得覆小窣堵波。王因喜庆，复于其上更起二十五层金铜相轮，即以如来舍利一斛而置其中，式修供养。营建才讫，见小窣堵波在大基东南隅下傍出其半。王心不平，便即掷弃，遂住窣堵波第二级下石基中半现，复于本处更出小窣堵波。王乃退而叹曰：“嗟夫，人事易迷，神功难掩，灵圣所扶，愤怒何及！”惭惧既已，谢咎而归。其二

王前世积下圣德，名字符合从前的预言，神圣的功业、巨大的福德，就要在这时实现了，所以我现在先对您提示启发。”说完这段话，忽然就不见了。迦腻色迦王听到这段话，心中欢喜，自负名字是大圣所预言，因之萌发纯正的信仰，崇敬佛法。在小佛塔周围，另建石塔，想用自己的功德力量把小塔盖住，然而随着石塔增高，小塔总是高出三尺，像这样不断增高，超过了四百尺。石塔地基面积，方圆有一里半，塔基便有五层，高一百五十尺，整个塔才盖住小佛塔。迦腻色迦王因之大喜，又在上面建起二十五层金铜露盘，把如来一斛的舍利放置其中，恭敬供奉。营建刚结束，只见小佛塔在大塔地基的东南角下伸出一半，迦腻色迦王心中不高兴，就要毁弃它，它却又在石塔第二层基石中露出一半，并在原处长出了小佛塔。迦腻色迦王于是罢手叹息说：“唉，人心容易迷惘，神灵的功业难以遮盖，对神灵佑护的佛塔，愤怒有什么用！”惭愧恐惧之余，便称谢罪过而归。这两座佛塔现在仍保存着，患病的人

窣堵波今犹现在，有婴疾病欲祈康愈者，涂香散花，至诚归命，多蒙瘳差。

如果要祈求康复痊愈，便可涂香撒花，诚心皈依佛教，很多人蒙神佑护痊愈。

注释 1 毕钵罗树：即菩提树。 2 过去四佛：佛教传说贤劫中有一千佛，已出的四佛是拘留孙佛、拘那含佛、迦叶佛、释迦牟尼佛。

二、大窣堵波周近诸佛像

大窣堵波东面石陛南镂作二窣堵波，一高三尺，一高五尺，规摹形状如大窣堵波。又作两躯佛像，一高四尺，一高六尺，拟菩提树下加趺坐像[1]，日光照烛，金色晃曜，阴影渐移，石文青绀。闻诸耆旧曰：数百年前，石基之隙有金色蚁，大者如指，小者如麦，同类相从，啮其石壁，文若雕镂，厕以金沙，作为此像，今犹现在。

大窣堵波石陛南面有画佛像，高一丈六尺，自胸已上，分现两身，从胸已

大佛塔东面石阶之南，雕了两座塔，一座高三尺，一座高五尺，结构形状，如同大佛塔。又雕了两尊佛像，一尊高四尺，一尊高六尺，是仿照佛在菩提树下盘腿打坐的姿态，太阳照射，金光闪闪，阴影渐渐移动，石头上纹饰呈青绀色。听老年人讲：几百年前，石基的缝隙中有金色蚂蚁，大的像指头，小者如麦粒，同类的聚集在一起，咬啮石壁，咬过的纹理如同雕刻一样，再嵌上金沙，就成了这两尊佛像，到现在还保存着。

大佛塔石阶的南面，有一幅佛陀画像，高一丈六尺。自胸部以上，显现出两个身躯，胸部以下，合为一体。听老辈人讲：从前，有个穷人靠出卖劳

下，合为一体。闻诸先志曰：初，有贫士佣力自济，得一金钱，愿造佛像。至窣堵波所，谓画工曰："我今欲图如来妙相，有一金钱，酬工尚少，宿心忧负，迫于贫乏。"时彼画工鉴其至诚，无云价直，许为成功。复有一人，事同前迹，持一金钱，求画佛像。画工是时受二人钱，求妙丹青[2]，共画一像。二人同日俱来礼敬，画工乃同指一像，示彼二人，而谓之曰："此是汝所作之佛像也。"二人相视，若有所怀。画工心知其疑也，谓二人曰："何思虑之久乎？凡所受物，毫厘不亏。斯言不谬，像必神变。"言声未静，像现灵异，分身交影，光相昭著。二人悦服，心信欢喜。

力度日，得到一个金币，发愿修造佛像。到了佛塔处，对画工说："我现在想图绘如来妙相，只有一个金币，酬金还不够，只是早已立下心愿，出于贫困无可奈何。"其时那位画工看他一片诚心，就不计价钱，答应为他画一幅。后又有一人，同先前那人一样，拿着一个金币来请画佛像。画工当时接受了二人的钱，谋得好颜料，一共画了一幅画像。二人在同一天一起来拜佛，画工于是指着一幅画像给那二人看，并对二人说："这是你们所要作的佛像。"二人相互看着，心中有些怀疑的样子。画工心中知道二人疑惑，对二人说："为什么思虑那么久呢？我接受了你们的钱，丝毫不会沾光的。如果我的话不是说谎，像一定会发生神异变化的。"话音未落，佛像显现了灵异，身躯分开，身影相连，光辉照耀。二人心悦诚服，信念更加坚定，喜悦万分。

注释　1 加趺（fū）坐：静坐法中的一种。两足交合而坐，以右足放在左股上，复以左足放在右股上。佛的静坐，采取这种姿态，故称如来坐、佛坐。　2 丹青：丹砂和青雘，是制颜料的两种矿石，因代指颜料。

大窣堵波西南百余步，有白石佛像，高一丈八尺，北面而立，多有灵相，数放光明。时有人见像出夜行，旋绕大窣堵波。近有群贼欲入行盗，像出迎贼，贼党怖退，像归本处，住立如故。群盗因此改过自新，游行邑里，具告远近。

大佛塔西南一百多步处，有一尊白石佛像，高一丈八尺，向北站立，多有灵异，时常放射光芒。不时有人看见佛像在夜晚出来行走，围绕大佛塔转圈。近来有一群盗贼想进去偷窃，佛像出来面对盗贼，盗贼们恐怖地退回去，佛像回归原位，如当初一样站立。盗贼因此而改过自新，周游城乡，向远近的人宣传这件事。

大窣堵波左右，小窣堵波鱼鳞百数。佛像庄严，务穷工思，殊香异音，时有闻听，灵仙圣贤，或见旋绕。此窣堵波者，如来悬记，七烧七立，佛法方尽。先贤记曰：成坏已三。初至此国，适遭火灾，当见营构，尚未成功。

大佛塔的左右，有一百多座小塔如鱼鳞般地竖立。佛像庄重严肃，装饰费尽了心思，神异的香味和声音，时常可以听闻，仙人和圣贤，时而可见在周围环绕而行。这一座塔，按如来的预言，焚烧七次建造七次，佛法方才消失。据先辈讲：此塔已三建三毁。我初到这个国家，恰逢塔遭大火焚烧，如今正在营造，还未建成。

三、迦腻色迦王伽蓝与胁尊者、世亲、如意遗迹

大窣堵波西有故伽蓝，迦腻色迦王之所建也。

大佛塔的西南有一所旧寺院，是迦腻色迦王所建造的。寺内有多层的

重阁累榭，层台洞户，旌召高僧，式昭景福。虽则圮毁，尚曰奇工。僧徒减少，并学小乘。自建伽蓝，异人间出，诸作论师及证圣果，清风尚扇，至德无泯。

第三重阁有波栗湿缚唐言胁。尊者室，久已倾顿，尚立旌表。初，尊者之为梵志师也[1]，年垂八十，舍家染衣。城中少年便诮之曰："愚夫朽老，一何浅智！夫出家者，有二业焉，一则习定，二乃诵经。而今衰耄，无所进取，滥迹清流，徒知饱食。"时胁尊者闻诸讥议，因谢时人而自誓曰："我若不通三藏理，不断三界欲，得六神通[2]，具八解脱[3]，终不以胁而至于席！"自尔之后，唯日不足，经行宴坐，住立思惟，昼则研习理教，夜乃静虑凝神，绵历三岁，学通三藏，断三界欲，得三明

楼阁，层层台榭上房屋幽深，是用来征召高僧，表彰他们的功德的。虽然已有些屋宇倒塌，还可见其工艺之精巧。寺内僧徒很少，都研习小乘佛教。自从建立寺院以来，杰出人才不时出现，众多作论大师以及证得圣果的人，清纯的风尚至今尚存，高尚的德行没有消亡。

第三层楼阁上，有波栗湿缚（唐朝语言称为胁。）尊者的居室，已经毁坏很久了，仍有标志指示。当初尊者是婆罗门教师，年近八十，出家穿上袈裟。城中的青年人讥笑他："愚蠢的老头，浅陋到如此地步！出家的人，有两件事，一是禅定，二是诵经。而今他已衰老，不能再进取，却要混迹在清流行列，只知道撑饱肚子而已。"当时胁尊者听到这些讥讽的议论，就杜绝和人们的交往而自己立誓说："我如不通晓三藏道理，不断绝三界欲念，得到六神通的功夫，具备八解脱的定力，绝不让胸膛挨到席子。"从这以后，每日争分夺秒，散步静坐，无时不在思维，白天研习教义，夜晚静思凝神。经过三年时间，学问贯通三藏，断绝了三界欲念，

智[4],时人敬仰,因号胁尊者焉。	得到了三明的智慧,当时人敬仰他,因之称他为胁尊者。
胁尊者室东有故房,世亲菩萨于此制《阿毗达磨俱舍论》,人而敬之,封以记焉。	胁尊者居室的东面有间旧房,世亲菩萨曾在那里写作出《阿毗达磨俱舍论》,人们尊敬他,封存起来并作上了标志。

注释 **1** 梵志:婆罗门的汉译。又作梵士,指锐志追寻宇宙最高真理的人。 **2** 六神通:六种不可思议的超人的能力,即天眼通(能看千里以外之物)、天耳通(能听千里以外之声)、神足通(能疾行千里)、他心通(能知其他人的想法)、宿命通(能知自他的过去世的事)、漏尽通(能去除种种烦恼)。 **3** 八解脱:舍弃色贪等心的八种定力。又称八背舍。这八者是:一、对于外在的诸色,修不净观,远离内在的色想。二、更进一步修外色不净观。三、观外在色境的净相,而不生烦恼。四、灭除有对的色想,修空无边的行相。五、修识无边之相,而成就之。六、修无所有之相,而成就之。七、远离明胜之想。八、灭除一切心、心所之法。 **4** 三明:特别的修行者所具有的三种超人的能力。一是宿命明,能知过去世的种种因缘及已发生的事,依此可矫正常见。二是天眼明,能知未来的果报及将发生的事,依此可矫正断见。三是漏尽明,这是断尽烦恼而得的智慧,依此可矫正邪见。这三者即六神通中的宿命通、天眼通、漏尽通,是通晓过去、现在、将来的力量。

世亲室南五十余步,第二重阁,末笯曷剌他唐言如意。论师于此制《毗婆沙论》。论师以佛涅槃之	世亲菩萨居室的南面五十多步,第二层楼上,末笯曷剌他(唐朝语言称为如意。)论师曾在那里写作出《毗婆沙论》。论师是在如来佛涅槃一千年

后一千年中利见也[1]。少好学，有才辩，声问遐被，法俗归心。时室罗伐悉底国毗讫罗摩阿迭多王唐言超日。威风远洽[2]，臣诸印度，日以五亿金钱周给贫窭孤独。主藏臣惧国用乏匮也，乃讽谏曰："大王威被殊俗，泽及昆虫，请增五亿金钱，以赈四方匮乏。府库既空，更税有土，重敛不已，怨声载扬，则君上有周给之恩，臣下被不恭之责。"王曰："聚有余，给不足，非苟为身侈靡国用。"遂加五亿，惠诸贫乏。其后畋游，逐豕失踪，有寻知迹者，赏一亿金钱，如意论师一使人剃发，辄赐一亿金钱，其国史臣依即书记。王耻见高，心常怏怏，欲众辱如意论师。乃招集异学德业高深者百人，而下令曰："欲收视听，游诸真境，异道纷杂，归心靡措，今考

后诞生的。他年轻爱好学习，有论辩之才，声名远播，僧俗人士都倾心崇拜。当时室罗伐悉底国的毗讫罗摩阿迭多王（唐朝语言称超日。）声威远布外邦，统治印度各国，每天用五亿金钱救济贫困孤独的人。主管财政的大臣担心国家用度不足，就委婉地规劝说："大王的威风遍及外国，恩泽及于昆虫，请求增加五亿金钱，来赈济四方困乏的人。这样府库空虚，另外向有钱人征税，不断地征敛，必将怨声四起，君王有救济穷人的恩德，臣下则独受不尽职守的责骂。"国王说："聚敛富人多余的财产，赏给财产不足的人，不是个人奢侈浪费国家收入。"于是增加五亿，赐给贫穷困乏的人。其后打猎，追赶一头野猪，野猪失踪了，有能寻到者，赏一亿金钱。而如意论师请人剃一次发，就赏赐一亿金钱。国家的史官把这些记载下来。国王以别人出手大方胜过自己为耻，心中常怏怏不快，就想当众侮辱如意论师。于是他招集一百位德业高深的各派学者，下令说："我现在要统一众人认识，到真理中遨游，而各种学说纷纭复杂，不知归向哪

优劣，专精遵奉。”洎乎集论，重下令曰：“外道论师并英俊也，沙门法众宜善宗义，胜则崇敬佛法，负则诛戮僧徒。”于是如意诘诸外道，九十九人已退飞矣。下席一人，视之蔑如也，因而剧谈，论及火烟。王与外道咸喧言曰：“如意论师辞义有失！夫先烟而后及火，此事理之常也。”如意虽欲释难，无听览者。耻见众辱，齰断其舌[3]，乃书诫门人世亲曰：“党援之众，无竞大义；群迷之中，无辩正论。”言毕而死。居未久，超日王失国，兴王膺运，表式英贤。世亲菩萨欲雪前耻，来白王曰：“大王以圣德君临，为含识主命。先师如意学穷玄奥，前王宿憾，众挫高名，我承导诱，欲复前怨。”其王知如意哲人也，美世亲雅操焉，乃召诸外道与如意论

一家。现在要考定优劣，然后专心信奉。”到了集中讨论时，又下令说：“外道论师都是英俊之士，佛门僧徒应该精通教义，胜了我便崇敬佛法，败了我就诛杀僧徒。”于是如意论师同外道人士论辩，九十九人都败下阵去。席上只有一人了，如意没有把他放在眼里，于是激烈争辩，提及火烟。国王和外道一起起哄说：“如意论师语言有闪失！先有烟而后有火，是平常的道理。”如意虽然要解释疑难，没有人肯听。他以当众受辱为耻，就咬断了自己的舌头，写下文字告诫门人世亲说：“在结成朋党的人当中，不要争论大义；在糊涂的人群中，不能讨论真正的学说。”写完后就死了。没过多久，超日王失去王位，继立之君奉天承运，表彰英贤。世亲菩萨想要洗刷从前的耻辱，前来禀报国王说：“大王以圣明的德行治理天下，为天下生灵主持正义。先师如意学问穷极玄妙义理，前王以往日怨恨，当众挫伤他的高名。我蒙先师教导，想要报过去的仇恨。”继位之君知道如意是一位杰出人物，称道世亲良好的操守，于是招集那些与如意论辩过的外道论

者。世亲重述先旨，外道谢屈而退。

师。世亲重述先师往日论旨，外道认输退出。

注释 1 利见：即出世。 2 “时室”句：室罗伐悉底国，详见本书卷六专条。毗讫罗摩阿迭多，意译为超日，当指公元四世纪笈多王朝的皇帝旃陀罗笈多二世。 3 齰（zé）：咬。

四、布色羯逻伐底城及诸遗迹[1]

迦腻色迦王伽蓝东北行五十余里，渡大河，至布色羯逻伐底城，周十四五里。居人殷盛，闾阎洞连。城西门外有一天祠，天像威严，灵异相继。

城东有窣堵波，无忧王之所建也，即过去四佛说法之处。古先圣贤自中印度降神导物，斯地实多，即伐苏蜜呾罗唐言世友。旧曰和须蜜多，讹也。论师于此制《众事分阿毗达磨论》[2]。

城北四五里有故伽蓝，庭宇荒凉，僧徒寡少，然皆

从迦腻色迦王寺院向东北行走五十多里，渡过大河，到达布色羯逻伐底城，该城方圆十四五里。居民稠密，街巷相连。城西门外有一座天祠，天神塑像威严，常常显现灵异。

城东有一座佛塔，是无忧王所建造的，是过去四佛说法的地方。古代圣贤从中印度前来引导众人，到这个地方的确实很多，伐苏蜜呾罗（唐朝语言称世友，旧称和须蜜多，是错误的。）论师写作《众事分阿毗达磨论》，就在这里。

城北四五里处，有一所旧寺院，庭院荒凉，僧徒很少，然而都遵奉、研习小乘法教。达磨呾逻多（唐朝

遵习小乘法教。即达磨呾逻多唐言法救。旧曰达磨多罗，讹也。论师于此制《杂阿毗达磨论》[3]。

伽蓝侧有窣堵波，高数百尺，无忧王之所建也，雕木文石，颇异人工。是释迦佛昔为国王，修菩萨行，从众生欲，惠施不倦，丧身若遗，于此国土千生为王，即斯胜地千生舍眼[4]。

舍眼东不远有二石窣堵波，各高百余尺。右则梵王所立，左乃天帝所建[5]，以妙珍宝而莹饰之。如来寂灭，宝变为石。基虽倾陷，尚曰崇高。

梵、释窣堵波西北行五十余里，有窣堵波，是释迦如来于此化鬼子母[6]，令不害人，故此国俗祭以求嗣。

化鬼子母北行五十余里，有窣堵波。是商莫迦菩萨旧曰睒摩菩萨，讹也。恭

语言称法救。旧称达磨多罗，是错误的。）论师写作《杂阿毗达磨论》，是在这里。

在寺院的旁边有一座佛塔，高几百尺，是无忧王所建造的，雕刻木头，彩绘石头，与普通人工大不相同。在这里，释迦佛从前做国王，修菩萨行，顺从众生的愿望，不知疲倦地施舍，损伤身体如同丢失一件东西一样，在这个国家千生为王，也在这个胜地千生舍弃眼睛。

在舍眼佛塔东面不远处，有两座石塔，各自高一百多尺，右边是梵王所立，左边是天帝所建，都是用奇珍异宝装饰的。如来涅槃后，珍宝变为石头。塔基虽然倾陷，仍显得很高大。

在梵王、天帝塔的西北，行走五十多里，有一座佛塔，是释迦如来教化鬼子母，使其不再害人的地方，所以这个国家的风俗，是到这里祭祀求赐子嗣。

从教化鬼子母的地方向北行走五十多里，有一座佛塔。当初，商莫迦菩萨（旧称睒摩菩萨，是错误的。）恭行孝道，侍奉眼瞎的父母，当他在

行鞠养[7]，侍盲父母，于此采果，遇王游猎，毒矢误中，至诚感灵，天帝傅药，德动明圣，寻即复苏。

那里采药时，遇到国王打猎，毒箭误伤了他，由于他的诚心感动了神灵，天帝为他敷药，他的德行感动圣人，不久就复活了。

注释 1 布色羯逻伐底城：城名，在今巴基斯坦白沙瓦以北。 2 伐苏蜜呾罗：公元一、二世纪间北印度人，是小乘佛教说一切有部的大师，代表作是《众事分阿毗达磨论》。 3 达磨呾逻多：即法救。除著《杂阿毗达磨论》外，又曾编集《法句经》《法句譬喻经》《出曜经》《达磨多罗禅经》等。 4 千生舍眼：典出《弥勒菩萨所问本愿经》，据佛陀对阿难讲，往世为月明王，曾为救一盲人，施舍出自己的双眼，并称"我眼布施不可称计"。 5 天帝：又称天帝释等，为佛教护法神之一。 6 鬼子母：相传为五百鬼子之母，初为恶神，啖食人间小儿。后在佛的感化下改恶从善，皈依佛教，成为爱护儿童的慈爱之神。 7 商莫迦菩萨：相传为一切妙见菩萨转世，性仁孝，侍盲父母甚恭谨。一日，入山狩猎，为国王箭所误中，得天神救护而复生。父母惊喜，双目为之睁开。

五、跋虏沙城[1]

商莫迦菩萨被害东南行二百余里，至跋虏沙城。城北有窣堵波，是苏达拿太子唐言善牙。以父王大象施婆罗门，蒙谴被摈，顾谢国

从商莫迦菩萨被害处向东南行走两百多里，到达跋虏沙城。城的北面有座佛塔，当初苏达拿太子（唐朝语言称善牙。）把父王的大象施舍给婆罗门，遭到谴责，被放逐，他感

人，既出郭门，于此告别。其侧伽蓝，五十余僧，并小乘学也。昔伊湿伐逻唐言自在。论师于此制《阿毗达磨明灯论》。

跋虏沙城东门外有一伽蓝，僧徒五十余人，并大乘学也。有窣堵波，无忧王之所建立。昔苏达拏太子摈在弹多落迦山[2]，旧曰檀特山，讹也。婆罗门乞其男女，于此鬻卖。

谢国人为他送行，出了城门，在这里告别。佛塔旁有一所寺院，五十多位僧人，都学习小乘佛教。从前，伊湿伐逻(唐朝语言称自在。)论师在这里写作出《阿毗达磨明灯论》。

跋虏沙城东门外有一所寺院，僧徒五十多人，都学习大乘佛教。有一座佛塔，是无忧王所建造。从前苏达拏太子被放逐到弹多落迦山，(旧称檀特山，是错误的。)婆罗门向他讨取子女，在这里卖掉。

注释　1 跋虏沙城：城名，又作佛沙伏，在今巴基斯坦白沙瓦东北的沙巴士·格希。　2 弹多落迦山：山名，在跋虏沙城东北。

六、弹多落迦山及其他诸遗迹

跋虏沙城东北二十余里，至弹多落迦山。岭上有窣堵波，无忧王所建。苏达拏太子于此栖隐。其侧不远有窣堵波，太子于此以男女施婆罗门，婆罗门捶其男女，流血染地，今诸草木犹带绛色。岩间

从跋虏沙城向东北行走二十多里，到达弹多落迦山。山岭上有座佛塔，是无忧王所建造。苏达拏太子曾在这里隐居。旁边不远处又有一座佛塔，太子在这里把子女施舍给婆罗门，婆罗门殴打他的孩子，流血染红了土地，至今草木仍

石室，太子及妃习定之处。谷中林树垂条若帷，并是太子昔所游止。其侧不远有一石庐，即古仙人之所居也。

仙庐西北行百余里，越一小山，至大山。山南有伽蓝，僧徒鲜少，并学大乘。其侧窣堵波，无忧王之所建也，昔独角仙人所居之处[1]。仙人为淫女诱乱，退失神通，淫女乃驾其肩而还城邑。

跋虏沙城东北五十余里，至崇山。山有青石大自在天妇像[2]，毗摩天女也[3]。闻诸土俗曰：此天像者，自然有也。灵异既多，祈祷亦众。印度诸国求福请愿，贵贱毕萃，远近咸会。其有愿见天神形者，至诚无贰，绝食七日，或有得见，求愿多遂。山下有大自在天祠，涂灰外道式修祠祀[4]。

带红色。山岩之间的石室，是太子和妃子修习禅定的地方。山谷中的树木，枝条垂下如帷帐，都是太子从前游览休息过的地方。旁边不远有座石屋，是古代仙人居住过的。

从仙人石屋向西北行走一百多里，越过一座小山，进入大山。山南有所寺院，僧徒很少，都学习大乘佛教。寺院旁边有座佛塔，是无忧王所建造的，是从前独角仙人所居住的地方。独角仙人被淫女所引诱迷乱，失去了神通力，淫女骑在他肩上，回到了城里。

从跋虏沙城向东北行走五十多里，到达深山中。山上有青石的大自在天妇人的雕像，就是毗摩天女。听当地人讲：这个神像，是天然生成的。灵异的事情多，祈祷的人也多。印度各国求福许愿的，无论贵贱都前来，远近都赶到。如有人想见天神形貌，诚心诚意，绝食七天，就可能见到，祈求的东西多能得到。山下有大自在天祠，涂灰外道在这里修祠祭祀。

注释 1 独角仙人：传说中仙人，又作一角仙人。据称仙人乃波罗奈山鹿腹所生，成年后修禅定得神通力，因惑于淫女，失去神通力，出山为国家大臣。 2 大自在天：印度教中自在天派的主神。据云有三目八臂，处色界之顶，为三千界之主。 3 毗摩天女：大自在天之妻的称号。 4 涂灰外道：即大自在天派。

七、乌铎迦汉荼城[1]

毗摩天祠东南行百五十里，至乌铎迦汉荼城。周二十余里，南临信度河。居人富乐，宝货盈积，诸方珍异，多集于此。

从毗摩天祠向东南行走一百五十里，到达乌铎迦汉荼城。该城方圆二十多里，南面濒临印度河。居民富足欢乐，宝贵的货物充盈堆积，各地的奇珍异宝，多汇集到这里。

注释 1 乌铎迦汉荼城：城名，在今巴基斯坦阿托克之北，处于印度河重要渡口。

八、娑罗睹逻邑及波你尼仙[1]

乌铎迦汉荼城西北行二十余里，至娑罗睹逻邑，是制《声明论》波你尼仙本生处也[2]。遂古之初，文字繁广，时经劫坏，世界

从乌铎迦汉荼城向西北行走二十多里，到达娑罗睹逻邑，这是写作《声明论》的波你尼仙的诞生地。远古之初，文字繁多复杂，经过漫长岁月，世界空旷荒芜，长寿的众天神，降

空虚，长寿诸天[3]，降灵导俗，由是之故，文籍生焉。自时厥后，其源泛滥。梵王、天帝作则随时，异道诸仙各制文字。人相祖述，竞习所传，学者虚功，难用详究。人寿百岁之时，有波你尼仙，生知博物，愍时浇薄，欲削浮伪，删定繁猥，游方问道，遇自在天，遂申述作之志。自在天曰："盛矣哉！吾当祐汝。"仙人受教而退，于是研精覃思，捃摭群言，作为字书，备有千颂[4]，颂三十二言矣。究极今古，总括文言，封以进上。王甚珍异，下令国中，普使传习，有诵通利，赏千斤钱。所以师资传授，盛行当世。故此邑中诸婆罗门硕学高才，博物强识。

临人间教导凡俗，由于这个缘故，文字典籍产生了。从这时以后，源流如洪水泛滥。梵王、天帝顺应时机，制定规则，异道仙人，各自创造文字。人们竞相效仿，努力学习所传承之文，学者白花工夫，难以详细探究。人寿一百岁之时，有波你尼仙，他生而知之，博通万物，哀怜世风浇薄，想要削除浮浅虚伪，删掉繁杂琐碎，云游四方，访求有道之士，遇到了大自在天，就申述自己述作的志向。大自在天说："了不起啊！我将佑助你。"仙人接受教导而返回，于是仔细研究，深入思考，搜罗各种词语，写作语法专著，共有一千颂，每颂三十二字。他探讨古今，总括文字语言，封缄后呈上朝廷。国王十分珍视，下令国中，普遍传授学习，有能流利背诵者，赏一千斤钱。因此老师大力传授，盛行于世。因此之故，这个城市中的婆罗门都极有学问才智，博通万物，识见高明。

注释　1 娑罗睹逻邑：城名。在今巴基斯坦俄欣特附近。　2 "是制"句：《声明论》，是一部研究语言学的专著。波你尼仙，古印度最为杰出的梵文文法学家，约公元前四世纪末人。《声明论》是他的代表作，是世界上最古的一部完整的文法书。 **3** 长寿诸天：天神之长寿者。据说色界天中最长寿者为五百大劫，三界中最长寿者为八万劫。 **4** 颂：古代印度一种诗律的名称。通常一颂分两行，每行两句，每句八个音节，每个音节的长短都有规定。

娑罗睹逻邑中有窣堵波，罗汉化波你尼仙后进之处。如来去世，垂五百年，有大阿罗汉自迦湿弥罗国游化至此，乃见梵志捶训稚童。时阿罗汉谓梵志曰："何苦此儿？"梵志曰："令学《声明论》，业不时进。"阿罗汉逌尔而笑[1]，老梵者曰："夫沙门者，慈悲为情，愍物伤类。仁今所笑，愿闻其说。"阿罗汉曰："谈不容易，恐致深疑。汝颇尝闻波你尼仙制《声明论》，垂训于世乎？"婆罗门曰："此邑之子，后进仰德，像设犹存。"阿罗汉曰："今汝此子，即是彼仙。犹以强识，玩习世典，唯谈异论，不究真理，神智唐捐，流转未息，尚乘余善，为汝爱子。然则世典文辞，彼疲功绩，岂若

娑罗睹逻邑中有座佛塔，是罗汉教化波你尼仙后身的地方。如来佛去世后，将近五百年时，有一个大阿罗汉，从迦湿弥罗国游方到这里，看到一个婆罗门在捶打幼童。这时，阿罗汉问婆罗门说："为什么折磨孩子？"婆罗门说："让他学习《声明论》，学业没有随时进步。"阿罗汉笑了起来，老婆罗门说："出家之人，以慈悲为怀，怜悯万物。你现在发笑，愿意听听是何缘故。"阿罗汉说："说起来不容易，恐怕你会深深地怀疑。你曾经听说过波你尼仙写作《声明论》，教育后世人的事情吗？"婆罗门说："他是本城的人，后人景仰他的德行，设像纪念，至今犹在。"阿罗汉说："现在你这个孩子，就是那个仙人。他因记忆力强，学习世俗典籍，只谈论异说，不探究真理，神智白白荒废，在生死轮回中流转不停。现还剩一点功德，成为你的爱子。然而世

如来圣教，福智冥滋？曩者南海之滨有一枯树，五百蝙蝠于中穴居。有诸商侣止此树下，时属风寒，人皆饥冻，聚积樵苏，蕴火其下，烟焰渐炽，枯树遂燃。时商侣中有一贾客，夜分已后，诵《阿毗达磨藏》[2]。彼诸蝙蝠虽为火困，爱好法音，忍而不去，于此命终。随业受生，俱得人身，舍家修学，乘闻法声，聪明利智，并证圣果，为世福田。近迦腻色迦王与胁尊者招集五百贤圣，于迦湿弥罗国作《毗婆沙论》，斯并枯树之中五百蝙蝠也。[3]余虽不肖，是其一数。斯则优劣良异，飞伏悬殊。仁今爱子，可许出家。出家功德，言不能述。"时阿罗汉说此语已，示神通事，因忽不现。婆罗门深生敬异，叹善久之，具告邻里，遂放其子出家修学。因即回信，崇重三宝，乡人从化，于今

俗典籍文辞，只会浪费他的功力，哪里比得上如来圣教，暗暗地培植福乐智慧呢？从前南海之滨有一棵枯树，五百只蝙蝠住在树洞里。一群商人在树下歇息，遇上风大天寒，人们又饥又饿，聚集柴草，在树下点燃火堆。火焰逐渐旺盛，枯树就燃起来。当时商人中有一个人，在午夜后诵读《阿毗达磨藏》，那些蝙蝠虽为火所困，因爱好诵经之声，强忍着不离开，在那里被烧死了。后随功德而转生，都成为了人，出家修行，由于前世曾闻诵经之声，聪明睿智，都证得圣果，成为世间福田。近来迦腻色迦王和胁尊者招集五百圣贤之士，在迦湿弥罗国撰作《毗婆沙论》，就都是枯树中的五百只蝙蝠。我虽然不贤明，也是其中一员。这便说明优劣差别甚大，高下实为悬殊。现在你这个孩子，可让他出家。出家的功德，是语言所不能表达的。"当时阿罗汉说完这些话，显示了神通，忽然不见了。婆罗门深感敬异。在惊叹羡慕之后，遍告邻里，允许儿子出家修习佛学。并改变信仰，尊崇三宝，乡里之人受其感化，至今

弥笃。

从乌铎迦汉荼城北逾山涉川，行六百余里，至乌仗那国。唐言苑，昔轮王之苑囿也。旧曰乌场，或曰乌荼，皆讹。北印度境。

更加虔诚。

从乌铎迦汉荼城向北跋山涉水，行走六百多里，就进入到乌仗那国。（唐朝语言称为苑，是从前轮王的苑囿。旧称乌场，或者称乌荼，都是错误的。在北印度境内。）

注释 1 逌（yóu）尔：笑的样子。 2《阿毗达磨藏》：今称《论藏》，是解释经义的论著总集。 3“近迦腻”三句：迦腻色迦王召集圣贤作论之事，详见本书卷三“迦湿弥罗国”条。

卷第三　八国

三藏法师玄奘奉诏译
大总持寺沙门辩机撰

乌仗那国[1]

原文

乌仗那国周五千余里，山谷相属，川泽连原。谷稼虽播，地利不滋。多蒲萄，少甘蔗，地产金、铁，宜郁金香，林树蓊郁，花果茂盛。寒暑和畅，风雨顺序。人性怯懦，俗情谲诡。好学而不功，禁咒为艺业。多衣白氎，少有余服。语言虽异，大同印度。文字礼仪，颇相参预。崇重佛法，敬信大乘。夹苏婆伐窣堵河[2]，旧有一千四百伽蓝，多已荒芜。昔僧徒一万八千，今渐减少。并学大乘，寂定为业[3]，喜诵其文，未究

译文

乌仗那国方圆五千多里，山谷相连，河流湖泊相接。虽然播种庄稼，土地不肥沃。盛产葡萄，甘蔗很少，土地中矿产有金和铁，适宜种郁金香，树林郁郁葱葱，花果茂盛。气候不冷不热，风调雨顺。人民生性怯懦，风尚诡诈。好学而不专注，把念咒当作职业。很多人穿白棉布衣，少有其他衣服。语言虽然特异，但大致与印度相同。文字和礼仪，相互有些关系。崇尚佛法，尊信大乘。沿苏婆伐窣堵河两岸，旧时有一千四百多所寺院，大多已荒废。从前僧徒有一万八千人，现在逐渐减少，都研习大乘佛教，修习禅定，喜爱

深义，戒行清洁，特闲禁咒。律仪传训，有五部焉：一法密部，二化地部，三饮光部，四说一切有部，五大众部。天祠十有余所，异道杂居。坚城四五，其王多治瞢揭厘城[4]。城周十六七里，居人殷盛。

诵读经文，却不深究义理，戒行谨严，特别擅长禁咒。戒律古来相传有五部：一是法密部，二是化地部，三是饮光部，四是说一切有部，五是大众部。天祠有十多所，外道之人杂居其中。国内坚固的城池有四五座，国王大多住在瞢揭厘城。该城方圆十六七里，居民稠密。

注释　1 乌仗那国：又作乌苌、乌场等，其地在今印度河上游及斯瓦特地区。　2 苏婆伐窣堵河：即今斯瓦特河，为印度河支流之一，在今巴基斯坦西北边境。　3 寂定：远离一切相对的念虑的禅定，住于空寂之境的禅定。　4 瞢揭厘城：城名，在今巴基斯坦杜西里山西北。

一、忍辱仙遗迹[1]

瞢揭厘城东四五里有大窣堵波，极多灵瑞，是佛在昔作忍辱仙，于此为羯利王唐言斗诤。旧云哥利，讹也。割截肢体。

在瞢揭厘城以东四五里，有座大佛塔，极有灵验，从前佛陀做忍辱仙时，在这里被羯利王（唐朝语言称斗诤，旧称哥利，是错误的。）割截肢体。

注释　1 忍辱仙：传说为佛陀前身之一。当他生于南印度一婆罗门家，在城外化度众生时，国王羯利外出游观，随从宫女舍王而听佛说法，国王忿恨之余，令人杀害佛，截佛手、耳，而佛容颜不变，且天雨沙石。国王因之怖畏，才向佛忏悔，皈依佛法。

二、阿波逻罗龙泉及佛遗迹[1]

瞢揭厘城东北行二百五六十里，入大山，至阿波逻罗龙泉，即苏婆伐窣堵河之源也。派流西南，春夏含冻，晨夕飞雪，雪霏五彩，光流四照。此龙者，迦叶波佛时生在人趣[2]，名曰殑祇，深闲咒术，禁御恶龙，不令暴雨，国人赖之，以稸余粮[3]。居人众庶感恩怀德，家税斗谷以馈遗焉。既积岁时，或有逋课。殑祇含怒，愿为毒龙，暴行风雨，损伤苗稼。命终之后，为此地龙。泉流白水，损伤地利。释迦如来大悲御世，愍此国人独遭斯难，降神至此，欲化暴龙。执金刚神杵击山崖[4]，龙王震惧，乃出归依。闻佛说法，

从瞢揭厘城向东北行走二百五六十里，进入大山，到达阿波逻罗龙泉，这里是苏婆伐窣堵河的源头。河水流向西南，春夏时节都严寒结冰，早晚雪花纷飞，飞雪如五色彩虹，光辉普照。这个龙泉的龙，在迦叶波佛时转生为人，名叫殑祇，精通咒术，能控制恶龙，不使它下暴雨，国人依靠着他，积蓄有余粮。民众感念他的恩德，每家交纳一斗谷物作为馈赠。过了一些年，有人欠税，殑祇生了气，发愿成为恶龙，专用狂风暴雨，损坏庄稼。他死之后，成为这个地方的龙，泉中流出白水，损伤土质和庄稼。释迦如来以大慈大悲治理世界，怜悯这个国家的人民独遭恶龙之难，就降临到这里，要度化暴龙。执金刚神用杵捣击山崖，龙王震惊恐惧，于是出来皈依佛陀。它听到佛陀说法，心中纯净，领悟至道，如来于是规定他不再损坏庄稼。龙王说：

心净信悟，如来遂制勿损农稼。龙曰："凡有所食，赖收人田，今蒙圣教，恐难济给，愿十二岁一收粮储。"如来含覆，愍而许焉。故今十二年一遭白水之灾[5]。

阿波逻罗龙泉西南三十余里，水北岸大磐石上有如来足所履迹，随人福力，量有短长。是如来伏此龙已，留迹而去。后人于上积石为室，遐迩相趋，花香供养。顺流而下三十余里，至如来濯衣石，袈裟之文焕焉如镂。

"我的食物，都依赖民众田地，现在接受圣教，只恐今后生活难以保证，希望十二年收一次粮食。"如来宽宏大量，出于怜惜答应了它。因此现在十二年之中，遭受一次白水之灾。

在阿波逻罗龙泉西南三十多里，河水北岸的大磐石上有如来脚踩的痕迹，人们随自己福力的大小，丈量时有长有短。这是如来降伏这个地方的恶龙后，离开前留下的足迹。后人在上面堆积石头为室，远近的人都来瞻仰，以花香供奉。顺着河流向下走三十多里，到达如来濯衣石，石头上袈裟的纹理焕然可见，如同镂刻一般。

注释　1 阿波逻罗龙泉：阿波逻罗意为"无苗""无稻茎"，故该龙泉意为导致欠收的龙泉。　2 人趣：六趣（天、人、阿修罗、地狱、饿鬼、畜生）之一。佛教认为众生如不能求得解脱，永远会在六趣中回转不停，生死相续。　3 稸（xù）：同"蓄"。　4 执金刚神：手执金刚杵的神祇，即金刚力士。　5 白水之灾：白色的砂土和河水顺流而下，泛滥成灾，故称白水之灾。

三、醯罗山[1]

曹揭厘城南四百余里，至醯罗山，谷水西派，逆流东上。杂花异果，被涧缘崖，峰岩危险，溪谷盘纡，或闻喧语之声，或闻音乐之响。方石如榻，宛若工成，连延相属，接布崖谷。是如来在昔为闻半颂旧曰偈，梵文略也。或曰偈他，梵音讹也。今从正音，宜云伽他。伽他者，唐言颂，颂三十二言。之法，于此舍身命也。[2]

从曹揭厘城向南行走四百多里，到达醯罗山，山谷流水向西流去，再逆行向东流。山中各种花果，盖满了山涧悬崖，山峰岩石高耸险要，山谷曲折迂回，有时听到喧闹之声，有时听到音乐之声。方石如同卧榻，好像人工制成，一块接一块，布满了山崖河谷。这里是如来从前听到前半颂（旧称偈，是梵文的略写。有人称偈他，是梵音误译。现在依正确发音，应称伽他。伽他，唐朝语言称为颂，一颂三十二字。）的佛法，而施舍生命的地方。

注释　1 醯罗山：山名，具体所指不详。醯罗意为“骨”，或以为其山即《洛阳伽蓝记》卷五中“收骨寺”所在之山。　2 “是如来”二句：颂又作伽他，一颂凡三十二言。据云如来往昔入雪山修菩萨行时，从罗刹得到前半颂“诸行无常，是生灭法，生灭灭已，寂灭为乐”，又求后半颂，罗刹不从，至如来约舍身与彼，才得闻后半颂。

四、摩诃伐那伽蓝

曹揭厘城南二百余里，大山侧，至摩诃伐那唐

从曹揭厘城向南行走二百多里，在大山旁，到达摩诃伐那（唐朝语言称

言大林。伽蓝。是如来昔修菩萨行，号萨缚达多王，唐言一切施。避敌弃国，潜行至此，遇贫婆罗门，方来乞丐。既失国位，无以为施，遂令羁缚，擒往敌王，冀以赏财，回为惠施。

大林。）寺院。从前如来修菩萨行，称萨缚达多王，（唐朝语言称一切施。）为逃避敌人，放弃政权，悄悄地到了这里，遇见一个贫穷的婆罗门来乞讨。如来已失王位，没有物品布施，于是让那人绑了自己，送到敌国君王那里，以期得到赏金，这样来作为布施。

五、摩愉伽蓝

摩诃伐那伽蓝西北，下山三四十里，至摩愉唐言豆。伽蓝。有窣堵波，高百余尺。其侧大方石上，有如来足蹈之迹。是佛昔蹈此石，放拘胝光明[1]，照摩诃伐那伽蓝，为诸人、天说本生事。其窣堵波基下有石，色带黄白，常有津腻。是如来在昔修菩萨行，为闻正法，于此析骨书写经典。

从摩诃伐那寺院西北，下山行走三四十里，到达摩愉（唐朝语言称为豆。）寺院。寺内有座佛塔，高一百多尺，塔旁大方石上有如来脚踩的痕迹。从前佛陀脚踩这块石头，放射出万丈光芒，照耀摩诃伐那寺院，为人、神讲本生故事。佛塔地基下有块石头，颜色呈黄白色，常有黏液。从前如来修菩萨行，为了听闻正法，曾在这里析骨为笔书写经典。

注释　1 拘胝：又作拘利，意为百万或亿。

六、尸毗迦王本生故事

摩愉伽蓝西六七十里，至窣堵波，无忧王之所建也。是如来昔修菩萨行，号尸毗迦王，唐言与。旧曰尸毗王，讹。为求佛果，于此割身，从鹰代鸽。

从摩愉寺院向西走六七十里，到一座佛塔处，佛塔是无忧王所建造的。从前如来修菩萨行，称尸毗迦王，（唐朝语言称与。旧称尸毗王，是错误的。）为了求得佛果，在这里割自己的肉，从老鹰那里赎取鸽子的性命。

七、萨裒杀地僧伽蓝等及佛本生故事

代鸽西北二百余里，入珊尼罗阇川[1]，至萨裒杀地唐言蛇药。僧伽蓝。有窣堵波，高八十余尺。是如来昔为帝释，时遭饥岁，疾疫流行，医疗无功，道死相属。帝释悲愍，思所救济，乃变其形为大蟒身，僵尸川谷，空中遍告。闻者感庆，相率奔赴，随割随生，疗饥疗疾。其侧不远，有苏摩大窣堵波。是如来昔为帝释，时世疾疫，愍诸含识，自变其身为苏摩

从如来赎鸽的地方向西北行走二百多里，进入珊尼罗阇川，到达萨裒杀地（唐朝语言称蛇药。）寺院。寺院内有座佛塔，高八十多尺。从前如来为帝释时，遭上了荒年，瘟疫流行，医治无效，路上死人不断。帝释慈悲怜悯，想要救济众生，于是变其形状为大蟒蛇，僵死在河谷中，在空中遍告人们。听者大感庆幸，相率奔往河谷，蟒蛇肉随割随生，既可充饥又可治病。这座佛塔旁边不远处，有座苏摩大佛塔。从前如来为帝释时，遭遇瘟疫，哀怜生灵，在这里将自己

蛇[2]，凡有啖食，莫不康豫。瞢尼罗阇川北石崖边，有窣堵波。病者至求，多蒙除差。如来在昔为孔雀王，与其群而至此，热渴所逼，求水不获，孔雀王以觜啄崖[3]，涌泉流注。今遂为池，饮沐愈疾。石上犹有孔雀踪迹。

变为苏摩蛇，凡是吃了蛇肉的，没有人不康复。瞢尼罗阇川北面的石崖旁边，有座佛塔，病人去祈求，大多痊愈。从前如来做孔雀王时，和众多孔雀到这里，为炎热口渴所逼，找不到水，孔雀王用嘴啄山崖，泉水涌出。现在已经变成水池，饮水、沐浴可以治疗疾病。石头上现在还有孔雀的足迹。

注释 1 瞢尼罗阇川：河流名，即今巴基斯坦境内斯瓦特河。 2 苏摩蛇：水蛇。 3 觜（zuǐ）：嘴。

八、上军王窣堵波[1]

瞢揭厘城西南行六七十里，大河东有窣堵波，高六十余尺，上军王之所建也。昔如来之将寂灭，告诸大众："我涅槃后，乌仗那国上军王宜与舍利之分。"及诸王将欲均量，上军王后来，遂有轻鄙之议。是时天人大众重宣如来顾命之言，乃预同分，持归本国，式遵崇建。窣堵波

从瞢揭厘城向西南行走六七十里，大河的东面有座佛塔，高六十多尺，是上军王所建造的。从前如来将涅槃时，告诉众人说："我涅槃以后，乌仗那国的上军王应参与舍利的分配。"等到各国国王将要平均分配时，上军王后到，众人就对他有轻视的言论。这时天界神人重新宣布如来的临终遗言，上军王于是参与分配舍利，带回本国，建塔供奉。佛

侧大河滨，有大石，状如象。昔上军王以大白象负舍利归，至于此地，象忽蹎仆，因而自毙，遂变为石，即于其侧起窣堵波。

塔的旁边，大河之滨有块大石头，形状如同象，从前上军王用大白象驮着舍利归来，到了这个地方，大白象忽然倒地，随即死去，就变成了石头，上军王因而在石头旁建造起佛塔。

注释　1 上军王：释迦牟尼去世前后的乌仗那国国王，事迹详见本卷下文“蓝勃卢山龙池及乌仗那国王统传说”条。

九、赤塔、奇特塔及观自在菩萨精舍

瞢揭厘城西五十余里，渡大河，至卢醯呾迦唐言赤。窣堵波，高五十余尺，无忧王之所建也。昔如来修菩萨行，为大国王，号曰慈力，于此刺身血以饲五药叉。旧曰夜叉，讹也。

从瞢揭厘城向西行走五十多里，渡过大河，到达卢醯呾迦（唐朝语言称为赤。）佛塔，高五十多尺，是无忧王所建造的。从前如来修菩萨行，做大国王，称为慈力，在这里刺身出血，喂食五个药叉。（旧称夜叉，是错误的。）

瞢揭厘城东北三十余里，至遏部多唐言奇特。石窣堵波，高四十余尺。在昔如来为诸人、天说法开导，如来去后，从地踊出，黎庶崇敬，香花不替。

从瞢揭厘城向东北行走三十多里，到达遏部多（唐朝语言称奇特。）石塔，高四十多尺。从前如来为众多人、神说法引导，如来离开后，石塔从地下冒出来，百姓崇拜景仰，供奉香花不绝。

石窣堵波西渡大河三四十里，至一精舍，中有阿缚卢枳低湿伐罗菩萨像。唐言观自在。合字连声，梵语如上；分文散音，即阿缚卢枳多，译曰观，伊湿伐罗，译曰自在。旧译为光世音，或云观世音，或观世自在，皆讹谬也。威灵潜被，神迹昭明，法俗相趋，供养无替。

从石塔向西渡过大河，行走三四十里，到达一座精舍，里面有阿缚卢枳低湿伐罗菩萨像，（唐朝语言称观自在。合起音节连声诵读，梵语如上；分开音节来诵读，就是阿缚卢枳多，译成观，伊湿伐罗，译成自在。旧译为光世音，有人译为观世音，有人译为观世自在，都是错误的。）暗暗地产生灵验，神异的奇迹昭然分明，僧俗人士纷纷前往，供养从没有间断。

十、蓝勃卢山龙池及乌仗那国王统传说[1]

观自在菩萨像西北百五十里，至蓝勃卢山。山岭有龙池，周三十余里，渌波浩汗，清流皎镜。

从观自在菩萨像向西北行走一百五十里，到达蓝勃卢山。山岭上有龙池，方圆三十多里，烟波浩渺，池水清澈如镜。

昔毗卢择迦王前伐诸释[2]，四人拒军者，宗亲摈逐，各自分飞。其一释种[3]，既出国都，跋涉疲弊，中路而止。时有一雁飞趣其前，既以驯狎，因即乘焉。其雁飞翔，下此池侧。

从前毗卢择迦王征伐释迦族，有四人抗拒来军，遭到亲族驱逐，各自分头逃命。有一释迦族人逃出国都后，长途跋涉，疲惫不堪，在中途停下来。这时有一只大雁飞到他面前，他见雁驯服可亲，就骑到它身上。大雁飞了起来，落到这个龙池边。释迦族人遨

释种虚游，远适异国，迷不知路，假寐树荫。池龙少女游览水滨，忽见释种，恐不得当也，变为人形，即而摩拊。释种惊寤，因即谢曰："羁旅羸人，何见亲拊？"遂款殷勤，凌逼野合。女曰："父母有训，祇奉无违。虽蒙惠顾，未承高命。"释种曰："山谷杳冥，尔家安在？"曰："我此池之龙女也，敬闻圣族流离逃难，幸因游览，敢慰劳弊。命有燕私，未闻来旨。况乎积祸，受此龙身，人畜殊途，非所闻也。"释种曰："一言见允，宿心斯毕。"龙女曰："敬闻命矣，唯所去就。"释种乃誓心曰："凡我所有福德之力，令此龙女举体成人。"福力所感，龙遂改形，既得人身，深自庆悦。乃谢释种曰："我积殃运，流转恶趣[4]。幸蒙垂顾，福力所加，旷劫弊

游于空中，远到他国，迷失了道路，就在树荫下睡起来。龙池中的少女在岸边游览，忽然见到释迦族人，恐怕身形不相宜，就变为人形，随即上去抚摸他。释迦族人惊醒过来，因之道谢说："远游疲惫之人，为什么得到你这样的亲近呢？"于是大献殷勤，强迫少女交合。少女说："父母有教导，我恭敬地遵奉，不敢违背。虽然得到您的垂青，也不敢奉命。"释迦族人说："山谷幽深，你的家在哪里？"少女说："我是这个池中的龙王之女，敬闻您的家族流离逃难，我很荣幸地在游览时，慰劳您的疲惫。您让我与您交合，没有征得父母同意。况且我由于积祸，成为龙身，人畜不同类，不能干那种事。"释迦族人说："只有你答应，我的心愿才能满足。"龙女说："我听从您的旨意，按您的吩咐去做。"释迦族人于是在心中发誓说："我愿用我所有的福德之力，使这个龙女变成人形。"由他的福力感应，龙女便改变了形状，得到人身后，她十分喜悦，就向释迦族人致谢说："我积下祸殃，流转到恶趣之中，荣幸地蒙受您的眷顾，福力施加于我，历经多少世纪的

身，一旦改变。欲报此德，糜躯未谢。心愿陪游，事拘物议。愿白父母，然后备礼。”

丑恶身躯，一下就改变了。要报答这个恩德，粉身碎骨还不够。心中愿望陪您远游，担心遭人议论。希望回去禀报父母，然后成婚。”

注释 1 蓝勃卢山：山名，山址不详。 2 “昔毗”句：毗卢择迦王，与释迦牟尼为同时代人，是憍萨罗国国王。 3 释种：释为释迦的简称，释种意为释迦族或释迦族人。 4 恶趣：众生行恶业，结果必趋于邪恶的处所，这就是恶趣。具体所指，是地狱、饿鬼、畜生三个处所。

龙女还池，白父母曰：“今者游览，忽逢释种，福力所感，变我为人，情存好合，敢陈事实。”龙王心欣人趣，情重圣族，遂从女请。乃出池而谢释种曰：“不遗非类，降尊就卑，愿临我室，敢供洒扫。”释种受龙王之请，遂即其居。于是龙宫之中，亲迎备礼，燕尔乐会，肆极欢娱。释种睹龙之形，心常畏恶，乃欲辞出。龙王止曰：“幸无远舍，邻此宅居，当令据疆土，称大号，总有臣庶，祚延长世。”释种谢曰：“此言非冀。”龙王以宝剑置箧

龙女回到龙池，禀报父母说：“今天外出游玩，忽然遇上释迦族人，福力所感应，使我变成了人。心中愿与他结为夫妻，特禀报父母允准。”龙王心中欣喜人趣，看重释迦家族，于是答应了女儿的请求。随即出池向释迦族人道谢说：“你不嫌弃非人的种类，屈尊而就卑下，则请光临我家，我女儿愿为你洒扫庭除。”释迦族人接受龙王的邀请，就住在龙宫中。于是在龙宫里，举行迎亲之礼，新婚燕尔，极其欢快。释迦族人见到龙的形状，心中总觉得可怕厌恶，就打算告辞出宫。龙王制止他说：“希望不要远离，就在附近定居，我当使你占据疆土，称尊号，拥有臣庶，国祚绵长。”

中，妙好白氎而覆其上，谓释种曰："幸持此氎以献国王，王必亲受远人之贡，可于此时害其王也。因据其国，不亦善乎？"释种受龙指诲，便往行献。乌仗那王躬举其氎，释种执其袂而刺之。侍臣、卫兵喧乱阶陛，释种麾剑告曰："我所仗剑，神龙见授，以诛后伏，以斩不臣。"咸惧神武，推尊大位。于是沿弊立政，表贤恤患。已而动大众，备法驾，即龙宫而报命，迎龙女以还都。龙女宿业未尽，余报犹在，每至燕私，首出九龙之头。释种畏恶，莫知图计，伺其寐也，利刃断之。龙女惊寤曰："斯非后嗣之利，非徒我命有少损伤，而汝子孙当苦头痛。"故此国族常有斯患，虽不连绵，时一发动，释种既没，其子嗣位，是嗢呾罗犀那王。唐言上军。

释迦族人称谢说："这不是我所希望的。"龙王把宝剑放在盒子中，用上等的白细棉布覆盖在上面，对释迦族人说："希望你拿上这块布献给国王，国王一定亲自接受远方来人的贡品，你可在此时刺杀国王。乘机据有这个国家，不是很好的事吗？"释迦族人接受了龙王的教导，就前往献礼。当乌仗那国王亲自举起细棉布时，释迦族人抓住他的衣袖刺杀了他。侍臣和卫兵在宫殿里喧闹不已，释迦族人挥着剑告诉他们说："我所拿的剑，是神龙授予的，用来诛杀后降伏和不肯臣服的人。"众人畏惧他的神勇，推尊他为王。他于是针对弊政设置政策，表彰贤士，救济穷人。随后率领大队人马，备置车马，到龙宫复命，迎接龙王回都城。龙女往世的业报没有完结，剩余的果报还存在，每到宴会娱乐时，头上就冒出九个龙头。释迦族人害怕、厌恶，不知道如何是好，等到龙女睡着后，用快刀割断了龙头。龙女惊醒后说："这对后代不利，不只是我的生命稍有损伤，你的子孙也将会患头痛的病。"所以这个国家的王族常患头痛病，虽不长久持

上军王嗣位之后，其母丧明。如来伏阿波逻罗龙还也，从空下其宫中。上军王适从游猎，如来因为其母略说法要。遇圣闻法，遂得复明。如来问曰："汝子，我之族也，今何所在？"母曰："旦出畋游，今将返驾。"如来与诸大众寻欲发引，王母曰："我唯福遇，生育圣族，如来悲愍，又亲降临，我子方还，愿少留待。"世尊曰："斯人者，我之族也，可闻教而信悟，非亲诲以发心。我其行矣，还语之曰：'如来从此往拘尸城娑罗树间入涅槃[1]，宜取舍利，自为供养。'"如来与诸大众凌虚而去。上军王方游猎，远见宫中光明赫奕，疑有火灾，罢猎而返。乃见其母复明，庆而问曰："我去几何，有斯祥感，能令慈母复明如昔？"母曰："汝出之

续下去，却时而发作。释迦族人死后，他的儿子继位，就是嗢呾罗犀那王。（唐朝语言称上军。）

上军王继位后，他的母亲失明。如来在降伏阿波逻罗龙返回途中，从空中降到宫中。上军王碰巧游猎在外，如来于是为他的母亲简略地讲说佛法精华。上军王的母亲遇上圣人，听到佛法，眼睛复明。如来问她说："你的儿子是我同族的人，现在在哪里？"王母说："他早上出去打猎，一会儿就要回来了。"如来和随从的人就要动身，王母说："我因福德际遇，得以生育圣族后人，如来慈悲，亲自降临王宫，我儿子马上就回，请稍留等待。"世尊说："这个国王是我同族的人，可以听到教化而信悟大道，不必我亲自教诲来启发他的心。我就要走了，待他回来后告诉他：'如来从这里到拘尸城娑罗树间，将入涅槃，可以去取舍利，带回供奉。'"如来和随从者腾空而去。上军王正在打猎，远远望见宫中光芒照耀，疑心有火灾，结束狩猎而归。见到母亲复明，非常高兴地问道："我去不久，怎会有这等吉祥感应，能使母亲双眼

后，如来至此，闻佛说法，遂得复明。如来从此至拘尸城娑罗树间，当入涅槃，召汝速来分取舍利。”时王闻已，悲号顿躄[2]，久而醒悟，命驾驰赴。至双树间，佛已涅槃。时诸国王轻其边鄙，宝重舍利，不欲分与。是时天、人大众重宣佛意，诸王闻已，遂先均授。

复明如初？”母亲说：“你出城后，如来到了这里，我听佛陀说法，眼睛就复明了。如来从这里前往拘尸城娑罗树间，将入涅槃，召你赶快到那里，去分取舍利。”国王听说后，悲痛地哭泣，倒在地上，很久才苏醒过来，下令驾车奔驰至拘尸城。到双树间，佛陀已经涅槃。当时各国国王轻视上军王来自边地，珍视舍利，不想分给他。这时，天神、贤圣再次宣布佛陀旨意，各国国王听到后，就首先平均分配给他一份。

注释　**1** 拘尸城：即拘尸那揭罗，详见本书卷六“拘尸那揭罗国”条。**2** 躄（bì）：仆倒。

十一、达丽罗川[1]

瞢揭厘城东北逾山越谷，逆上信度河，途路危险，山谷杳冥。或履絙索[2]，或牵铁锁[3]，栈道虚临，飞梁危构，椽杙蹑蹬[4]，行千余里，至达丽罗川，即乌仗那国旧都也。多出黄金及郁金香。达

从瞢揭厘城东北翻过山岭，越过河谷，沿印度河逆流而上，沿路危险，山谷幽深。有时走索道，有时攀铁链，栈道悬在空中，飞桥高高筑起，踏着椽子木桩前行，走一千多里后，到达达丽罗川，就是乌仗那国的旧都。该地盛产黄金和郁金香。达

丽罗川中大伽蓝侧，有刻木慈氏菩萨像[5]，金色晃昱，灵鉴潜通，高百余尺，末田底迦旧曰末田地，讹略也。阿罗汉之所造也[6]。罗汉以神通力，携引匠人升睹史多天[7]，旧曰兜率他也，又曰兜术他，讹也。亲观妙相，三返之后，功乃毕焉。自有此像，法流东派。

从此东行，逾岭越谷，逆上信度河，飞梁栈道，履危涉险，经五百余里，至钵露罗国。北印度境。

丽罗川的大寺院旁，有木雕的慈氏菩萨像，金光闪闪，潜伏着神异的力量，高一百多尺，是末田底迦（旧称末田地，是错误且疏略的。）阿罗汉所建造的。罗汉凭着神通力，带领工匠升到睹史多天，（旧称兜率他，又称兜术他，是错误的。）亲眼观看菩萨相，三次来回后，才雕成功。自从有了这个像，佛法便向东流传。

从这里向东行走，翻过山岭越过河流，沿印度河逆流而上，一路上跨过飞桥栈道，历尽险阻，走过五百多里，到达钵露罗国。（在北印度境内。）

注释　1 达丽罗川：又作陀历，在今巴基斯坦奇特拉尔南，是印度河西岸河谷。 2 緪（gēng）：粗绳索。 3 鏁（suǒ）：同“锁”。 4 杙（yì）：小木桩。蹬（dēng）：通“登”。 5 慈氏菩萨：即弥勒菩萨。 6 末田底迦阿罗汉：又作末田地、摩弹提等，是阿难的弟子。 7 睹史多天：弥勒菩萨的净土，是绝对快乐的净土。

钵露罗国[1]

原文

钵露罗国周四千余里，在大雪山间，东西长，南北狭。多麦、豆，出金、银，资金之利，国用富饶。时唯寒烈，人性犷暴，薄于仁义，无闻礼节。形貌粗弊，衣服毛褐。文字大同印度，言语异于诸国。伽蓝数百所，僧徒数千人，学无专习，戒行多滥。

从此复还乌铎迦汉茶城，南渡信度河，河广三四里，西南流，澄清皎镜，汩淴漂流。毒龙、恶兽窟穴其中，若持贵宝、奇花果种及佛舍利渡者，船多飘没。渡河至呾叉始罗国。北印度境。

译文

钵露罗国方圆四千多里，位于大雪山中，东西长，南北窄。盛产麦、豆，出产金、银，因物产丰富，国家富饶。气候严寒凛冽，人性粗犷暴躁，仁义观念淡薄，对礼节无所了解。相貌粗鄙，衣裳用毛皮麻布。文字与印度大致相同，语言与各国有差异。寺院有几百所，僧徒几千人，不专习一种学说，戒律条规执行不严格。

从钵露罗国返回乌铎迦汉茶城，向南渡过印度河。河面宽三四里，向西南流去，清澈如镜，流速湍急。毒龙和恶兽在水中筑有窟穴，如有人携带珍贵宝器、奇花异果和佛舍利渡河，船只多会沉没。渡过河到达呾叉始罗国。（在北印度境内。）

注释 **1** 钵露罗国：又作钵卢勒、波路等，在今克什米尔西北部的巴尔帖斯坦。

呾叉始罗国[1]

原文

呾叉始罗国周二千余里，国大都城周十余里。酋豪力竞，王族绝嗣，往者役属迦毕试国，近又附庸迦湿弥罗国。地称沃壤，稼穑殷盛，泉流多，花果茂。气序和畅，风俗轻勇，崇敬三宝。伽蓝虽多，荒芜已甚，僧徒寡少，并学大乘。

译文

呾叉始罗国方圆两千多里，国家的都城方圆十多里。豪强相争，王族子嗣断绝，以往隶属于迦毕试国，近来又依附迦湿弥罗国。土地肥沃，庄稼茂盛，水流众多，花果繁荣。气候温和，民风轻剽勇猛，崇奉佛教。寺院虽然多，已十分荒芜，僧徒数量少，都研习大乘佛教。

注释 **1** 呾叉始罗国：又作奢叉尸罗、竺刹尸罗等，其地在今巴基斯坦拉瓦尔品第附近。

一、医罗钵呾罗龙王池[1]

大城西北七十余里，有医罗钵呾罗龙王池，周百余步。其水澄清，杂色莲花同荣异彩。此龙者，即昔迦叶波佛时坏医罗钵呾罗树苾刍也[2]。故今彼土请雨祈晴，

在都城西北七十多里处，有医罗钵呾罗龙王池，周长有一百多步。池水清澈，各种颜色的莲花同时争艳。池中的龙，就是从前迦叶波佛时损坏医罗钵呾罗树的比丘。所以如今这里的人祈求下雨或天晴，一定要

必与沙门共至池所，弹指慰问，随愿必果。

和僧徒一起到龙王池，弹指相慰问，愿望定会实现。

注释 1 医罗钵呾罗：医罗意为带臭气的树，钵呾罗意为树叶。盖因龙王损坏树叶，而致树生臭气。 2 苾（bì）刍：即比丘，出家修行的男僧。

二、四宝藏之一所

龙池东南行三十余里，入两山间，有窣堵波，无忧王之所建也，高百余尺。是释迦如来悬记，当来慈氏世尊出兴之时[1]，自然有四大宝藏[2]，即斯胜地，当其一所。闻诸先志曰：或时地震，诸山皆动，周藏百步，无所倾摇。诸有愚夫妄加发掘，地为震动，人皆踬仆。傍有伽蓝，圮损已甚，久绝僧徒。

从龙池向东南行走三十多里，进入两山之间，有座佛塔，是无忧王所建造，高一百多尺。当初释迦如来预言，将来慈氏世尊出世时，自然产生四大宝藏，这里是其中之一。听老年人讲：有时地震，各座山都摇动，唯独宝藏周围百步内，丝毫不动摇。有些愚蠢的人妄图发掘，大地就为之震动，人都跌倒在地。佛塔旁有所寺院，坍塌得十分严重，好久没有僧徒了。

注释 1 慈氏世尊：即弥勒菩萨。 2 四大宝藏：据《增一阿含经》，四大宝藏是乾陀卫国伊罗钵龙王宝藏、蜜缔罗国斑稠龙王宝藏、须赖吒国宾伽罗龙王宝藏、婆罗棕国蠰佉龙王宝藏。

三、舍头窣堵波

城北十二三里有窣堵波，无忧王之所建也。或至斋日，时放光明，神花天乐，颇有见闻。闻诸先志曰：近有妇人，身婴恶癞，窃至窣堵波，责躬礼忏，见其庭宇有诸粪秽，掬除洒扫，涂香散花，更采青莲，重布其地。恶疾除愈，形貌增妍，身出名香，青莲同馥。斯胜地也，是如来在昔修菩萨行，为大国王，号战达罗钵剌婆[1]，唐言月光。志求菩提，断头惠施。若此之舍，凡历千生。

都城北面十二三里处，有座佛塔，是无忧王所建造。到了斋日期间，时而放射光芒，神仙散花与上天音乐，有时可以见到。听老年人讲：近来有个妇女，身患恶疮，悄悄地到佛塔前，责备自己，行礼忏悔，当她见到庭院中有粪便垃圾时，就双手捧走，洒水扫除，涂上香料，撒上花朵，又采来青莲，铺满地面。随之恶疮痊愈，相貌更加漂亮，身上散发名贵香气，与青莲香气一般。这是个胜地，从前如来修菩萨行，为大国王，称战达罗钵剌婆，（唐朝语言称月光。）一心追求菩提之果，断头施舍与人。像这样的施舍，已经历了一千世。

注释 1 战达罗钵剌婆：意为月光。据云北印度古有大城名贤石，国王名月光。月光普施一切，随求者之意而给之。有一恶眼婆罗门求月光之头，月光即自截其头与之。

四、童受论师制论处

舍头窣堵波侧有僧伽蓝，庭宇荒凉，僧徒减少。昔经部拘摩罗逻多唐言童受。论师于此制述诸论[1]。

在舍头佛塔旁有一所寺院，庭宇荒凉，僧徒很少。从前经量部的拘摩罗逻多(唐朝语言称童受。)法师曾在这里撰作各种论著。

注释　1 经部：即经量部，小乘佛教二十部之一。该部从说一切有部中分化出来，重视经典，视之为正理所在，而不像说一切有部重视论典。

五、南山窣堵波及拘浪拿太子故事

城外东南，南山之阴有窣堵波，高百余尺，是无忧王太子拘浪拿为继母所诬抉目之处，无忧王所建也。盲人祈请，多有复明。

在都城东南，南山的背阴处有一座佛塔，高一百多尺，是无忧王的太子拘浪拿遭继母诬陷而被挖去双眼的地方，塔是无忧王所建造的。盲人来此祈求，多有重见光明的。

此太子正后生也，仪貌妍雅，慈仁夙著。正后终没，继室憍淫，纵其惛愚，私逼太子，太子沥泣引责，退身谢罪。继母见违，弥增忿怒，候王闲隙，从容言曰："夫呾叉始罗，国之

这位太子是正宫王后所生，仪貌端庄雅致，以慈悲仁爱著名。正宫王后去世后，继室骄奢淫逸，放纵昏愚之心，逼太子和她私通，太子涕泣自责，退身请求原谅。继母见他违背己意，更增怨恨之心，趁无忧王闲暇时，坦然地对他说："呾叉始罗，是国家的关键

要领,非亲弟子,其可寄乎?今者,太子仁孝著闻,亲贤之故,物议斯在。”王惑闻说,雅悦奸谋,即命太子,而诫之曰:“吾承余绪,垂统继业,唯恐失坠,忝负先王。呾叉始罗国之襟带,吾今命尔作镇彼国。国事殷重,人情诡杂,无妄去就,有亏基绪。凡有召命,验吾齿印。印在吾口,其有谬乎?”于是太子衔命来镇。岁月虽淹,继室弥怒,诈发制书,紫泥封记,候王眠睡,窃齿为印,驰使而往,赐以责书。辅臣跪读,相顾失图。太子问曰:“何所悲乎?”曰:“大王有命,书责太子,抉去两目,逐弃山谷,任其夫妻,随时生死。虽有此命,尚未可依。今宜重请,面缚待罪。”[1] 太子曰:“父而赐死,其敢辞乎?齿印为封,诚无谬矣。”命旃荼罗抉去

地区,不是亲属子弟,怎能委以这一重任?现在太子以仁孝著名,既亲且贤,是人们都认为合适的人。”无忧王为她的言论所迷惑,很喜欢她的奸谋,就召来太子告诫他说:“我继承祖先基业,要把它留传后世,唯恐失去,辜负了先代君王。呾叉始罗是国家的重要地带,我现在命令你镇守该地。国家大事十分繁重,而人心诡谲复杂,不能随意进退,而有亏国家根本。凡是有召唤命令,可验证我的齿印。印信在我口中,还会有错吗?”于是太子奉命外出镇守。虽然岁月流逝,但继室更为愤怒,行诈发出诏书,用紫色印泥封缄,又趁无忧王睡着,偷用其齿留下印痕,派人快马赶到呾叉始罗,赐给太子以谴责的诏书。辅佐的臣属跪下宣读,相顾失色,不知所措。太子问他们说:“为何如此悲痛?”臣属答道:“大王有诏书,谴责太子,命挖去双眼,赶入山谷,听凭太子夫妻自生自灭。虽然有这个命令,还不敢马上执行。现在请太子再加申诉,反绑自己等待处分。”太子说:“父亲赐死,怎可躲避呢?有他的齿印为封记,肯定是不会有错的。”就命令

其眼[2]。眼既失明，乞贷自济，流离展转，至父都城。其妻告曰："此是王城。嗟乎，饥寒良苦！昔为王子，今作乞人！愿得闻知，重申先责。"于是谋计，入王内厩，于夜后分，泣对清风，长啸悲吟，箜篌鼓和[3]。王在高楼，闻其雅唱，辞甚怨悲，怪而问曰："箜篌歌声，似是吾子，今以何故而来此乎？"即问内厩："谁为歌啸？"遂将盲人而来对旨。王见太子，衔悲问曰："谁害汝身，遭此祸衅？爱子丧明，犹自不觉，凡百黎元，如何究察？天乎，天乎，何德之衰！"太子悲泣，谢而对曰："诚以不孝，负责于天，某年月日，忽奉慈旨，无由致辞，不敢逃责。"其王心知继室为不轨也，无所究察，便加刑辟。

旃荼罗挖去自己的双眼。眼睛失明后，太子以乞讨度日，流离失所，到了父亲的都城。他的妻子告诉他说："这是大王的都城。唉，实在是饥寒交迫啊！从前是王子，今日作乞丐！希望能让大王知道你的现状，重新申述当初的责罚。"于是商议计策，进入国王内厩，在深更半夜，对着清风哭泣，长声吁叹，悲哀吟咏，用箜篌伴奏。无忧王在高楼上，听到太子的歌声，歌辞充满怨恨悲伤，就奇怪地询问说："箜篌伴奏着歌唱，声音好像是我的儿子。现在因什么缘故来到了这里呢？"当即查问掌管内厩的人："是谁在歌唱？"臣属于是带着盲人来复命。无忧王见到太子，满含悲痛地问他说："是谁谋害你，使你遭受这个祸殃？心爱的儿子失明，我尚且不知道，众多的黎民百姓，我怎能体察呢？天哪，天哪！我的德行衰落到何等地步！"太子悲伤地哭泣，谢罪后回答说："实在是因为不孝顺，得罪了上天，某年某月某日，忽然接到圣旨，无法向您申述，不敢逃避罪责。"无忧王心中知道是继室捣鬼，不再加以查究，就对她处以极刑。

注释 1 面缚：双手反绑于身背而面向前。 2 旃荼罗：又作旃陀罗，意为屠者，是印度四大种姓等级以外的低贱者。 3 箜篌（kōnghóu）：古代弦乐器，弦数因乐器大小而不同，少者五根弦，多者二十五根弦。

时菩提树伽蓝有瞿沙唐言妙音。大阿罗汉者，四辩无碍[1]，三明具足。王将盲子，陈告其事，惟愿慈悲，令得复明。时彼罗汉受王请已，即于是日宣令国人："吾于后日，欲说妙理，人持一器，来此听法，以盛泣泪也。"于是远近相趋，士女云集。是时阿罗汉说十二因缘[2]，凡厥闻法，莫不悲耿，以所持器盛其沥泣。说法既已，总收众泪，置之金盘，而自誓曰："凡吾所说，诸佛至理。理若不真，说有纰缪，斯则已矣；如其不尔，愿以众泪，洗彼盲眼，眼得复明，明视如昔。"发是语讫，持泪洗眼，眼遂复明。王乃责彼

当时菩提树寺院中有位瞿沙(唐朝语言称妙音。)大阿罗汉，四辩皆无滞碍，又具宿命明、天眼明、漏尽明。无忧王带着眼盲的太子向他陈述上述事实，请他大发慈悲，使太子眼睛得以复明。这时那位罗汉接受了国王请求，就在当天宣告国人："我在后天要开讲佛理，每人可持一个器皿，到这里来听讲，用器皿承接泪水。"于是远近的人赶到寺院，士女如彩云般地聚集。阿罗汉讲说十二因缘，凡是听讲的人，无不悲伤哭泣，用所带的器皿装下眼泪。说法结束后，收集起众人眼泪，放到金盘内，然后自己发誓说："凡是我所讲说的，都是佛法至理。如果道理不真实，讲说有错误，这就算了；如果不是这样，希望能用众人的眼泪来洗太子瞎了的眼睛，使他眼睛复明，视力如前！"罗汉说完这段话后，拿着众人的泪水让太子洗眼睛，眼睛就重见光明了。无忧王于是责备那些辅臣，诘问众多的官员僚属，有的罢

辅臣,诘诸僚佐,或黜或放,或迁或死,诸豪世禄移居雪山东北沙碛之中。

免,有的放逐,有的降职,有的处死,还有一些豪门大族被迁移到雪山东北的戈壁之中。

从此东南越诸山谷,行七百余里,至僧诃补罗国。北印度境。

从呾叉始罗国向东南翻山越岭,行走七百多里,到达僧诃补罗国。(在北印度境内。)

注释　1 四辩无碍:又作四无碍辩、四无碍智、四无碍解,简称四辩。这是佛、菩萨的四种自在无碍的表现理解的能力。一是法无碍,即于教法无滞碍;二是义无碍,即教法所表示的意义内容而无滞碍;三是辞无碍,即通达诸方的言语而无碍;四是乐说无碍,即以前三种无碍对众生说教,顺应辩说,使之信解无碍。 2 十二因缘:又作十二支、十二因生,是原始佛教极其重要的观念,以十二个因果的条件而成一系列,解释人生的种种苦痛与烦恼的起源。这十二因缘分别是无明、行、识、名色、六处、触、受、爱、取、有、生、老死十二个层次。

僧诃补罗国[1]

原文

僧诃补罗国周三千五六百里,西临信度河。国大都城周十四五里,依山据岭,坚峻

译文

僧诃补罗国方圆三千五六百里,西部濒临印度河。国家的都城方圆十四五里,依傍着山岭,险峻

险固。农务少功，地利多获。气序寒，人性猛，俗尚骁勇，又多谲诈。国无君长主位，役属迦湿弥罗国。

坚固。农业投入少，土地收成多。气候寒冷，民情暴烈，风俗崇尚勇猛，又多诡诈。国家没有君主统辖，隶属于迦湿弥罗国。

注释 1 僧诃补罗国：国名，其地约在今巴基斯坦北境的凯特斯一带。

一、城附近寺塔及白衣外道本师初说法处

城南不远有窣堵波，无忧王之所建也，庄饰有亏，灵异相继。傍有伽蓝，空无僧侣。

城东南四五十里至石窣堵波，无忧王建也，高二百余尺。池沼十数，映带左右，雕石为岸，殊形异类。激水清流，汩淴漂注，龙鱼水族，窟穴潜泳。四色莲花，弥漫清潭。百果具繁，同荣异色，林沼交映，诚可游玩。傍有伽蓝，久绝僧侣。

窣堵波侧不远，有白

都城以南不远处有座佛塔，是无忧王所建造的，外部装饰已有破损，灵验却不断出现。佛塔旁有寺院，空空的没有僧人。

从都城向东南行走四五十里，到达石佛塔，是无忧王建造的，高二百多尺。有十多个水池，左右映照，以石雕为池岸，形状各不相同。池水清澈，流速湍急，龙、鱼等水产之物，穴居潜游于其中。四种颜色的莲花，布满了清潭。各种花果繁茂，众彩争艳。树木池水交相映照，实在是游玩佳境。旁边有座寺院，很久没有僧徒了。

在佛塔旁不远，有白衣外道本师领悟至理初次说法的地方，现在有标

衣外道本师悟所求理初说法处，今有封记，傍建天祠。其徒苦行，昼夜精勤，不遑宁息。本师所说之法，多窃佛经之义，随类设法，拟则轨仪。大者为苾刍，小者称沙弥。威仪律行，颇同僧法。唯留少发，加之露形，或有所服，白色为异，据斯流别，稍用区分。其天师像，窃类如来，衣服为差，相好无异。

记指示，旁边还建有天祠。他的信徒修苦行，日夜勤劳，没有休息时间。本师所讲之法，多窃取佛经的义理，根据不同的对象而拟定法度，设立戒规。年长的称苾刍，年小的称沙弥，各项仪式律条，与佛教差不多。只是留少量头发，并露出形体，也有穿衣服的，以白色为特点。根据这些不同，稍微可以区分。他们的天师像，也暗自仿效如来，衣服有些差别，相貌没有不同。

二、大石门及王子舍身饲虎处

从此复还呾叉始罗国北界，渡信度河，东南行二百余里，度大石门，昔摩诃萨埵王子于此投身饲饿乌檡[1]。音徒。其南百四五十步有石窣堵波，摩诃萨埵愍饿兽之无力也，行至此地，干竹自刺，以血啖之，于是乎兽乃啖焉。其中地土洎诸草木，微带绛色，犹血染也。人履其地，若

从这里又回到呾叉始罗国的北界，渡过印度河，向东南行走二百多里，经过大石门，就是从前摩诃萨埵王子献身喂饿虎的地方。其地之南一百四五十步有座佛塔，摩诃萨埵同情饿兽没有力气，走到这里，用干竹片自刺，用血喂饿兽，此后饿兽又把他吃了。这里的土地以至草木，都略带红色，如血染了一般。人们踏在上面，仿佛芒刺在背，不论是怀

负芒刺，无云疑信，莫不悲怆。

疑者，还是相信者，没有不悲哀的。

舍身北有石窣堵波，高二百余尺，无忧王之所建也，雕刻奇制，时烛神光。小窣堵波及诸石龛动以百数，周此茔域，其有疾病，旋绕多愈。

在舍身饲虎处以北，有座石佛塔，高二百多尺，是无忧王所建造的，雕刻奇特，时常放出神光。小塔和石龛有一百多个，围绕着这片墓地，有疾病的人，环绕它行走多可痊愈。

注释 1 乌檡（tú）：虎。读虎为“乌檡”，系先秦时楚人读音，可参见《左传·宣公四年》条。

三、孤山中伽蓝

石窣堵波东有伽蓝，僧徒百余人，并学大乘教。

在石佛塔东有一所寺院，僧徒有一百多人，都研习大乘佛教。

从此东行五十余里，至孤山，中有伽蓝，僧徒二百余人，并学大乘法教。花果繁茂，泉池澄镜。傍有窣堵波，高二百余尺，是如来在昔于此化恶药叉，令不食肉。

从这里向东行走五十多里，到一座孤山，山中有一所寺院，僧徒有二百多人，都研习大乘佛教。花果繁茂，泉水清澈如镜。寺院旁有座佛塔，高二百多尺，从前如来曾在这里度化恶药叉，使它不再吃肉。

从此东南山行五百余里，至乌剌尸国。北印度境。

从这里向东南山中行走五百多里，到达乌剌尸国。（在北印度境内。）

乌剌尸国[1]

原文

乌剌尸国周二千余里，山阜连接，田畴隘狭。国大都城周七八里。无大君长，役属迦湿弥罗国。宜稼穑，少花果。气序温和，微有霜雪。俗无礼义，人性刚猛，多行诡诈，不信佛法。

大城西南四五里有窣堵波，高二百余尺，无忧王所建也。傍有迦蓝，僧徒寡少，并皆学大乘法教。

从此东南登山履险，度铁桥，行千余里，至迦湿弥罗国。旧曰罽宾，讹也。北印度境。

译文

乌剌尸国方圆两千多里，山岭相连，田野面积小。国家的都城方圆七八里。没有君主，隶属于迦湿弥罗国。境内适宜种植，花果不多。气候温和，略有霜雪。民俗不懂礼义，人们性格刚烈勇猛，多行诡诈，不相信佛法。

都城西南四五里处有座佛塔，高二百多尺，是无忧王建造的。旁边有一所寺院，僧徒很少，都研习大乘佛教。

从都城向东南行走，翻山越岭，经过险阻，渡过铁索桥，走一千多里后，到达迦湿弥罗国。（旧称罽宾，是错误的。在北印度境内。）

注释 1 乌剌尸国：一作乌剌叉，其地在今巴基斯坦东北境，今克什米尔的哈查拉地区。

迦湿弥罗国[1]

原文

迦湿弥罗国周七千余里，四境负山。山极峭峻，虽有门径，而复隘狭，自古邻敌无能攻伐。国大都城西临大河，南北十二三里，东西四五里。宜稼穑，多花果，出龙种马及郁金香、火珠、药草。气序寒劲，多雪少风。服毛褐，衣白氎。土俗轻僄，人性怯懦。国为龙护[2]，遂雄邻境。容貌妍美，情性诡诈。好学多闻，邪正兼信。伽蓝百余所，僧徒五千余人。有四窣堵波，并无忧王建也，各有如来舍利升余。

译文

迦湿弥罗国方圆七千多里，四面环山。山势极为陡峭，虽然有通道，但很狭窄，自古以来邻国不能攻打进去。国家的都城西面靠着大河，南北长十二三里，东西宽四五里。境内适宜耕作，花果很多，出产龙种、马和郁金香、火珠、药草。气候寒冷，多雨少风。人们穿毛皮麻布和白细棉布。风俗轻浮，人多胆小怕事。国家受龙的保护，因而称雄于邻国。容貌美丽，性情狡诈。爱好学习，见闻广博，正教、邪教都信奉。寺院有一百多所，僧徒有五千多人。有四座佛塔，都是无忧王所建造，各塔中皆收藏有如来的舍利一升多。

注释 1 迦湿弥罗国：又称羯湿弥啰、伽叶弥罗等，即今克什米尔。2 “国为”句：传说迦湿弥罗历史上有一位国王为龙所生，故其王位得到龙的保护。

一、开国传说

《国志》曰[1]：国地本龙池也。昔佛世尊自乌仗那国降恶神已，欲还中国[2]，乘空当此国上，告阿难曰："我涅槃之后，有末田底迦阿罗汉，当于此地建国安人，弘扬佛法。"如来寂灭之后第五十年，阿难弟子末田底迦罗汉者，得六神通，具八解脱，闻佛悬记，心自庆悦，便来至此，于大山岭，宴坐林中，现大神变。龙见深信，请资所欲。阿罗汉曰："愿于池内，惠以容膝。"龙王于是缩水奉施。罗汉神通广身，龙王纵力缩水，池空水尽，龙翻请地。阿罗汉于此西北为留一池，周百余里，自余枝属，别居小池。龙王曰："池地总施，愿恒受供。"末田底迦曰："我今不久无余涅槃[3]，虽欲

《国志》记载：迦湿弥罗国本是一个龙池。从前世尊在乌仗那国降伏恶神后，将要回到中印度，腾空飞到此国上空时，告诉阿难说："我涅槃以后，有个末田底迦阿罗汉，将在这片土地上建立国家，安抚民众，弘扬佛法。"如来寂灭之后五十年，阿难的弟子末田底迦罗汉获得了六神通，并具备了八解脱的定力，听到佛陀的预言，心中喜悦庆幸，就来到这里，在一座大山岭上，静坐于树林中，显现出巨大神通。龙王见到后十分信仰，愿意满足罗汉的各种欲望。阿罗汉说："希望在龙池中让我放置双膝。"龙王于是收缩池水，腾出干地给罗汉。罗汉施展神通增大身躯，龙王尽力收缩池水，以至池空水尽，龙王反倒请罗汉赐地。阿罗汉就在这个国家的西北为它留下一个池子，方圆一百多里，龙王的枝属，另外住在小池中。龙王说："池子的地都施舍给您了，愿您永远受我的供奉。"末田底迦说："我不久就将进入无余涅槃，虽然想接受你的请求，如何办得到呢？"

受请，其可得乎？”龙王重请：“五百罗汉常受我供，乃至法尽，法尽之后，还取此国以为居池。”末田底迦从其所请。时阿罗汉既得其地，运大神通力，立五百伽蓝，于诸异国买鬻贱人，以充役使，以供僧众。末田底迦入寂灭后，彼诸贱人自立君长，邻境诸国鄙其贱种，莫与交亲，谓之讫利多。唐言买得。今时泉水已多流滥。

龙王再次请求：“希望五百罗汉长久受我的供奉，直到大法灭尽，大法灭尽后，我再收取这个国家，作为居住的池子。”末田底迦接受了它的请求。当时阿罗汉得到这片土地后，运用巨大的神通之力，建立五百所寺院，在其他各国买来贱民，充当仆役，侍候僧徒。末田底迦涅槃以后，那些贱民自立君王。邻近各国鄙视他们为下贱之人，不与他们交往亲近，称之为讫利多。（唐朝语言称买得。）现在泉水已经多处泛滥。

注释　1《国志》：记载迦湿弥罗国的一部史书。因时间久远，未能流传下来，内容不详。　2 中国：指北印度中部地区。　3 无余涅槃：完全远离肉体方面制约的涅槃境界。这是与有余涅槃相对而言的，仍残留着生命躯体而证得的涅槃为有余涅槃，死后不受再生而证得的涅槃为无余涅槃。

二、五百罗汉僧传说

摩揭陁国无忧王以如来涅槃之后第一百年[1]，命世君临，威被殊俗。深信三宝，爱育四生[2]。时有五百

摩揭陁国的无忧王在如来涅槃后的第一个百年之间，统治天下，声威远播外邦，深信佛教，爱护生灵。当时有五百罗汉僧、五百凡夫僧，都

罗汉僧、五百凡夫僧[3]，王所敬仰，供养无差。有凡夫僧摩诃提婆，唐言大天。阔达多智，幽求名实，潭思作论，理违圣教，凡有闻知，群从异议。无忧王不识凡、圣，因情所好，党援所亲，召集僧徒赴殑伽河，欲沉深流，总从诛戮。时诸罗汉既逼命难，咸运神通，凌虚履空，来至此国，山栖谷隐。时无忧王闻而悔惧，躬来谢过，请还本国，彼诸罗汉确不从命。无忧王为罗汉建五百僧伽蓝，总以此国持施众僧。

受到无忧王敬仰，供养没有等差。凡夫僧中有位叫摩诃提婆，(唐朝语言称大天。)通达多智慧，深入探讨名实关系，沉思后写作论著，道理与佛法相违背，凡是他所认识的人，都追随这种异说。无忧王不能识别凡僧、圣僧的差异，凭着感情爱好，支持所亲近者，招集众多僧徒，前往殑伽河，想把他们沉入深水中，全部杀戮。当时众罗汉面临生命危险，都运用神通，凌空飞翔，来到这个国家，在山谷中隐居。无忧王听说后感到后悔恐惧，亲自来认罪，请求回到本国，那些罗汉拒不从命。无忧王于是为罗汉建立起五百所寺院，并把这个国家施舍给僧徒。

注释　1 第一百年：依印度佛教史家记年惯例，佛灭后一年至一百年为“第一百年”。故第一百年实即第一个一百年间。　2 四生：即生物的胎生、卵生、湿生、化生等四种生起方式，此处泛指一切生灵。
3 罗汉僧：即圣僧，为已证得圣果者。凡夫僧：即凡僧，为未证得圣果者。

三、迦腻色迦王第四结集

健驮逻国迦腻色迦王，以如来涅槃之后第四百年应期抚运，王风远被，殊俗内附。机务余暇，每习佛经，日请一僧入宫说法。而诸异议部执不同，王用深疑，无以去惑。时胁尊者曰："如来去世，岁月逾邈，弟子部执，师资异论，各据闻见，共为矛盾。"时王闻已，甚用感伤，悲叹良久，谓尊者曰："猥以余福，聿遵前绪，去圣虽远，犹为有幸，敢忘庸鄙，绍隆法教，随其部执，具释三藏。"胁尊者曰："大王宿殖善本，多资福祐，留情佛法，是所愿也。"王乃宣令远近，召集圣哲。于是四方辐凑，万里星驰，英贤毕萃，睿圣咸集。七日之中，四事供养。既欲法议，恐其喧杂。王乃具怀白诸僧

健驮逻国的迦腻色迦王，在如来涅槃之后第四百年应运登基，抚绥天下，声威远播，异国都来归附。处理政事之余，时常研习佛经，每天都请一位僧人进宫说法。然而不同部派说法不同，国王疑问甚多，无法消除迷惑。这时胁尊者说："如来去世，岁月已经久远，弟子各分部派，传授纷纭，各自依据自己的闻见，互相矛盾。"国王听说后，十分感伤，悲叹了很久，对胁尊者说："我凭剩余的福德，遵守前人的遗绪，距离圣人时代虽远，还算有幸，我忘掉自己的平庸浅陋，希望光大佛法，根据不同的部执，解释佛教学说。"胁尊者说："大王前世种下善根，积累了众多福德，留心于佛法，是我的愿望。"国王于是传令远近各地，招集高僧。这时，各地僧徒从四面八方、万里之外奔赴而至，群贤荟萃，高僧都聚齐了。七天之中，均受四事供养。既欲讨论大法，又担心喧闹杂乱，国王便坦率地对众僧徒说："已经证得圣果的留下来，烦恼未尽的请回去。"这样留下来

曰："证圣果者住，具结缚者还。"[1] 如是尚众。又重宣令："无学人住，有学人还。"[2] 犹复繁多。又更下令："具三明、备六通者住，自余各还。"然尚繁多。又更下令："其有内穷三藏、外达五明者住，自余各还。"于是得四百九十九人。王欲于本国，苦其暑湿，又欲就王舍城大迦叶波结集石室。胁尊者等议曰："不可。彼多外道，异论纠纷，酬对不暇，何功作论？众会之心，属意此国。此国四周山固，药叉守卫，土地膏腴，物产丰盛，贤圣之所集往，灵仙之所游止。"众议斯在，佥曰："允谐。"其王是时与诸罗汉自彼而至，建立伽蓝，结集三藏，欲作《毗婆沙论》。

的还很多。国王又宣布命令说："已经无需修学的留下来，还需修学的请回去。"留下来的僧徒还较多。国王又另外下令："具备三明、六通的留下来，其余的各自回去。"然而留下来还是较多。国王又另外下令："凡在内穷究三藏、在外通达五明的留下来，其余的各自回去。"于是得到四百九十九人。国王想在本国聚会，而苦于炎热潮湿，又想前往王舍城大迦叶波结集的石室中去。胁尊者等人议论说："不可以。那里外道多，异说纷纭，应对都来不及，哪有工夫作论文？众僧聚会的心意，是看准了迦湿弥罗国，这个国家四周山岭坚固，有药叉守卫，土地肥沃，物产丰富，是贤圣集中之地，神仙游化之所。"众僧议论同此，都说："这里的确合适。"国王这时同众罗汉从外地到这里，建立寺院，结集三藏，打算作《毗婆沙论》。

注释　1 结缚：烦恼的异名。　2 无学：学习已经完成，没有进一步修学需要的阶段。

是时尊者世友，户外纳衣[1]，诸阿罗汉谓世友曰："结使未除[2]，诤议乖谬，尔宜远迹，勿居此也。"世友曰："诸贤于法无疑，代佛施化，方集大义，欲制正论。我虽不敏，粗达微言，三藏玄文、五明至理，颇亦沉研，得其趣矣。"诸罗汉曰："言不可以若是。汝宜屏居，疾证无学，已而会此，时未晚也。"世友曰："我顾无学，其犹涕唾，志求佛果，不趋小径。掷此缕丸，未坠于地，必当证得无学圣果。"时诸罗汉重诃之曰："增上慢人，斯之谓也。无学果者，诸佛所赞，宜可速证，以决众疑。"于是世友即掷缕丸，空中诸天接缕丸而请曰："方证佛果，次补慈氏，三界特尊，四生攸赖，如何于此欲证小果？"时诸罗汉见是事已，谢咎推德，请为上座，凡有疑义，咸取决焉。是五

当时尊者世友穿着衲衣站在门外，众罗汉对世友说："你烦恼没有消除，议论背离大法，应远远避开，不要留在这里。"世友说："各位贤士对佛法没有疑惑，代佛祖施行教化，正要集中讨论大义，撰写正论。我虽然不敏捷，也粗通精微道理，三藏的深奥文字，五明的最高真理，也曾研究过，得到了意旨。"众罗汉说："话不能这样说。你应独自居处，赶快证得无学之果，进而到这里来，为时也不算晚。"世友说："我看证得无学之果，犹如流涕、吐唾沫一样简单。立志求得佛果，不必走小路。我掷出这个丝团，在它未落地时，定将证得无学圣果。"这时各罗汉又责备他说："狂妄自大，说的就是你这种人。无学果是诸佛所赞美的，你可赶快证得，来消除众人的怀疑。"这时世友就将丝团掷向空中，众天神接住丝团后说："你就要证得佛果，然后接弥勒之位，三界中最为尊贵，一切生灵将有所依赖，为什么在这里证得小果呢？"当时众罗汉见到这种情形，就承认错误，推崇他的德行，请他为上座，凡碰上疑义，

百圣贤，先造十万颂《邬波第铄论》，旧曰《优波提舍论》，讹也。释素呾缆藏。[3] 旧曰修多罗藏，讹也。次造十万颂《毗奈耶毗婆沙论》，释毗奈耶藏。[4] 旧曰毗那耶藏，讹也。后造十万颂《阿毗达磨毗婆沙论》，释阿毗达磨藏。[5] 或曰阿毗昙藏，略也。凡三十万颂，九百六十万言，备释三藏，悬诸千古，莫不穷其枝叶，究其浅深，大义重明，微言再显，广宣流布，后进赖焉。迦腻色迦王遂以赤铜为鍱，镂写论文，石函缄封，建窣堵波，藏于其中。命药叉神周卫其国，不令异学持此论出。欲求习学，就中受业。于是功既成毕，还军本都。出此国西门之外，东面而跪，复以此国总施僧徒。

都由他裁决。这五百个贤圣，首先撰写《邬波第铄论》十万颂，（旧称《优波提舍论》，是错误的。）解释素呾缆藏。（旧称修多罗藏，是错误的。）其次撰写《毗奈耶毗婆沙论》十万颂，解释毗奈耶藏。（旧称毗那耶藏，是错误的。）最后撰写《阿毗达磨毗婆沙论》十万颂，解释阿毗达磨藏。（有人称阿毗昙藏，是略称。）总共三十万颂，九百六十万字，全面解释三藏，永存于千古，莫不穷究其细节，探讨其深浅，大义重新明了，微言再次显示，广泛流布，后学者依赖于此。迦腻色迦王于是用赤铜铸成金属薄片，论文镂刻于上，用石函封缄，建造佛塔，收藏于其中。命令药叉在四周守卫迦湿弥罗国，不让外道带走论著。想要学习的，就在塔内接受教诲。大功告成之后，迦腻色迦王率军回到本国首都。走出这个国家西门之外时，他面向东方跪拜，又把这个国家施舍给僧徒。

注释　**1** 纳衣：即衲衣，是用被人遗弃的破碎布片缝成，故又称百衲衣。　**2** 结使：束缚与执著，困扰着人的身心，与烦恼同义。　**3**“先造”二句：邬波第铄，意为论议。素呾缆藏，意为经藏，是佛说经典的总集，专说佛教教义。 4“次造”二句：毗奈耶，意为律。毗奈耶毗婆沙，意为解说戒律的人。毗奈耶藏是佛制戒律的总集，是对僧众的有关行为规定。 5“后造”二句：阿毗达磨意为论，阿毗达磨藏即论藏，是三藏中的一种，专门解释佛经义理。

四、雪山下王讨罪故事

迦腻色迦王既死之后，讫利多种复自称王，斥逐僧徒，毁坏佛法。睹货逻国呬摩呾罗王，唐言雪山下。其先释种也。以如来涅槃之后第六百年，光有疆土，嗣膺王业，树心佛地，流情法海。闻讫利多毁灭佛法，招集国中敢勇之士，得三千人，诈为商旅，多赍宝货，挟隐军器，来入此国。此国之君，特加宾礼。商旅之中，又更选募，得五百人，猛烈多谋，各袖利刃，俱持重宝，躬赍所奉，持以献上。时雪山下王去其帽，即其座，讫利多王惊慑无措，遂斩其

迦腻色迦王死后，讫利多种族又自称为王，驱逐僧徒，毁坏佛法。睹货逻国的呬摩呾罗王，(唐朝语言称雪山下王。)他的先辈是释迦族，在如来涅槃之后第六百年，拥有疆土，继承王业，倾心于佛果，留意于佛法。听说讫利多人毁灭佛法，就在国内招集勇士，得到三千人，伪装成商人，携带大量珍宝，暗藏兵器，来到这个国家。这个国家的君主，特别客气地以礼相待。在伪装的商人之中，雪山下王又加以挑选，募得五百人，都勇猛多谋略，各在袖内藏下利刃，带着贵重的宝物，雪山下王亲自拿着礼物，献给讫利多王。当时，雪山下王脱去帽子，坐到讫利多王的宝座上，讫利多王惊慌失措，雪山下王于是斩下他

首,令群下曰:“我是睹货逻国雪山下王也。怒此贱种公行虐政,故于今者诛其有罪。凡百众庶,非尔之辜。”然其国辅宰臣,迁于异域。既平此国,召集僧徒,式建伽蓝,安堵如故。复于此国西门之外,东面而跪,持施众僧。

的头,并对群臣下令说:“我是睹货逻国的雪山下王。愤恨这个贱种,公然推行暴政,所以现在诛杀这个有罪之人。百官民众,是没有罪过的。”不过这个国家的宰辅大臣,仍被迁徙到外地。平定这个国家后,雪山下王招集僧徒,建造寺院,居民又同从前一样安居乐业。雪山下王又在都城西门外,面向东跪拜,把这个国家施舍给僧徒。

其讫利多种屡以僧徒覆宗灭祀,世积其怨,嫉恶佛法。岁月既远,复自称王。故今此国不甚崇信,外道天祠,特留意焉。

讫利多种族屡次因僧徒的缘故毁灭宗族祭祀,世代积累怨恨,憎恶佛法。岁月久远,又自称为王。所以现在这个国家对佛教不太信仰,而对外道、天祠格外地重视。

五、佛牙伽蓝及传说

新城东南十余里,故城北大山阳,有僧伽蓝,僧徒三百余人。其窣堵波中有佛牙,长可寸半,其色黄白,或至斋日,时放光明。昔讫利多种之灭佛法也,僧徒解散,各随利居。有一沙门,

在新城东南十多里,故城以北大山向阳处,有所寺院,僧徒有三百多人。寺内佛塔中藏有佛牙,长有一寸半,颜色呈黄白色,到斋日期间,往往放射光芒。从前讫利多种族毁灭佛法时,僧徒四散,各寻居处。有一个僧人漫游到印度,礼拜圣迹,表达

游诸印度，观礼圣迹，伸其至诚。后闻本国平定，即事归途。遇诸群象横行草泽，奔驰震吼。沙门见已，升树以避。是时群象相趋奔赴，竞吸池水，浸渍树根，互共排掘，树遂蹎仆。既得沙门，负载而行，至大林中，有病象疮痛而卧，引此僧手，至所苦处，乃枯竹所刺也。沙门于是拔竹傅药，裂其裳，裹其足。别有大象，持金函授与病象，象既得已，转授沙门，沙门开函，乃佛牙也。诸象环绕，僧出无由。明日斋时，各持异果，以为中馔。食已，载僧出林，数百里外，方乃下之，各跪拜而去。沙门至国西界，渡一驶河，济乎中流，船将覆没。同舟之人互相谓曰："今此船覆，祸是沙门。必有如来舍利，诸龙利之。"船主检验，果得佛牙。时沙门举佛牙俯谓龙曰："吾今寄汝，不久来取。"遂

出至诚的心意。后来听说本国平定，就踏上了归途。路上遇到很多象横行于草泽中，奔跑吼叫。僧人见此情形，爬上树顶躲起来。这时一群象奔跑过来，争相吸取池水，浸湿了树根，一起推、挖，树就倾倒了。得到僧人后，驮上就走，到了大树林中，有头病象因生疮卧在地上。病象拉着僧人的手，到它疼痛之处，是枯竹刺伤的。僧人于是为它拔出枯竹，敷上药，撕下自己的衣裳，裹住病象的脚。另有一头大象带着金盒给病象，病象接到后，转而授予僧人。僧人打开盒子，竟然是佛牙。众象围绕着他，他没法出去。第二天吃斋时，大象都携来奇异的果子，作为他的中餐。吃过后，象载着僧人至树林几百里外，才放下他，各自跪拜后离开。僧人到了本国的西界，渡过一条湍急的河流，到了河中间，船就要沉没了。同船的人互相说："今天这条船沉没，祸根在僧人。一定是有如来舍利，龙想得到。"船主检验，果然得到佛牙。这时僧人举着佛牙，低下身去对龙说："我现在把佛牙寄存在此，不久后会来取。"

不渡河，回船而去，顾河叹曰："吾无禁术，龙畜所欺！"重往印度，学禁龙法。三岁之后，复还本国，至河之滨，方设坛场，其龙于是捧佛牙函以授沙门。沙门持归，于此伽蓝而修供养。

于是不渡河，掉转船头而离开，望着河流叹息说："我因没有禁咒之术，竟遭这畜生欺侮！"又前往印度，学习禁龙之术。三年后，又回本国，到了河边，正要设坛，那条龙捧着佛牙盒，交给了僧人。僧人带回佛牙，在这所寺院中恭敬地供奉。

六、小伽蓝及众贤论师遗迹

伽蓝南十四五里，有小伽蓝，中有观自在菩萨立像。其有断食誓死为期愿见菩萨者，即从像中出妙色身。

小伽蓝东南三十余里，至大山，有故伽蓝，形制宏壮，芜漫良甚，今唯一隅起小重阁。僧徒三十余人，并学大乘法教。昔僧伽跋陁罗唐言众贤。论师于此制《顺正理论》。[1] 伽蓝左右诸窣堵波，大阿罗汉舍利并在。野兽、山猿采花供养，岁时无替，如承指命。然此山中

在寺院南十四五里，有所小寺院，里面有观自在菩萨的站立像。如果有人绝食，誓死要见到菩萨，菩萨就会从像中展现出美妙的身躯。

在小寺院东南三十多里，到大山中，有一所旧寺院，形制宏伟壮丽，已经十分荒芜，现只有一个角落筑有楼阁。僧徒有三十多人，都学习大乘佛教。从前僧伽跋陁罗（唐朝语言称众贤。）论师在这里写作过《顺正理论》。寺院周围各佛塔中，大阿罗汉的舍利都在里面。野兽、山猴采花供奉，时间从不间断，就如接到命令似的。不过这座山中灵异的事迹很多，

多诸灵迹，或石壁横分，峰留马迹。凡厥此类，其状谲诡，皆是罗汉、沙弥，群从游戏，手指摩画，乘马往来。遗迹若斯，难以详述。

或者是石壁横着分开，或者是山峰上留下马的足迹。凡是这类事情，极为诡谲怪异，都是罗汉、沙弥在一起游戏，用手指刻画石头、骑马往来的结果。诸如此类的遗迹，难以详尽叙述。

注释　1 "昔僧"句：僧伽跋陁罗，迦湿弥罗国人，深究说一切有部学说，反驳世亲的《阿毗达磨俱舍论》，著《阿毗达磨顺正理论》，事迹详见本书卷四"秣底补罗国"条。

七、索建地罗论师及象食罗汉遗迹

佛牙伽蓝东十余里，北山崖间有小伽蓝，是昔索建地罗大论师于此作《众事分毗婆沙论》[1]。

小伽蓝中有石窣堵波，高五十余尺，是阿罗汉遗身舍利也。先有罗汉，形量伟大，凡所饮食，与象同等。时人讥曰："徒知饱食，安识是非？"罗汉将入寂灭也，告诸人曰："吾今不久当取无余，欲说自身所证妙

在佛牙寺院以东十多里，北山崖间有一所小寺院，从前，索建地罗大论师曾在这里撰作《众事分毗婆沙论》。

在小寺院中有座石塔，高五十多尺，这里是阿罗汉遗下舍利的地方。早先有位罗汉，身材魁伟，饭量之大，与象相等。当时人讥笑他说："只知道饱食，哪里知道是非？"罗汉将要涅槃时，告诉众人说："我现在不久就将进入无余涅槃了，想说一说自身所证得的妙法。"众人听说后，更

法。”众人闻之，相更讥笑，咸来集会，共观得失。时阿罗汉告诸人曰：“吾今为汝说本因缘[2]。此身之前，报受象身，在东印度，居王内厩。是时此国有一沙门，远游印度，寻访圣教诸经典论。时王持我施与沙门，载负佛经，而至于此。是后不久，寻即命终。乘其载经福力所致，遂得为人，复钟余庆，早服染衣，勤求出离，不遑宁居，得六神通，断三界欲。然其所食，余习尚然，每自节身，三分食一。”虽有此说，人犹未信。即升虚空，入火光定[3]，身出烟焰，而入寂灭。余骸坠下，起窣堵波。

加讥笑他，都来集会，一起看他的得失。这时阿罗汉告诉众人说：“我现在为你们说我本人的因缘。此世之前，由业报而得象身，在东印度，住在国王的内厩。那时这个国家有个僧人，远游到印度，寻访佛教的经典论著。其时国王把我施舍给僧人，驮载佛经，而到了这里。此后不久，我就死了。由载运佛经的福力所致，因而得以为人，又由于其他的福德，早就穿上了僧衣，努力寻求脱离轮回，没有安居过，因而得到六神通，断了三界欲念。不过我的饭量，仍然如前世，时时节制自己，只吃到三分之一饱。”虽然他这样讲，人们还是不相信。他便升至空中，入火光定，身上冒出火烟、火光，而归于涅槃。剩余的骨骸落下来，人们为之建立佛塔。

注释　1 “是昔”句：索建地罗大论师，迦湿弥罗国人，说一切有部的学者，是众贤论师的老师。其论著《众事分毗婆沙论》未流传下来。2 因缘：佛教基本概念，指事象发生的原因。具体说来，因是招引结果的主要原因，缘是辅助因而使结果生起的间接原因。3 入火光定：指佛教的第四禅定，即入定后自焚。

八、圆满与觉取论师遗迹

王城西北行二百余里，至商林伽蓝，布剌拿唐言圆满。论师于此作《释毗婆沙论》。

城西行百四五十里，大河北接山南，至大众部伽蓝，僧徒百余人。佛地罗唐言觉取。论师于此作《大众部集真论》。

从此西南，逾山涉险，行七百余里，至半笯奴故反。嗟国。北印度境。

从都城向西北行走两百多里，到达商林寺院，布剌拿(唐朝语言称圆满。)论师曾在这里撰写《释毗婆沙论》。

从都城向西行走一百四五十里，大河之北连接大山之南处，到达大众部寺院，僧徒有一百多人。从前佛地罗(唐朝语言称觉取。)论师曾在此写作《大众部集真论》。

从都城向西南翻山越岭，经历险阻，走七百多里，到达半笯嗟国。(在北印度境内。)

半笯嗟国[1]

原文

半笯嗟国周二千余里，山川多，畴陇狭。谷稼时播，花果繁茂，多甘蔗，无蒲萄。庵没罗果、乌淡跋罗、茂遮等

译文

半笯嗟国方圆两千多里，山川多，田地窄狭。适宜种植庄稼，花果繁茂，盛产甘蔗，没有葡萄。庵没罗果、乌淡跋罗、茂遮等果类，家家种

果,家植成林,珍其味也。气序温暑,风俗勇烈。裳服所制,多衣㲲布。人性质直,淳信三宝。伽蓝五所,并多荒圮。无大君长,役属迦湿弥罗国。城北伽蓝少有僧徒,伽蓝北有石窣堵波,实多灵异。

从此东南行四百余里,至曷逻阇补罗国。北印度境。

植成林,是珍爱这些果味的缘故。气候温热,风俗勇猛刚烈。衣服穿着,多用细棉布。居民禀性质朴正直,深深信服佛教。寺院有五所,全都荒芜倒塌了。没有君主,隶属于迦湿弥罗国。都城北的寺院,僧徒很少。寺院北有石塔,有很多灵异之事。

从这里向东南行走四百多里,到达曷逻阇补罗国。(在北印度境内。)

注释　1 半笯(nú)嗟国:国名,其地在今克什米尔的布恩契。

曷逻阇补罗国[1]

原文

曷逻阇补罗国周四千余里,国大都城周十余里。极险固,多山阜,川原隘狭,地利不丰。土宜气序,同半笯嗟国。风俗猛烈,人性骁勇。国无君长,役属迦湿弥

译文

曷逻阇补罗国方圆四千多里,国家的都城方圆十多里。境内地势非常险固,山陵多,平原窄狭,土地物产不丰富。土质和气候,同于半笯嗟国。风俗勇猛刚烈,人们性格骁勇。国内没有君主,隶属于迦湿

罗国。伽蓝十所，僧徒寡少。天祠一所，外道甚多。自滥波国至于此土，形貌粗弊，情性犷暴，语言庸鄙，礼义轻薄，非印度之正境，乃边裔之曲俗。

从此东南，下山渡水，行七百余里，至磔迦国。北印度境。

弥罗国。寺院有十多所，僧徒很少。天祠有一所，外道特别多。从滥波国到这个国家，相貌粗鲁丑陋，性情粗犷暴躁，语言平庸轻佻，礼义观念淡薄，不是印度本土，而是边境居民的不正习俗。

从曷逻阇补罗国向东南方向，下山渡水，行走七百多里，到达磔迦国。（在北印度境内。）

注释 1 曷逻阇补罗国：国名，其地在今克什米尔西南端的拉加奥利。

卷第四　十五国

三藏法师玄奘奉诏译
大总持寺沙门辩机撰

磔迦国[1]

原文

磔迦国周万余里，东据毗播奢河[2]，西临信度河。国大都城周二十余里。宜粳稻，多宿麦，出金、银、鍮石、铜、铁。时候暑热，土多风飙。风俗暴恶，言辞鄙亵。衣服鲜白，所谓憍奢耶衣、朝霞衣等[3]。少信佛法，多事天神。伽蓝十所，天祠数百。此国已往多有福舍，以赡贫匮，或施药，或施食，口腹之资，行旅无累。

译文

磔迦国方圆一万多里，东部紧靠毗播奢河，西部濒临印度河。国家的都城方圆二十多里。境内适宜种植粳稻，宿麦很多，出产金、银、鍮石、铜、铁。天气炎热，风暴很多。风俗凶暴，言辞粗野。衣服喜爱耀眼的白色，有所谓的憍奢耶衣、朝霞衣等。很少相信佛教，多敬奉天神。寺院十多所，天祠有几百座。自这个国家开始，往后各国多有福舍，用来救济贫困匮乏的人：有的施舍药物，有的施舍食品，为人解决饮食之需，远行的人无携带食物的麻烦。

注释 1 磔迦国：国名，其地在今巴基斯坦旁遮普一带。 2 毗播奢河：即今旁遮普的比阿斯河。 3 憍奢耶衣：野蚕丝衣。朝霞衣：用极薄绵布所制之衣，以薄如朝霞，故名。

一、奢羯罗故城及大族王兴灭故事[1]

大城西南十四五里，至奢羯罗故城。垣堵虽坏，基趾尚固，周二十余里。其中更筑小城，周六七里。居人富饶，即此国之故都也。

数百年前，有王号摩醯逻矩罗[2]，唐言大族。都治此城，王诸印度。有才智，性勇烈，邻境诸国，莫不臣伏。机务余闲，欲习佛法，令于僧中推一俊德。时诸僧徒莫敢应命：少欲无为，不求闻达；博学高明，有惧威严。是时王家旧僮，染衣已久，辞论清雅，言谈赡敏，众共推举，而以应命。王曰："我敬佛法，远访名僧，众推此隶，与我谈论。常谓僧

从都城向西南行走十四五里，到达奢羯罗故城。城墙虽然已毁坏，墙基还算坚固，周长二十多里。里面另筑有小城，方圆六七里。居民富饶，这里是这个国家的故都。

几百年前，有个国王称为摩醯逻矩罗，(唐朝语言称大族。)以这座城为都城，统治印度各国。他有才干智慧，性格勇猛刚烈，邻境各国，没有不臣服的。在政事之余，想研习佛法，下令在僧众中推举一位才德出众的人。当时所有僧徒都不敢应命：他们本无什么欲望，不求出名；而一些博学高才者，又惧怕国王威严。这时王府中一位旧仆人，出家已久，言论清淳雅致，谈吐周洽敏捷，众人一起推举他，让他去陪国王谈论。国王说："我崇敬佛法，远访有名的僧人，众人

中贤明肩比，以今知之，夫何敬哉？”于是宣令五印度国，继是佛法并皆毁灭，僧徒斥逐，无复孑遗。

却推举这个老奴来与我谈论。我常以为僧人中贤明者比比皆是，现在看来，有什么值得尊敬的呢？”于是传令五印度国，从此之后佛法都要毁灭，僧徒要被放逐，不再有残留。

注释　**1** 奢羯罗故城：又作奢揭罗，在今巴基斯坦东北境的锡亚尔科特。　**2** 摩醯逻矩罗：意译为“日族”，本书注为“大族”当系误译。通常认为摩醯逻矩罗是公元六世纪初印度白匈奴帝国之王。或以为此处应指公元前一世纪的一位国王。

摩揭陁国婆罗阿迭多王崇敬佛法[1]，唐曰幼日。爱育黎元，以大族王淫刑虐政，自守疆埸，不恭职贡。时大族王治兵将讨。幼日王知其声问，告诸臣曰：“今闻寇至，不忍斗其兵也。幸诸僚庶赦而不罪，赐此微躯潜行草泽。”言毕出宫，依缘山野。国中感恩慕从者数万余人，栖窜海岛。大族王以兵付弟，浮海往伐。幼日王守其厄险，轻骑诱战，金鼓一震，奇兵四起，生擒

摩揭陁国的婆罗阿迭多王，（唐朝语言称幼日。）崇拜、敬仰佛法，爱护、抚育民众，因为大族王滥施刑法暴政，自守疆界，不向他纳贡。这时大族王招集军队，将要征讨，幼日王得知消息后，告诉臣属说：“现在听说敌寇将要到来，我不忍心两军交战。希望百官民众赦免我的罪过，留我一条命，躲藏到草泽中。”说完后出宫，托身于山野。国内感念他恩德而追随者有几万人，栖身于海岛。大族王把军队交付给他的弟弟，渡海去征伐。幼日王守卫险要之处，以轻装的骑兵引诱交战，战鼓一响，奇兵四面出动，活捉了大族王，被反绑着去见幼日王。大族王惭愧自己有失王道，

大族，反接引见。大族王自愧失道，以衣蒙面。幼日王踞师子床，群官周卫，乃命侍臣告大族曰："汝露其面，吾欲有辞。"大族对曰："臣主易位，怨敌相视，既非交好，何用面谈？"再三告示，终不从命。于是宣令数其罪曰："三宝福田，四生攸赖，苟任豺狼，倾毁胜业。福不祐汝，见擒于我。罪无可赦，宜从刑辟。"时幼日王母博闻强识，善达占相。闻杀大族也，疾告幼日王曰："我尝闻大族奇姿多智，欲一见之。"幼日王命引大族至母宫中。幼日母曰："呜呼，大族幸勿耻也！世间无常，荣辱更事，吾犹汝母，汝若吾子，宜去蒙衣，一言面对。"大族曰："昔为敌国之君，今为俘囚之虏，隳废王业，亡灭宗祀，上愧先灵，下惭黎庶，诚耻

以衣服蒙住脸。幼日王坐在狮子床上，百官护卫在周围，便命令侍臣告诉大族王说："你露出脸来，我有话对你讲。"大族王回答说："君臣地位改变，如仇敌相见，既不是友好交往，何必露面谈话？"幼日王再三地告示，大族王总是不从命。幼日王于是下令，列举他的罪状说："佛教三宝福德之田，是生灵所依赖的，你却放纵恶人，毁弃胜业。上天不保佑你，为我所擒获。罪恶不可赦免，应处以死刑。"当时幼日王的母亲见闻广博，记忆力强，善于观面相。她听说要杀大族王，马上告诉幼日王说："我曾听说大族王相貌奇特，智慧丰富，想要见一见他。"幼日王命人带大族王到母亲宫中。幼日王母亲说："唉，大族王不要感到羞耻啊！世间万事变化无常，荣耀耻辱交替出现，我就像你的母亲，你就像我的儿子，应该去掉蒙面的衣服，当面谈一谈。"大族王说："我从前是敌国的君主，今天成为俘虏，毁坏了先王基业，宗祀绝灭，上有愧祖先英灵，下有负黎民百姓，实在无脸见人。俯仰天地之间，不能以身殉国，所以用衣蒙面。"幼日王母亲说：

面目。俯仰天地，不能自丧，故此蒙衣。”王母曰：“兴废随时，存亡有运。以心齐物，则得丧俱忘；以物齐心，则毁誉更起。宜信业报，与时推移，去蒙对语，或存躯命。”大族谢曰：“苟以不才，嗣膺王业，刑政失道，国祚亡灭，虽在缧绁之中[2]，尚贪旦夕之命。敢承大造，面谢厚恩。”于是去蒙衣，出其面。王母曰：“子其自爱，当终尔寿。”已而告幼日王曰：“先典有训，宥过好生。今大族王积恶虽久，余福未尽，若杀此人，十二年中，菜色相视。然有中兴之气，终非大国之王，当据北方，有小国土。”幼日王承慈母之命，愍失国之君，娉以稚女，待以殊礼，总其遗兵，更加卫从，来出海岛。

“国家兴衰随时变化，存亡各有运数。心中对万物荣辱等同视之，得失皆会忘掉；如以荣辱左右心间，则毁誉不断产生。你应该相信因果报应，随着时运而变化，去掉蒙着的衣服，或许可以保全性命。”大族王答谢说：“我以无能之身，而继承先王基业，刑法政事丧失正道，致使国破家亡，虽处牢狱之中，还贪图短暂的生命。承蒙您活命之恩，我当露出面目，感谢厚重的恩德。”于是去掉了蒙着的衣服，露出脸来。幼日王母亲说：“你当珍惜自己，我会让你性命无恙的。”随后她告诉幼日王说：“祖先法典中有训示，要宽恕他人罪过，爱惜众生性命。如今大族王积累罪恶虽然长久，他的福分仍未丧失尽，如果杀了这个人，十二年之中，国内的人会面带菜色。不过他虽然有中兴的气象，终究不是大国君王，应当占据北方，拥有一小块国土。”幼日王秉承慈母的命令，怜悯亡国的君王，把小女儿许配给他，以特殊的礼仪相待，集中大族王的残余兵卒，进一步加强守卫，让他离开了海岛。

注释 1 婆罗阿迭多：意译为“幼日”，通常认为是公元六世纪初笈多王朝国王那罗辛诃笈多。或以为此处应指公元前一世纪铄迦阿迭多的曾孙幼日王。2 缧绁（léi xiè）：捆绑犯人的绳索。后泛指监牢。

大族王弟还国自立，大族失位，藏窜山野，北投迦湿弥罗国。迦湿弥罗王深加礼命，愍以失国，封以土邑。岁月既淹，率其邑人，矫杀迦湿弥罗王而自尊立。乘其战胜之威，西讨健驮逻国，潜兵伏甲，遂杀其王，国族大臣，诛锄殄灭。毁窣堵波，废僧伽蓝，凡一千六百所。兵杀之外，余有九亿人[1]，皆欲诛戮，无遗噍类。时诸辅佐咸进谏曰：“大王威慑强敌，兵不交锋，诛其首恶，黎庶何咎？愿以微躬，代所应死。”王曰：“汝信佛法，崇重冥福，拟成佛果，广说本生，欲传我恶于未来世乎？汝宜复位，勿有再辞。”于是以三亿上族，临信度河

大族王的弟弟回国自立为王，大族王丢掉王位，逃窜到山野中躲藏，向北投奔迦湿弥罗国。迦湿弥罗王以厚礼相待，怜悯他失去国家，封赐给他城邑。过了一些年，大族王率领封地中的人，采用欺骗手法杀死了迦湿弥罗王，而自己登位为王。后又乘战胜的威风，向西征讨健驮逻国，埋伏兵士武器，杀死了健驮逻王，该国的宗室大臣，都被诛杀光了。又毁坏佛塔，废除寺院，共一千六百所。这次杀死的人之外，余下的有九亿人，都想要诛杀，不留下活口。当时辅佐他的臣属进谏说：“大王威风慑服强大的敌人，军队未交锋，就诛杀了首恶之人，而黎民百姓有什么罪过呢？我们愿以自己微薄的生命，代他们受死。”大族王说：“你们相信佛法，重视冥间之福，想要成就佛果，多方宣讲佛陀本生故事，是想把我的罪恶传到未来之世吗？你们应回到原位，不要再多嘴了。”于是他把三

岸杀之；三亿中族，下沉信度河流杀之；三亿下族，分赐兵士。于是持其亡国之货，振旅而归。曾未改岁，寻即殂落。于时云雾冥晦，大地震动，暴风奋发。时证果人愍而叹曰："枉杀无辜，毁灭佛法，堕无间狱[2]，流转未已。"

亿上等家族的人，在印度河畔杀害；把三亿中等家族的人，沉入到印度河中害死；把三亿下等家族的人，分赐给兵士们。然后带着灭亡国家的财货凯旋。但还没过上一年，大族王就死去了。其时云雾昏暗，大地震动，狂风大作。当时已证得佛果的人哀怜地叹息说："枉杀无罪的人，毁灭佛法，坠入到无间地狱中，他将在轮回中流转不息。"

注释　**1**"余有"句：此句中的"亿"，佛经中指代四种数量，一为十万，二为百万，三为千万，四为万万。中国传统计数法，"亿"也有十万、百万、万万三种数量。然此句中称诛戮九亿人，无论用哪种计数法，皆嫌太高，当具传说性质。　**2** 无间狱：即无间地狱。处于地狱最底层，所受痛苦无间断之时。

二、世亲制论及其他遗迹

奢羯罗故城中有一伽蓝，僧徒百余人，并学小乘法。世亲菩萨昔于此中制《胜义谛论》。其侧窣堵波，高二百余尺，过去四佛于此说法。又有四佛经行遗迹之所。伽蓝西北五六里有窣堵波，高二

奢羯罗故城中有一所寺院，僧徒有一百多人，都学习小乘佛教经书。世亲菩萨从前曾在这里撰作《胜义谛论》。寺院旁的佛塔，高两百多尺，过去四佛曾在这里说法。此外还有四佛散步场所的遗迹。寺院西北五六里处有一座佛塔，高

百余尺，无忧王之所建也，是过去四佛说法之处。

两百多尺，是无忧王所建造的，这里也是过去四佛说法的地方。

新都城东北十余里，至石窣堵波，高二百余尺，无忧王之所建也，是如来往北方行化中路止处。《印度记》曰：窣堵波中有多舍利，或有斋日，时放光明。

新都城东北十多里，到达石佛塔，高两百多尺，是无忧王所建造的，这里是如来佛前往北方施行教化途中停留的地方。《印度记》中说：佛塔中有很多舍利，斋日期间，不时会放射出光芒。

从此东行五百余里，至至那仆底国。北印度境。

从这里向东行走五百多里，到达至那仆底国。（在北印度境内。）

至那仆底国[1]

原文

至那仆底国周二千余里。国大都城周十四五里。稼穑滋茂，果木稀疏。编户安业，国用丰赡。气序温暑，风俗怯弱。学综真俗，信兼邪正。伽蓝十所，天祠八所。

译文

至那仆底国方圆两千多里。国家的都城方圆十四五里。境内庄稼茂盛，果木稀少。编户安于本业，国家用度充足。气候暖热，民俗怯弱。学习综合真俗二谛，信仰兼具邪正二教。有寺院十所，天祠八所。

注释 1 至那仆底国：国名，其地在今印度北境费罗兹浦尔附近一带。

一、国号由来

昔迦腻色迦王之御宇也，声振邻国，威被殊俗，河西蕃维，畏威送质。迦腻色迦王既得质子，赏遇隆厚，三时易馆，四兵警卫。此国则质子冬所居也，故曰至那仆底。唐言汉封。质子所居，因为国号。此境已往，洎诸印度，土无梨、桃，质子所植，因谓桃曰至那你，唐言汉持来。梨曰至那罗阇弗呾逻。[1]唐言汉王子。故此国人深敬东土，更相指语："是我先王本国人也。"

从前迦腻色迦王统治天下，声名震慑邻国，威风遍及异邦，河西地区的羁縻之国，都畏其声威而派遣质子前去。迦腻色迦王得到质子后，赏赐待遇隆重丰厚，三个季节改变住所，派步、马、车、象四种军队警卫。这个国家就是质子冬天所住的地方，所以叫至那仆底。（唐朝语言称为汉封。）因为质子住在这里，又从而作为国号。从这里一直到印度各国，土地上不种植梨、桃，由于是质子所种植的，于是称桃子为至那你，（唐朝语言称汉持来。）梨子为至那罗阇弗呾逻。（唐朝语言称汉王子。）所以这个国家的人深深地敬重东方大国中国，不断有人指着我说："这是我们先代君王的同国之人。"

注释　1 "因谓"二句："至那你"意思为"中国传来的"，"至那罗阇弗呾逻"意思为"中国王子"，这是中国水果西传的较早记载。

二、暗林伽蓝及迦多衍那论师遗迹[1]

大城东南行五百余里，至荅秣苏伐那僧伽蓝[2]。唐言暗林。僧徒三百余人，学说一切有部，众仪肃穆，德行清高，小乘之学特为博究。贤劫千佛皆于此地集天人众，说深妙法。释迦如来涅槃之后第三百年中，有迦多衍那旧曰迦旃延，讹也。论师者，于此制《发智论》焉。暗林伽蓝中有窣堵波，高二百余尺，无忧王之所建也。其侧则有过去四佛坐及经行遗迹之处。小窣堵波、诸大石室，鳞次相望，不详其数，并是劫初已来诸果圣人于此寂灭，差难备举，齿骨犹在。绕山伽蓝周二十里，佛舍利窣堵波数百千所，连隅接影。

从此东北行百四五十里，至阇烂达罗国。北印度境。

从都城向东南行走五百多里，到达荅秣苏伐那寺院。（唐朝语言称暗林。）僧徒有三百多人，学习说一切有部的理论，众僧仪表肃穆，德操高尚，对小乘佛学研究特别博通。贤劫中的一千佛，都在这里聚集天神、众人，讲说精妙的佛法。释迦如来涅槃以后第三百年中，有个论师叫迦多衍那（旧称迦旃延，是错误的。）在这里写作《发智论》。暗林寺院中有佛塔，高两百多尺，是无忧王所建造的。佛塔旁边有过去四佛的座位和散步的遗迹。小佛塔、各大石室，如鱼鳞般排列，不计其数，都是劫初以来证果圣人在这里去世后兴建的，如今虽难一一列举，齿骨还存在。环绕山岭的寺院，周长有二十里，佛舍利塔有成百上千座，一座接一座，塔影都能连接。

从这里向东北方向行走一百四五十里，到达阇烂达罗国。（在北印度境内。）

注释　1 迦多衍那：又译作迦旃延等，是公元前后在西北印度宣扬佛教的论师。著有《阿毗达磨发智论》二十卷，是阐述说一切有部宗教理论的名著。　2 荅秣苏伐那僧伽蓝：意为阇林寺，其地约在印度旁遮普邦阿姆利则东南五十多里处的苏丹浦尔。

阇烂达罗国[1]

原文

阇烂达罗国东西千余里，南北八百余里。国大都城周十二三里。宜谷稼，多粳稻，林树扶疏，花果茂盛。气序温暑，风俗刚烈，容貌鄙陋，家室富饶。伽蓝五十余所，僧徒二千余人，大小二乘，专门习学。天祠三所，外道五百余人，并涂灰之侣也。此国先王崇敬外道，其后遇罗汉，闻法信悟，故中印度王体其淳信，五印度国三宝之事，一以总监。混彼此，忘爱恶，督察僧徒，妙穷

译文

阇烂达罗国东西一千多里，南北八百多里。国家的都城方圆十二三里。适宜种植谷物，粳稻多，树木枝叶扶疏，花果繁茂。气候温热，风俗刚强暴烈，容貌粗鄙丑陋，家庭富裕。寺院有五十多所，僧徒两千多人，大小二乘，并专门研习。天祠有三所，外道五百多人，都是涂灰一派。这个国家的前代君王，崇敬外道，后来遇到罗汉，闻听佛法后信仰悟道，所以中印度王体察到他的真诚信实，五印度国有关三宝之事，全部委派他督察。他打破国家界线，捐弃个人爱憎，督察僧徒，用尽心思分清善恶。所以

淑慝。故道德著闻者，竭诚敬仰；戒行亏犯者，深加责罚。圣迹之所，并皆旌建，或窣堵波，或僧伽蓝，印度境内，无不周遍。

从此东北，逾峻岭，越洞谷，经危途，涉险路，行七百余里，至屈居勿反。露多国。北印度境。

道德传扬于外的人，受到诚心的敬仰；违犯了戒律的人，就重重地加以责罚。凡有圣人遗迹的地方，都建造纪念性场所，或是佛塔，或是寺院，遍布了印度境内。

从这里向东北行走，翻越崇山峻岭，跨过山涧河谷，行经危途，跋涉险路，走过七百多里，到达屈露多国。（在北印度境内。）

注释 1 阇烂达罗国：又作阇烂达那等，在今印度北境贾朗达尔。

屈露多国[1]

原文

屈露多国周三千余里，山周四境。国大都城周十四五里。土地沃壤，谷稼时播，花果茂盛，卉木滋荣。既邻雪山，遂多珍药，出金、银、赤铜及火珠、雨石[2]。气序逾寒，霜雪微降。人貌粗

译文

屈露多国方圆三千多里，群山环绕四境。国家的都城方圆十四五里。土地肥沃，按时播种谷物，花果茂盛，树木繁多。由于紧靠雪山，珍宝药草甚多，出产金、银、赤铜和火珠、鍮石。气候逐渐寒冷，霜雪略下。居民形貌粗陋，患甲状腺肿大和足肿

弊，既瘿且尰[3]，性刚猛，尚气勇。伽蓝二十余所，僧徒千余人，多学大乘，少习诸部。天祠十五，异道杂居。依岩据岭，石室相距，或罗汉所居，或仙人所止。国中有窣堵波，无忧王之所建也。在昔如来曾至此国说法度人，遗迹斯记。

病的人多，性格刚强威猛，崇尚气概骁勇。寺院有二十多所，僧徒一千多人，大多数人学习大乘教，少数人学习其他部派。天祠有十五所，异道杂居在一起。依岩崖靠山岭，石室相距不远，有的是罗汉居住，有的是仙人居住。国内有佛塔，是无忧王所建造的。从前如来佛曾到这个国家讲经说法，超度众人，遗址都有记载。

从此北路千八九百里，道路危险，逾山越谷，至洛护罗国[4]。

从屈露多国向北行走一千八九百里，道路危险，翻山越岭，到达洛护罗国。

此北二千余里，经途艰阻，寒风飞雪，至秣逻娑国[5]。亦谓三波诃国。

从这里向北行走两千多里，途径艰难险阻，寒风飞雪，到达秣逻娑国。（也称为三波诃国。）

自屈露多国南行七百余里，越大山，济大河，至设多图卢国。北印度境。

从屈露多国向南行走七百多里，翻过大山，渡过大河，到达设多图卢国。（在北印度境内。）

注释　1 屈露多国：国名，其地在今印度北部比阿斯河的上游西姆拉的西北。　2 雨石：季羡林等人以为，“雨”当为“鍮”之误，“似以作鍮为是”，故译文改为“鍮石”。　3 瘿（yǐng）：中医指生长在脖子上的一种囊状的瘤子，主要指甲状腺肿大等病症。尰（zhǒng）：足肿病。4 洛护罗国：国名，其地或以为是中国西藏的洛域，或以为在今克什米尔东南部。玄奘未到过该国，与下条“秣逻娑国”皆得知于传闻。5 秣逻娑国：国名，或以为秣罗娑意思为低地，为拉达克古今的通称。

设多图卢国[1]

原文

设多图卢国周二千余里，西临大河。国大都城周十七八里。谷稼殷盛，果实繁茂，多金、银，出珠珍。服用鲜素，裳衣绮靡。气序暑热，风俗淳和，人性善顺，上下有序。敦信佛法，诚心质敬。

王城内外，伽蓝十所，庭宇荒凉，僧徒鲜少。

城东南三四里，有窣堵波，高二百余尺，无忧王之所建也，傍有过去四佛坐及经行遗迹之所。

复从此西南行八百余里，至波理夜呾罗国。中印度境。

译文

设多图卢国方圆两千多里，西部濒临大河。国家的都城方圆十七八里。庄稼茂盛，果实丰硕，盛产金、银和珍珠。服饰和器具鲜明素净，衣裙华丽。气候炎热，风俗纯朴温和，人性善良温顺，上下等级井然。信仰佛法，诚心诚意地礼敬。

都城内外有寺院十多所，庭院荒凉，僧徒特别少。

在都城东南三四里，有座佛塔，高两百多尺，是无忧王所建造的，塔旁有过去四佛的座位和散步的遗迹。

再从这里向西南行走八百多里，到达波理夜呾罗国。（在中印度境内。）

注释　1 设多图卢国：国名，其地在今印度北境莎特累季河流域。

波理夜呾罗国[1]

原文

波理夜呾罗国周三千余里。国大都城周十四五里。宜谷稼，丰宿麦，有异稻，种六十日而收获焉。多牛羊，少花果。气序暑热，风俗刚猛。不尚学艺，信奉外道。王，吠奢种也，性勇烈，多武略。伽蓝八所，倾毁已甚，僧徒寡少，习学小乘。天祠十余所，异道千余人。

从此东行五百余里，至秣菟罗国。中印度境。

译文

波理夜呾罗国方圆三千多里。国家的都城方圆十四五里。境内适宜种植谷物，盛产冬小麦，有一种特殊的水稻，种下六十天后就可收获。牛羊多，花果少。气候炎热，风俗刚强勇猛，不崇尚学术技艺，信奉外道。国王出身于吠奢种姓，性格勇敢刚毅，通武艺韬略。寺院有八所，毁坏得已很严重，僧徒很少，研习小乘佛教。天祠有十多所，异道一千多人。

从波理夜呾罗国向东行走五百多里，到达秣菟罗国。（在中印度境内。）

注释　1 波理夜呾罗国：国名，其地在今印度北部的贝拉特地区。

秣菟罗国[1]

原文

秣菟罗国周五千余里。国大都城周二十余里。土地膏腴,稼穑是务。庵没罗果家植成林,虽同一名而有两种,小者生青熟黄,大者始终青色。出细班氎及黄金。气序暑热,风俗善顺,好修冥福,崇德尚学。伽蓝二十余所,僧徒二千余人,大小二乘兼功习学。天祠五所,异道杂居。

译文

秣菟罗国方圆五千多里。国家的都城方圆二十多里。境内土地肥沃,勤于耕植。家家栽种庵没罗果,形成树林,虽然果名相同却有两个品种,小果在生长时是青色,成熟后为黄色,大果始终是青色。出产细花布和黄金。气候炎热,风俗善良温顺,爱好修持冥福,尊重德行,崇尚学习。寺院有二十多所,僧徒两千多人,大小二乘佛教同时学习。天祠有五所,异道信徒混杂居住在一起。

注释 1 秣菟罗国:又作摩头罗等,其地在今印度北部朱姆那河流域,都城故址在马土腊西南的马霍里。

一、释迦弟子等遗迹

有三窣堵波,并无忧王所建也。过去四佛遗迹甚多。释迦如来诸圣弟子遗

境内有三座佛塔,都是无忧王所建造的。过去四佛留下的遗迹很多,释迦如来的一些贤圣弟子,死后

身窣堵波，谓舍利子、旧曰舍梨子，又曰舍利弗，讹略也。没特伽罗子、旧曰目乾连，讹也。布刺拿梅呾丽衍尼弗呾罗、唐言满慈子。旧曰弥多罗尼子，讹略也。邬波厘、阿难陁、罗怙罗、旧曰罗睺罗，又曰罗云，皆讹略也。曼殊室利唐言妙吉祥。旧曰濡首，又曰文殊师利，或言曼殊尸利，译曰妙德，讹也。诸菩萨窣堵波等。[1] 每岁三长及月六斋[2]，僧徒相竞，率其同好，赍持供具，多营奇玩，随其所宗，而致像设。阿毗达磨众供养舍利子[3]，习定之徒供养没特伽罗子，诵持经者供养满慈子，学毗奈耶众供养邬波厘[4]，诸苾刍尼供养阿难，未受具戒者供养罗怙罗，其学大乘者供养诸菩萨。是日也，诸窣堵波竞修供养，珠幡布列，宝盖骈罗，香烟若云，花散如雨，蔽亏日月，震荡溪谷。国王大臣，修善为务。

有尸骨在佛塔中，包括舍利子（旧称舍梨子，又称舍利弗，是错误或简略之称。）、没特伽罗子（旧称目乾连，是错误的。）、布刺拿梅呾丽衍尼弗呾罗（唐朝语言称为满慈子。旧称弥多罗尼子，是错误或简略之称。）、邬波厘、阿难陁、罗怙罗（旧称罗睺罗，又称罗云，都是错误或简略之称。）、曼殊室利（唐朝语言称为妙吉祥。旧称濡首，又称为文殊师利，有人称为曼殊尸利，翻译为妙德，是错误的。）等菩萨的佛塔。在每年的三斋月和每月的六个斋日，僧徒竞相率领志同道合者，携带供奉的器具，收罗奇珍异宝，各自根据自己的宗尚，设像供养。论藏学者供养舍利子，修习禅定者供养没特伽罗子，诵习经藏者供养满慈子，学习律藏者供养邬波厘，尼姑们供养阿难，没有受戒者供养罗怙罗，研习大乘教者供养众菩萨。在此期间，各佛塔竞相置办供品，缀有珠饰的旗幡满布，镶有宝物的伞盖相连，名香烟雾如云，鲜花撒落似雨，遮挡了太阳月亮，声音震荡山涧河谷。国王和大臣，都尽力施行善政。

注释 1 “谓舍利子”句：从舍利子至罗怙罗六人皆名列释迦牟尼十大弟子之中，分别为智慧第一、神通第一、说法第一、持律第一、多闻第一、密行第一。曼殊室利，即文殊菩萨，与普贤为一对，左右侍从释迦牟尼，而司智慧。 2 三长：即三斋月，分别是一月、五月、九月。月六斋：指每月的六个斋日，分别是八、十四、十五、二十三、二十九、三十这六天。 3 阿毗达磨众：学习阿毗达磨的人，即论藏学者。 4 毗奈耶众：律藏学者。毗奈耶之义为律。

二、邬波毱多遗迹[1]

城东行五六里，至一山伽蓝，疏崖为室，因谷为门，尊者邬波毱多唐言近护。之所建也。其中则有如来指爪窣堵波。

伽蓝北岩间有石室，高二十余尺，广三十余尺，四寸细筹填积其内。尊者近护说法化导，夫妻俱证罗汉果者，乃下一筹，异室别族，虽证不记。

从都城向东行走五六里，抵达一座山寺，该寺凿崖为室，以山谷为门户，是尊者邬波毱多（唐朝语言称近护。）所建造的。其中有放置如来指甲的佛塔。

在寺院北边岩石间，有个石室，高二十多尺，宽三十多尺，有四寸长的细竹签堆积其中。尊者近护讲经说法，度化众生，如夫妻二人都证得罗汉果位，就投下一签，而异室别居、单独成族者，虽证得罗汉果位也不投签记录。

注释 1 邬波毱多：又作优波毱多，意译为近护、近密。约公元前三世纪左右时人，秣菟罗商人之子，是商那和修的门徒，传承教法，受阿育王之聘，至华氏城参拜释迦牟尼遗迹，作偈建议阿育王在佛教圣地建佛塔，以供养佛与弟子的舍利。后世被尊为无相好佛。

三、弥猴献蜜及释迦等遗迹

石室东南二十四五里，至大涸池，傍有窣堵波。在昔如来行经此处，时有弥猴持蜜奉佛，佛令水和，普遍大众。弥猴喜跃，堕坑而死，乘兹福力，得生人中。

池北不远大林中，有过去四佛经行遗迹。其侧有舍利子、没特伽罗子等千二百五十大阿罗汉习定之处，并建窣堵波，以记遗迹。如来在世，屡游此国，说法之所，并有封树。

从此东北行五百余里，至萨他泥湿伐罗国。中印度境。

从石室向东南走二十四五里，来到一个干涸的大池，旁边有座佛塔。从前如来行经这里时，有只弥猴捧着蜜献给如来佛，佛命令它用水拌和，普遍赐予大众。弥猴高兴得跳起来，跌入坑中摔死，后乘这一福力，得以转生为人。

在池北不远的大片树林中，有过去四佛散步的遗迹。旁边则有舍利子、没特伽罗子等一千二百五十位大阿罗汉修习禅定的地方，都建有佛塔，来标记遗迹。如来在世时，多次云游这个国家，说法的地方都有标志指示。

从秣菟罗国向东北行走五百多里，到达萨他泥湿伐罗国。（在中印度境内。）

萨他泥湿伐罗国[1]

原文

萨他泥湿伐罗国周七千余里,国大都城周二十余里。土地沃壤,稼穑滋盛。气序温暑,风俗浇薄,家室富饶,竞为奢侈。深闲幻术,高尚异能。多逐利,少务农,诸方奇货多聚其国。伽蓝三所,僧徒七百余人,并皆习学小乘法教。天祠百余所,异道甚多。

译文

萨他泥湿伐罗国方圆七千多里,国家的都城方圆二十多里。境内土地肥沃,庄稼茂盛。气候温热,人情淡薄,家庭富裕,竞相奢侈。人们熟谙幻术,崇尚奇异的技能。大多追逐商业利益,务农的人少,各地珍奇的财货多聚集在这个国家。寺院有三所,僧徒七百多人,都研习小乘佛教。天祠有一百多所,外道教徒特别多。

注释 **1** 萨他泥湿伐罗国:国名,其都城故址约在今印度北部旁遮普邦的塔内沙尔。

一、福地

大城四周二百里内,彼土之人谓为福地。闻诸先志曰:昔五印度国二王分治,境壤相侵,干戈不

都城四周两百里之内,当地的人称为福地。听老年人讲:从前五印度国由两个国王分别统治,互相侵犯边境,战争不断。两个国王一起商议,

息。两主合谋，欲决兵战，以定雌雄，以宁氓俗。黎庶胥怨，莫从君命。王以为众庶者难与虑始也，神可动物，权可立功。时有梵志素知高才，密赍束帛，命入后庭，造作法书，藏诸岩穴。岁月既久，树皆合拱。王于朝坐，告诸臣曰："吾以不德，忝居大位，天帝垂照，梦赐灵书，今在某山，藏于某岭。"于是下令营求，得书山林之下。群官称庆，众庶悦豫，宣示远近，咸使闻知。其大略曰："夫生死无涯，流转无极，含灵沦溺，莫由自济。我以奇谋，令离诸苦。今此王城周二百里，古先帝世福利之地。岁月极远，铭记湮灭，生灵不悟，遂沉苦海。溺而不救，夫何谓欤？汝诸含识[1]，临敌兵死，得生人中，多杀无辜，受天福乐，顺孙孝子，扶侍亲老，

想决一死战，以定胜负，从此使民众安宁。然而民众怨恨，没有人听从君王命令。国王认为民众是难以在谋事之始可以同他们商议的，而神能感动人心，可借神力建立功业。当时有位婆罗门教徒以才能出众著称，国人派人秘密送去礼品，召他进入宫中，撰作神谕，藏到岩洞中。过了若干年，树木都长得要两人合抱那么粗了。国王坐在朝堂上，告诉臣属说："吾以无德之人，愧居国王之位，受到天帝的眷顾，梦中赐给我神书，现在藏在某山某岭中。"于是下令寻找，在山林之下得到了神书。百官齐声庆贺，百姓一片喜悦，远近传布，使人人都知道了。神书的内容大致是："生死没有边际，轮回没有休止，众生沉溺苦海，没有办法渡至彼岸。我有奇特的谋略，可使你们脱离苦难。现在这座王城周长两百里，是古代先帝世代的福地。由于时代久远，铭刻标记都已湮没，众生不能觉悟，因此沉入苦海。沉溺而不救助，怎么行呢？你们一切人，对敌交战而死，将转生为人，多杀无辜者，会受到上天的赐福。又有孝子贤孙服侍亲人长辈，经

经游此地，获福无穷。功少福多，如何失利？一丧人身，三途冥漠[2]。是故含生，各务修业！”于是人皆兵战，视死如归。王遂下令，招募勇烈，两国合战，积尸如莽。迄于今时，遗骸遍野。时既古昔，人骸伟大。国俗相传，谓之福地。

过此地，便可得到无穷的幸福。功劳少而得福多，如何要错过机会？一旦丧失人身，便在三恶道中流转。所以你们要尽力去完成自己的事业。”这时人们都学习打仗，视死如归。国王于是下令招募勇猛之士，两国交战，尸体堆积如树丛。直到现在，尸骨仍漫山遍野。由于那是古代的事，人的骨骸又长又大。国内民间相传，称这里为福地。

注释 1 含识：有心识者，指人类。 2 三途：即三恶道。是三种罪恶的世界，由恶业召感而来，分别为地狱、饿鬼、畜生。

二、佛舍利窣堵波及俱昏荼僧伽蓝

城西北四五里，有窣堵波，高二百余尺，无忧王之所建也。砖皆黄赤色，甚光净，中有如来舍利一升，光明时照，神迹多端。

都城西北四五里处，有一座佛塔，高二百多尺，是无忧王所建造的。塔砖是黄赤色的，十分光亮洁净。塔内有如来舍利一升，常常放射光明，灵异的迹象很多。

城南行百余里，至俱昏去声。荼僧伽蓝。重阁连甍[1]，层台间峙。僧徒清

从都城向南行走一百多里，到达俱昏荼寺院。寺院内楼阁屋脊相连接，多层亭台间隔峙立。僧徒严守教规，

肃,威仪闲雅。

从此东北行四百余里,至窣禄勤那国。中印度境。

仪态端方高雅。

从萨他泥湿伐罗国向东北行走四百多里,到达窣禄勤那国。(在中印度境内。)

注释 1 甍(méng):屋脊。

窣禄勤那国[1]

原文

窣禄勤那国周六千余里,东临殑伽河,北背大山,阎牟那河中境而流[2]。国大都城周二十余里,东临阎牟那河,荒芜虽甚,基趾尚固。土地所产,风气所宜,同萨他泥湿伐罗国。人性淳质,宗信外道。贵艺学,尚福慧。伽蓝五所,僧徒千余人,多学小乘,少习余部。商榷微言,清论玄奥,异方俊彦,寻论稽疑。天祠百所,异道甚多。

译文

窣禄勤那国方圆六千多里,东部濒临殑伽河,北部背靠大山,阎牟那河从国家中部流过。国家的都城方圆二十多里,东面紧靠阎牟那河,虽然十分荒芜,城基还算坚固。土地所产、气候条件,与萨他泥湿伐罗国相同。人们秉性纯朴,信仰外道。重视技艺,崇尚福德智慧。寺院有五所,僧徒一千多人,多数人研习小乘佛教,少数人学习其他部派。他们探讨精微之言,评论玄奥的理论,各地杰出人士,都前来寻求释疑的理论。天祠有一百所,异教徒特别多。

注释 1 窣禄勤那国：国名，其地约在今印度北部台拉登一带。
2 阎牟那河：又名耶蒲那、遥扶那等，即今朱木那河，是印度五大河之一。

一、如来及罗汉发爪窣堵波

大城东南阎牟那河西，大伽蓝东门外有窣堵波，无忧王之所建也。如来在昔曾于此处说法度人。其侧又一窣堵波，中有如来发、爪也。舍利子、没特伽罗诸阿罗汉发、爪窣堵波周其左右，数十余所。如来寂灭之后，此国为诸外道所诖误焉，信受邪法，捐废正见。今有五伽蓝者，乃异国论师与诸外道及婆罗门论义胜处，因此建焉。

都城东南阎牟那河的西岸，大寺院东门外有座佛塔，是无忧王所建造的。如来佛从前曾在这里说法，度化世人。旁边又有一座佛塔，里面有如来佛的头发、指甲。舍利子、没特伽罗等阿罗汉的头发、指甲纪念塔，环绕在左右，有几十座。如来佛寂灭之后，这个国家被一些外道所贻误，信仰邪说，放弃正道。现在有五所寺院，是外国论师同各外道及婆罗门辩论获胜的地方，为作纪念而建造的。

二、殑伽河源及提婆诱化故事

阎牟那河东行八百余里，至殑伽河河源，广三四里，东南流入海处广十余

从阎牟那河向东行走八百多里，到达殑伽河源头，那里水面宽三四里，水向东南流，进入海口处宽十

里。水色沧浪，波涛浩汗，灵怪虽多，不为物害。其味甘美，细沙随流。彼俗书记，谓之福水。罪咎虽积，沐浴便除；轻命自沉，生天受福；死而投骸，不堕恶趣；扬波激流，亡魂获济。时执师子国提婆菩萨深达实相[1]，得诸法性，愍诸愚夫，来此导诱。当是时也，士女咸会，少长毕萃，于河之滨，扬波激流。提婆菩萨和光汲引，俯首反激，状异众人。有外道曰："吾子何其异乎？"提婆菩萨曰："吾父母亲宗在执师子国，恐苦饥渴，冀斯远济。"诸外道曰："吾子谬矣！曾不再思，妄行此事。家国绵邈，山川辽夐，激扬此水，给济彼饥，其犹却行以求前及，非所闻也。"提婆菩萨曰："幽途罪累，尚蒙此水；山川虽阻，如何不济？"时诸外道知难谢屈，舍邪见，受正法，改过自新，愿奉

多里。水色青苍，波浪翻滚，水怪虽然多，但不兴妖为害。河水味道甘美，细沙随水漂流，当地民间记载称之为福水。即使罪孽深重，到水中一洗就除净了；轻生投水，死后升天享受幸福；死后投尸入水，不会落入恶道之中；用手拍击水流，亡魂可获得超度。当时执师子国提婆菩萨深通实相，证得各种法性，哀怜愚昧的众人，到这里来诱导。在那时，男女会集，老少聚合，在河水边拍击水流波浪。提婆菩萨参与拍水，却低头逆水而击，方式而众不同。有个外道问："先生为何与众不同？"提婆菩萨说："我的父母亲属在执师子国，恐怕他们饥渴，希望这水能流到那里，救济他们。"外道们说："先生错了！怎么不多想一想就做这种荒唐事呢？家国遥远，山川辽阔，拍击这里的河水，救济他们的饥渴，就如同退着行走而求向前进，还从没听说过。"提婆菩萨说："阴间的罪恶，还得到这里的河水洗除；山川虽然阻隔，怎么不能拯济呢？"外道们这时才知道难以应对，承认错误，舍弃邪说，接受正法，改过自新，

教诲。

渡河东岸，至秣底补罗国。中印度境。

愿意接受菩萨的教诲。

渡过阎牟那河而到东岸，即抵达秣底补罗国。（在中印度境内。）

注释 1 "时执"句：执师子国，即僧伽罗国，详见本书第十一卷。提婆，意为天神，生于执师子国，约公元三世纪人，继承龙树之学，宣扬大乘佛教中观教义，是古代印度宗教哲学家。实相，一切事物真实的本性，也即平等的、最高的真理。

秣底补罗国[1]

原文

秣底补罗国周六千余里。国大都城周二十余里。宜谷、麦，多花果。气序和畅，风俗淳质。崇尚学艺，深闲咒术。信邪正者，其徒相半。王，戍陀罗种也，不信佛法，敬事天神。伽蓝十余所，僧徒八百余人，多学小乘教说一切有部。天祠五十余所，异道杂居。

译文

秣底补罗国方圆六千多里。国家的都城方圆二十多里。境内适宜种植谷、麦，花果很多。气候温和，风俗纯朴。居民崇尚学术技艺，精通咒术。信仰异教和佛教的人，各占一半。国王是戍陀罗种姓，不相信佛法，敬奉天神。寺院有十多所，僧徒八百多人，大多研习小乘教说一切有部。天祠五十多所，异道信徒混杂居住。

注释　1 秣底补罗国：国名，其都城在今印度北部的曼达瓦尔。

一、德光伽蓝及传说

大城南四五里，至小伽蓝，僧徒五十余人。昔瞿拿钵刺婆唐言德光。论师于此作《辩真》等论[1]，凡百余部。论师少而英杰，长而弘敏，博物强识，硕学多闻。本习大乘，未穷玄奥，因览《毗婆沙论》，退业而学小乘，作数十部论，破大乘纲纪，成小乘执着。又制俗书数十余部，非斥先进所作典论。覃思佛经，十数不决，研精虽久，疑情未除。时有提婆犀那唐言天军。罗汉，往来睹史多天，德光愿见慈氏[2]，决疑请益，天军以神通力，接上天宫。既见慈氏，长揖不礼。天军谓曰："慈氏菩

从都城向西南走四五里，到达一所小寺院，僧徒有五十多人。从前瞿拿钵刺婆(唐朝语言称德光。)论师在这里撰作《辩真》等论著，共一百多部。论师少年时代才华出众，长大后聪慧敏捷，博通物理，记忆力强，学问深厚，闻见甚多。他本来研习大乘佛教，未能穷尽其玄妙之理，于是阅读《毗婆沙论》，放弃大乘而改学小乘，撰作了几十部论著，驳斥大乘佛教的主要理论，专门执着于小乘佛教学说。又创作世俗书籍几十部，非难先辈的经典作品。他苦苦思索佛经义理，十多遍后还不领悟，虽然长期研究，疑难之处不能消除。当时有位提婆犀那(唐朝语言称天军。)罗汉，来往于睹史多天，德光希望见到慈氏菩萨，以解决疑难，寻求教益。天军罗汉用神力把德光接到天宫。见到慈氏菩萨后，德光只作长揖而不行礼。天军罗汉说："慈氏菩萨按位次继承佛位，你为何自高自大，而敢

萨次绍佛位，何乃自高，敢不致敬？方欲受业，如何不屈？”德光对曰：“尊者此言，诚为指诲。然我具戒苾刍，出家弟子，慈氏菩萨受天福乐，非出家之侣，而欲作礼，恐非所宜。”菩萨知其我慢心固[3]，非闻法器，往来三返，不得决疑。更请天军，重欲觐礼。天军恶其我慢，蔑而不对。德光既不遂心，便起恚恨，即趣山林，修发通定，我慢未除，不证道果。

不致敬？就要从他受教导，为什么不顺从？”德光回答说：“尊者的这番话，确是对我的教诲。不过我是受戒比丘，出家的弟子，慈氏菩萨享受上天的福乐，不是出家的僧侣，要我对他行礼，恐怕不适宜。”慈氏菩萨知道德光傲慢之心根深蒂固，不是接受佛法的人材，所以德光往返了三个来回，不能消除疑难。德光又请求天军罗汉，欲厚礼觐见，天军罗汉厌恶他的傲慢之心，轻蔑地不加理睬。德光达不到目的，便产生怨恨之心，随即躲进山林中，修习禅定，而因傲慢之心未消除，不能证得道果。

注释 1 瞿拿钵剌婆论师：即德光论师。公元六世纪北印度钵伐多国人，深通律藏。一生论著百余部，今藏文大藏经中仍保留了《菩萨地论释》《菩萨地戒轮回疏》等论著七部。《辩真》：说一切有部的论著，二万五千颂。 2 慈氏：即弥勒佛。 3 我慢：以自己的生命中有实我，认此实我无比重要而生傲慢之心，自以为了不起。

二、大伽蓝及众贤与世亲故事

德光伽蓝北三四里，有大伽蓝，僧徒二百余人，

在德光寺院以北三四里处，有所大寺院，僧徒有两百多人，都学习小乘

并学小乘法教，是众贤论师寿终之处。论师迦湿弥罗国人也，聪敏博达，幼传雅誉，特深研究说一切有部《毗婆沙论》。时有世亲菩萨，一心玄道，求解言外，破毗婆沙师所执，作《阿毗达磨俱舍论》，辞义善巧，理致精高。众贤循览，遂有心焉。于是沉研钻极十有二岁，作《俱舍雹论》二万五千颂，凡八十万言矣。所谓言深致远，穷幽洞微。告门人曰："以我逸才，持我正论，逐斥世亲，挫其锋锐，无令老叟独擅先名。"于是学徒四三俊彦，持所作论，推访世亲。世亲是时在磔迦国奢羯罗城，远传声问众贤当至。世亲闻已，即治行装。门人怀疑，前进谏曰："大师德高先哲，名擅当时，远近学徒莫不推谢。今闻众贤，一何惶遽？必

佛教，这里是众贤论师去世的地方。论师是迦湿弥罗国人，聪慧机敏，博学多闻，自幼美名远扬，对说一切有部的《毗婆沙论》有格外深入的研究。当时有位世亲菩萨，专意研究佛理，求解言外之意，破除毗婆沙论师的观点，作《阿毗达磨俱舍论》，这部书辞章华丽工巧，义理精到高妙。众贤论师阅读之后，决心与之论辩。于是沉潜研究十二年，撰写出《俱舍雹论》二万五千颂，共八十多万字。论著可谓语言深刻，思想深远，穷尽幽邃，洞察精微。写成后对门人说："凭我的才华，用我的正确见解，可以驳倒世亲，挫败他的锋芒，不要让这老头子独占美好声誉。"于是三四个才智出众的门徒，拿着众贤的论著，去拜访世亲。世亲当时在磔迦国的奢羯罗城，听到远处传来众贤将到来的消息。世亲听说后，马上整理行装。门人心中疑惑，上前规劝说："大师道德高于先代哲人，名声传播当代，远近的学者，没有不推崇而自愧不如的。现在听说众贤将到，为何如此慌张？您若甘拜下风，我辈也脸上无光。"世亲说："我现在远游，并非躲避这个人，

有所下，我曹厚颜。”世亲曰：“吾今远游，非避此子。顾此国中，无复鉴达。众贤后进也，诡辩若流，我衰耄矣，莫能持论。欲以一言颓其异执，引至中印度，对诸髦彦，察乎真伪，详乎得失。”寻即命侣，负笈远游。众贤论师当后一日至此伽蓝，忽觉气衰，于是裁书谢世亲曰：“如来寂灭，弟子部执，传其宗学，各擅专门，党同道，疾异部。愚以寡昧，猥承传习，览所制《阿毗达磨俱舍论》，破毗婆沙师大义，辄不量力，沉究弥年，作为此论，扶正宗学。智小谋大，死其将至。菩萨宣畅微言，抑扬至理，不毁所执，得存遗文，斯为幸矣，死何悔哉？”于是历选门人有辞辩者而告之曰：“吾诚后学，轻凌先达，命也如何？当从斯没！汝持是书及所制论，谢彼

只是考虑到这个国家中不再有通达之士。众贤是后辈，善于辩论，对答如流。我已年老体衰，不能激烈辩论，想用一句话挫败他的异说，引诱他到中印度，让他面对众多英杰，体察真伪，明辨得失。”随即命僧徒背上书箱出游。众贤论师在这之后一天到了这所寺院，忽然感到气力衰竭。于是写信向世亲道歉说：“如来涅槃之后，弟子们各执一端，传习所宗尚之学，各立门派，袒护同道，攻击别部。我以孤陋寡闻之才，勉强传习先业，阅读您所制的《阿毗达磨俱舍论》，见您破除毗婆沙论师的要义，便不自量力，深究多年，写出这部论著，以期确立本宗学说。然而智慧少而目标大，死期就要到来。菩萨宣扬微言大义，评说最高理论，望不毁弃我的论著，使其留存于世，这就是幸运了，死有什么后悔的呢？”于是挑选能言善辩的门人前去，对他们说：“我实在是个晚辈，而轻慢先辈大师，命运如何呢？马上就要去世。你们拿上这封信和我的论著，去向菩萨道歉，代我悔过。”刚说完这番话，马上就身亡了。门人捧着书信，到了世亲所在之处而

菩萨,代我悔过。”授辞适毕,奄尔云亡。门人奉书至世亲所而致辞曰:“我师众贤已舍寿命,遗言致书,责躬谢咎。不坠其名,非所敢望。”世亲菩萨览书阅论,沉吟久之,谓门人曰:“众贤论师聪敏后进,理虽不足,辞乃有余。我今欲破众贤之论,若指诸掌。顾以垂终之托,重其知难之辞,苟缘大义,存其宿志,况乎此论发明我宗?”遂为改题为《顺正理论》。门人谏曰:“众贤未没,大师远迹,既得其论,又为改题,凡厥学徒,何颜受愧?”世亲菩萨欲除众疑,而说颂曰:“如师子王,避豕远逝,二力胜负,智者应知。”众贤死已,焚尸收骨,于伽蓝西北二百余步庵没罗林中,起窣堵波,今犹现在。

恭敬地说:“我们的老师众贤已经去世,遗言送呈书信,责备自己,承认过错。至于不落个身败名裂的下场,不是他所敢愿望的。”世亲菩萨阅过众贤的信和书,沉吟良久,对门人说:“众贤论师是个聪慧的后辈,理论虽有不足,言辞却丰富有余。我现在要破除众贤之论,易如反掌。念及他临终的托付,重视他辩难的言辞,姑且凭着大义,成全他的夙愿。何况他的论著,也能阐明我们大乘佛教的义理呢?”于是把众贤的论著改题为《顺正理论》。门人规劝说:“众贤去世前,大师远游避开他,得到他的论著,又为他改题目。凡您的门徒,谁有脸承受羞愧?”世亲菩萨想破除众人的疑惑,就说颂一首:“如同狮子王,避猪而远逝,二者比胜负,智者当可知。”众贤死后,焚毁尸体,收集骨骸。并在寺院西北两百多步的庵没罗林中,建造一座佛塔,众贤骨骸至今仍然存在。

三、无垢友故事

庵没罗林侧有窣堵波，毗末罗蜜多罗唐言无垢友。论师之遗身。论师，迦湿弥罗国人也，于说一切有部而出家焉。博综众经，研究异论，游五印度国，学三藏玄文，名立业成，将归本国。途次众贤论师窣堵波也，拊而叹曰："惟论师雅量清高，抑扬大义，方欲挫异部，立本宗业也，如何降年不永！我无垢友猥承末学，异时慕义，旷代怀德。世亲虽没，宗学尚传，我尽所知，当制诸论，令赡部洲诸学人等绝大乘称，灭世亲名，斯为不朽，用尽宿心。"说是语已，心发狂乱，五舌重出[1]，热血流涌。知命必终，裁书悔曰："夫大乘教者，佛法之中究竟说也。名味泯绝，理致幽玄。轻以愚昧，驳斥先进，

庵没罗林旁有座佛塔，是毗末罗密多罗(唐朝语言称无垢友。)论师去世的地方。论师是迦湿弥罗国人，在说一切有部中出家。他博综各种经书，研究各种异说，游历五印度国，学习三藏玄奥的论文，名声树立而学业告成，将要回到本国。途中停留在众贤论师的塔边，抚着塔身叹息说："论师雅量清高，评说经典大义，正要挫败异说，确立本派大业，为什么寿命不长！我无垢友有幸继承先辈学术，在异代仰慕高义，怀念论师大德。世亲虽然去世，其学说还流传着。我要尽自己所知，撰作各种论著，使赡部洲所有学者，断绝大乘的称呼，灭掉世亲的名声，这是不朽的事业，我要尽力完成这个夙愿。"刚说完这段话，心智立即狂乱，五舌重出，热血翻涌。无垢友自知寿命将终，写信忏悔说："大乘佛教，是佛法中最精微的学说。世俗名利之心已经泯灭，道理幽深玄妙。我却轻率地以愚昧之见，驳斥先贤之论，报应不爽，我的死是应得的。恳切地告诫

业报皎然，灭身宜矣。敢告学人，厥鉴斯在，各慎尔志，无得怀疑。”大地为震，命遂终焉。当其死处，地陷为坑。同旅焚尸，收骸旌建。时有罗汉见而叹曰：“惜哉！苦哉！今此论师任情执见，毁恶大乘，堕无间狱。”

各位学人，这是一个借鉴。各人要慎重决定自己的志向，不要再生怀疑之心。”大地为之震动，无垢友生命于是终结。在他死的地方，大地陷进一个坑。同伴焚烧了他的尸体，收集骨骸建塔纪念。当时有位罗汉见到后叹息说：“可惜呀！痛苦呀！这位论师任性地坚持己见，诋毁大乘佛教，结果坠入到无间地狱。”

注释 1 五舌：佛教以佛、法、慧、天、肉为五舌。但此处五舌何意，尚难判定。或以为“五舌”乃“五苦”之误。

四、摩裕罗城

国西北境殑伽河东岸有摩裕罗城，周二十余里，居人殷盛。清流交带，出鍮石、水精、宝器。去城不远，临殑伽河，有大天祠，甚多灵异。其中有池，编石为岸，引殑伽水为浦，五印度人谓之殑伽河门，生福灭罪之所。常有远方数千人，集此

秣底补罗国的西北部殑伽河的东岸，有座摩裕罗城，方圆二十多里，居民众多。清澈的河水交错流过，出产鍮石、水精和宝器。离城池不远，靠近殑伽河，有座大天祠，灵异之事甚多。里面有个水池，砌石头为池岸，通过水渠引来殑伽水，五印度人称之为殑伽河门，是增长福德、消除罪过的地方。经常有成百上千远方来的

澡濯。乐善诸王建立福舍，备珍羞，储医药，惠施鳏寡，周给孤独。

从此北行三百余里，至婆罗吸摩补罗国。北印度境。

人，聚集到这里洗澡。乐于行善的国王建立起福舍，置办美味的食品，储备医药，施舍给鳏夫寡妇，救济孤儿孤老。

从这里向北行走三百多里，到达婆罗吸摩补罗国。（在北印度境内。）

婆罗吸摩补罗国[1]

原文

婆罗吸摩补罗国周四千余里，山周四境。国大都城周二十余里。居人殷盛，家室富饶。土地沃壤，稼穑时播，出鍮石、水精。气序微寒，风俗刚猛。少学艺，多逐利。人性犷烈，邪正杂信。伽蓝五所，僧徒寡少。天祠十余所，异道杂居。

此国境北大雪山中，有苏伐剌拏瞿呾罗国[2]，唐言金氏。出上黄金，故以名焉。

译文

婆罗吸摩补罗国方圆四千多里，群山环绕四周。国家的都城方圆二十多里。居民众多，家家富饶。土地肥沃，及时播种庄稼，出产鍮石、水精。气候稍微寒冷，民风刚强勇猛。学术技艺少，多追逐商业之利。人性粗犷刚烈，邪教正教兼信。寺院有五所，僧徒很少。天祠有十多所，异道信徒混杂居住。

这个国家疆界以北的大雪山中，有个苏伐剌拏瞿呾罗国，（唐朝语言称金氏。）出产上等黄金，所以

东西长，南北狭，即东女国也[3]。世以女为王，因以女称国。夫亦为王，不知政事。丈夫唯征伐、田种而已。土宜宿麦，多畜羊马。气候寒烈，人性躁暴。东接吐蕃国[4]，北接于阗国[5]，西接三波诃国[6]。

从秣底补罗国东南行四百余里，至瞿毗霜那国。中印度境。

用为国名。土地东西长，南北窄，就是东女国。世代以女子为王，因此以女子称国。丈夫也称王，但不处理政事。男子只是征战和耕种而已。土地适宜种植冬小麦，畜养大量羊马。气候寒冷，人的性格暴躁。疆土东部紧靠吐蕃国，北部紧靠于阗田，西部紧靠三波诃国。

从秣底补罗国向东南行走四百多里，到达瞿毗霜那国。（在中印度境内。）

注释　1 婆罗吸摩补罗国：国名，其地在今印度北部的迦尔瓦尔地区。　2 苏伐剌拿瞿呾罗国：国名，意为黄金之国，即东女国。　3 东女国：据现代学者考证，东女国为我国古代西藏西北地区的一个小国，社会尚处于母系氏族阶段。　4 吐蕃：是唐代中原地区对当时青藏高原地区藏族政权的称呼。　5 于阗（tián）国：即瞿萨旦那国，详见本书十二卷。　6 三波诃国：即本卷所载的秣逻娑国。

瞿毗霜那国[1]

原文

瞿毗霜那国周二千余里,国大都城周十四五里。崇峻险固,居人殷盛。花林池沼,往往相间。气序土宜,同秣底补罗。风俗淳质,勤学好福。多信外道,求现在乐。伽蓝二所,僧众百余人,并皆习学小乘法教。天祠三十余所,异道杂居。

大城侧故伽蓝中,有窣堵波,无忧王之所建也,高二百余尺。如来在昔于此一月说诸法要。傍有过去四佛坐及经行遗迹之处。其侧有如来发、爪二窣堵波,各高一丈余。

自此东南行四百余里,至垩醯掣呾逻国。中印度境。

译文

瞿毗霜那国方圆两千多里,国家的都城方圆十四五里。境内崇山峻岭,险要坚固,居民众多。花果林木、水池湖泊,处处相间。气候与土地情况,与秣底补罗国相同。风俗纯朴,勤学积福,不少人信仰外道,寻求现世的欢乐。寺院有两所,僧侣一百多人,都研习小乘佛教。天祠有三十多所,异道信徒混杂居住。

都城旁的旧寺院中,有座佛塔,是无忧王所建造的,高两百多尺。如来佛从前在这里讲说佛法要旨,历时一个月。塔旁有过去四佛的座位和散步的遗迹。其旁又有两座如来头发、指甲佛塔,各自高一丈多。

从这里向东南行走四百多里,到达垩醯掣呾逻国。(在中印度境内。)

注释　1 瞿毗霜那国:国名,在今印度北部,包括卡昔浦尔、拉姆浦尔、比利毕特三个地区。

垩醯掣呾逻国[1]

原文

垩醯掣呾逻国周三千余里。国大都城周十七八里，依据险固。宜谷麦，多林泉。气序和畅，风俗淳质。玩道笃学，多才博识。伽蓝十余所，僧徒千余人，习学小乘正量部法[2]。天祠九所，异道三百余人，事自在天，涂灰之侣也。

城外龙池侧有窣堵波，无忧王之所建也。是如来在昔为龙王，七日于此说法。其侧有四小窣堵波，是过去四佛坐及经行遗迹之所。

自此南行二百六七十里，渡殑伽河，西南至毗罗删拿国。中印度境。

译文

垩醯掣呾逻国方圆三千多里。国家的都城方圆十七八里，依据山势险要坚固。适宜种植谷麦，树林泉水多。气候温和舒适，风俗纯朴。研习道艺，勤奋学习，多才而博识。寺院有十多所，僧徒一千多人，研习小乘佛教正量部法。天祠有九所，异道三百多人，侍奉自在天，是涂灰一派。

都城外的龙池旁，有座佛塔，是无忧王所建造的。从前如来做龙王时，在这里说法七天。塔旁有四座小佛塔，是过去四佛的座位与散步遗迹之处。

从这里向南行走二百六七十里，渡过殑伽河，再往西南走，到达毗罗删拿国。（在中印度境内。）

注释 **1** 垩醯掣呾逻国：又作阿喜制掣多罗，其地在今印度北部，今拉姆那加尔是其都城所在地。 **2** 正量部：小乘佛教部派之一，属于上座部。据云释迦牟尼去世三百年后，从上座部的犊子部中分出四部，正量部为其中之一。

毗罗删拿国[1]

原文

毗罗删拿国周二千余里，国大都周十余里。气序土宜同垩醯掣呾逻国。风俗猛暴，人知学艺，崇信外道，少敬佛法。伽蓝二所，僧徒三百人，并皆习学大乘法教。天祠五所，异道杂居。

大城中故伽蓝内，有窣堵波，基虽倾圮，尚百余尺，无忧王之所建也，如来在昔于此七日说《蕴界处经》之所[2]。其侧则有过去四佛座及经行遗迹斯在。

从此东南行二百余里，至劫比他国。旧谓僧迦舍国，中印度境。

译文

毗罗删拿国方圆两千多里，国家的都城方圆十多里。境内气候、土地情况与垩醯掣呾逻国相同。风俗刚猛暴烈，人民懂得学术技艺，崇敬信仰外道，不大敬奉佛法。寺院有两所，僧徒三百人，都研习大乘佛教。天祠有五所，异道信徒混杂居住。

都城中旧寺院内，有座佛塔，塔基虽然倒塌，还有一百多尺高，是无忧王所建造的，这是从前如来佛在这里七天讲说《蕴界处经》的地方。塔旁有过去四佛的座位与散步的遗迹。

从这里向东南行走两百多里，到达劫比他国。（旧时称僧迦舍国，在中印度境内。）

注释 1 毗罗删拿国：其地在今印度北方，今比尔沙尔为其都城所在地。 2《蕴界处经》：今梵、汉、藏文藏经中皆无此经，可能非正式经名。按：属于有情的诸法为五蕴、十二处、十八界，《蕴界处经》当系其略称。

劫比他国[1]

原文

劫比他国周二千余里，国大都城周二十余里。气序土宜，同毗罗删拿国。风俗淳和，人多学艺。伽蓝四所，僧徒千余人，并学小乘正量部法。天祠十所，异道杂居，同共遵事大自在天。

译文

劫比他国方圆两千多里，国家的都城方圆二十多里。境内气候与土地情况，与毗罗删拿国相同。风俗淳厚温和，人们多学习技艺。寺院有四所，僧徒一千多人，都研习小乘佛教正量部佛法。天祠有十所，异道信徒混杂居住，共同遵奉大自在天。

注释　1 劫比他国：又称僧伽施、僧伽舍等，其地在今印度北部，今法鲁迦巴德县的桑基萨村是其都城所在地。

一、大伽蓝三宝阶及其传说

城东二十余里有大伽蓝，经制轮奂，工穷剞劂[1]。圣形尊像，务极庄严。僧徒数百人，学正量部法。数万净人，宅居其侧。

伽蓝大垣内有三宝阶，南北列，东面下，是如来自

在都城以东二十多里，有一所大寺院，构造华美，雕刻精巧。佛陀与菩萨的塑像，都极为庄严。僧徒几百人，学习正量部佛学。有几万为寺院服务的俗人，居住在周围。

寺院大墙内，有三宝台阶，南北排列，向东而下，这里是如来佛从三

三十三天降还所也[2]。昔如来起自胜林[3]，上升天宫，居善法堂[4]，为母说法。过三月已，将欲下降，天帝释乃纵神力，建立宝阶，中阶黄金，左水精，右白银。如来起善法堂，从诸天众，履中阶而下；大梵王执白拂，履银阶而右侍；天帝释持宝盖，蹈水精阶而左侍。天众凌虚，散花赞德。数百年前，犹有阶级，逮至今时，陷没已尽。诸国君王悲慨不遇，垒以砖石，饰以珍宝，于其故基，拟昔宝阶，其高七十余尺，上起精舍。中有石佛像，而左右之阶有释、梵之像，形拟厥初，犹为下势。傍有石柱，高七十余尺，无忧王所建。色绀光润，质坚密理，上作师子蹲踞向阶，雕镂奇形，周其方面，随人罪福，影现柱中。

宝阶侧不远有窣堵波，是过去四佛坐及经行遗迹

十三天降还人间的地方。从前如来从胜林起身，升到天宫，居住在善法堂，为母亲讲经说法。过了三个月，将要返回人间，天帝释于是施展神通，建立宝阶，中间的台阶是黄金，左边为水精，右边为白银。如来从善法堂起身，后面跟着天神大众，从中间台阶而下；大梵王手执白拂，踏着银台阶侍候在右侧；天帝释拿着宝盖，踏着水精台阶侍候在左侧。天神大众腾身虚空，洒落花朵赞美功德。几百年前，还有台阶存在，到了今日，已全部陷没。各国君王感叹没有遇见，就在故基之上，铺上砖石，装饰上珍宝，模拟从前的宝阶，高达七十多尺，上面建起精舍。精舍中有石佛像，而左右台阶上，有天帝释、大梵王的像，形态模拟当初，犹如向下走的姿势。旁边有根石柱，高七十多尺，是无忧王所建造的。色泽深青带红且光滑，质地坚硬，纹理细密；柱顶有狮子蹲踞，面朝向宝阶，柱的四周，雕刻着各种奇异的形象。各人随自己的祸福，在柱子中间显现出相应的影子。

在宝阶旁边不远，有座佛塔，是

之所。其侧窣堵波,如来在昔于此澡浴。其侧精舍,是如来入定之处。精舍侧有大石基,长五十步,高七尺,是如来经行之处。足所履迹,皆有莲花之文。基左右各有小窣堵波,帝释、梵王之所建也。

过去四佛的座位与散步留下足迹的地方。旁边又有佛塔,从前如来曾在这里洗澡沐浴。旁边的精舍,是如来入定的地方。精舍旁有大石基,长五十步,高七尺,是如来散步的处所,脚走后的遗迹,都有莲花状的纹路。石基左右各有小佛塔,是帝释、梵王所建造的。

注释 **1** 剞劂(jījué):雕刻用的弯刀,引申为雕刻。 **2** 三十三天:本为印度神话中的天堂,佛教借用为欲界的第二天。在须弥山顶,其中央是帝释天,四面分别有八天,合起来是三十三天。须弥山是佛教宇宙观的中心。 **3** 胜林:即逝多林,是逝多太子的林园。 **4** 善法堂:帝释天的讲堂名。

二、莲花色尼见佛处及传说

释、梵窣堵波前,是莲花色苾刍尼欲先见佛[1],化作转轮王处。如来自天宫还赡部洲也,时苏部底唐言善现。旧曰须扶提,或曰须菩提,译曰善吉,皆讹也。宴坐石室[2],窃自思曰:"今佛还降,人、天导从,如我今者,何

帝释、梵王塔前,是莲花色比丘尼想先见佛,幻化为转轮王的地方。如来从天宫回到赡部洲,当时苏部底(唐朝语言称善现,旧称须扶提,有人称须菩提,译为善吉,都是错误的。)静坐在石室中,暗自思忖说:"现在佛陀返往人间,天神大众随从,像我现在这样,该怎样做好呢?曾听佛陀说过,

所宜行？尝闻佛说，知诸法空[3]，体诸法性[4]，是则以慧眼观法身也。”时莲花色苾刍尼欲初见佛，化为转轮王，七宝导从，四兵警卫，至世尊所，复苾刍尼。如来告曰：“汝非初见。夫善现者，观诸法空，是见法身。”

要懂得诸法皆空，体会种种法性，这就要用慧眼观察佛的法身。”当时莲花色比丘尼想初次拜见佛陀，就变为转轮王，七种宝物伴随左右，四个兵种警卫，到世尊处所，恢复为比丘尼。如来告诉她说：“你不是第一次见我。善见的人，观察到诸法皆空，这就是见到我的真身。”

圣迹垣内，灵异相继。其大窣堵波东南有一池龙，恒护圣迹。既有冥卫，难以轻犯。岁久自坏，人莫能毁。

在圣迹墙垣内，灵异之事不断出现。大佛塔东南有一个水池，池中之龙常常护卫圣迹。由于有神暗中保护，难以轻易冒犯。岁月久远，圣迹自然损坏，但没有人能毁弃它。

从此东南行减二百里，至羯若鞠阇国。唐言曲女城国。中印度境。

从这里向东南行走不到二百里，到达羯若鞠阇国。（唐朝语言称曲女城国，在中印度境内。）

注释　1 莲花色苾刍尼：又作优钵罗比丘尼，亦译作青莲花尼。关于此尼皈依佛的故事，诸说不一。此处所述乃其中之一。　2 苏部底：又作须菩提，传说为舍卫城长者鸠留之子，为释迦牟尼十大弟子之一，号称“解空第一”。　3 法空：现象界的存在都是由因缘组合而成，无实在的自性，都是空。与我空对说。　4 法性：法的本性，又称法本，这是佛教表示真理的词语，与真如、实相、法界、空等同义。

卷第五　六国

三藏法师玄奘奉诏译
大总持寺沙门辩机撰

羯若鞠阇国[1]

原文

羯若鞠阇国周四千余里。国大都城西临殑伽河，其长二十余里，广四五里。城隍坚峻，台阁相望，花林池沼，光鲜澄镜。异方奇货，多聚于此。居人丰乐，家室富饶。花果具繁，稼穑时播。气序和洽，风俗淳质。容貌妍雅，服饰鲜绮。笃学游艺，谈论清远。邪正二道，信者相半。伽蓝百余所，僧徒万余人，大小二乘，兼功习学。天祠二百余所，异道数千余人。

译文

羯若鞠阇国方圆四千多里。国家的都城西面濒临殑伽河，长达二十多里，宽四五里。城池坚固，台阁相连；花果林木、水池湖泊，光亮明朗，清澈如镜。各地珍奇的货物，多聚散于这里。居民丰足欢乐，家庭富裕。花果种类繁多，按时播种庄稼。气候温和适宜，风俗纯朴。容貌俊美端庄，衣服鲜艳华丽。刻苦学习，专意艺能，谈论清雅高远。邪正两教，信仰的人各占一半。寺院有一百多所，僧徒有一万多人，大小二乘，同时研习。天祠有两百多所，异道有几千人。

注释 1 羯若鞠阇国：又作葛那及，其都城在今印度恒河与卡里河的合流处卡瑙季。

一、国号由来

羯若鞠阇国人长寿时，其旧王城号拘苏磨补逻，唐言花宫。王号梵授，福智宿资，文武允备，威慑赡部，声震邻国。具足千子，智勇弘毅，复有百女，仪貌妍雅。时有仙人居殑伽河侧，栖神入定，经数万岁，形如枯木，游禽栖集，遗尼拘律果于仙人肩上[1]，暑往寒来，垂荫合拱。多历年所，从定而起，欲去其树，恐覆鸟巢，时人美其德，号大树仙人。仙人寓目河滨，游观林薄，见王诸女相从嬉戏，欲界爱起，染著心生，便诣花宫，欲事礼请。王闻仙至，躬迎慰曰："大仙栖情物外，何能

在羯若鞠阇国人长寿的时代，旧都城称为拘苏磨补逻。（唐朝语言称为花宫。）国王称为梵授，福德智慧由前世积下，文武兼备，威风震慑赡部洲，声名传扬到邻国。他拥有一千个儿子，都机智勇敢，抱负远大；又有一百个女儿，容貌艳丽。当时有个仙人居住在殑伽河边，收视反听进入禅定状态，经过几万年，形同枯木一般。飞鸟驻足栖息，留下尼拘律果在仙人肩上，夏去冬来，树荫浓密，长成几人才能合抱的大树。经过了许多年，仙人脱离禅定，想除去大树，担心捣毁了鸟窝，当时人赞美他的德行，称为大树仙人。仙人遥望河边，历观树林，看到国王的女儿们结伴游玩，不觉欲界的爱欲生起，渐渐浸满心田。于是前往花宫，想郑重地以礼聘娶。国王听说仙人到来，亲自迎接慰劳说："大仙留意

轻举？"仙人曰："我栖林薮，弥积岁时，出定游览，见王诸女，染爱心生[2]，自远来请。"王闻其辞，计无所出，谓仙人曰："今还所止，请俟嘉辰。"仙人闻命，遂还林薮。王乃历问诸女，无肯应娉。王惧仙威，忧愁毁悴。其幼稚女候王事隙，从容问曰："父王千子具足，万国慕化，何故忧愁，如有所惧？"王曰："大树仙人幸顾求婚，而汝曹辈莫肯从命。仙有威力，能作灾祥，倘不遂心，必起瞋怒，毁国灭祀，辱及先王。深惟此祸，诚有所惧。"稚女谢曰："遗此深忧，我曹罪也。愿以微躯，得延国祚。"王闻喜悦，命驾送归。既至仙庐，谢仙人曰："大仙俯方外之情，垂世间之顾，敢奉稚女，以供洒扫。"仙人见而不悦，乃谓王曰：

于世俗之外，何事轻易出游？"仙人说："我栖息在树林中，经历了长久的岁月。脱离禅定后游览，见到了国王的诸位女儿，欲爱之心顿生，故从远处前来求婚。"国王听了他的话，不知怎么办好，就对仙人说："现在请仙人回到住所，等候良辰吉日。"仙人得到许诺，就回到了丛林中。国王遍问女儿，没有一个愿意受聘的。国王畏惧仙人的威风，忧愁憔悴。他最小的女儿趁他事务闲暇时，从容地问道："父王有一千个儿子，各国仰慕归化，为什么要忧愁，好像畏惧什么啊？"国王说："大树仙人看重你们而求婚，而你们不肯答应。仙人有威力，能够兴起灾患、吉祥，倘若不如意，一定产生瞋怒，毁坏国家、灭绝宗祀，侮辱到先代君王。深深地考虑这个祸患，确实有些畏惧。"小女儿抱歉地说："招来父王这个深重的忧愁，是我们的罪过。我愿意以微薄的身躯，延长国家的命运。"国王听说后很高兴，命令载运送到仙人住所。到了仙人住所，向仙人道歉说："大仙以超出世外之心，而垂顾世间之情，我谨送上幼女，供仙人洒扫庭除。"仙人见到后不高兴，就对国王说："你轻视

"轻吾老叟,配此不妍。"王曰:"历问诸女,无肯从命。唯此幼稚,愿充给使。"仙人怀怒,便恶咒曰:"九十九女,一时腰曲,形既毁弊,毕世无婚。"王使往验,果已背伛。从是之后,便名曲女城焉。

我年老,许配这个不漂亮的。"国王说:"我问过各个女儿,不肯答应,只有这个小女儿,愿意供你使唤。"仙人心怀愤怒,就发恶咒说:"让九十九个女子,马上弯腰驼背,形貌丑陋后,终生不结婚。"国王派人回去察看,果然已经驼背。从这之后,这座城就称为曲女城。

注释 **1** 尼拘律:树名,无节树,或谓即榕树。 **2** 染爱:情欲为所爱之对象所熏染,而生爱著。

二、戒日王世系及即位治绩

今王,本吠奢种也,字曷利沙伐弹那[1],唐言喜增。君临有土,二世三王。父字波罗羯罗伐弹那[2],唐言光增。兄字曷逻阇伐弹那。唐言王增。王增以长嗣位,以德治政。时东印度羯罗拿苏伐剌那唐言金耳。国设赏迦王唐言月。每谓臣曰[3]:"邻有贤主,国之祸也。"于是

现在的国王,本来属于吠奢种姓,名字叫曷利沙伐弹那,(唐朝语言称喜增。)拥有疆土,两代出了三个君王。父亲名叫波罗羯罗伐弹那,(唐朝语言称光增。)兄长名叫曷逻阇伐弹那。(唐朝语言称王增。)王增因年长继位,以恩德治理政事。当时东印度羯罗拿苏伐剌那(唐朝语言称金耳。)国的设赏迦王(唐朝语言称为月。)经常对臣下说:"邻邦有贤明的君主,就

诱请，会而害之。人既失君，国亦荒乱。时大臣婆尼，唐言辩了。职望隆重，谓僚庶曰："国之大计，定于今日。先王之子，亡君之弟，仁慈天性，孝敬因心，亲贤允属，欲以袭位。于事何如？各言尔志。"众咸仰德，尝无异谋。于是辅臣执事咸劝进曰："王子垂听，先王积功累德，光有国祚。嗣及王增，谓终寿考，辅佐无良，弃身仇手，为国大耻，下臣罪也。物议时谣，允归明德。光临土宇，克复亲仇，雪国之耻，光父之业，功孰大焉？幸无辞矣！"王子曰："国嗣之重，今古为难，君人之位，兴立宜审。我诚寡德，父兄遐弃，推袭大位，其能济乎？物议为宜，敢忘虚薄？今者殑伽河岸，有观自在菩萨像，既多灵鉴，愿往请辞。"即至菩萨像前，断食

是我国的祸患。"于是诱请王增赴会，因而杀害了他。人们失去了国君，国家陷入混乱之中。这时大臣婆尼，（唐朝语言称辩了。）位高望重，对僚属说："国家的兴亡大事，决定于今日。先王的儿子，新亡君主的弟弟，天性仁慈，内心孝敬，为亲戚贤人所归心，想要推举他继位。此事到底如何？各位谈谈自己的意见。"众人都仰慕喜增的德行，没有其他意见。于是辅政大臣都劝喜增登位，说："请王子听臣下陈述。先王积累功德，享有国政。传位给王增之后，本以为尽享天年，而因辅佐者不得力，丧身于敌人之手，成为国家的大耻辱，是臣下的罪过。众人议论与外界谈说，都归心于英明的王子，望亲自治理天下，报杀亲之仇，洗刷国家的耻辱，光大父亲的基业，功劳哪有比这更大的呢？期望不要推辞！"王子说："继位的重任，古今都是难事，统治天下之位，有关国家兴亡，应该谨慎。我实在德行微薄，父兄辞世，推举我继承大位，怎么能担当大任呢？众人议论以为我合适，我岂能忘记自己的虚薄？现在殑伽河岸边有观自在菩萨像，非

祈请。菩萨感其诚心，现形问曰："尔何所求，若此勤恳？"王子曰："我惟积祸，慈父云亡；重兹酷罚，仁兄见害。自顾寡德，国人推尊，令袭大位，光父之业。愚昧无知，敢希圣旨！"菩萨告曰："汝于先身，在此林中为练若苾刍[4]，而精勤不懈。承兹福力，为此王子。金耳国王既毁佛法，尔绍王位，宜重兴隆，慈悲为志，伤愍居怀，不久当王五印度境。欲延国祚，当从我诲，冥加景福，邻无强敌。勿升师子之座，勿称大王之号。"于是受教而退，即袭王位，自称曰王子，号尸罗阿迭多。唐言戒日。

常灵验，我想前往祈请。"于是到菩萨像前，断绝饮食，一心祈请。菩萨为其诚心感动，就显现原形，说："你有什么祈求，竟如此殷勤恳切？"王子说："我因灾祸累积，慈父去世，残酷的处罚加剧，仁德的兄长又被杀害。自己顾及到德行微薄，而国人拥戴，推举我继承大位，光大父亲的业绩。我愚昧无知，祈求菩萨指点。"菩萨告诉他说："你在前世，在这片树林中做比丘，而精诚勤奋不懈怠。承借这个福分，做这个国家的王子。金耳国王毁弃佛法，你继承王位后，应重新使佛法兴盛，以慈悲为志向，常怀怜悯之心，不久就将统治五印度之境。如想延长国运，就要遵从我的教诲，这样神明就会赐福，使邻邦没有强敌。但你不要登国王之位，不要称大王的名号。"喜增受教后返回，即继承王位，自称为王子，号为尸罗阿迭多。（唐朝语言称戒日。）

注释　**1** 曷利沙伐弹那：印度历史上的著名国王，意译为喜增。其祖先曾建都于北方的萨他泥湿伐罗，曷利沙伐弹那于公元 606 年继位，时年十七。后移都曲女城，重新统一笈多王朝崩溃后分裂的北印度。

2 波罗羯罗伐弹那：其义为光增，是萨他泥湿伐罗国普西亚布蒂王朝的国王。约在公元 580 年左右登基，病卒于公元 606 年。 **3** 羯罗拿苏伐剌那：国名，意译作金耳，其都城在今印度西孟加拉邦的中部。 **4** 练若苾刍：居住在山林中的比丘。练若，梵语阿练若之略称，意为森林。

于是命诸臣曰："兄仇未报，邻国不宾，终无右手进食之期[1]。凡尔庶僚，同心戮力！"遂总率国兵，讲习战士。象军五千，马军二万，步军五万，自西徂东，征伐不臣。象不解鞍，人不释甲，于六年中，臣五印度。既广其地，更增甲兵，象军六万，马军十万。垂三十年，兵戈不起，政教和平，务修节俭，营福树善，忘寝与食。令五印度不得啖肉，若断生命，有诛无赦。于殑伽河侧建立数千窣堵波，各高百余尺。于五印度城邑、乡聚、达巷、交衢，建立精庐，储饮食，止医药，施诸羁贫，周给不殆。圣迹之所，并建伽蓝。五年一设无遮大会，倾竭府库，惠施群有，唯留兵器，不

这时，他命令臣属说："我兄长的仇恨没有报，邻国不归顺，就没有右手进食的日子。你们各位臣僚，要同心协力。"于是统领全国军队，训练士兵。这时，有象军五千人，马军两万人，步军五万人，从西向东，征伐不臣服者。象不解下鞍座，人不解下铠甲，在六年之中，征服了五印度。拓展土地之外，又增加了铠甲兵器，象军六万人，马军十万人。将近三十年，没有战争，政治清明和平，致力于节俭，营植福德，忘记了寝食。下令五印度国不能吃肉，如果杀害生命，就诛杀而不赦免。在殑伽河边建立起几千座佛塔，各高一百多尺。在五印度的城池、乡落、街巷、要道，建立精舍，储积粮食，配备药品，施舍给贫苦者，救济不充裕者。凡有佛陀遗迹之处，都建立寺院。五年中设一次无遮大会，竭尽府库收藏，施舍给众生，只留下兵器，不用以布施。一年中招集一次

充檀舍。岁一集会诸国沙门，于三七日中，以四事供养，庄严法座，广饰义筵，令相榷论，校其优劣，褒贬淑慝，黜陟幽明。若戒行贞固，道德纯邃，推升师子之座，王亲受法；戒虽清净，学无稽古，但加敬礼，示有尊崇；律仪无纪，秽德已彰，驱出国境，不愿闻见。邻国小王、辅佐大臣，殖福无怠，求善忘劳，即携手同座，谓之善友。其异于此，面不对辞，事有闻议，通使往复。而巡方省俗，不常其居，随所至止，结庐而舍。唯雨三月，多雨不行。每于行宫日修珍馔，饭诸异学，僧众一千，婆罗门五百。每以一日分作三时，一时理务治政，二时营福修善，孜孜不倦，竭日不足矣。

各国的僧徒，在逢三、逢七之日，以衣服、卧具、饮食、汤药四项供养，装饰讲法之座，广设座席，让他们商榷辩论，评论优劣，褒扬善者，贬斥恶者，罢黜昏暗者，提升清明者。如果恪守戒律，品德纯粹深邃，推举他登上狮子座，戒日王亲自听他讲授佛法；如果遵守戒律，但学识不足，只是加以礼遇，表示尊重之意；如果不遵守戒律，劣迹昭著，便驱逐出国境，不愿相见。邻近小国君王，辅佐他们的大臣，如勤勉造福于民，求善事而忘辛劳，就携手同坐，称为善友。而与此不同者，即使见面也不交谈，有事要商议，就派遣使者往来办理。巡察各地，考察民俗，不常居住一地，随所到之处，搭屋而居。只在雨季的三个月，以多雨不远行。每每在行宫中准备好饭好菜，宴请各教派人士，僧徒一千人，婆罗门五百人。又常把一天分为三个时段，一个时段料理政事，两个时段造福行善，孜孜不倦，从早忙到晚还嫌不足。

注释 **1** 右手进食：古代印度以右为尊，故进食以右手。此处当是比喻正常的生活。

三、玄奘会见戒日王

初,受拘摩罗王请白[1],自摩揭陁国往迦摩缕波国[2]。时戒日王巡方在羯朱嗢祇逻国,命拘摩罗王曰:"宜与那烂陁远客沙门速来赴会。"[3]于是遂与拘摩罗王往会见焉。戒日王劳苦已曰:"自何国来,将何所欲?"对曰:"从大唐国来,请求佛法。"王曰:"大唐国在何方?经途所亘,去斯远近?"对曰:"当此东北数万余里,印度所谓摩诃至那国是也[4]。"王曰:"尝闻摩诃至那国有秦王天子[5],少而灵鉴,长而神武。昔先代丧乱,率土分崩,兵戈竞起,群生荼毒,而秦王天子早怀远略,兴大慈悲,拯济含识,平定海内,风教遐被,德泽远洽,殊方异域,慕化称臣。氓庶荷其亭育,咸歌《秦王破阵乐》[6]。闻其雅

当初,我接受拘摩罗王的邀请,从摩揭陀国前往迦摩缕波国。其时戒日王在羯朱嗢祇逻国巡视,命令拘摩罗王说:"你可与那烂陀寺远道而来的沙门赶快来赴会。"于是我就和拘摩罗王前去会见他。戒日王在慰问之后说:"你从哪国来?打算做什么?"我回答说:"我从大唐国前来,想要寻求佛法。"戒日王说:"大唐国在什么地方?路途所经过,离这里有多远?"我回答说:"大唐国在此东北方向几万里之外,就是印度所说的摩诃至那国。"戒日王说:"曾经听说摩诃至那国有位秦王天子,年少聪明伶俐,成年后英明勇武。从前先代丧乱,国内分崩离析,战事不断,百姓遭难,而秦王天子早就深怀远大谋略,大发慈悲之心,拯救生灵,平定天下,教化远传,德泽远布,外国异邦,都仰慕教化而称臣。民众蒙受养育之恩,都歌唱《秦王破阵乐》。听到人们对他的赞颂,已经很久了。对他盛大德行的称誉,果真有其事吗?大唐国难

颂，于兹久矣。盛德之誉，诚有之乎？大唐国者，岂此是耶？”对曰：“然。至那者，前王之国号；大唐者，我君之国称。昔未袭位，谓之秦王；今已承统，称曰天子。前代运终，群生无主，兵戈乱起，残害生灵。秦王天纵含弘，心发慈愍，威风鼓扇，群凶殄灭，八方静谧，万国朝贡。爱育四生，敬崇三宝，薄赋敛，省刑罚，而国用有余，氓俗无宄，风猷大化，难以备举。”戒日王曰：“盛矣哉！彼土群生，福感圣主。”

道就是这个国家吗？”我回答说：“是的。至那，是前代国王的国号；而大唐，则是当今皇上的国号。从前他未登位时，称为秦王，现在已继位，称为天子。前代国运已尽，众生没有主宰，战乱纷起，残害生灵。秦王天性胸怀博大，心发慈悲怜悯，威风震慑天下，一切凶恶的敌人都被歼灭，八方安宁，万国贡奉。他爱护一切生灵，敬重佛家三宝，降低税收，减省刑罚，于是国家用度有余，民众没有违法的，风尚大为改变，难以一一列举。”戒日王说：“真是壮举啊！那里的众生能获得这种幸福，应该要感谢圣明的君主！”

注释　1 拘摩罗王：又作鸠摩罗，东印度迦摩缕波国国王，与戒日王同时代。戒日王与他结盟，大大增强了对抗设赏迦王的实力。　2 摩揭陁：国名，详见本书第八卷卷首。　3 那烂陁远客沙门：指玄奘。玄奘在印度期间，曾在摩揭陀的那烂陀寺院求学五年。　4 摩诃至那国：古代印度对“中国”的称呼。　5 秦王天子：指唐太宗李世民。　6《秦王破阵乐》：唐乐曲名。唐初制成，贞观七年（633），太宗制《破阵乐舞图》，后令魏徵、虞世南等改制歌词，更名为《七德之舞》。

四、曲女城法会

时戒日王将还曲女城设法会也，从数十万众，在殑伽河南岸。拘摩罗王从数万之众，居北岸。分河中流，水陆并进。二王导引，四兵严卫，或泛舟，或乘象，击鼓鸣螺，拊弦奏管。经九十日，至曲女城，在殑伽河西大花林中。是时诸国二十余王先奉告命，各与其国髦俊沙门及婆罗门、群官、兵士，来集大会。王先于河西建大伽蓝。伽蓝东起宝台，高百余尺，中有金佛像，量等王身。台南起宝坛，为浴佛像之处。从此东北十四五里，别筑行宫。是时，仲春月也。从初一日以珍味馔诸沙门、婆罗门，至二十一日。自行宫属伽蓝，夹道为阁，穷诸莹饰，乐人不移，雅声递奏。王于行宫

当时，戒日王将要回到曲女城举行法会，跟随的有几十万人，都在殑伽河南岸。拘摩罗王的随从有几万人，居于北岸。以河流中心为界，水陆并进。二位国王在前引导，由步、骑、车、象四个兵种严加护卫，有人坐船，有人骑象，敲着鼓点，吹着螺号，拨动琴弦，鸣奏管乐，经过了九十天，到达曲女城，驻扎在殑伽河西大花林中。这时，各国的二十多位国王已先奉召唤，各自和国内杰出的僧人和婆罗门、百官、兵士，来参加法会。戒日王此前在河西建立大寺院。寺院东边筑起宝台，高一百多尺，里面有金佛像，身量与戒日王相同。宝台南边筑起宝坛，是佛像沐浴的地方。从这里往东北方向十四五里，另外筑起行宫。这时是仲春二月，从初一开始，用美味佳肴款待各位僧人、婆罗门，直到二十一日。从行宫到寺院，沿途盖起楼阁，以数不清的宝石装饰，乐工站立整齐，雅乐递相吹奏。戒日王从行宫中请出一尊金佛像，虚置于空中，隐约可见，高三尺多，

出一金像，虚中隐起，高余三尺，载以大象，张以宝幰。戒日王为帝释之服，执宝盖以左侍，拘摩罗王作梵王之仪，执白拂而右侍。各五百象军，被铠周卫，佛像前后各百大象，乐人以乘，鼓奏音乐。戒日王以真珠杂宝及金银诸花，随步四散，供养三宝。先就宝坛，香水浴像。王躬负荷，送上西台，以诸珍宝、憍奢耶衣数十百千，而为供养。是时唯有沙门二十余人预从，诸国王为侍卫。馔食已讫，集诸异学，商榷微言，抑扬至理。日将曛暮，回驾行宫。如是日送金像，导从如初，以至散日。

其大台忽然火起，伽蓝门楼烟焰方炽。王曰："罄舍国珍，奉为先王，建此伽蓝，式昭胜业，寡德无祐，有斯灾异，咎征若此，

用大象驮载，以宝石帐幔罩着。戒日王穿着帝释服饰，手持宝盖在左侧侍卫；拘摩罗王扮作梵王的模样，手执白拂在右侧侍卫。各自有象军五百人，披着铠甲在周围护卫。佛像前后各有大象一百头，乐工骑着，鼓奏音乐。戒日王用珍珠宝物和金银花朵，一边走一边抛撒，供养三宝。首先到达宝坛，用香水洗浴佛像。戒日王亲自背着，送上西台，用各种珍宝、憍奢耶衣成百上千件，作为供养。这时，只有僧人二十多人随从，各位国王为他侍卫。进餐结束后，招集各派学者，商榷微言大义，探讨深奥道理。时近黄昏，才起驾回到行宫。就这样，每天护送金像，导引和随从如初，直到法会结束。

一天，大台忽然起火，寺院门楼火焰炽烈。戒日王说："我罄尽国家珍宝，奉先代君王之命，建造这座寺院，以显扬佛教伟业。而我缺少德行，不得保佑，致有这一灾难，我的凶兆到了如此地步，何必要活着？"于是焚香祈祷，而自己发誓说："有幸以过去的善事，统治印度，希望以我的福力，扑灭火灾。如果不能感动神灵，就从此丧命。"

何用生为！”乃焚香礼请而自誓曰：“幸以宿善，王诸印度，愿我福力，禳灭火灾，若无所感，从此丧命！”寻即奋身，跳履门阃[1]，若有扑灭，火尽烟消。诸王睹异，重增祇惧。已而颜色不动，辞语如故，问诸王曰：“忽此灾变，焚烬成功，心之所怀，意将何谓？”诸王俯伏悲泣，对曰：“成功胜迹，冀传来叶，一旦灰烬，何可为怀？况诸外道，快心相贺！”王曰：“以此观之，如来所说诚也。外道异学守执常见，唯我大师无常是诲。然我檀舍已周，心愿谐遂，属斯变灭，重知如来诚谛之说[2]，斯为大善，无可深悲。”

于是从诸王东上大窣堵波，登临观览。方下阶陛，忽有异人持刃逆王，王时窘迫，却行进级，俯执此人，以付群官。是时群官惶遽，不知进救。诸王咸请诛

随即奋身一跳，跨过门坎，仿佛有人扑救，火灭烟消。各位国王看到灵异之事，更加敬畏。事后，戒日王脸色不变，谈话如初，向各位国王说：“忽然遭遇灾难变故，如大火把一切化为灰烬，各位心中有何想法？”各位国王俯伏在地上，悲伤地哭泣，回答说：“建造奉佛之处，是希望传至后世，一旦化为灰烬，哪能有什么想法？况且各种外道之人，都要快意地庆贺。”戒日王说：“由此看来，如来佛所说的道理是对极了。各外道却固守世俗之见，只有我们如来大师以‘无常’加以教诲。不过我施舍已经周到，心愿实现，遭遇灾祸又消除，更知如来学说的真谛，这是大好事，不必过度悲伤。”

于是，戒日王带着各位国王，向东登上大佛塔，登高观赏游览。正要下台阶，忽然有个陌生人拿着刀迎面来刺戒日王。戒日王这时困窘急迫，倒行上台阶，俯身抓住了这个人，把他交付给百官。当时百官惊惶，不知上去救护。各位国王都请求诛杀这个人。戒日王毫无愤怒的神色，下令

戮此人,戒日王殊无忿色,止令不杀。王亲问曰:“我何负汝,为此暴恶?”对曰:“大王德泽无私,中外荷福。然我狂愚,不谋大计,受诸外道一言之惑,辄为刺客,首图逆害。”王曰:“外道何故兴此恶心?”对曰:“大王集诸国,倾府库,供养沙门,镕铸佛像。而诸外道自远召集,不蒙省问,心诚愧耻。乃令狂愚,敢行凶诈。”于是究问外道徒属。有五百婆罗门,并诸高才,应命召集,嫉诸沙门蒙王礼重,乃射火箭,焚烧宝台,冀因救火,众人溃乱,欲以此时杀害大王,既无缘隙,遂雇此人,趋隘行刺。是时诸王、大臣请诛外道,王乃罚其首恶,余党不罪。迁五百婆罗门出印度之境。于是乃还都也。

不杀。戒日王亲自审问刺客说:“我什么事亏待了你,使你做这种残暴凶恶之事?”刺客回答说:“大王德泽广布,没有私心,朝野内外受恩。然而我狂妄愚昧,不考虑大局,受外道一句话的诱惑,就成为刺客,图谋杀害大王。”戒日王说:“外道为什么产生这种坏心思?”刺客回答说:“大王招集各国人众,倾尽府库,供养僧人,铸造佛像。可是各外道从远方招来,却不被关心,心中实在惭愧耻辱,于是指使我这狂妄愚昧之人,行凶杀人。”于是查问各外道成员,有五百婆罗门,都是有才能之人,应命前来,忌妒僧人受到戒日王的礼遇厚重,就放射火箭焚烧宝台,企图在救火之际,众人溃乱,乘这个时机杀害大王。既而没有机会,于是雇佣这个人在狭隘的地方行刺。这时,各位国王、大臣请求诛杀外道。戒日王处罚首恶分子,余党不定罪。把五百婆罗门逐出印度。此后,戒日王才回到都城。

注释 1 阃(kǔn):门坎。 2 诚谛:真谛,真理。

五、曲女城附近诸佛迹

城西北窣堵波，无忧王之所建也。如来在昔于此七日说诸妙法。其侧则有过去四佛座及经行遗迹之所。复有如来发、爪小窣堵波。

说法窣堵波南，临殑伽河，有三伽蓝，同垣异门，佛像严丽，僧徒肃穆，役使净人数千余户。

精室宝函中有佛牙，长余寸半，殊光异色，朝变夕改。远近相趋，士庶咸集，式修瞻仰，日百千众。监守者繁其喧杂，权立重税，宣告远近：欲见佛牙，输大金钱。然而瞻礼之徒，实繁其侣。金钱之税，悦以心竞。每于斋日，出置高座，数百千众，烧香散花，花虽盈积，牙函不没。

伽蓝前左右各有精舍，高百余尺，石基砖室。其中佛像，众宝庄饰，或铸金、银，

曲女城西北的佛塔，是无忧王所建造的。如来佛从前在这里，讲授了七天神妙的佛法。塔旁有过去四佛的座位和散步遗迹的场所。还有收藏如来头发、指甲的小佛塔。

说法的佛塔南面，靠着殑伽河，有三所寺院，同一堵墙而不同门。佛像庄严华丽，僧徒严肃静穆，充使杂役的人有几千家。

精舍的宝盒中收藏有佛牙，长一寸半，光彩特异，早晚都有变化。远近的人赶来瞻仰，官吏民众云集，恭敬礼拜，每日成百上千。守护的人厌烦喧哗嘈杂，权且设立重税，宣告远近：想要看佛牙，须交纳大金钱。然而瞻仰礼拜的人，仍然繁多。交纳金钱的税收，乐意暗暗地竞争。每到斋日，佛牙摆出来放在高高的佛座上，成百上千的人烧香撒鲜花。鲜花虽然堆积，宝盒却从不被遮住。

寺院前的左右各有一座精舍，高一百多尺，是石基砖房。里面的佛像，用各种宝物装饰，有的是金银

或鍮铸或镕鍮石。二精舍前各有小伽蓝。

伽蓝东南不远,有大精舍,石基砖室,高二百余尺。中作如来立像,高三十余尺,铸以鍮石,饰诸妙宝。精舍四周石壁之上,雕画如来修菩萨行所经事迹,备尽镌镂。

石精舍南不远,有日天祠[1]。祠南不远,有大自在天祠。并莹青石,俱穷雕刻,规模度量,同佛精舍。各有千户充其洒扫,鼓乐弦歌不舍昼夜。

大城东南六七里,殑伽河南,有窣堵波,高二百余尺,无忧王之所建也。在昔如来于此六月说身无常、苦、空、不净。其侧则有过去四佛坐及经行遗迹之所。又有如来发、爪小窣堵波,人有染疾,至诚旋绕,必得痊愈,蒙其福利。

铸造,有的是鍮石铸造。两座精舍前,各有小寺院。

在寺院东南不远处,有座大精舍,是石基砖房,高两百多尺。中间有如来站立像,高三十多尺,是鍮石铸成,用各种精致的宝物装饰。精舍四周的石壁之上,雕画着如来修菩萨行时所经历的事迹,极尽镌刻之巧。

在石精舍南面不远处,有日天祠。祠南不远处,有大自在天祠。都用晶莹的青石,穷尽雕刻技巧,样式和大小,与佛精舍相同。各自有一千民户,充任洒扫之役;鼓乐与弦歌,日夜不断。

在都城东南六七里,殑伽河南面,有座佛塔,高两百多尺,是无忧王所建造的。从前,如来佛在这里讲说了身无常、苦、空、不净的佛法。塔旁有过去四佛的座位与散步遗迹的场所,又有收藏如来头发、指甲的小佛塔,人们如有疾病,充满诚意地绕塔行走,一定能痊愈,蒙受佛塔的福利。

注释 1 日天:即太阳神。

六、纳缚提婆矩罗城

大城东南行百余里，至纳缚提婆矩罗城，据殑伽河东岸，周二十余里。花林清池，互相影照。

纳缚提婆矩罗城西北，殑伽河东，有一天祠，重阁层台，奇工异制。

城东五里有三伽蓝，同垣异门，僧徒五百余人，并学小乘说一切有部。伽蓝前二百余步，有窣堵波，无忧王之所建也，基虽倾陷，尚高百余尺，是如来昔于此处七日说法。中有舍利，时放光明。其侧则有过去四佛坐及经行遗迹之所。

伽蓝北三四里，临殑伽河岸，有窣堵波，高二百余尺，无忧王之所建也。昔如来在此七日说法，时有五百饿鬼来至佛所[1]，闻法解悟，舍鬼生天。说法窣堵波侧有过去四佛坐及经行遗迹

从都城向东南行走一百多里，到达纳缚提婆矩罗城，这座城位于殑伽河东岸，方圆二十多里。花果林木、清泉湖池，互相映照。

在纳缚提婆矩罗城西北，殑伽河东岸，有一座天祠，楼阁重重，台榭层层，工艺制作奇异精巧。

在城东五里，有三所寺院，同一堵墙而不同门。僧徒五百多人，都学习小乘佛教说一切有部。寺院前两百多步，有座佛塔，是无忧王所建造的。塔基虽然倾斜陷落，还高一百多尺，如来从前曾在这里说法七天。塔中有舍利，时常放射光芒。塔旁有过去四佛的座位和散步遗迹的场所。

在寺院北面三四里，靠近殑伽河岸，有座佛塔，高两百多尺，是无忧王所建造的。从前如来在这里说法七天，其时有五百个饿鬼来到佛所在之处，听到佛法后领悟了真理，脱离了鬼道而转生天界。说法佛塔旁，有过去四佛的座位和散步遗迹

之所。其侧复有如来发、爪窣堵波。

自此东南行六百余里,渡殑伽河,南至阿逾陁国。中印度境。

的场所,旁边又有收藏如来头发和指甲的佛塔。

从这里向东南行走六百多里,渡过殑伽河,向南到阿逾陁国。(在中印度境内。)

注释 1 饿鬼:又称饿鬼趣。挨饥饿在等待食物的死者,为六道之一,住于饿鬼道中。由于恶业的果报,致堕入饿鬼道中。

阿逾陁国[1]

原文

阿逾陁国周五千余里。国大都城周二十余里。谷稼丰盛,花果繁茂。气序和畅,风俗善顺,好营福,勤学艺。伽蓝百有余所,僧徒三千余人,大乘小乘,兼功习学。天祠十所,异道寡少。

译文

阿逾陁国方圆五千多里。国家的都城方圆二十多里。庄稼茂盛,花果繁茂。气候温和舒适,民风善良温顺,喜好营求福德,勤勉地学习技艺。寺院有一百多所,僧徒三千多人,大乘和小乘,都钻研学习。天祠十所,异道信徒很少。

注释 1 阿逾陁国:又作阿逾阇,是印度教徒七大圣地之一。其地望说法不一,较多的人认为在今印度北部法特普尔的阿普依。

一、世亲、胜受及佛遗迹

大城中有故伽蓝，是伐苏畔度菩萨唐言世亲。旧曰婆薮盘豆，译曰天亲，讹谬也。数十年中于此制作大小乘诸异论。其侧故基，是世亲菩萨为诸国王、西方俊彦、沙门、婆罗门等讲义说法堂也。

城北四五里，临殑伽河岸大伽蓝中，有窣堵波，高二百余尺，无忧王之所建也。是如来为天、人众于此三月说诸妙法。其侧窣堵波，过去四佛坐及经行遗迹之所。

伽蓝西四五里，有如来发、爪窣堵波。发、爪窣堵波北，伽蓝余趾，昔经部室利逻多唐言胜受。论师于此制造经部《毗婆沙论》[1]。

都城中有所旧寺院，伐苏畔度菩萨（唐朝语言称世亲。旧称婆薮盘豆，译作天亲，是错误的。）几十年之中在这里撰写大乘小乘的各种论著。寺院旁边的旧基址，是世亲菩萨为各国国王、四方杰出人士、僧徒、婆罗门等讲说佛法义理的殿堂。

都城北面四五里，靠近殑伽河岸的大寺院中，有座佛塔，高二百多尺，是无忧王所建造的。如来曾在这里为天神、大众讲说过三个月神妙的佛法。它旁边的佛塔，有过去四佛的座位和散步遗迹的场所。

寺院西面四五里，有收藏如来头发、指甲的佛塔。头发、指甲佛塔北，有寺院遗址，从前经部室利逻多（唐朝语言称胜受。）论师曾在这里撰写经部《毗婆沙论》。

注释　1 室利逻多论师：古代印度佛教经部理论的代表学者。本为鸠摩罗逻多的弟子，后与鸠摩罗逻多、马鸣、提婆、龙树地位相当，号称五大论师。

二、无著与世亲故事

城西南五六里，大庵没罗林中有故伽蓝，是阿僧伽唐言无著。菩萨请益导凡之处。无著菩萨夜升天宫，于慈氏菩萨所受《瑜伽师地论》《庄严大乘经论》《中边分别论》等[1]，昼为大众讲宣妙理。庵没罗林西北百余步，有如来发、爪窣堵波。其侧故基，是世亲菩萨从睹史多天下见无著菩萨处。无著菩萨，健驮逻国人也，佛去世后一千年中，诞灵利见，承风悟道，从弥沙塞部出家修学[2]，顷之回信大乘。其弟世亲菩萨于说一切有部出家受业，博闻强识，达学研机。无著弟子佛陁僧诃唐言师子觉。者，密行莫测[3]，高才有闻。二三贤哲每相谓曰："凡修行业，愿觐慈氏，若先舍寿，得遂宿心，当相报语，以知所至。"其后师子觉先舍寿命，三年

都城西南五六里，大庵没罗林中有一所旧寺院，这里是阿僧伽（唐朝语言称无著。）菩萨请教和开导俗人的地方。无著菩萨在夜晚升上天宫，在慈氏菩萨那里接受《瑜伽师地论》《庄严大乘经论》《中边分别论》等，白天便为大众宣讲精妙的义理。庵没罗林西北一百多步，有收藏如来头发与指甲的佛塔。塔旁的旧基址，是世亲菩萨从睹史多天下凡来会见无著菩萨的地方。无著菩萨，是健驮逻国人，在佛陀去世一千年后诞生，接受佛教感化而悟道，在弥沙塞部出家修学，很快便转而信仰大乘。他的弟弟世亲菩萨在说一切有部出家受教，学识渊博，记忆力强，透彻理解，研究要点。无著的弟子佛陁僧诃，（唐朝语言称师子觉。）持戒密行，人莫能测其高深，以卓有才华而闻名。这两三位贤哲常常互相说："所有修行的人，都想觐见慈氏菩萨。如果谁先归天，得以实现夙愿，应该报告，以使别人了解他到了什么地方。"其后师子觉先死，三年中没有通报信息。世

不报。世亲菩萨寻亦舍寿，时经六月，亦无报命。时诸异学咸皆讥诮，以为世亲菩萨及师子觉流转恶趣，遂无灵鉴。其后无著菩萨于夜初分，方为门人教授定法，灯光忽翳，空中大明，有一天仙乘虚下降，即进阶庭敬礼无著。无著曰："尔来何暮？今至何谓？"对曰："从此舍寿命，往睹史多天慈氏内众莲花中生，莲花才开，慈氏赞曰：'善来广慧，善来广慧。'旋绕才周，即来报命。"无著菩萨曰："师子觉者，今何所在？"曰："我旋绕时，见师子觉在外众中，耽著欲乐，无暇相顾，讵能来报？"无著菩萨曰："斯事已矣。慈氏何相？演说何法？"曰："慈氏相好，言莫能宣。演说妙法，义不异此，然菩萨妙音，清畅和雅，闻者忘倦，受者无厌。"

亲菩萨不久也去世了，过了六个月，也没有通报信息。这时一些异教学者都加以讥笑，以为世亲菩萨和师子觉已转生到恶道中，于是便没有灵验了。其后无著菩萨在夜幕初降时，正为门人讲授禅定之法，灯光忽然暗淡，空中大放光明。有一位天仙凌空而降，随即踏阶进庭，向无著施礼。无著说："你为什么来得这样晚？现在有何事相告？"天仙回答说："我在这里去世后，前往睹史多天，在慈氏菩萨的众多莲花中转生。莲花刚开放，慈氏菩萨就赞美说：'好啊，广慧！好啊，广慧！'我才环绕莲花转了一圈，就来向你通报信息。"无著菩萨说："师子觉现在在哪里？"天仙说："我环绕莲花时，看到师子觉在世俗之人中，沉湎于爱欲欢乐，没有时间看我一眼，哪能来通报信息呢？"无著菩萨说："这件事就这样过去了。慈氏菩萨是什么相貌？讲说什么佛法？"天仙说："慈氏菩萨的相貌之好，是言语所不能表达的。他讲说精妙的佛法，义理与你没有不同。然而菩萨的声音，清亮流畅，柔和高雅，听的人忘记了疲倦，接受的人没有厌烦的。"

注释 1《瑜伽师地论》：大乘佛教瑜伽行派理论的基本论著。相传为弥勒佛所说，其实为无著所著。玄奘有完整译本，共一百卷。《庄严大乘经论》：无著撰，大乘佛教的重要论著，唐朝时波罗颇蜜多罗将其译为汉文，名《大乘庄严经论》，十三卷。《中边分别论》：与《庄严大乘经论》同为弥勒所说五论之一，或题世亲著，或题无著撰。玄奘译本名为《辩中边论》，共三卷。 2 弥沙塞部：小乘佛教部派之一，即化地部。 3 密行：意为持戒秘密行，所谓"蕴己善行不欲彰外也"。

无著讲堂故基西北四十余里，至故伽蓝，北临殑伽河，中有砖窣堵波，高百余尺，世亲菩萨初发大乘心处。世亲菩萨自北印度至于此也，时无著菩萨命其门人，令往迎候，至此伽蓝，遇而会见。无著弟子止户牖外，夜分之后，诵《十地经》[1]，世亲闻已，感悟追悔："甚深妙法，昔所未闻，诽谤之愆，源发于舌，舌为罪本，今宜除断。"即执铦刀，欲自断舌。乃见无著住立告曰："夫大乘教者，至真之理也，诸佛所赞，众圣攸宗。吾欲诲汝，尔今自悟。悟其时矣，何善如之？诸佛圣教，断

从无著讲堂故址向西北走四十多里，到旧寺院，北边濒临殑伽河，寺院中有座砖塔，高一百多尺，是世亲菩萨最初发愿学大乘佛教的地方。世亲菩萨从北印度到了这里，当时无著菩萨命令他的门人前往迎接，到了这所寺院，两人会面。无著的弟子站立在窗外，半夜之后，诵读《十地经》。世亲听到后，受到感悟而追悔："如此精妙的佛法，从前没有听说过。诽谤的罪过，源起于舌头。舌头为罪过的根源，现在应该割断。"便拿起锋利的刀子，想自断舌头。只见无著菩萨站在面前告诉他："大乘佛教，是最高的真理。所有的佛都赞美它，各位圣人都尊奉它。我想教诲你，现在你已自己觉悟。觉悟很及时，还有比这更好的事吗？对诸佛的圣教来说，割断

舌非悔。昔以舌毁大乘，今以舌赞大乘，补过自新，犹为善矣。杜口绝言，其利安在？”作是语已，忽不复见。世亲承命，遂不断舌。旦诣无著，谘受大乘。于是研精覃思，制大乘论，凡百余部，并盛宣行。

舌头不是悔悟。从前用舌头诋毁大乘，而今用舌头赞美大乘，改过自新，还是好事。闭口不说话，利益在哪里？”说过这番话，忽然不见了。世亲秉承教诲，于是不断舌头，第二天早上前往无著住处，请教大乘学说。于是精心研究，深入思考，撰写大乘论著，共一百多部，都广为传布。

从此东行三百余里，渡殑伽河，北至阿耶穆佉国。中印度境。

从这里向东行走三百多里，渡过殑伽河，向北抵达阿耶穆佉国（在中印度境内）。

注释 1《十地经》：即《华严经》中的《十地品》。

阿耶穆佉国[1]

原文

阿耶穆佉国周二千四五百里。国大都城临殑伽河，周二十余里。其气序土宜，同阿逾陁国。人淳俗质，勤学好福。伽蓝五所，僧徒

译文

阿耶穆佉国方圆二千四五百里。国家的都城濒临殑伽河，方圆二十多里。境内气候与土地情况，与阿逾陁国相同。人性淳厚，风俗朴实，勤奋好学，行善积福。寺院有五所，

千余人，习学小乘正量部法。天祠十余所，异道杂居。

城东南不远，临殑伽河岸，有窣堵波，无忧王之所建也，高二百余尺，是如来昔于此处三月说法。其侧则有过去四佛座及经行遗迹之所。复有如来发、爪青石窣堵波。其侧伽蓝，僧徒二百余人，佛像庄饰，威严如在。台阁宏丽，奇制郁起，是昔佛陀驮娑唐言觉使。论师于此制说一切有部《大毗婆沙论》。

从此东南行七百余里，渡殑伽河南、阎牟那河北，至钵逻耶伽国。中印度境。

僧徒一千多人，研习小乘佛教正量部理论。天祠十多所，异道信徒混杂居住。

都城东南不远处，靠近殑伽河岸，有座佛塔，是无忧王所建造的，高两百多尺，从前如来曾在这里讲法三个月。塔旁有过去四佛的座位和散步遗迹的场所，又有收藏如来头发、指甲的青石塔。塔旁的寺院，僧徒有两百多人。佛像装饰精巧、威严、栩栩如生。台榭楼阁宏伟壮丽，奇特的构造郁然兴起。从前，佛陀驮娑(唐朝语言称觉使。)论师曾在这里撰写说一切有部的《大毗婆沙论》。

从这里向东南行走七百多里，渡过殑伽河向南、阎牟那河向北，到达钵逻耶伽国。(在中印度境内。)

注释　1 阿耶穆佉国：国名，确切位置待考。其地约在今印度北部的贝拉、赖巴雷得二地区一带。

钵逻耶伽国[1]

原文

钵逻耶伽国周五千余里。国大都城据两河交,周二十余里,稼穑滋盛,果木扶疏。气序和畅,风俗善顺,好学艺,信外道。伽蓝两所,僧徒寡少,并皆习学小乘法教。天祠数百,异道实多。

译文

钵逻耶伽国方圆五千多里。国家的都城在两条河流的交汇之处,方圆二十多里。庄稼茂盛,果木繁密。气候温和,风俗善良温顺,喜爱学术技艺,信仰外道。寺院有两所,僧徒很少,都研习小乘佛教。天祠有几百所,异道信徒甚多。

注释 1 钵逻耶伽国:国名,其都城在今印度北部的阿拉哈巴德,是恒河与阎牟那河交汇之处。

一、如来遗迹及提婆故事

大城西南瞻博迦花林中[1],有窣堵波,无忧王之所建也。基虽倾陷,尚百余尺。在昔如来于此处降伏外道。其侧则有发爪窣堵波、经行遗迹。

发爪窣堵波侧,有故伽

在都城西南瞻博迦花树林中,有一座佛塔,是无忧王所建造的。塔基虽然倾斜陷落,还有一百多尺高。从前,如来曾在这里降伏外道。旁边有收藏如来头发与指甲的佛塔以及如来散步的遗迹。

收藏如来头发、指甲的佛塔旁,

蓝，是提婆唐言天。菩萨作《广百论》挫小乘、伏外道处[2]。初，提婆菩萨自南印度至此伽蓝，城中有外道婆罗门，高论有闻，辩才无碍，循名责实，反质穷辞。雅知提婆博究玄奥，欲挫其锋，乃循名问曰："汝为何名？"提婆曰："名天。"外道曰："天是谁？"提婆曰："我。"外道曰："我是谁？"提婆曰："狗。"外道曰："狗是谁？"提婆曰："汝。"外道曰："汝是谁？"提婆曰："天。"外道曰："天是谁？"提婆曰："我。"外道曰："我是谁？"提婆曰："狗。"外道曰："谁是狗？"提婆曰："汝。"外道曰："汝是谁？"提婆曰："天。"如是循环，外道方悟。自时厥后，深敬风猷。

有一所旧寺院，是提婆（唐朝语言称为天。）菩萨写作《广百论》挫败小乘、降伏外道的地方。当初，提婆菩萨从南印度到这所寺院时，城中有个外道婆罗门，以善于谈论而著名，他有雄辩的口才，根据名称寻求实质，能反复质问使人无话可对。他平素知道提婆广博地研究深奥的道理，想挫伤提婆的锋芒，就依据名字发问说："你叫什么名字？"提婆说："叫作天。"外道说："天是谁？"提婆说："是我。"外道说："我是谁？"提婆说："是狗。"外道说："狗是谁？"提婆说："是你。"外道说："你是谁？"提婆说："是天。"外道说："天是谁？"提婆说："是我。"外道说："我是谁？"提婆说："是狗。"外道说："谁是狗？"提婆说："是你。"外道说："你是谁？"提婆说："是天。"如此循环往复，外道才觉悟过来。从这以后，他深深敬佩提婆的风度和谋略。

注释　**1** 瞻博迦花：是一种充满芳香的花，意译为金色花。　**2**《广百论》：大乘佛教中观宗的重要论著，提婆著。玄奘曾将其译为汉文，一卷，为原书的后半部。收入藏文佛经中者为完整译本。

二、天祠及传说

城中有天祠，莹饰轮焕，灵异多端。依其典籍，此处是众生植福之胜地也。能于此祠捐舍一钱，功逾他所惠施千金。复能轻生，祠中断命，受天福乐，悠永无穷。天祠堂前有一大树，树叶扶疏，阴影蒙密。有食人鬼依而栖宅，故其左右多有遗骸。若人至此祠中，无不轻舍身命，既怵邪说，又为神诱，自古迄今，习谬无替。近有婆罗门，族姓子也[1]，阔达多智，明敏高才，来至祠中，谓众人曰："夫曲俗鄙志，难以导诱，吾方同事，然后摄化。"亦既登临，俯谓友曰："吾有死矣！昔谓诡妄，今验真实，天仙伎乐依空接引，当从胜境捐此鄙形。"寻欲投身，自取殒绝，亲友谏谕，其志不移。遂

都城中有座天祠，装饰得光彩耀人，灵异之事很多。根据典籍记载，这里是众生积善修福的胜地。能够在这个祠内捐舍一钱，功德超过在其他地方施舍千金。又有如能看轻生命，在祠中自绝，可以享受天堂的幸福与欢乐，永无止境。天祠堂前有一棵大树，枝叶茂密，阴影蔽日。有食人鬼依树而居，所以树左右有不少的遗骸。人们到了天祠中，无不轻抛性命，既害怕邪说，又受神灵引诱，从古至今，人们习惯于这种荒唐行为而不可改变。近来有位婆罗门，是贵族子弟，豁达多智谋，机敏而多才，来到天祠中，对众人说："乡曲陋俗，是难以引导的。我将要和他们做同样的事，然后教化他们。"于是也登到高处，俯身对友人说："我就要死了！以前以为诡诞虚妄的事，现在就要验证它的真实了。天仙鸣奏鼓乐，已在空中迎接，我就从这个胜地，捐弃平庸的身躯。"说罢就要纵身下跳，自寻死路。亲友们劝说他，他的意志不改变。于是众人在树下遍

布衣服，遍周树下，及其自投，得全躯命。久而醒曰：“唯见空中诸天召命，斯乃邪神所引，非得天乐也。”

布衣服，当他下投时，得以保全性命。很久后苏醒过来，说：“只看到空中天神召唤，这是邪神引诱所致，并非得到了天界的快乐。”

注释 1 族姓子：原指如来家族中人，后泛指出身于高贵家族的男子。

三、大施场及修苦行者

大城东，两河交，广十余里，土地爽垲，细沙弥漫。自古至今，诸王豪族，凡有舍施，莫不至止，周给不计，号大施场。今戒日王者，聿修前绪，笃述惠施，五年积财，一旦倾舍，于其施场，多聚珍货。初第一日，置大佛像，众宝庄严，即持上妙奇珍，而以奉施。次常住僧，次见前众，次高才硕学、博物多能，次外道学徒、隐沦肥遁，次鳏寡孤独、贫穷乞人。备极珍玩，穷诸上馔，如是节

都城以东，两条河流相交处，有一处宽十多里的地方，土地干燥，细沙弥漫。从古代到现在，各国国王和豪门大族，凡有施舍，没有不到这里的，周济财物不计其数，称为大施场。当今的戒日王，继承前代遗规，忠实按照施舍的先例，五年积累的财产，一下就全部施舍。在施舍场上，聚集了很多珍宝。在第一天，供奉大佛像，用各种宝物装饰，又用最好的珍品献给佛像。其次布施有道高僧，再次是一般僧众，再次是才学出众、博学多能的人，再次是外道学徒、隐居之人，最后是鳏寡孤独、贫穷的乞丐。最好的珍宝古玩，美味佳肴，如此逐级施舍，没有不周济

级，莫不周施。府库既倾，服玩都尽，髻中明珠，身诸璎珞，次第施与，初无所悔。既舍施已，称曰："乐哉！凡吾所有，已入金刚坚固藏矣。"从此之后，诸国君王各献珍服。尝不逾旬，府库充仞。

大施场东合流口[1]，日数百人自溺而死。彼俗以为欲求生天，当于此处绝粒自沉，沐浴中流，罪垢消灭。是以异国远方，相趋萃止，七日断食，然后绝命。至于山猿、野鹿，群游水滨，或濯流而返，或绝食而死。当戒日王之大施也，有一弥猴，居河之滨，独在树下屏迹绝食，经数日后自饿而死。故诸外道修苦行者，于河中立高柱，日将旦也，便即升之，一手一足执柱端，蹑傍杙[2]，一手一足虚悬外申，临空不屈，延颈张目，视日右转，逮乎曛

的。府库财物用光、服饰玩物施尽后，头上的明珠，身上所佩璎珞，也逐一施舍出去，毫无后悔之意。施舍结束后，便说道："快乐啊！凡是我所拥有的，都已藏入金刚般坚固的府库中了。"从此之后，各国君王各自献上珍宝服饰，还不到十天，府库又充实起来。

在大施场东边合流之处，每天有几百人投河而死。当地风俗以为，要想升天，应当在这里绝食后投河，经过河流冲刷，便会消除罪恶。所以异国他乡之人，相率会集这里，绝食七天，然后结束生命。就连山猿野鹿，也成群来到河边，有的洗濯后返回，有的绝食而死。当戒日王大施舍时，有一只猕猴住在河边，独自躲在树下绝食，经过几天，就自己饿死了。所以，一些外道当中修苦行的人，在河当中竖一根高柱子，天将亮时，就爬上去，一只手抓住柱子顶端，一只脚踏在旁边的小木桩上，另外的一只手一只脚，则悬在空中向外伸，挺直而不弯曲，伸长脖子，瞪大眼睛，看着太阳向右转动，直到黄昏，才从柱端下来。这样的苦行者有几十人，希望通过这样的勤奋和

暮，方乃下焉。若此者，其徒数十，冀斯勤苦，出离生死，或数十年未尝懈息。

从此西南入大林中，恶兽野象，群暴行旅，非多徒党，难以经涉。行五百余里，至憍赏弥国。旧曰拘睒弥国，讹也。中印度境。

痛苦，脱离生死轮回之苦，有的人几十年没有松懈停止。

从这里向西南进入大树林中，有恶兽和野象，成群地袭击行人，如果不结伴而行，难以通过这一地段。行走五百多里，到达憍赏弥国。（旧称拘睒弥国，是错误的。在中印度境内。）

注释 1 合流口：指恒河与朱木那河汇合处。 2 杙（yì）：小木桩。

憍赏弥国[1]

原文

憍赏弥国周六千余里。国大都城周三十余里。土称沃壤，地利丰植，粳稻多，甘蔗茂。气序暑热，风俗刚猛。好学典艺，崇树福善。伽蓝十余所，倾顿荒芜，僧徒三百余人，学小乘教。天祠五十余所，外道实多。

译文

憍赏弥国方圆六千多里。国家的都城方圆三十多里。土地肥沃，适宜种植农作物，粳稻很多，甘蔗茂盛。气候炎热，风俗刚强猛烈。民众爱好典籍技艺，崇尚造福积德。寺院有十多所，已经废旧荒芜。僧徒三百多人，学习小乘佛教。天祠有五十多所，外道信徒甚多。

注释　1 憍赏弥国：又作拘睒弥，其都城在今印度阿拉哈巴德西南约五十公里的柯桑。

一、刻檀佛像

城内故宫中有大精舍，高六十余尺，有刻檀佛像，上悬石盖，邬陀衍那王唐言出爱。旧云优填王，讹也。之所作也[1]。灵相间起，神光时照。诸国君王恃力欲举，虽多人众，莫能转移，遂图供养，俱言得真，语其源迹，即此像也。初，如来成正觉已，上升天宫，为母说法，三月不还。其王思慕，愿图形像。乃请尊者没特伽罗子以神通力接工人上天宫，亲观妙相，雕刻旃檀。如来自天宫还也，刻檀之像起迎世尊，世尊慰曰："教化劳耶？开导末世，实此为冀。"

精舍东百余步，有过

都城内旧王宫当中有大精舍，高六十多尺，有一尊檀木雕刻的佛像，上面悬着石质顶盖，是邬陀衍那王（唐朝语言称出爱。旧称优填王，是错误的。）所制作的。灵异不断显现，神光时常照耀。各国君王仗恃力量想举起佛像，虽然人多，也没有人能移动，于是就绘制图像供养，都说获得真容，语其根源，就是这尊佛像。当初如来成佛之后，上升到天宫，为母亲说法，三个月没有返回。国王想念他，希望绘制他的图像。于是请尊者没特伽罗子，运用神通之力把画工接上天宫，亲眼观看美妙相貌，雕刻在檀木上。当如来从天宫返回时，刻在檀木上的像起身迎接世尊。世尊慰劳说："教化世人辛劳吗？开导末世之人，是我所希望的。"

在精舍东边一百多步，有过去四

去四佛坐及经行遗迹之所。其侧不远，有如来井及浴室，井犹充汲，室以颓毁。

佛的座位和散步遗迹的场所。旁边不远处，有如来用过的水井和浴室，井还可以汲水，浴室已经废弃。

注释 1 邬陀衍那王：公元前六世纪北印度跋蹉国国王，与释迦牟尼为同时代人。

二、具史罗、世亲、无著及诸遗迹

城内东南隅有故宅余趾，是具史罗旧云瞿师罗，讹也。长者故宅也[1]，中有佛精舍及发、爪窣堵波。复有故基，如来浴室也。

城东南不远有故伽蓝，具史罗长者旧园也。中有窣堵波，无忧王之所建立，高二百余尺。如来于此数年说法。其侧则有过去四佛座及经行遗迹之所。复有如来发、爪窣堵波。伽蓝东南重阁上有故砖室，世亲菩萨尝住此中作《唯识论》[2]，破斥小乘，难诸外道。伽蓝东庵没罗林中

都城内东南角有故宅的遗址，这是具史罗（旧称瞿师罗，是错误的。）长者的故宅，里面有佛精舍和收藏如来头发、指甲的佛塔。又有旧地基，是如来的浴室。

都城东南不远处，有一所旧寺院，是具史罗长者的旧园。里面有佛塔，是无忧王所建造的，高两百多尺。如来曾在这里说法好几年。塔旁有过去四佛的座位和散步遗迹的场所，又有收藏如来头发、指甲的佛塔。寺院东南的楼阁上，有一个旧砖室，世亲菩萨曾住在这里写作《唯识论》，击破小乘佛教，责难各种外道。寺院东面庵没罗林中，有座旧房基，无

有故基，是无著菩萨于此作《显扬圣教论》[3]。

城西南八九里毒龙石窟，昔如来伏此毒龙，于中留影，虽则传记，今无所见。其侧有窣堵波，无忧王之所建也，高二百余尺。傍有如来经行遗迹及发、爪窣堵波，病苦之徒，求愿多愈。

释迦法尽[4]，此国最后。故上自君王，下及众庶，入此国境，自然感伤，莫不饮泣，悲叹而归。

著菩萨曾在这里写作《显扬圣教论》。

都城西南八九里处，有个毒龙石窟，从前如来降伏这条毒龙，在窟中留下了自己的影像。此事虽见于记载，现在却看不到了。石窟旁有座佛塔，是无忧王所建造的，高两百多尺。旁边有如来散步的遗迹和收藏如来头发、指甲的佛塔。有病的人，来此祈求发愿后多能痊愈。

释迦佛法消尽，这个国家轮到最后。所以上自君王，下到一般民众，进入这个国家境内，便自然感伤，没有不是流泪悲叹而归的。

注释　1 具史罗长者：又作瞿史罗，憍赏弥国人，家庭富有，后皈依佛教，将所有园林献于僧人为寺院，称为具史罗园，释迦牟尼曾留住园中。　2《唯识论》：大乘佛教法相宗重要论著之一，无著所著。主张万法唯识，故称。玄奘曾将其译为汉文，一卷。　3《显扬圣教论》：无著所撰的重要论著之一。玄奘曾将其译为汉文。　4 释迦法尽：佛教认为天下无不坏的事物，佛法也有灭尽之时。

三、迦奢布罗城及护法伏外道遗迹[1]

龙窟东北大林中,行七百余里,渡殑伽河,北至迦奢布罗城,周十余里,居人富乐。城傍有故伽蓝,唯余基址,是昔护法菩萨伏外道处[2]。此国先王扶于邪说,欲毁佛法,崇敬外道。外道众中召一论师,聪敏高才明达幽微者,作伪邪书千颂,凡三万二千言,非毁佛法,扶正本宗。于是召集僧众,令相榷论。外道有胜,当毁佛法;众僧无负,断舌以谢。是时僧徒惧有退负,集而议曰:“慧日已沉[3],法桥将毁[4],王党外道,其可敌乎?事势若斯,计将安出?”众咸默然,无竖议者。护法菩萨年在幼稚,辩慧多闻,风范弘远,在大众中扬言赞曰:“愚虽不敏,请陈其略。诚宜以我疾应王命。高论

在龙窟东北的大林中,行走七百多里,渡过殑伽河,向北到达迦奢布罗城,方圆十多里,居民富裕欢乐。城旁有所旧寺院,只剩下地基,是从前护法菩萨降伏外道的地方。这个国家的前代君王扶植邪说,想毁弃佛法,崇敬外道。从外道中招集到一个论师,此人聪明敏捷,才能出众,通达深奥的道理,造作出邪书一千颂,共三万二千字,诋毁佛法,立本派为正宗。这时,国王招集僧徒,让他们和外道辩论。如外道取胜,将毁弃佛法;假使僧人不输,外道就断舌谢罪。当时僧徒担心失败,聚集在一起商议说:“智慧的太阳已经落下,佛法的桥梁将要毁掉,国王偏袒外道,我们抵挡得住吗?形势如此,有什么计策呢?”众人都不出声,没有提出建议的。护法菩萨这时还年轻,善辩有智慧,博识多闻,风度不凡,气势宏大,在众人中放声大论说:“我虽然不敏捷,请求陈说谋略,实在应赶快让我去接受王命。如果辩论得胜,这是神灵的佑护;如果辩论失败了,是因为

得胜，斯灵祐也；征议堕负，乃稚齿也。然则进退有辞，法僧无咎。”佥曰：“允谐。”如其筹策，寻应王命，即升论座。外道乃提顿纲网，抑扬辞义，诵其所执，待彼异论。护法菩萨纳其言而笑曰：“吾得胜矣！将覆逆而诵耶？为乱辞而诵耶？”外道怃然而谓曰：“子无自高也。能领语尽，此则为胜，顺受其文，后释其义。”护法乃随其声调，述其文义，辞理不谬，气韵无差。于是外道闻已，欲自断舌。护法曰：“断舌非谢，改执是悔。”即为说法，心信意悟。王舍邪道，遵崇正法。

护法伏外道侧，有窣堵波，无忧王所建也，基虽倾陷，尚高二百余尺，是如来昔于此处六月说法。傍有经行之迹及发、爪窣堵波。

自此北行百七八十

我还幼小。这样便进退都有话说，佛法、僧徒都没有损伤。”众人都说：“很好。”就按他的筹划，马上响应国王命令，登上了辩论席。外道于是提纲挈领，以抑扬顿挫的声调，诵读他的观点，等待对方的不同意见。护法菩萨听了他的论述后笑着说：“我取胜了。你是让我倒着顺序背诵呢？还是打乱顺序背诵呢？”外道茫然若失，说：“你不要自高自大。你若能把我的意思领会透，这就算你取胜了。你可先按顺序复述，然后解释它的含义。”护法菩萨于是仿照外道的声调，叙述他的文章内容，文字和道理都不错，语气韵味也无差别。这时外道听完，想要自己咬断舌头。护法菩萨说：“咬断舌头不是谢罪，改变观点才是真正的后悔。”就为他说法，使他心领神会。国王也舍弃邪道，遵循、推崇佛法。

护法菩萨降伏外道的寺院旁有座佛塔，是无忧王所建造的，塔基虽然倾斜陷落，但仍有二百多尺高。如来从前曾在这里说法六个月。旁边还有如来散步的遗迹和收藏如来头发、指甲的佛塔。

里，至鞞索山格反。迦国。中印度境。

从这里向北行走一百七八十里，到达鞞索迦国。（在中印度境内。）

注释 1 迦奢布罗城：城名，确址待考，一说在今印度古姆提河流域的苏丹浦尔。 2 护法菩萨：约公元六世纪人，印度古代著名的佛教哲学理论家。他继承世亲的学说，是瑜伽行宗的巨子，曾主持那烂陀寺，其弟子戒贤为玄奘之师。 3 慧日：佛的智慧有无量光辉，无远不照，有如日光。所谓“法轮常转，慧日增辉”。 4 法桥：比喻佛法。指佛法能使人渡生死大河，如桥一般。

鞞索迦国[1]

原文

鞞索迦国周四千余里。国大都城周十六里。谷稼殷盛，花果具繁。气序和畅，风俗淳质，好学不倦，求福不回。伽蓝二十余所，僧众三千余人，并学小乘正量部法。天祠五十余所，外道甚多。

译文

鞞索迦国方圆四千多里。国家的都城方圆十六里。境内庄稼茂盛，花果繁多。气候温和舒畅，风俗淳厚朴质，好学不知疲倦，修福积德不改变志向。寺院有二十多所，僧徒三千多人，都学习小乘佛教正量部佛法。天祠有五十多所，外道信徒特别多。

注释 1 鞞索迦国：国名，确址待考。其都城一说在今印度毕塞浦尔，一说在今古玛蒂河畔的尼姆卡尔。

一、大城附近诸遗迹

城南道左有大伽蓝。昔提婆设摩阿罗汉于此造《识身论》[1]，说无我人[2]；瞿波阿罗汉作《圣教要实论》[3]，说有我人[4]。因此法执[5]，遂深诤论。又是护法菩萨于此七日中摧伏小乘一百论师。伽蓝侧有窣堵波，高二百余尺，无忧王所建也，如来昔日六年于此说法导化。说法侧有奇树，高六七尺，春秋递代，常无增减。是如来昔尝净齿，弃其遗枝，因植根柢，繁茂至今。诸邪见人及外道众竞来残伐，寻生如故。其侧不远，有过去四佛座及经行遗迹之所。复有如来发、爪窣堵波。灵基连隅，林沼交映。

都城南面道路的左侧有一所大寺院，从前提婆设摩阿罗汉曾在这里写作《识身论》，阐发“无我”学说；瞿波阿罗汉则写作《圣教要实论》，阐发“有我”学说。因各自不同的观点，争论得很激烈。护法菩萨也曾在这里用七天时间，挫败了小乘佛教的一百位论师。寺院旁有一座佛塔，高二百多尺，是无忧王所建造的，从前，如来曾在这里说法六年，诱导世人。说法佛塔的旁边有棵奇异的树，高六七尺，春秋交替，竟没有一点增减。从前如来曾在这里刷牙，丢弃用过的枝条，便生根发芽了，至今仍然繁茂。一些持异端邪说的人和外道争相来砍伐这棵树，不久又生长出来，如从前一样。树旁不远处，有过去四佛的座位和散步的遗迹，又有收藏如来头发、指甲的佛塔。圣迹遗址相连，林木湖泊，交相映照。

从此东北行五百余里，至室罗伐悉底国。旧曰舍卫，讹也。中印度境。

从鞞索迦国向东北行走五百多里，到达室罗伐悉底国。（旧称舍卫，是错误的。在中印度境内。）

注释 1 提婆设摩：意译为天寂、贤寂，约为释迦牟尼逝世后四世纪时人，是小乘佛教说一切有部的论师。 2 无我人：即无我，是对作为实体的我、灵魂的否定。认为人身不过是色、受、想、行、识五蕴集合而成，人身实际上并不是一个自我的实体。 3 瞿波：意译为守护地，其学说主旨是“有我人”。 4 有我人：此说与“无我人”相比较，是承认五蕴的实在性。但这个“我身”，仍是假象，虽有我，仍是虚妄的。可见二说并无本质上的差异。 5 法执：又称法缚，是对于存在、法的实体的执著，不明白这些法都是依因待缘而起的，虚妄地认为它具有不变的实体。

卷第六　四国

三藏法师玄奘奉诏译
大总持寺沙门辩机撰

室罗伐悉底国[1]

原文

室罗伐悉底国周六千余里。都城荒颓,疆埸无纪。宫城故基周二十余里,虽多荒圮,尚有居人。谷稼丰,气序和。风俗淳质,笃学好福。伽蓝数百,圮坏良多,僧徒寡少,学正量部。天祠百所,外道甚多。

译文

室罗伐悉底国方圆六千多里。都城荒芜萧条,边界没有修缮。宫城的旧地基方圆二十多里,虽然大多荒废倒塌,仍有居民。谷物丰盛,气候温和。风俗淳厚质朴,喜爱学习,修善积福。寺院有几百所,倒塌毁坏的很多,僧徒很少,研习正量部佛法。天祠一百所,外道信徒特别多。

注释　1 室罗伐悉底国:旧译作舍卫,亦作舍婆提,其都城在今印度北部巴尔兰普尔西北约二十公里处。

一、胜军王

此则如来在世之时，钵逻犀那恃多王唐言胜军。旧曰波斯匿，讹略也。所治国都也[1]。故宫城内有故基，胜军王殿余址地。

次东不远，有一故基，上建小窣堵波，昔胜军王为如来所建大法堂也。法堂侧不远，故基上有窣堵波，是佛姨母钵逻阇钵底唐言生主。旧云波阇波提，讹也。苾刍尼精舍[2]，胜军王之所建立。次东窣堵波，是苏达多唐言善施。旧曰须达，讹也。故宅也[3]。

这里是如来在世之时，钵逻犀那恃多王（唐朝语言称胜军。旧称波斯匿，是错误与疏略的。）所统治的国都。旧宫城内有旧房基，是胜军王宫殿的遗址。

宫殿东边不远处，有一旧地基，上面建造了一座小佛塔，是从前胜军王为如来建造的大法堂。法堂旁边不远的旧地基上，有座佛塔，这里是佛陀的姨母钵逻阇钵底（唐朝语言称生主。旧称波阇波提，是错误的。）比丘尼的精舍，是胜军王所建造的。再往东去的佛塔，是苏达多（唐朝语言称善施。旧称须达，是错误的。）的故居。

注释 1 钵逻犀那恃多王：公元前六世纪憍萨罗国国王。与释迦牟尼同日生，对佛教的发展给予了大力支持。 2 钵逻阇钵底：释迦牟尼的姨母。因生母在产后七天病卒，释迦牟尼由其姨母哺育成人，故尊姨母为生主。生主后出家，为佛教最早的比丘尼。 3 苏达多：室罗伐悉底国的长者，意译为善施。后皈依佛教，买逝多太子的园林，建精舍以献佛。

二、指鬘舍邪处

善施长者宅侧有大窣堵波，是鸯窭利摩罗唐言指鬘。旧曰央掘摩罗，讹也。舍邪之处[1]。鸯窭利摩罗者，室罗伐悉底之凶人也。作害生灵，为暴城国，杀人取指，冠首为鬘。将欲害母，以充指数。世尊悲愍，方行导化。遥见世尊，窃自喜曰："我今生天必矣。先师有教，遗言在兹，害佛杀母，当生梵天。"谓其母曰："老今且止，先当害彼大沙门。"寻即仗剑往逆世尊。如来于是徐行而退，凶人指鬘疾驱不逮。世尊谓曰："何守鄙志，舍善本，激恶源？"时指鬘闻诲，悟所行非，因即归命，求入法中，精勤不怠，证罗汉果。

善施长者故居旁有座大佛塔，是鸯窭利摩罗（唐朝语言称指鬘。旧称央掘摩罗，是错误的。）舍弃邪见的地方。鸯窭利摩罗，是室罗伐悉底国的恶人，残害生灵，暴行遍及城邑乡村，杀人后割取其手指，串在帽子上作为装饰。他将要杀死母亲，以凑足手指之数。世尊悲哀怜悯，就前去引导教化他。他远远看到世尊，暗自喜悦说："我现在一定可以升天了。先师有教诲，遗言是这样的，谋害佛陀杀死母亲，可以转生梵天。"就对他的母亲说："且留下您老人家的性命，我先要杀害那个大和尚。"随即拿着剑去刺世尊。如来于是慢慢地后退，恶人指鬘快步追赶，总赶不上。世尊对他说："你为什么要怀着卑鄙的志向，抛弃为善的根本，激起邪恶的动机呢？"这时指鬘听到教诲，觉悟到自己行为的错误，就归附世尊，请求进入佛门，他精心勤勉不懈怠，终于证得了罗汉果。

注释 1 鸯窭利摩罗：又作鸯崛利摩罗，意译为指鬘。传说为憍萨罗国胜军王的宰相奇角之子，受人引诱而信邪说，以为杀人可得涅槃。当其欲杀第一千人（亲生母亲）时，为佛陀阻止。

三、逝多林给孤独园

城南五六里有逝多林，唐言胜林。旧曰祇陁，讹也。是给孤独园。胜军王大臣善施为佛建精舍。昔为伽蓝，今已荒废。东门左右各建石柱，高七十余尺，左柱镂轮相于其端，右柱刻牛形于其上，并无忧王之所建也。室宇倾圮，唯余故基，独一砖室岿然独在，中有佛像。昔者如来升三十三天，为母说法之后，胜军王闻出爱王刻檀像佛，乃造此像。

善施长者仁而聪敏，积而能散，拯乏济贫，哀孤恤老，时美其德，号给孤独焉。闻佛功德，深生尊敬，

在都城南面五六里，有片逝多林，（唐朝语言称胜林，旧称祇陁，是错误的。）即给孤独园。这是胜军王的大臣善施为佛所造的精舍。从前是寺院，现在已经荒废了。东门左右各建有石柱，高七十多尺，左边的柱顶上镂刻着轮相，右边的柱顶上雕刻着牛形，都是无忧王所建造的。房屋庭宇已经倒塌，只剩下旧宅基，唯独一间砖房还巍然存在，里面有佛像。从前如来升上三十三天，为母亲说法之后，胜军王听说出爱王雕刻了檀木佛像，就建造了这尊佛像。

善施长者仁慈而聪明，积累财富而能散发，拯济贫穷困乏，哀怜孤独，抚恤老人，当时人赞美他的德行，称他为给孤独。他听说佛陀的功德后，深深地产生尊敬之心，发愿造一精

愿建精舍，请佛降临。世尊命舍利子随瞻揆焉，唯太子逝多园地爽垲。寻诣太子，具以情告。太子戏言："金遍乃卖。"善施闻之，心豁如也，即出藏金，随言布地。有少未满，太子请留，曰："佛诚良田，宜植善种。"即于空地，建立精舍。世尊即之，告阿难曰："园地善施所买，林树逝多所施，二人同心，式崇功业。自今已去，应谓此地为逝多林给孤独园。"

舍，请佛陀光临。世尊命令舍利子随他察看地形，只有太子逝多的园地高朗、干燥。善施长者马上到太子那里，把事情详细报告。太子开玩笑说："只有金币遍布才肯卖。"善施听说后，心中毫不介意，就取出所藏金币，按太子所说铺满园地。有一小块地没铺满，太子请他住手，说："佛陀实在是积累福德的良田，我们应播上善行的种子。"就在空地上建起精舍。世尊来到这里，告诉阿难说："园地是善施长者所买，树林是逝多太子所施，二人同心，建立这一功业。从今以后，应把这里叫逝多林给孤独园。"

四、如来洗病比丘处

给孤独园东北有窣堵波，是如来洗病苾刍处。昔如来之在世也，有病苾刍含苦独处。世尊见而问曰："汝何所苦？汝何独居？"曰："我性疏懒，不耐看病，故今婴疾，无人瞻

给孤独园的东北有座佛塔，这里是如来为生病的比丘洗涤的地方。从前如来在世时，有个生病的比丘痛苦地独居一处。世尊见到后问他说："你为什么痛苦？为什么独自居住？"比丘回答说："我的性格懒散，不耐烦去看病，所以现在患病，无人照料看护。"

视。”如来是时愍而告曰：“善男子,我今看汝。”以手拊摩,病苦皆愈。扶出户外,更易敷蓐,亲为盥洗,改着新衣。佛语苾刍:“当自勤励。”闻诲感恩,心悦身豫。

如来这时怀着怜悯的心情对他说:“善男子,我现在来看护你。”用手为他抚摸,病痛都消失了。把他扶出室外,又替他换被褥,亲自为他洗涤,改穿新衣服。佛陀对比丘说:“应当自己勤奋努力。”比丘听到教诲,十分感激,心情舒畅,身体随之康复。

五、舍利弗与目连试神通处及诸佛迹

给孤独园西北有小窣堵波,是没特伽罗子运神通力举舍利子衣带不动之处。昔佛在无热恼池[1],人天咸集,唯舍利子不时从会。佛命没特伽罗往召来集。没特伽罗承命而往,舍利子方补护法衣。没特伽罗曰:“世尊今在无热恼池,命我召尔。”舍利子曰:“且止,须我补竟,与子偕行。”没特伽罗曰:“若不速行,欲运神力,举尔石室至大会所。”舍利子乃解衣带置地,曰:“若举此带,我身

给孤独园的西北有小佛塔,这里是没特伽罗子运用神通力,举舍利子衣带而不动的地方。从前佛陀在无热恼池,人和天神都来集会,只有舍利子没按时到会。佛陀命没特伽罗前去唤他来集会,没特伽罗受命前往。舍利子这时正在缝补护法衣,没特伽罗说:“世尊现在在无热恼池,命令我来召唤你。”舍利子说:“稍等一会,等我补完了,同你一起走。”没特伽罗说:“你如不赶快走,我要运用神通力,举起你的石屋,到大会上去。”舍利子于是解下衣带,放到地上说:“你如举起这条带子,

或动。”时没特伽罗运大神通，举带不动，地为之震。因以神足还诣佛所，见舍利子已在会坐。没特伽罗俯而叹曰：“乃今以知神通之力不如智慧之力矣。”

我就动身。”这时没特伽罗运用大神通力，衣带举不动，地却为之震动。于是以神足回到佛陀那里，只见舍利子已在会议座位上。没特伽罗低头叹息说：“现在才知道神通的力量不如智慧的力量。”

举带窣堵波侧不远有井，如来在世，汲充佛用。其侧有窣堵波，无忧王之所建也，中有如来舍利。经行之迹，说法之处，并树旌表，建窣堵波。冥祇警卫，灵瑞间起，或鼓天乐，或闻神香，景福之祥，难以备叙。

在举带佛塔旁边不远处，有一口井，如来在世时，曾汲取井水使用。井旁有佛塔，是无忧王所建造的，里面有如来的舍利。如来散步的遗迹，说法的地方，都竖立了标志，建起了佛塔。神灵暗中警卫，灵异之事时而出现，有时鼓奏天上音乐，有时闻到敬神香气，吉祥的征兆，难以一一叙述。

注释　1 无热恼池：即阿那婆多池。详见卷一《序论》。

六、伽蓝附近三坑传说

伽蓝后不远，是外道梵志杀淫女以谤佛处[1]。如来十力无畏、一切种智[2]，人天宗仰，圣贤遵奉。时诸外道共相议曰：“宜行诡诈，众

寺院后面不远，是外道婆罗门杀妓女诽谤佛陀的地方。如来具有十种智力、四无所畏、一切种智，为世人、天神所敬仰归附，圣贤也遵奉他。这时一些外道信徒在一起商议

中谤辱。”乃诱雇淫女，诈为听法，众所知已，密而杀之，埋尸树侧，称怨告王。王命求访，于逝多园得其尸焉。是时外道高声唱言：“乔答摩大沙门常称戒忍[3]，今私此女，杀而灭口。既淫既杀，何戒何忍？”诸天空中随声唱曰：“外道凶人为此谤耳。”

伽蓝东百余步，有大深坑，是提婆达多欲以毒药害佛[4]，生身陷入地狱处。提婆达多，唐言天授。斛饭王之子也。精勤十二年，已诵持八万法藏[5]。后为利故，求学神通，亲近恶友，共相议曰：“我相三十[6]，减佛未几；大众围绕，何异如来？”思惟是已，即事破僧[7]。舍利子、没特伽罗子奉佛指告，承佛威神，说法诲喻，僧复和合。提婆达多恶心不舍，以恶毒药置指爪中，欲因作礼，以伤害

说：“应该采用诡诈的手段，当众诽谤侮辱他。”于是诱骗、雇佣妓女，假称听如来说法，让大家都知道，然后秘密杀死她，把尸体埋在树旁，再向国王喊冤告状。国王下令寻找，在逝多园寻到尸体。这时外道齐声大叫：“乔答摩大沙门时常称说要戒忍，现在私通这个女子，杀人灭口。既奸淫又杀人，是什么戒什么忍？”众多天神在空中接着高声说：“外道中的恶人，做此诽谤之事。”

寺院东边一百多步，有个大深坑，是提婆达多想用毒药害死佛陀而活活掉进地狱的地方。提婆达多，（唐朝语言称天授。）是斛饭王的儿子，刻苦钻研十二年，已经诵读了八万法藏。后来急功近利，要去设法学成神通，亲近邪恶的朋友，一起议论说：“我有三十种特殊的相貌，比佛陀差不了多少。受大众的拥戴，同如来有什么不同？”有了这个念头后，就一心破坏僧人的团结。舍利子、没特伽罗子奉佛指令，借助佛的威灵，说法晓谕，僧人重新团结。提婆达多恶心不改，把毒药放在指甲中，想趁行礼的机会伤害佛陀。

佛。方行此谋，自远而来，至于此也，地遂坼焉，生陷地狱。

正要实行这个阴谋，从远处刚来，到了这里，地突然裂开，他活活地陷进了地狱。

注释 **1**“是外道”句：淫女即妓女，此妓女名孙陀利。外道为诬陷佛陀，特意制造佛陀与孙陀利私通并将其杀死的假象，后露馅。 **2** 十力：佛所特有的十种智慧力：(1) 处非处智力，即辨别应理与不应理的能力。(2) 业异熟智力，如实知一一业因及其果报（异熟）的关系的能力。(3) 静虑解脱等持等至智力，知了四禅、八解脱、三三昧、八等至等禅定的能力。(4) 根上下智力，知了众生的根机的上下优劣的能力。(5) 种种胜解智力，知了众生的种种愿望的能力。(6) 种种界智力，知了众生与诸法的本性的能力。(7)遍趣行智力，知了众生的种种归趣(地狱、涅槃等)的能力。(8)宿住随念智力，知了自他过去世种种事的能力。(9) 死生智力，知了众生生死之事的能力。(10) 漏尽智力，如实知了烦恼断尽的境地（涅槃）与到达的手段的能力。无畏：即四无畏。佛的四无畏是：(1) 佛明言我是一切智人，这是一切智无所畏。(2) 佛明言我已断尽一切烦恼，这是漏尽无所畏。(3) 佛说惑、业等诸障法而无畏，这是说障道无所畏。(4) 佛说戒、定、慧等尽苦的正道而无畏，这是说尽苦道无所畏。一切种智：佛的智慧，能以一种之智，知一切诸佛的道法，又能知一切众生的种种因缘。 **3** 乔答摩大沙门：指释迦牟尼。 **4** 提婆达多：释迦牟尼的堂弟，与佛陀有宿怨，时常破坏佛事。 **5** 八万法藏：八万四千法藏之略。佛教以为众生有八万四千烦恼之苦，故佛陀为说八万四千法藏。 **6** 我相三十：指“我”具有三十种特殊的相。佛陀具有三十二种，故与之相去不远。 **7** 破僧：破坏僧伽的团结。

其南复有大坑，瞿伽梨苾刍毁谤如来[1]，生身陷入地狱。

瞿伽梨陷坑南八百余步，有大深坑，是战遮婆罗门女毁谤如来，生身陷入地狱之处。佛为人天说诸法要，有外道弟子，遥见世尊，大众恭敬，便自念曰："要于今日辱乔答摩，败其善誉，当令我师独擅芳声。"乃怀系木盂，至给孤独园，于大众中扬声唱曰："此说法人与我私通，腹中之子乃释种也。"邪见者莫不信然，贞固者知为讪谤。时天帝释欲除疑故，化为白鼠，啮断盂系，系断之声震动大众，凡诸见闻增深喜悦。众中一人起持木盂，示彼女曰："是汝儿耶？"是时也，地自开坼，全身坠陷，入无间狱，具受其殃。凡此三坑，洞无涯底，秋夏霖雨，沟池泛溢，而此深坑，尝无水止。

这个坑的南面又有一个大坑，瞿伽梨比丘诽谤如来，在这里活活地陷进了地狱。

瞿伽梨陷坑南面八百多步，还有一个大深坑，这里是战遮婆罗门女诽谤如来，活活陷进地狱的地方。佛陀为世人、天神讲说佛法精要，有外道弟子遥远地看到世尊，受到大众的崇敬，便自言自语说："我要在今天污辱乔答摩，败坏他的好名声，使我的老师独享美名。"于是在怀中系上木盂，来到给孤独园，在大庭广众下高声叫喊："这个说法的人和我私通，我肚子里的孩子，就是释迦的种。"带有偏见的人没有不相信的，而正直的人知道这是造谣诽谤。这时天帝释为了消除众人的疑惑，变化为一只白鼠，咬断了木盂带子，带子断的声音，震动了大众，凡是耳闻目睹之人，都非常高兴。当中一人捡起木盂，对那女子说："这是你的孩子吗？"在这时，地自行裂开，那女子全身陷进去，进入了无间地狱，受到了应有的惩处。以上这三个坑，都见不到底，秋夏大雨时节，沟池泛滥，而这三个深坑却一点水都不曾存积。

注释　1 瞿伽梨：提婆达多的弟子，曾诽谤舍利弗、目犍连等。

七、影覆精舍

伽蓝东六七十步有一精舍，高六十余尺，中有佛像，东面而坐。如来在昔于此与诸外道论议。次东有天祠，量等精舍。日旦流光，天祠之影不蔽精舍；日将落照，精舍之阴遂覆天祠。

影覆精舍东三四里有窣堵波，是尊者舍利子与外道论议处。初，善施长者买逝多太子园，欲为如来建立精舍，时尊者舍利子随长者而瞻揆，外道六师求角神力，舍利子随事摄化，应物降伏。

其侧精舍前建窣堵波，如来于此摧诸外道，又受毗舍佉母请[1]。

寺院以东六七十步有一座精舍，高六十多尺，里面有佛像，朝东而坐。从前，如来曾在这里与外道辩论。再东面有天祠，高度同精舍一样。白天太阳照耀时，天祠的影子遮不住精舍。太阳将落山时，精舍的阴影却能把天祠遮盖起来。

影覆精舍的东边三四里处，有一座佛塔，是尊者舍利子和外道辩论的地方。当初，善施长者买下逝多太子园，想为如来建造精舍，其时尊者舍利子随同长者去察看，外道六师要求同他较量神力，舍利子根据不同的人加以化导，使他们很快便降伏了。

旁边的精舍前，建有佛塔，如来曾在这里挫败外道，并接受毗舍佉母说法的请求。

注释 1 毗舍佉母：又称毗沙佉优婆夷，室罗伐悉底城弥伽罗长者的母亲。皈依佛教后，在逝多园东北建立精舍，请释迦牟尼说法，名东园精舍。

八、毗卢择迦王传说

受请窣堵波南，是毗卢择迦王旧曰毗琉离王，讹也。兴甲兵诛释种，至此见佛归兵之处。毗卢择迦王嗣位之后，追怨前辱，兴甲兵，动大众，部署已毕，申命方行。时有苾刍闻以白佛，世尊于是坐枯树下，毗卢择迦王遥见世尊，下乘礼敬，退而言曰："茂树扶疏，何故不坐？枯株朽蘖，而乃游止？"世尊告曰："宗族者，枝叶也。枝叶将危，庇荫何在？"王曰："世尊为宗亲耳，可以回驾。"于是睹圣感怀，还军返国。

还军之侧，有窣堵波，是释女被戮处。毗卢择迦

接受请求的佛塔南面，是毗卢择迦王（旧称毗琉离王，是错误的。）兴兵诛杀释迦种族，到这里见到佛陀而撤军的地方。毗卢择迦王继位以后，追忆从前的羞辱，便调集军队，发动大众，部署结束，正下令进发。这时有个比丘得知消息，报告佛陀。世尊于是坐在枯树下，毗卢择迦王远远望见世尊，下坐骑施礼，退立一边说："茂密的大树下，为什么不坐？却反倒要坐在枯枝败叶之下？"世尊告诉他说："宗族就好比枝叶。枝叶将有危险，哪里还有庇荫呢？"毗卢择迦王说："世尊是为宗族着想，我们班师回朝吧！"于是目睹圣人，心中感念，撤军回到国内。

撤军之处旁边，有座佛塔，是释迦家族女子被杀戮的地方。毗卢择

王诛释克胜，简五百女充实宫闱。释女愤恚，怨言不逊，詈其王“家人之子也”[1]。王闻发怒，命令诛戮。执法者奉王教，刖其手足，投诸坑阱。时诸释女含苦称佛，世尊圣鉴，照其苦毒，告命苾刍，摄衣而往，为诸释女说微妙法，所谓羁缠五欲[2]，流转三途[3]，恩爱别离，生死长远。时诸释女闻佛指诲，远尘离垢，得法眼净[4]，同时命终，俱生天上。时天帝释化作婆罗门，收骸火葬。后人记焉。

诛释女窣堵波侧不远，有大涸池，是毗卢择迦王陷身入地狱处。世尊观释女已，还给孤独园，告诸苾刍：“今毗卢择迦王却后七日，为火所烧。”王闻佛记，甚怀惶惧。至第七日，安乐无危。王用欢庆，命诸宫女往至池侧，娱游乐饮。犹惧火起，鼓棹清流，

迦王诛杀释迦家族得胜后，挑选五百个女子充实后宫。释迦女子心中愤怒，口吐怨言，骂毗卢择迦王是“家奴生的儿子”。毗卢择迦王听说后发怒，下令诛杀。执法的人奉国王命令，砍掉她们的手脚，抛进陷阱中。这时释迦女子忍着痛苦念佛。世尊以圣明之眼，看到她们正在受苦，便命比丘赶快前去，为释迦女子讲说精妙的佛法，即众生受五欲羁绊，流转于三恶趣，恩爱者相别离，生死永无休止的道理。当时释迦女子听到佛陀教诲，便脱离世俗之情，得到观照真理的智慧眼，同时结束生命，一起转生天上。这时天帝释变化成婆罗门，收集她们的骨骸火葬。后人记下了这件事情。

诛杀释迦女子佛塔旁边不远，有个干涸的大池，这里是毗卢择迦王活活陷进地狱的地方。世尊见过释迦女子后，回到给孤独园，告诉比丘们说：“毗卢择迦王在今天以后第七天，将被火烧死。”国王听到佛陀预言，甚感恐惧。到第七天，平安无事。国王因之欢庆，命宫女们前往水池旁，娱乐饮酒。心中还担心起火，便在池中

随波泛滥。炽焰飙发，焚轻舟，坠王身，入无间狱，备受诸苦。

泛舟，随波逐流。但火焰突然发作，焚烧船只，国王掉下去，进入无间地狱，受遍各种痛苦。

注释 1“詈（lì）其”句：全句是骂毗卢择迦王是家奴所养的。詈，骂。 2 五欲：指色、声、香、味、触五种欲望，这是人生烦恼所起的根本。 3 三途：即三恶趣，是众生在生时行事，死后所受生的处所。三恶趣是地狱、饿鬼、畜生。 4 法眼：观照最高真理的智慧眼。

九、得眼林

伽蓝西北三四里，至得眼林。有如来经行之迹，诸圣习定之所，并树封记，建窣堵波。昔此国群盗五百，横行邑里，跋扈城国。胜军王捕获已，抉去其眼，弃于深林。群盗苦逼，求哀称佛。是时如来在逝多精舍，闻悲声，起慈心，清风和畅，吹雪山药，满其眼已，寻得复明。而见世尊在其前住，发菩提心，欢喜顶礼，投杖而去，因植根焉。

从寺院西北走三四里，到达得眼林。这里有如来散步的遗迹，各圣人修习禅定的处所，都竖立起标志，建造了佛塔。从前，这个国家有五百个强盗，横行城乡，在各国飞扬跋扈。胜军王捕获他们后，挖去他们的眼睛，抛弃在深林中。强盗受苦痛逼迫，求哀称佛。这时，如来在逝多园，听到悲哀的声音，起了慈悲心，便吹起和畅的清风，把雪山的药物吹过去，当药物吹满这些人的眼，不久他们就复明了。他们见世尊站在面前，便萌发菩提心愿，欢天喜地，顶礼膜拜，丢弃拐杖而去，拐杖便在这里扎下了根。

十、故城

大城西北六十余里有故城，是贤劫中人寿二万岁时，迦叶波佛本生城也。城南有窣堵波，成正觉已初见父处。城北有窣堵波，有迦叶波佛全身舍利，并无忧王所建也。

从此东南行五百余里，至劫比罗伐窣堵国旧曰迦毗罗卫国，讹也。中印度境。

在都城西北六十多里处有座旧城，是贤劫中人寿两万岁时迦叶波佛诞生的地方。城南有座佛塔，是迦叶波佛成正觉之后初次会见父亲的地方。城北有座佛塔，里面有迦叶波佛的全身舍利，都是无忧王所建造的。

从室罗伐悉底国向东南行走五百多里，到达劫比罗伐窣堵国。（旧称迦毗罗卫国，是错误的。在中印度境内。）

劫比罗伐窣堵国[1]

原文

劫比罗伐窣堵国周四千余里。空城十数，荒芜已甚。王城颓圮，周量不详。其内宫城周十四五里，垒砖而成，基址峻固。空荒久远，人里稀旷，无大君长，城各立主。

译文

劫比罗伐窣堵国方圆四千多里。境内空城十多座，已经非常荒芜。都城倒塌，四周长度不详。内宫城方圆十四五里，是垒砖而成，基址坚固。荒芜时间已很长，人烟稀少，没有最高君主，各城自立主宰土地良沃，稼穑时播。气序无愆，风俗和畅。伽蓝故基千有余所，而宫城之侧有一伽蓝，僧徒三十余人，习学小乘正量部教。天祠两所，异道杂居。

者。土地肥沃，适时播种庄稼。气候适宜，风俗温和顺畅。寺院的旧基址有一千多所，宫城旁有一所寺院，僧徒三十多人，都研习小乘正量部佛法。天祠有两所，异道信徒混杂居住。

注释 1 劫比罗伐窣堵国：又作迦维罗卫，是释迦牟尼的故乡。该国位于今尼泊尔南境内。

一、释迦为太子时传说

宫城内有故基，净饭王正殿也[1]。上建精舍，中作王像。其侧不远有故基，摩诃摩耶唐言大术。夫人寝殿也[2]。上建精舍，中作夫人之像。其侧精舍，是释迦菩萨降神母胎处，中作菩萨降神之像。上座部菩萨以嗢呾罗頞沙荼月三十日夜降神母胎[3]，当此五月十五日；诸部则以此月二十三日夜降神母胎，当此五月八日。

宫城之内有处旧基，是净饭王的正殿。上面建有精舍，其中供奉有净饭王的像。旁边不远有一处旧基，是摩诃摩耶（唐朝语言称大术。）夫人的寝殿，上面建有精舍，其中供奉有夫人的像。旁边的精舍，是释迦菩萨投生母胎的地方，里面供奉有菩萨降生的像。上座部以为菩萨是在嗢呾罗頞沙荼月三十日夜晚降生母胎的，相当于我国的五月十五。其他各部则认为是这个月二十三夜晚降生母胎的，相当于我国的五月初八。

注释　1 净饭王：又称白净王，是劫比罗伐窣堵国国王，释迦牟尼的父亲。　2 摩诃摩耶夫人：净饭王之妃，释迦牟尼之生母。　3 唱呾罗频沙荼：印度佛历夏天的第一个月，相当于中国农历的四月十六至五月十五。

菩萨降神东北有窣堵波，阿私多仙相太子处[1]。菩萨诞灵之日，嘉祥辐凑。时净饭王召诸相师而告之曰："此子生也，善恶何若？宜悉乃心，明言以对。"曰："依先圣之记，考吉祥之应，在家作转轮圣王，舍家当成等正觉[2]。"是时阿私多仙自远而至，叩门请见。王甚庆悦，躬迎礼敬，请就宝座，曰："不意大仙今日降顾。"仙曰："我在天宫安居宴坐，忽见诸天群从蹈舞，我时问言：'何悦豫之甚也？'曰：'大仙当知，赡部洲中释种净饭王第一夫人今产太子，当证三菩提[3]，圆明一切智。'我闻是语，故来瞻仰。所悲朽耄，不遭圣化。"

菩萨降生处的东北有座佛塔，是阿私多仙辅佐太子的地方。菩萨诞生之日，各种祥瑞出现。当时净饭王招集相师们对他们说："这个孩子出生，善恶怎么样？都要精心推究，直言相告。"相师们说："依照先代圣人的记载，考察吉祥的征兆，他在家可做转轮圣王，出家将成等正觉。"这时阿私多仙自远方而来，叩门请见。国王十分喜欢，亲自迎接施礼，请他坐在宝座上，说："没有想到大仙会光顾。"阿私多仙说："我在天宫，安居宴乐，忽然看到天神们相率起舞。我当时问道：'是什么事如此地喜悦？'他们说：'大仙应该知道，赡部洲中，释种净饭王第一夫人现在生下太子，将会证得三菩提，通晓一切种智。'我听了这些话，特地来瞻仰。遗憾的是我已年老，看不到他成圣了。"

在城的南门口有座佛塔，是太子

城南门有窣堵波，是太子与诸释角力掷象之处。太子伎艺多能，独拔伦匹。净饭大王怀庆将返，仆夫驭象，方欲出城，提婆达多素负强力，自外而入，问驭者曰："严驾此象，其谁欲乘？"曰："太子将还，故往奉驭。"提婆达多发愤引象，批其颡，蹴其臆，僵仆塞路，杜绝行途，无能转移，人众填塞。难陁后至，而问之曰："谁死此象？"曰："提婆达多。"即曳之僻路。太子至，又问曰："谁为不善，害此象耶？"曰："提婆达多害以杜门，难陁引之开径。"太子乃举象高掷，越度城堑，其象堕地，为大深坑，土俗相传为象堕坑也。其侧精舍中作太子像。其侧又有精舍，太子妃寝宫也，中作耶输陁罗[4]，并有罗怙罗像。宫侧精舍作受业之像，太子学堂故基也。

和释迦族人比试力气扔掷大象的地方。太子多才多艺，出类拔萃。净饭大王怀着喜悦的心情将要返回，仆人驾象，打算出城迎接，提婆达多一向自负力气大，从外面进来，问驭者说："庄重地驾驭这头象，将要载谁？"驭者说："太子将要回来，所以奉命驾象前去。"提婆达多愤怒地拉过大象，打它的头，踢它的胸，象倒下死去，堵塞了道路，没有人搬得动，人群拥挤在一起。难陁随后赶到，问大家说："是谁打死了这头象？"大家说："是提婆达多。"难陁于是把象拖到偏僻之处。太子赶到，又问道："是谁做不善的事，害死了这头象？"大家说："提婆达多害死大象，把它用来堵塞路口，难陁拖开它，才让开道路。"太子于是举起象，高高地掷出去，越过了城外壕沟。大象落地，陷了一个深坑，当地人相传是象堕坑。旁边的精舍中供奉有太子像。旁边又有精舍，是太子妃的寝宫，里面供奉有耶输陁罗的像，还有罗怙罗的像。宫殿旁的精舍有太子受业的画像，这里是太子学堂的旧基。

注释　**1** 阿私多仙：又作阿夷、阿私陀等，传说具有五神通，是出入三十三天的大仙。　**2** 成等正觉：菩萨成就各种修行，最后获得最高的觉悟。等正觉即无上正等正觉，是究极的、完全的觉悟之意。**3** 三菩提：阿耨多罗三藐三菩提的略称，是无上的觉悟之意。　**4** 耶输陁罗：又作耶维檀等，是释迦牟尼为太子时的正妃，罗怙罗的生母。后出家为比丘尼。

二、太子逾城处

城东南隅有一精舍，中作太子乘白马凌虚之像，是逾城处也。

城四门外各有精舍，中作老、病、死人、沙门之像，是太子游观，睹相增怀，深厌尘俗，于此感悟，命仆回驾。

城东南角有座精舍，里面供奉有太子乘白马腾空的画像，这是太子出家时越城之处。

城的四门外各有精舍，里面有老人、病人、死人、沙门的像，这是太子出门游览，目睹世俗真相而感怀，深深地厌恶尘俗生活，顿时觉悟，命令仆人驾车回宫之处。

三、二古佛本生处

城南行五十余里，至故城，有窣堵波，是贤劫中人寿六万岁时迦罗迦村驮佛

从城向南行走五十多里，到一座旧城，有佛塔，是贤劫中人寿六万岁时迦罗迦村驮佛诞生的地方。城

本生城也[1]。城南不远有窣堵波，成正觉已见父之处。城东南窣堵波，有彼如来遗身舍利。前建石柱，高三十余尺，上刻师子之像，傍记寂灭之事，无忧王建焉。

南不远处有座佛塔，是佛成正觉之后会见父亲的地方。城东南的佛塔，有那位如来的遗身舍利。塔前竖有石柱，高三十多尺，上面刻有狮子像，旁边记载着佛涅槃的事迹，是无忧王建造的。

迦罗迦村驮佛城东北行三十余里，至故大城，中有窣堵波，是贤劫中人寿四万岁时，迦诺迦牟尼佛本生城也[2]。东北不远有窣堵波，成正觉已度父之处。次北窣堵波，有彼如来遗身舍利。前建石柱，高二十余尺，上刻师子之像，傍记寂灭之事，无忧王之所建也。

从迦罗迦村驮佛城向东北行走三十多里，到达旧时都城，里面有座佛塔，是贤劫中人寿四万岁时迦诺迦牟尼佛的诞生地。向东北方向走不远，有座佛塔，是他成正觉之后度化父亲的地方。再往北的佛塔，有那位如来的遗身舍利。塔前竖有石柱，高二十多尺，上面刻有狮子像，旁边记载着佛涅槃的事迹，是无忧王建造的。

注释　1 迦罗迦村驮佛：又作拘楼秦等，佛教传说中过去七佛中的第四佛，为现在贤劫一千佛中的第一佛。　2 迦诺迦牟尼佛：又作拘那含牟尼等，佛教传说中过去七佛中的第五佛，为贤劫第二佛。

四、太子坐树阴处

城东北四十余里，有窣堵波，是太子坐树阴，观耕田，于此习定，而得离欲[1]。净饭王见太子坐树阴，入寂定，日光回照，树影不移，心知灵圣，更深珍敬。

城东北四十多里处有座佛塔，是太子坐在树荫下，观看农民耕田，在这里修习禅定，得到远离欲念境界的地方。净饭王看到太子坐在树荫下进入寂定，太阳转动照耀，而树影不移动，心中知道是太子灵圣的表现，更加珍视敬重。

注释　1 离欲：远离种种欲望、欲念。

五、释种诛死处

大城西北，有数百千窣堵波，释种诛死处也。毗卢择迦王既克诸释，虏其族类，得九千九百九十万人，并从杀戮，积尸如莽，流血成池。天警人心，收骸瘗葬[1]。

都城西北有几百上千座佛塔，是释迦种族被杀害的地方。毗卢择迦王战胜释迦种族后，俘虏其族人，共得九千九百九十万人，都加以杀戮，尸体堆积如密林，血流成池。上天为警诫人心，收集骸骨，加以掩埋。

诛释西南，有四小窣堵波，四释种拒军处。初，胜军王嗣位也，求婚释种。释

诛杀释迦种族地方的西南，有四座小佛塔，是四个释迦族人抗拒敌军的地方。当初，胜军王继位，向释迦种族求婚，释迦种族鄙视他出身低

种鄙其非类，谬以家人之女，重礼娉焉。胜军王立为正后，其产子男，是为毗卢择迦王。毗卢择迦欲就舅氏请益受业，至此城南，见新讲堂，即中憩驾。诸释闻之，逐而詈曰："卑贱婢子，敢居此室！此室诸释建也，拟佛居焉。"毗卢择迦嗣位之后，追复前辱，便兴甲兵，至此屯军。释种四人躬耕畎亩，便即抗拒。兵寇退散，已而入城。族人以为承轮王之祚胤，为法王之宗子[2]，敢行凶暴，安忍杀害，污辱宗门，绝亲远放。四人被逐，北趣雪山，一为乌仗那国王，一为梵衍那国王，一为呬摩呾罗国王，一为商弥国王，奕世传业，苗裔不绝。

微，使用仆人的女儿蒙骗他，使他重礼聘娶。胜军王把这个女子立为正后，所生的儿子，就是毗卢择迦王。毗卢择迦王想到母舅家请教求学，到了这座城的南面，见到新讲堂，就在里面休息。释迦族人听说后，边驱逐边骂他说："下贱奴婢的儿子，竟敢住这个房子！这个房子是释迦种族建造，准备让佛陀居住的。"毗卢择迦继位后，为报复早先所受侮辱，就兴起兵众，到这里驻扎军队。释迦种族有四人正耕种田地，便起来抵抗。敌寇退散之后，才进入城内。族人认为本族是继承轮王的后代，是法王的子女，怎么能使用暴力，残忍杀人，玷污了家族名声，与四人断绝亲属关系，流放到远方。四人被驱逐，北到雪山地区，一人做乌仗那国王，一人做梵衍那国王，一人做呬摩呾罗国王，一人做商弥国王，世代相传，后裔绵绵不绝。

注释 1 瘗（yì）：掩埋。 2 法王：指释迦牟尼。以释迦牟尼为诸法之王，故名。

六、释迦证法归见父王处

城南三四里尼拘律树林有窣堵波，无忧王建也。释迦如来成正觉已，还国见父王为说法处。净饭王知如来降魔军已，游行化导，情怀渴仰，思得礼敬。乃命使请如来曰："昔期成佛，当还本生。斯言在耳，时来降趾。"使至佛所，具宣王意。如来告曰："却后七日，当还本生。"使臣还以白王，净饭王乃告命臣庶洒扫衢路，储积花香，与诸群臣四十里外伫驾奉迎。是时如来与大众俱，八金刚周卫[1]，四天王前导[2]，帝释与欲界天侍左[3]，梵王与色界天侍右[4]，诸苾刍僧列在其后。维佛在众，如月映星，威神动三界，光明逾七曜，步虚空，至本生国。王与从臣礼敬已毕，俱共还国，止尼拘卢陁僧

城南三四里的尼拘律树林中，有一座佛塔，是无忧王所建造的。这里是释迦如来成正觉以后，回国见父王并为他说法的地方。净饭王知道如来已经降伏魔军，游行各处化导众生，心中想念仰慕，想让如来回来接受自己的礼敬。于是命令使者邀请如来说："从前约定成佛之后，将回到诞生地。这段话还留在耳边，望及时降临。"使者到了如来住所，传达了国王的意思。如来告诉他说："七天之后，将要回到诞生地。"使者回去禀报国王，净饭王于是命令臣庶洒扫道路，储积鲜花香料，和臣庶们到四十里外等候迎接。这时，如来和天神、大众一起前来，有八大金刚在四周护卫，四大天王在前开路，帝释和欲界天之神在左边侍奉，梵王和色界天之神在右边侍奉，比丘僧们跟在后面。佛在众神中，如月亮映照星星，威神震动三界，光明超过日月星辰，行进在空中，来到出生的国度。国王和随从的臣属施礼之后，一起回到城中，住在尼拘卢陁寺院中。

伽蓝。其侧不远有窣堵波，是如来于大树下，东面而坐，受姨母金缕袈裟。次此窣堵波，是如来于此度八王子及五百释种处。

寺院旁边不远处，有座佛塔，这里是如来在大树之下面向东而坐，接受姨母金缕袈裟的地方。再过去的佛塔，是如来度化八位王子和五百位释迦族人的地方。

注释 1 八金刚：佛教中保护佛法的八位神。据说一为金刚手菩萨，二为妙吉祥菩萨，三为虚空藏菩萨，四为慈氏菩萨，五为观自在菩萨，六为地藏菩萨，七为除盖藏菩萨，八为普贤菩萨。 2 四天王：帝释的外将，居须弥山半腰的由犍陀维山，各护一天下，是东持国天、南增长天、西广目天、北多闻天。 3 欲界天：欲界之神。欲界，三界之一，欲望主要为食欲、淫欲、睡眠欲。 4 色界天：色界之神。色界，三界之一，是断绝欲望仅余肉体存在的世界。这个世界的众生已远离种种欲望，没有男女的区别。

七、自在天祠及箭泉

城东门内路左有窣堵波，昔一切义成太子于此习诸技艺[1]。门外有自在天祠，祠中石天像，危然起势，是太子在襁褓中所入祠也。净饭王自腊伐尼园迎太子还也[2]，途次天祠。王曰："此天祠多灵

城的东门内路的左边有座佛塔，是从前一切义成太子在这里学习各种技艺的地方。城门外有一座自在天祠，祠内有石刻天神像，是欠身要起身的姿态，这是太子在襁褓中所进入过的天祠。净饭王从腊伐尼园迎太子回王宫，途中在天祠停留。国王说："这座天祠很灵验，释迦族的孩子请求保佑很

鉴，诸释童稚求祐必效，宜将太子至彼修敬。”是时傅母抱而入祠，其石天像起迎太子，太子已出，天像复坐。

城南门外路左有窣堵波，是太子与诸释角艺，射铁鼓。从此东南三十余里，有小窣堵波，其侧有泉，泉流澄镜，是太子与诸释引强校能，弦矢既分，穿鼓过表，至地没羽，因涌清流。时俗相传，谓之箭泉。夫有疾病，饮沐多愈。远方之人持泥以归，随其所苦，渍以涂额，灵神冥卫，多蒙痊愈。

有效验，可以带着太子到那里致敬。”这时保姆抱着太子进入祠中，石刻天神像起身迎接太子。太子出去后，天神像又变为坐的姿势。

城南门外路左边有座佛塔，是太子和释迦族人比试技艺，射穿铁鼓的地方。从这里向东南行走三十多里，有座小佛塔，塔旁有泉井，泉水清澈如镜。这里是太子和释迦族人拉强弓，比试技能的地方，箭一射出，穿破铁鼓，到这里箭尾没入地中，因而涌出清泉来。当地民间相传，把它称为箭泉。凡有疾病的人，饮用和洗过这里的水后多能痊愈。远方的人，拿着这里的泥土回去，不管哪里疼痛，把泡过的泥土涂在额头上，神灵便暗中保佑，多能得以痊愈。

注释　1 一切义成太子：释迦牟尼青少年时期的名号。　2 腊伐尼园：花园名。在迦毗罗城东，是摩耶夫人生佛之处。

八、腊伐尼林及释迦诞生传说

箭泉东北行八九十里，至腊伐尼林，有释种浴池。澄清皎镜，杂花弥漫。其北二十四五步，有无忧花树，今已枯悴，菩萨诞灵之处。菩萨以吠舍佉月后半八日[1]，当此三月八日；上座部则曰以吠舍佉月后半十五日，当此三月十五日。次东窣堵波，无忧王所建，二龙浴太子处也。菩萨生已，不扶而行于四方各七步，而自言曰："天上天下，唯我独尊。今兹而往，生分已尽。"随足所蹈，出大莲花。二龙踊出，住虚空中，而各吐水，一冷一暖，以浴太子。浴太子窣堵波东，有二清泉，傍建二窣堵波，是二龙从地踊出之处。菩萨生已，支属宗亲莫不奔驰，求水盥浴。夫人之前，二泉涌出，一冷

从箭泉向东北行走八九十里，到达腊伐尼林，有个释迦种族的浴池。池水清澈皎洁如明镜，各种花朵开放。往北走二十四五步，有无忧花树，现在已经枯萎，是菩萨诞生的地方。菩萨生于吠舍佉月下半的八日，相当于中国的三月八日；上座部则认为生于吠舍佉月的下半的十五日，相当于中国的三月十五日。再向东的佛塔，是无忧王所建造，是两条龙为太子洗浴的地方。菩萨生下后，不用扶就能行走，往四方各走七步，而自言自语说："天上天下，唯我独尊。从今以后，不再转生。"凡是他脚踏过的地方，都出现大莲花。两条龙从地下跃起，停留在空中而各自吐出水来，一边冷一边暖，来为太子沐浴。在浴太子佛塔的东面，有两股清泉，旁边建有两座佛塔，是两条龙从地下跃起的地方。菩萨出生后，家属宗亲莫不及时赶来，为他找水盥洗。在摩耶夫人的面前，有两股泉水涌出，一冷一暖，于是用来为菩萨浴洗。南面的佛塔，是天帝释迎接菩萨

一暖，遂以浴洗。其南窣堵波，是天帝释捧接菩萨处。菩萨初出胎也，天帝释以妙天衣，跪接菩萨。次有四窣堵波，是四天王抱持菩萨处也。菩萨从右胁生已，四大天王以金色氎衣捧菩萨，置金机上，至母前曰："夫人诞斯福子，诚可欢庆。诸天尚喜，况世人乎？"

四天王捧太子窣堵波侧不远，有大石柱，上作马像，无忧王之所建也。后为恶龙霹雳，其柱中折仆地。傍有小河，东南流，土俗号曰油河。是摩耶夫人产孕已，天化此池，光润澄净，欲令夫人取以沐浴，除去风虚。今变为水，其流尚腻。

从此东行旷野荒林中二百余里，至蓝摩国。中印度境。

的地方。菩萨刚脱离母胎时，天帝释用妙天衣跪接菩萨。再过去有四座佛塔，是四天王抱持菩萨的地方。菩萨从母亲的右胁生下后，四大天王用金色布衣捧着菩萨，放在金桌上，到菩萨的母亲面前说："夫人生下这个有福之子，实在值得欢庆。各位天神尚且喜悦，何况世俗之人呢？"

在四天王捧接太子的佛塔旁边不远，有个大石柱，上面刻有马像，是无忧王所建造的。后来被恶龙的霹雳击中，石柱从中间折断倒在地上。旁边有条小河，向东南流淌，当时人称为油河。当初摩耶夫人生产之后，上天变化出这个水池，光亮清澈，是想让夫人取用，以便沐浴，除去灰尘污垢。现在池水已变为流水，水流还有些油腻。

从劫比罗伐窣堵国向东，在旷野荒林中行走二百多里，到达蓝摩国。（在中印度境内。）

注释　1 吠舍佉月：佛历春季中的第二个月。

蓝摩国[1]

原文

蓝摩国空荒岁久，疆埸无纪，城邑丘墟，居人稀旷。

译文

蓝摩国已经荒废多年，边界不修治，城市变为废墟，居民稀少。

注释 1 蓝摩国：又作蓝莫，在今尼泊尔南境。

一、佛舍利窣堵波

故城东南有砖窣堵波，高减百尺。昔者如来入寂灭已，此国先王分得舍利，持归本国，式遵崇建，灵异间起，神光时烛。

窣堵波侧有一清池，龙每出游，变形蛇服，右旋宛转，绕窣堵波。野象群行，采花以散，冥力警察，初无间替。昔无忧王之分建窣堵波也，七国所建，咸已开发，至于此国，方欲兴工，而

旧城东南有一座砖塔，高近一百尺。从前如来寂灭之后，这个国家的前代君王分到了舍利，带回本国，隆重建立佛塔，灵异不时出现，神光不时闪耀。

佛塔旁有一清池，龙每每出游，变化成蛇的形状，环塔向右旋转。又有野象成群行走，采集鲜花撒开，神力暗中警戒，从来没有间断。从前无忧王分舍利建佛塔，七个国家都已开工建造，到了这个国家，正要准备动工，而这个清池的龙担心受到侵夺，

此池龙恐见陵夺，乃变作婆罗门，前叩象曰："大王情流佛法，广树福田，敢请纡驾，降临我宅。"王曰："尔家安在，为近远乎？"婆罗门曰："我，此池之龙王也。承大王欲建胜福，敢来请谒。"王受其请，遂入龙宫。坐久之，龙进曰："我惟恶业，受此龙身，供养舍利，冀消罪咎，愿王躬往，观而礼敬。"无忧王见已，惧然谓曰："凡诸供养之具，非人间所有也。"龙曰："若然者，愿无废毁。"无忧王自度力非其俦，遂不开发。出池之所，今有封记。

于是变成婆罗门，到无忧王骑的象前叩请说："大王情系佛法，广泛建立福田，斗胆邀请屈驾，光临我的住宅。"无忧王说："你的家在哪里？离这里远近如何？"婆罗门说："我是这个清池的龙王，因大王要在这里建造胜迹福田，所以斗胆来谒见。"无忧王接受了邀请，于是进入龙宫。坐了很长时间，龙王上前说："我因前世做了恶事，转生为龙身，现供养舍利，希望消除罪过。请大王亲自前去，观看礼敬。"无忧王观看之后，惊异地说："这些供养的物品，不是人间所有的。"龙王说："如果是这样，希望不要毁弃。"无忧王自己估量不是龙王的对手，于是不再动工建塔。无忧王走出龙池的地方，现在立有标志。

二、沙弥伽蓝

窣堵波侧不远，有一伽蓝，僧众鲜矣，清肃皎然，而以沙弥总任众务。远方僧至，礼遇弥隆，必留

在佛塔旁边不远，有一所寺院，僧徒很少，清静肃穆，仪规严明，而以沙弥总理各种事务。远方僧人到来，待遇很隆重，一定留住三天，供养四事。

三日，供养四事。闻诸先志曰：昔有苾刍，同志相召，自远而至，礼窣堵波。见诸群象相趋往来，或以牙芟草，或以鼻洒水，各持异花，共为供养。时众见已，悲叹感怀。有一苾刍，便舍具戒[1]，愿留供养，与众辞曰："我惟多福，滥迹僧中，岁月亟淹，行业无纪。此窣堵波有佛舍利，圣德冥通，群象践洒。遗身此地，甘与同群，得毕余龄，诚为幸矣。"众告之曰："斯盛事也。吾等垢重，智不谋此。随时自爱，无亏胜业。"亦既离群，重申诚愿，欢然独居，有终焉之志。于是葺茅为宇，引流成池，采掇时花，洒扫莹域。绵历岁序，心事无怠。邻国诸王闻而雅尚，竞舍财宝，共建伽蓝，因而劝请，屈知僧务。自尔相踵，不泯元功，而以沙弥总知僧事。

听老辈人讲：从前有一些僧人，志同道合，从远处而来，礼拜佛塔。看到一群象往来奔走，有的用牙除草，有的用鼻子洒水，各自带上各种鲜花，一起来供养佛塔。这时众僧看见，都悲叹感慨。有一个僧人便舍弃受具足戒的机会，愿意留下来供养，与众僧告辞说："我因有福，得以在僧人中充数，岁月流逝，没有什么成就。这个佛塔中有佛陀的舍利，圣德感召，所以这群象在此除草洒水，我甘愿留在这里，和它们为伴，得以在此度过余年，实在是我的荣幸。"众僧对他说："这是件好事，我们尘心太重，竟没有想到这里。望你随时珍惜自己，不要辜负了大业。"他离开众人后，重申虔诚的心愿，高兴地独自居住，有在此终身之志。于是搭建茅草屋，引流水作池，采集四时鲜花，洒扫塔前道路。这样经历了若干岁月，心中没有懈怠。邻国各国王听说后，都为之钦佩，竞相施舍财宝，一起建立寺院。并劝说邀请，让他屈尊主持僧众事务。自此之后，代代相传，不忘记他的开创之功，始终以沙弥名义主持僧众事务。

注释　1 具戒：即具足戒，是出家的比丘、比丘尼所要遵守的戒条。

三、太子解衣剃发处

沙弥伽蓝东，大林中行百余里，至大窣堵波，无忧王之所建也。是太子逾城至此，解宝衣，去缨络，命仆还处。太子夜半逾城，迟明至此，既允宿心，乃形言曰："是我出笼樊，去羁锁，最后释驾之处也。"于天冠中解末尼宝[1]，命仆夫曰："汝持此宝，还白父王，今兹远遁，非苟违离，欲断无常，绝诸有漏[2]。"阐铎迦旧曰车匿，讹也。曰[3]："讵有何心，空驾而返？"太子善言慰谕，感悟而还。

在沙弥寺院以东，在大树林中行走一百多里，到达一座大佛塔，是无忧王所建造的，这里是太子越过城墙，到这里解下宝衣，除去缨络，命令仆人返回的地方。太子半夜里越过城墙，天亮时到这里，既已实现一向的心愿，于是形之于言："这里是我逃出牢笼，去掉羁绊锁链，最后放弃车驾的地方。"在天冠中解下末尼宝，命令仆人说："你拿上这件宝物回去禀报父王，我现在远逃，并不是苟且离开，是要断绝无常，根除一切烦恼。"阐铎迦（旧称车匿，是错误的。）说："我怎么还有心思驾着空车回去？"太子用好言安慰晓谕，阐铎迦才感动觉悟而返回。

注释　1 末尼宝：意为真珠、珠玉，末尼亦作摩尼。　2 有漏：烦恼、染污、不完满的存在。一般来说，指这个迷妄的现象世界。　3 阐铎迦：又作车匿，是释迦牟尼出家时侍从的仆人。

回驾窣堵波东，有赡部树[1]，株叶虽凋，枯株尚在。其傍复有小窣堵波，太子以余宝衣易鹿皮衣处。太子既断发易裳，虽去璎珞，尚有天衣。曰："斯服太侈，如何改易？"时净居天化作猎人[2]，服鹿皮衣，持弓负羽。太子举其衣而谓曰："欲相贸易，愿见允从。"猎人曰："善。"太子解其上服，授与猎人。猎人得已，还复天身，持所得衣，凌虚而去。

太子易衣侧不远，有窣堵波，无忧王之所建也，是太子剃发处。太子从阐铎迦取刀，自断其发，天帝释接上天宫，以为供养。时净居天子化作剃发人，执持铦刀[3]，徐步而至。太子谓曰："能剃发乎？幸为我净之。"化人受命，遂为剃发。

逾城出家时亦不定，或云菩萨年十九，或曰二

在回驾佛塔的东面，有棵赡部树，枝叶虽然凋谢，枯枝还存在。树旁又有一座小佛塔，是太子把剩余的宝衣用来换鹿皮衣的地方。太子剪断头发、变换衣裳，虽然除去了璎珞，还有一件宫殿衣服，说："这衣服太奢侈，怎样才能变换？"这时净居天神变化成猎人，穿着鹿皮衣服，拿着弓背着箭。太子举起他的衣服对猎人说："我想和你换衣服，希望能够答应。"猎人说："好。"太子解下上身的衣服，交给猎人。猎人换到衣服后，恢复成天神本相，拿着所得衣服，腾入空中而去。

太子换衣服地点旁边不远，有座佛塔，是无忧王所建造的，这里是太子剃头发的地方。太子从阐铎迦那里取得刀子自己剪断头发，天帝释把他接上天宫，加以供养。这时净居天神变化成剃发人，拿着锋利的刀子，缓步走过来。太子问他说："你能剃发吗？请替我剃光头发。"变化的人接受命令，就为他剃发。

太子越城出家的时间，说法也不一致，有的说菩萨这时十九岁，有的说是二十九岁。日期有的说是在吠舍佉

十九，以吠舍佉月后半八日逾城出家，当此三月八日；或云以吠舍佉月后半十五日，当此三月十五日。

月后半的八日越城出家，相当于中国的三月八日；有的说是在吠舍佉月的后半十五日出家，相当于中国的三月十五日。

注释　1 赡部树：又译作剡浮、琰浮等，是生长于印度的一种乔木。2 净居天：佛教中称已断绝欲界诸惑，在五净居天所住的天神。3 铦（xiān）：锋利。

四、灰炭窣堵波

太子剃发窣堵波东南，旷野中行百八九十里，至尼拘卢陁林，有窣堵波，高三十余尺。昔如来寂灭，舍利已分，诸婆罗门无所得获，于涅叠般那唐言焚烧。旧云阇维，讹也。地收余灰炭，持至本国，建此灵基，而修供养。自兹已降，奇迹相仍，疾病之人，祈请多愈。灰炭窣堵波侧故伽蓝中，有过去四佛座及经行遗迹之所。故伽蓝左右，数百窣堵波。其一大者，无忧王所建也，崇基

在太子剃发佛塔东南的旷野之中，行走一百八九十里，到达尼拘卢陁林，有座佛塔，高三十多尺。从前如来寂灭，舍利分完之后，各婆罗门没有得到，就在涅叠般那（唐朝语言称焚烧，旧称阇维，是错误的。）收集剩余的灰炭，带回本国，建造这个胜迹，来礼敬供养。从这以后，奇迹不断出现，有病的人，祈请后多能痊愈。灰炭佛塔旁的旧寺院中，有过去四佛的座位与散步遗迹的场所。旧寺院的左右，有几百座佛塔。其中一个大的，是无忧王所建造，塔基虽然塌陷，高仍有一百多尺。

虽陷，高余百尺。

自此东北大林中行，其路艰险，经途危阻，山牛、野象、群盗、猎师，伺求行旅，为害不绝。出此林已，至拘尸那揭罗国。中印度境。

从蓝摩国向东北方向的大树林中行走，道路艰险，途经危难阻碍，山牛、野象、强盗、猎人，伺机袭击行人，祸害不断。走出这片树林后，到达拘尸那揭罗国。（在中印度境内。）

拘尸那揭罗国[1]

原文

拘尸那揭罗国城郭颓毁，邑里萧条。故城砖基，周十余里。居人稀旷，闾巷荒芜。

译文

拘尸那揭罗国城池倒塌毁废，街市冷清。旧城用砖为墙基，方圆十多里。居民稀少，里巷荒凉。

注释 1 拘尸那揭罗国：又作拘尸那，其国都城约在今印度北部廓拉克浦尔以东的迦西亚村。或说在今尼泊尔加德满都以东。

一、准陁故宅[1]

城内东北隅有窣堵波，无忧王所建，准陁旧曰纯陁，讹

城内东北角有座佛塔，是无忧王所建造，这里是准陁（旧称纯陁，

也。之故宅也。宅中有井,将营献供,方乃凿焉。岁月虽淹,水犹清美。

是错误的。)的旧居。宅内有一口井,是准陁供养佛陀前,临时开凿的。岁月虽然久远,水仍然清澈甘美。

注释 1 准陁:又作周那、淳陀等。据说是拘尸那揭罗城一位工师的儿子,佛陀在他那里受到最后供养,然后"中夜入灭"。

二、娑罗林及释迦涅槃处[1]

城西北三四里,渡阿恃多伐底河[2],唐言无胜,此世共称耳。旧云阿利罗跋提河,讹也。典谓言之尸赖拿伐底河,译曰有金河。西岸不远,至娑罗林。其树类槲,而皮青白,叶甚光润。四树特高,如来寂灭之所也。其大砖精舍中作如来涅槃之像,北首而卧。傍有窣堵波,无忧王所建,基虽倾陷,尚高二百余尺。前建石柱,以记如来寂灭之事,虽有文记,不书日月。闻诸先记曰:佛以生年八十,吠舍佉月后半十五日

在城外西北三四里,渡过阿恃多伐底河,(唐朝语言称无胜,这是世人的通称。旧称阿利罗跋提河,是错误的。典籍称之为尸赖拿伐底河,译为有金河。)在西岸不远,到达娑罗林。这种树类似于槲,而树皮呈青白色,叶子十分光滑。有四棵树特别高大,是如来寂灭的地方。在砖砌大精舍中,绘有如来涅槃的像,头朝北方而卧。旁边有座佛塔,是无忧王建造的,塔基虽然倾斜陷落,还高两百多尺。塔前立有石柱,记载着如来寂灭的事,虽然有文字记载,但没写日期。听早先的记载说:佛陀享年八十岁,在吠舍佉月下半的十五日涅槃,

入般涅槃，当此三月十五日也。说一切有部则佛以迦剌底迦月后半八日入般涅槃[3]，当此九月八日也。自佛涅槃，诸部异议，或云千二百余年，或云千三百余年，或云千五百余年，或云已过九百，未满千年。

相当于中国的三月十五日。说一切有部则认为，佛陀是在迦剌底迦月的下半的八日涅槃，相当于中国的九月八日。自从佛陀涅槃之后，各部派有不同的说法，有的说已涅槃一千二百多年；有的说是一千三百多年；有的说是一千五百多年；有的说已过九百年，还不满一千年。

注释　**1** 娑罗林：娑罗，是龙脑香科常绿大乔木。传说释迦牟尼在拘尸那城河边娑罗树下涅槃。其树四方各生二株，故称娑罗林或娑罗双树。　**2** 阿恃多伐底河：又作阿恃多跋利，即今印度小甘达克河。**3** 迦剌底迦月：佛历秋季的第二月。

1.雉王本生故事

精舍侧不远，有窣堵波，是如来修菩萨行时，为群雉王救火之处。昔于此地有大茂林，毛群羽族巢居穴处。惊风四起，猛焰飙急。时有一雉，有怀伤愍，鼓濯清流，飞空奋洒。时天帝释俯而告曰：“汝何守愚，

在精舍旁边不远，有座佛塔，是如来修菩萨行时，化为野鸡之王救火的地方。从前这片大地有茂密的森林，兽群鸟类筑巢穴而居。突然狂风四起，火焰急骤蔓延，这时有一只野鸡，为同类伤悲，鼓起翅膀到清流中沾满水，飞到空中奋力洒水。这时天帝释俯身对它说：“你为什么如此愚

虚劳羽翮？大火方起，焚燎林野，岂汝微躯所能扑灭？”雉曰：“说者为谁？”曰：“我天帝释耳。”雉曰：“今天帝释有大福力，无欲不遂，救灾拯难，若指诸掌，反诰无功，其咎安在？猛火方炽，无得多言！”寻复奋飞，往趣流水。天帝遂以掬水泛洒其林，火灭烟消，生类全命，故今谓之救火窣堵波也。

蠢，徒劳自己的羽翼？大火正燃烧，焚烧树林原野，哪里是你微弱的身躯所能扑灭的？”野鸡说：“说话的是谁？”天帝释回答：“我是天帝释。”野鸡说：“天帝释拥有巨大的福力，没有什么愿望不能实现，救灾拯难，易如反掌，你却责备我徒劳无功，到底是谁的过错？烈火正猛，不要多说了。”于是又奋起飞翔，去取流水。天帝释于是用手捧水，遍浇树林，火熄而烟灭，生灵得以保全性命，所以如今称之为救火佛塔。

2.救生鹿本生故事

雉救火侧不远，有窣堵波，是如来修菩萨行时，为鹿救生之处。乃往古昔，此有大林，火炎中野，飞走穷窘，前有驶流之厄[1]，后困猛火之难，莫不沉溺，丧弃身命。其鹿恻隐，身据横流，穿皮断骨，自强拯溺。蹇兔后至，忍疲苦而

野鸡救火处旁边不远，有座佛塔，是如来修菩萨行时，变化为鹿拯救生灵的地方。从前，这里有一片大森林，烈火在里面燃烧，飞禽走兽困穷窘迫，前面有急流的阻拦，后面有烈火的逼迫，没有不沉入水中，丧失性命的。那只鹿产生恻隐之心，身处急流之中，穿断皮肉骨头，极力救助溺水者。瘸腿的兔子后到，鹿忍着疲劳痛苦让它渡

济之。筋力既竭，溺水而死。诸天收骸，起窣堵波。

过，精力衰竭之后，溺水而死。天神收集它的骨骸，建造了这座佛塔。

注释 1 驮（jué）：快，良马。

3.善贤证果处

鹿拯溺西不远，有窣堵波，是苏跋陁罗唐言善贤。旧曰须跋陁罗，讹也。入寂灭之处[1]。善贤者，本梵志师也，年百二十，耆旧多智。闻佛寂灭，至双树间，问阿难曰："佛世尊将寂灭，我怀疑滞，愿欲请问。"阿难曰："佛将涅槃，幸无扰也。"曰："吾闻佛世难遇，正法难闻，我有深疑，恐无所请。"善贤遂入，先问佛言："有诸别众，自称为师，各有异法，垂训导俗，乔答摩旧曰瞿昙，讹略也。能尽知耶？"佛言："吾悉深究。"乃为演说。善贤闻已，心净信解，求入法中，

在鹿救生灵处之西不远处，有座佛塔，是苏跋陁罗（唐朝语言称善贤。旧称须跋陁罗，是错误的。）寂灭的地方。善贤本来是位婆罗门教徒，已一百二十岁，年老而智慧多。他听说佛陀将要寂灭，赶到双树之间，问阿难说："佛世尊就要寂灭了，我怀有疑难，想要向他求教。"阿难说："佛陀将要涅槃，希望不要打扰。"善贤说："我听说佛陀降世的时机难以遇到，真正的佛法难以听到，我有深深的疑问，担心再没有请教的机会了。"善贤于是进去，先问佛陀说："有许多门派，各自确立师长，各有不同的理论，教诲引导世人。乔答摩（旧称瞿昙，是错误的。）能全部知道吗？"佛陀说："我已全部深入研究过。"于是为他讲

受具足戒。如来告曰："汝岂能耶？外道异学修梵行者[2]，当试四岁，观其行，察其性，威仪寂静，辞语诚实，则可于我法中净修梵行。在人行耳，斯何难哉！"善贤曰："世尊悲愍，含济无私，四岁试学，三业方顺[3]。"佛言："我先已说，在人行耳！"于是善贤出家，即受具戒，勤励修习，身心勇猛。已而于法无疑，自身作证。夜分未久，果证罗汉，诸漏已尽，梵行已立。不忍见佛入大涅槃，即于众中入火界定，现神通事，而先寂灭。是为如来最后弟子，乃先灭度，即昔后渡蹇兔是也。

说。善贤听讲后，心中明净，生起信解，请求入佛门受具足戒。如来告诉他说："你怎么能行呢？外道异学修梵行的人，应该考验四年，观察他的行为，考察他的品性，举止宁静，语言诚实，才能在我佛门中修梵行。事在人为，这有什么难处呢？"善贤说："世尊慈悲怜悯，无私地普渡世人。我将在四年中接受考验，使三业合乎要求。"佛陀说："我先已说过，事在人为。"这时善贤出家，受具足戒，勤奋地修行，身心都勇猛精进。随之对佛法没有疑难，自身证得正果。在半夜之后不久，果然证得罗汉果。各种烦恼已除，梵行已经确立，不忍心见到佛陀进入大涅槃，就在众人之中，入火光定自焚，显现出神通的事，而首先寂灭。他是如来最后的弟子，而在如来之前寂灭，他便是从前最后渡河的瘸腿兔子。

注释　1 苏跋陁罗：又作须跋陀罗，本为拘尸那揭罗国婆罗门教徒，后成为释迦牟尼的最后弟子。　2 梵行：断除一切欲望的修行。梵是清净之意，特别指远离色欲。　3 三业：指身业、口业、意业。这三者可以包括一切的活动。

4.执金刚躄地处[1]

善贤寂灭侧，有窣堵波，是执金刚躄地之处。大悲世尊随机利见，化功已毕，入寂灭乐，于双树间北首而卧。执金刚神密迹力士见佛灭度，悲恸唱言："如来舍我入大涅槃，无归依，无覆护。"毒箭深入，愁火炽盛，舍金刚杵，闷绝躄地。久而又起，悲哀恋慕，互相谓曰："生死大海，谁作舟楫？无明长夜，谁为灯炬？"

在善贤寂灭处旁边，有座佛塔，是执金刚仆倒于地的地方。大悲世尊利用各种机会显示修行益处后，进入寂灭状态，在双树间，头朝北而卧。执金刚神密迹力士见到佛陀寂灭，悲恸地哭喊："如来舍弃我们进入大涅槃，我们再也无皈依之处，无人保佑。"如同毒箭穿心，愁苦之火燃烧，丢下金刚杵，气绝倒在地上。很久后又苏醒过来，悲伤地思念佛陀，互相说："生死的大海，还有谁能作渡船？没有明亮的长夜，还有谁能作灯光火炬？"

注释　1 执金刚：即金刚力士。躄（bì）：仆倒。

5.释迦寂灭诸神异传说

金刚躄地侧，有窣堵波，是如来寂灭已七日供养之处。如来之将寂灭也，光明普照，人天毕会，莫不

在金刚力士倒地处旁边，有一座佛塔，是如来寂灭后享受七天供养的地方。如来即将寂灭时，光芒照耀四方，天神、大众都来聚会，没有谁不悲

悲感，更相谓曰："大觉世尊今将寂灭，众生福尽，世间无依。"如来右胁卧师子床，告诸大众："勿谓如来毕竟寂灭，法身常住[1]，离诸变易，当弃懈怠，早求解脱。"诸苾刍等歔欷悲恸。时阿泥𠆙卢骨反。陁旧曰阿那律，讹也。告诸苾刍[2]："止，止，勿悲！诸天讥怪。"时末罗众供养已讫[3]，欲举金棺，诣涅叠般那所。时阿泥𠆙陁告言："且止！诸天欲留七日供养。"于是天众持妙天花，游虚空，赞圣德，各竭诚心，共兴供养。

停棺侧有窣堵波，是摩诃摩耶夫人哭佛之处。如来寂灭，棺殓已毕，时阿泥𠆙陁上升天宫，告摩耶夫人曰："大圣法王今已寂灭。"摩耶闻已，悲哽闷绝，与诸天众至双树间，见僧伽胝、钵及锡杖，拊之号恸，绝而复声曰："人天福

恸，他们互相说："大觉世尊如今就要寂灭，众生的福分已尽，世间将无皈依。"如来右胁卧在狮子床上，告诉大家说："不要以为如来真的寂灭了，成就佛性的身体是不败灭的，只是脱离各种变易罢了；你们要抛弃懈怠心，早日寻求解脱。"众比丘都叹息悲哀，这时阿泥𠆙陁（旧称阿那律，是错误的。）对众比丘说："别哭，别哭，不要悲伤！会被天神讥笑责怪。"这时末罗种族的供养已经结束，准备抬起金棺，前往火葬场。这时阿泥𠆙陁对他们说："暂且放下来！众天神想留下来供养七天。"于是天神手持美妙的天花，游行在空中，赞颂佛陀圣明的德行，各自竭尽诚心，一起供养佛陀。

在停放金棺处的旁边，有一座佛塔，是摩诃摩耶夫人痛哭佛陀的地方。如来寂灭，棺殓之后，阿泥𠆙陁上登天宫，告诉摩耶夫人说："大圣法王现在已经寂灭。"摩耶夫人听说后，悲伤地哭泣以致昏厥，和天神、大众一起来到双树间，见到僧衣、钵和锡杖，抚摸遗物而号哭，昏厥后苏醒过来说："天神、众生的福分已尽，世间洞察一切的眼

尽，世间眼灭！今此诸物，空无有主。”如来圣力，金棺自开，放光明，合掌坐，慰问慈母：“远来下降，诸行法尔，愿勿深悲。”阿难衔哀而请佛曰：“后世问我，将何以对？”曰：“佛已涅槃，慈母摩耶自天宫降，至双树间，如来为诸不孝众生，从金棺起，合掌说法。”

睛消失，现在这些物品，再也没有主人。”如来凭其圣明的力量，金棺自行打开，放出光芒，佛陀合掌而坐，慰问慈祥的母亲说：“承您远来下降，寂灭是世间规律，请不要过度悲伤。”阿难含着哀痛请教佛陀说：“后世人询问我，我将如何回答？”佛陀说：“你就说佛涅槃后，慈母摩耶从天宫下来，到了双树间，如来为了教示不孝的众生，从金棺中起身，合掌说法。”

注释 1 法身常住：法身又称法性身，是成就佛法的身体，这身体不以物理言，而是精神之义。法身最明显的特性是常住义。它不随人的色身败灭而消失，却可长存于天地间。 2 阿泥㨄陁：又译作阿那律，是释迦牟尼十大弟子之一，以“天眼第一”著称。 3 末罗：公元前六世纪时北印度种族名、国家名。

城北渡河三百余步，有窣堵波，是如来焚身之处。地今黄黑，土杂灰炭，至诚求请，或得舍利。如来寂灭，人天悲感，七宝为棺，千氎缠身，设香花，建幡盖，末罗之众奉舆发引，前后导从，北渡金河，盛满香油，积多香木，纵

从城北渡河行走三百多步后，有一座佛塔，是如来焚身的地方。该地现在是黄黑色，土中杂有灰炭，只要诚心求取，有时可得到舍利。如来寂灭后，众生、天神悲伤感念，用七种宝物装饰棺材，千层细棉布缠身，供置香花，竖起幡盖，末罗种族的人抬着棺材前往，前有人开路，后有人随从，向北渡过金河，装满了香油，积累了香木，

火以焚，二氎不烧，一极衬身，一最覆外。为诸众生分散舍利，唯有发、爪俨然无损。

焚身侧有窣堵波，如来为大迦叶波现双足处。如来金棺已下，香木已积，火烧不然，众咸警骇，阿泥㣔陁言："待迦叶波耳。"时大迦叶波与五百弟子自山林来，至拘尸城，问阿难曰："世尊之身，可得见耶？"阿难曰："千氎缠络，重棺周殓，香木已积，即事焚烧。"是时佛于棺内为出双足，轮相之上，见有异色。问阿难曰："何以有此？"曰："佛初涅槃，人天悲恸，众泪迸染，致使异色。"迦叶波作礼，旋绕兴赞，香木自然，大火炽盛。故如来寂灭，三从棺出：初出臂，问阿难治路；次起坐，为母说法；后现双足，示大迦叶波。

点火焚烧。有两层细棉布没有燃烧，一是贴身棉布，一是最外层的棉布。然后为众生分发舍利，只有头发、指甲，竟然毫无损伤。

在焚烧如来处的旁边，有一座佛塔，是如来为大迦叶波显现双脚的地方。如来的金棺已经放下，香木已经堆积，火却点不燃，众人都吃惊，阿泥㣔陁说："这是为了等待迦叶波而已。"这时大迦叶波和五百弟子从山林中前来，到了拘尸城，问阿难说："世尊的身体，可以见见吗？"阿难说："遗体已用千层细棉布缠裹，两层棺木四周装殓，香木已经堆积，就要焚烧了。"这时佛陀在棺内为之伸出双脚，足底轮相上面，现出异样的颜色。迦叶波问阿难说："为什么有这种颜色？"阿难说："佛陀涅槃时，众生、天神悲恸，众人的泪水沾染，致使颜色如此。"迦叶波施礼，围绕棺材赞美，这时香木自动燃烧起来，大火炽烈。所以如来寂灭之后，三次从棺中露出来：第一次是伸出手臂，询问阿难出殡路线；第二次是起身而坐，为母亲说法；后一次是显现双脚，给大迦叶波观看。

6.八王分舍利传说

现足侧有窣堵波，无忧王所建也，是八王分舍利处。前建石柱，刻记其事。佛入涅槃后，涅叠般那已，诸八国王备四兵至，遣直性婆罗门谓拘尸力士曰[1]："天人导师，此国寂灭，故自远来，请分舍利。"力士曰："如来降尊，即斯下土，灭世间明导，丧众生慈父。如来舍利，自当供养，徒疲道路，终无得获。"时诸大王逊辞以求，既不相允，重谓之曰："礼请不从，兵威非远。"直性婆罗门扬言曰："念哉！大悲世尊忍修福善，弥历旷劫，想所具闻。今欲相凌，此非宜也。今舍利在此，当均八分，各得供养，何至兴兵？"诸力士依其言，即时均量，欲作八分。帝释谓诸王曰："天当有分，勿持

在如来显现双脚的旁边有一座佛塔，是无忧王所建造的，这里是八位国王分舍利的地方。塔前立有石柱，记着这件事情。佛陀入涅槃之后，火葬完毕，八位国王各自率四个兵种出发，并派遣直性婆罗门对拘尸城的力士说："天上人间的导师，在这个国家寂灭，所以从远方而来，请分割舍利。"力士说："如来屈尊降临我国，现在世间英明的导师辞世，众生慈爱的父亲丧生，如来的舍利，我国自当供养。你们徒然疲劳于道路，终究不会有收获。"这时各大王以谦逊的语气求取舍利，既不被答应，又对拘尸城的力士说："以礼相求不听从，出兵的日子就不远了。"直性婆罗门高声说："你们考虑一下吧！大悲世尊忍辱修行积累福德，经历了漫长岁月，想来大家听说过。现在要以武力相侵夺，这是不适宜的。现在舍利在这里，应当平均分成八份，各自得以供养，何必要兴师动众呢？"各力士依照直性婆罗门的意见，当即平均分割，想分作八份。帝释对各位国王说："天

力竞。”阿那婆答多龙王、文邻龙王、医那钵呾罗龙王复作是议[2]：“无遗我曹，若以力者，众非敌矣。”直性婆罗门曰：“勿喧诤也，宜共分之。”即作三分，一诸天，二龙众，三留人间，八国重分。天、龙、人王，莫不悲感。

神也当有一份，不要仗恃武力相争。”阿那婆答多龙王、文邻龙王、医那钵呾罗龙王又提出这样的意见：“不要遗漏了我们，如果以力量相争，众人恐怕不是我们的对手。”直性婆罗门说：“不要喧哗争吵了，应该共同分割舍利。”于是把舍利分为三份，一份给天神，一份给龙王，一份留在人间，然后八国再平分。天神、龙王、国王，没有不悲伤感念的。

注释 1 直性婆罗门：又作香姓婆罗门、姓烟婆罗门。指皈依佛教的婆罗门。 2 文邻龙王：即目支邻陀龙王。其事迹见本书卷八“菩提树垣”条。

三、大邑聚及罗怙罗神迹传说

分舍利窣堵波西南行二百余里，至大邑聚。有婆罗门，豪右巨富，确乎不杂，学究五明，敬崇三宝。接其居侧，建立僧坊，穷诸资用，备尽珍饰。或有众僧往来中路，殷勤请留，罄心供养，或止一宿，乃至七日。其后

从分舍利佛塔向西南行走两百多里，到达一个大集镇。镇上有位婆罗门，出身豪强，财富巨万，信仰坚定，学术上深通五明，敬仰三宝。在其住宅旁，建立僧坊，备有各种物资用品，用珍宝装饰。有时有些僧人，往来于途中，他就殷勤挽留，尽心供养，有的住一宿，有的多至七天。后

设赏迦王毁坏佛法，众僧绝侣，岁月骤淹，而婆罗门每怀恳恻。经行之次，见一沙门，庞眉皓发，杖锡而来。婆罗门驰往迎逆，问所从至，请入僧坊，备诸供养，旦以淳乳，煮粥进焉。沙门受已，才一哜齿，便即置钵，沉吟长息。婆罗门持食，跪而问曰："大德惠利随缘，幸见临顾，为夕不安耶？为粥不味乎？"沙门愍然告曰："吾悲众生福祐渐薄，斯言且置，食已方说。"沙门食讫，摄衣即路。婆罗门曰："向许有说，今何无言？"沙门告曰："吾非忘也，谈不容易，事或致疑。必欲得闻，今当略说。吾向所叹，非薄汝粥。自数百年，不尝此味。昔如来在世，我时预从，在王舍城竹林精舍，俯清流而涤器，或以澡漱，或以盥沐。嗟乎！今之纯乳，不及古之淡水，此乃人天福减使

来设赏迦王毁坏佛法，众僧人绝迹，岁月流逝，而婆罗门仍时时怀有恻隐之心。途中行步时，看到一位沙门，浓眉白发，拄着锡杖而来。婆罗门赶上去迎接，询问他从哪里来到哪里去，请他进僧坊，配备各种物品供养，早上用纯牛乳煮粥进奉。沙门接受后，刚一沾牙齿，就放下食钵，沉吟叹息。婆罗门捧着食物跪下问他说："大德高僧依照缘分，幸而光临敝处，是晚上睡得不安宁呢？还是粥味不好呢？"沙门悲伤地告诉他："我是悲伤众生福泽逐渐淡薄，这个话暂且放下，吃过后再说。"沙门吃过后，整理一下衣服就要上路。婆罗门说："您刚才答应有话讲，现在怎么不讲？"沙门告诉他："我不是忘记了，是谈起来不容易，甚至会引起疑问。你若一定要听，现在就说个大概。我刚才叹息，不是嫌你的粥差。几百年中，我已没尝过这种味道了。从前如来在世，我曾侍从过，在王舍城竹林精舍，俯身清净的流水洗涤器皿，有时漱口，有时盥洗。唉，现在的纯乳，竟赶不上古代的淡水，这实在是众生、天

之然也。”婆罗门曰：“然则大德乃亲见佛耶？”沙门曰：“然。汝岂不闻佛子罗怙罗者，我身是也。为护正法，未入寂灭。”说是语已，忽然不见。婆罗门遂以所宿之房，涂香洒扫，像设肃然，其敬如在。

复大林中行五百余里，至婆罗痆女黠反。斯国旧曰波罗奈国，讹也。中印度境。

神的福分降低使然。”婆罗门说：“这么说高僧亲自见到佛陀了？”沙门说：“是的。你难道没听说佛陀的儿子罗怙罗吗？我就是罗怙罗。为了保护佛法，还未寂灭。”说过这段话，忽然就不见了。婆罗门于是把罗怙罗住过的房子，涂香洒扫，供上罗怙罗图像，仪式严肃，其恭敬就如在场一般。

再在大树林中行走五百多里，就到达婆罗痆斯国。（旧称波罗奈国，是错误的。在中印度境内。）

卷第七　五国

三藏法师玄奘奉诏译
大总持寺沙门辩机撰

婆罗痆斯国[1]

原文

婆罗痆斯国周四千余里。国大都城临殑伽河，长十八九里，广五六里。闾阎栉比，居人殷盛，家积巨万，室盈奇货。人性温恭，俗重强学。多信外道，少敬佛法，气序和，谷稼盛，果木扶疏，茂草霍靡[2]。伽蓝三十余所，僧徒三千余人，并学小乘正量部法。天祠百余所，外道万余人，并多宗事大自在天，或断发，或椎髻，露形无服，涂身以灰，精勤苦行，求出生死。

译文

婆罗痆斯国方圆四千多里。国家的都城西面濒临殑伽河，长十八九里，宽五六里。街巷相连，居民繁多，家产积累巨额财富，堆满奇异的宝货。人民性格温顺恭敬，风俗重视学习。多数人相信外道，只有少数人敬仰佛法。气候温和，庄稼茂盛，果木疏密有致，丰草随风起伏。寺院有三十多所，僧徒三千多人，都学习小乘佛教正量部理论。天祠有一百多所，外道信徒一万多人，大多宗奉大自在天，有的剪断头发，有的盘在头顶，赤身裸体不穿衣服，在身上涂上炭灰，精诚勤奋地修炼苦行，谋求脱离生死轮回。

大城中天祠二十所，层台祠宇，雕石文木，茂林相荫，清流交带。鍮石天像量减百尺，威严肃然，懔懔如在。

都城中天祠有二十所，祠宇有层层台阁，雕凿石头，纹饰木柱，茂密的林木相互遮荫，清澈的流水交互接连。鍮石天神像高近百尺，威严肃穆，气派凛然如同真身一般。

大城东北婆罗痆河西有窣堵波，无忧王之所建也，高百余尺。前建石柱，碧鲜若镜，光润凝流，其中常现如来影像。

在都城东北婆罗痆河西岸，有一座佛塔，是无忧王所建造的，高一百多尺。塔前竖有石柱，碧绿鲜艳如铜镜，光滑滋润可凝结流水，柱中时常显现出如来的影像。

注释　1 婆罗痆（niè）斯国：又作波罗奈斯、婆罗那等，其都城在今印度北部的瓦腊纳西（亦作贝拿勒斯）。 2 霍（huò）靡：茂草随风起伏的样子。

一、鹿野伽蓝[1]

婆罗痆河东北行十余里，至鹿野伽蓝。区界八分，连垣周堵，层轩重阁，丽穷规矩。僧徒一千五百人，并学小乘正量部法。大垣中有精舍，高二百余尺，上以黄金隐起作庵没罗果。石

从婆罗痆河向东北行走十多里，到达鹿野寺院。寺院内划分为八个地段，用围墙连成一体，台榭层层，楼阁重重，壮丽至极。僧徒有一千五百人，都研习小乘佛教正量部。大墙内有座精舍，高二百多尺，上面用黄金制成庵没罗果样式。以石为地基，

为基陛，砖作层龛，龛匝四周，节级百数，皆有隐起黄金佛像。精舍之中有鍮石佛像，量等如来身，作转法轮势[2]。

砖砌层龛，佛龛围绕四周，台阶一百多级，每级都有隐现的黄金佛像。精舍里面，有鍮石佛像，尺寸与如来真身相同，作转动法轮的姿势。

精舍西南有石窣堵波，无忧王建也，基虽倾陷，尚余百尺。前建石柱，高七十余尺。石含玉润，鉴照映彻。殷勤祈请，影见众像，善恶之相，时有见者。是如来成正觉已初转法轮处也。

精舍西南有座石塔，是无忧王建造的，塔基虽已倾斜陷落，但仍高一百尺。塔前竖有石柱，高七十多尺。石质晶莹闪亮，如铜镜映照。如殷勤地祈求，能显现众生影像，善恶的相貌，时有所见。这里是如来成正觉之后初次转动法轮的地方。

其侧不远窣堵波，是阿若憍陈如等见菩萨舍苦行[3]，遂不侍卫，来至于此，而自习定。

石柱旁边不远处有座佛塔，当初阿若憍陈如等人见菩萨放弃苦行，就不再侍卫，来到这里，而自己修习禅定。

其傍窣堵波，是五百独觉同入涅槃处[4]。又三窣堵波，过去三佛坐及经行遗迹之所[5]。

旁边又有佛塔，是五百位独自修行者一同涅槃之处。又有三座佛塔，是过去三佛的座位和散步遗迹的场所。

注释　1 鹿野伽蓝：位于今印度北部瓦腊纳西以北约四英里处的一所寺院。该寺院在阿育王时代已负盛名，与佛陀诞生处蓝毗尼园、成道处菩提伽耶、涅槃处拘尸那揭罗同称佛教四大圣地。　2 转法轮：佛宣说其教法，谓之转法轮。佛的教法能回转一切众生，摧破种种烦恼，故譬之为法轮。说此教法，是名为转。　3 阿若憍陈如：最初受佛陀济度的五比丘中的上首。五人原为净饭王派遣护卫释迦牟尼修行的五名侍从。 **4** 独觉：独自修行而悟道者。 **5** 过去三佛：指释迦牟尼以前的三佛拘留孙佛、拘那含牟尼佛、迦叶波佛。

1. 慈氏及护明受记窣堵波

三佛经行侧有窣堵波，是梅呾丽耶唐言慈，即姓也。旧曰弥勒，讹略也。菩萨受成佛记处[1]。昔者如来在王舍城鹫峰山告诸苾刍："当来之世，此赡部洲土地平正，人寿八万岁，有婆罗门子慈氏者，身真金色，光明朗照，当舍家成正觉，广为众生三会说法[2]。其济度者，皆我遗法植福众生也。其于三宝深敬一心，在家出家，持戒犯戒，皆蒙化导，证果解脱。三会说法之中，度我遗法之徒，然后乃化同缘善友。"是时慈氏菩萨闻佛此说，从座起，白佛言："愿我作彼慈氏世尊。"如来告曰：

在三佛散步遗迹的旁边有座佛塔，是梅呾丽耶（唐朝语言称为慈氏，是其姓氏。旧称弥勒，是错误疏略的。）菩萨聆听成佛预言的地方。从前如来在王舍城鹫峰山告诉比丘们说："将来之世，这赡部洲土地平正，在人寿八万岁时，有位婆罗门的儿子慈氏，身上呈真金色，光明照耀，将舍弃家庭修成正觉，广泛地为众生三次说法。他所济度的，都是我遗下的佛法培植福德的众生。他对于三宝一心敬奉，无论在家者还是出家者，守戒律者还是犯戒律者，都受他的化导，从而证得正果得以解脱。三次说法之中，济度接受我遗法的信徒，然后又度化其他有缘的教友。"当时慈氏菩萨听到佛陀的这段话，就从座位上起身，对佛陀说："希望让我去做那

"如汝所言，当证此果。如上所说，皆汝教化之仪也。"

慈氏菩萨受记西有窣堵波，是释迦菩萨受记之处。贤劫中人寿二万岁，迦叶波佛出现于世，转妙法轮，开化含识，授护明菩萨记曰[3]："是菩萨于当来世众生寿命百岁之时，当得成佛，号释迦牟尼。"

释迦菩萨受记南不远，有过去四佛经行遗迹，长五十余步，高可七尺，以青石积成，上作如来经行之像，像形杰异，威严肃然，肉髻之上特出髾发，灵相无隐，神鉴有征。

于其垣内，圣迹实多，诸精舍、窣堵波数百余所，略举二三，难用详述。

位慈氏世尊。"如来对他说："正如你说的那样，你将会证得佛果。以上所说的，都是你度化世人的仪式。"

在慈氏菩萨聆听预言处的西面有座佛塔，是释迦菩萨聆听预言的地方。在贤劫中人寿二万岁时，迦叶波佛出现在世上，演说精妙的佛法，开导度化众生，对护明菩萨作预言说："下一位菩萨在来世众生寿命一百岁时，将能成佛，号为释迦牟尼。"

释迦菩萨接受预言处南面不远，有过去四佛散步的遗迹，长五十多步，高约七尺，用青石砌成，上面刻有如来散步的图像，相貌奇特杰出，威严肃穆，肉髻上长出发梢，妙相历历在目，显现出灵异。

在鹿野寺院围墙之内，圣迹实在很多。各种精舍、佛塔有几百所，略举两三种，难以详尽叙述。

注释　1 梅呾丽耶：即慈氏菩萨。　2 三会：诸佛为了救度众生而举行的三次大说法。其中以弥勒佛（即慈氏菩萨）的三会最为有名，称龙华三会。弥勒在龙华园中龙华树下成道，三度说法，度尽上、中、下三根之众生。　3 护明菩萨：传说是迦叶波佛的弟子，释迦牟尼的前身之一。

2.三龙池及释迦遗迹

伽蓝垣西有一清池，周二百余步，如来尝中盥浴。次西大池，周一百八十步，如来尝中涤器。次北有池，周百五十步，如来尝中浣衣。凡此三池，并有龙止。其水既深，其味又甘，澄净皎洁，常无增减。有人慢心濯此池者，金毗罗兽多为之害[1]；若深恭敬，汲用无惧。浣衣池侧大方石上，有如来袈裟之迹，其文明彻，焕如雕镂，诸净信者每来供养。外道凶人轻蹈此石，池中龙王便兴风雨。

寺院围墙西面有一清池，周长二百多步，如来曾在里面沐浴。再往西有个大池，周长一百八十步，如来曾在里面洗涤器物。再往北有个水池，周长一百五十步，如来曾在里面洗衣服。这三个水池，都有龙居住。池水很深，味道又甘美，清澈皎洁，没有增减。如有人心中怠慢在此洗涤，鳄鱼就会出来为害；如果深怀恭敬之心，汲水使用则不用畏惧。浣衣池旁的大方石上，有如来袈裟的遗迹，纹路明晰，如同雕刻一般，一些诚心信仰者常来供奉。外道中的恶人轻率地踏上这块方石，池中的龙王就会刮风下雨。

注释 1 金毗罗兽：即鳄鱼。

3.象、鸟、鹿王本生故事

池侧不远有窣堵波，是如来修菩萨行时，为六

池旁不远处有座佛塔，当初如来在这里修菩萨行时，身为六牙象王，猎

牙象王，猎人利其牙也，诈服袈裟，弯弧伺捕，象王为敬袈裟，遂捩牙而授焉[1]。

人贪图它的牙，假装穿着袈裟，拉紧弓弦伺机捕捉，象王为了敬重袈裟，于是拔下自己的牙送给猎人。

捩牙侧不远有窣堵波，是如来修菩萨行时愍世无礼，示为鸟身，与彼猕猴、白象于此相问，谁先见是尼拘律树，各言事迹，遂编长幼，化渐远近，人知上下，道俗归依。

拔牙处旁边不远有座佛塔，当初如来在这里修菩萨行时，哀叹世间没有礼仪，就化为鸟身，与猕猴、白象在这里相约，谁先见到尼拘律树，便先讲述各自的事迹，于是编出长幼顺序，教化远近的人，使人们知道上下尊卑，引导世俗皈依佛法。

其侧不远大林中有窣堵波，是如来昔与提婆达多俱为鹿王断事之处。昔于此处大林之中，有两群鹿，各五百余。时此国王畋游原泽，菩萨鹿王前请王曰："大王校猎中原，纵燎飞矢，凡我徒属，命尽兹晨，不日腐臭，无所充膳。愿欲次差，日输一鹿。王有割鲜之膳，我延旦夕之命。"王善其言，回驾而返。两群之鹿，更次输命。提婆群中有怀孕鹿，次当就死，白其王曰："身虽应死，

旁边不远处的大树林中有座佛塔，是从前如来和提婆达多都做鹿王而处理事情的地方。从前在这里的大树林中，有两群鹿，各自五百多头。当时这个国家的国王在原野打猎，菩萨鹿王前去请求国王说："大王在原野打猎，纵火放箭，我的徒属都要在今晨丧命了，过不了几天就要腐烂发臭，不能食用。希望能依次遣送，每天输送一头鹿。大王有新鲜的肉食，我辈可延长早晚的性命。"国王认为它说的对，就起驾回宫。两群鹿中，轮番输送。提婆达多的鹿群中有头怀孕的鹿，按次序将送命，此鹿去报告鹿王说："我虽然按次序应该死，但胎儿还未轮

子未次也。”鹿王怒曰：“谁不宝命！”雌鹿叹曰：“吾王不仁，死无日矣。”乃告急菩萨鹿王，鹿王曰：“悲哉慈母之心，恩及未形之子！吾今代汝。”遂至王门。道路之人传声唱曰：“彼大鹿王今来入邑。”都人士庶莫不驰观。王之闻也，以为不诚，门者白王，王乃信然。曰：“鹿王何遽来耶？”鹿曰：“有雌鹿当死，胎子未产，心不能忍，敢以身代。”王闻叹曰：“我人身，鹿也。尔鹿身，人也。”于是悉放诸鹿，不复输命，即以其林为诸鹿薮，因而谓之施鹿林焉。鹿野之号，自此而兴。

到。”鹿王发怒说：“谁不珍惜性命？”雌鹿叹息说：“我们的王不仁道，我马上就要死了。”于是去向菩萨鹿王告急，鹿王说：“可怜啊慈母的心，恩惠施及没有成形的胎儿！我现在代替你去受死。”于是到国王门前，道路上的人高声传言：“那头大鹿王现在进城了。”都市中官吏百姓都跑来观看。国王听说后，以为不真实。守门的人报告国王，国王才相信。他向鹿王说：“鹿王为什么急急忙忙地赶来呢？”鹿王说：“有头雌鹿按次序应送命，但胎儿没生下来，我于心不忍，愿意以身自代。”国王听说后叹息说：“我是人的身体，却是鹿的心肠。你是鹿的身体，却有人的心肠。”于是赦免全部的鹿，不再输送，并把这片树林作为鹿的栖息地，因而称这片地为施鹿林。鹿野的称号，是由此而产生的。

注释　1 捩（liè）：扭转。

4.陈憍如等五人迎佛窣堵波

伽蓝西南二三里,有窣堵波,高三百余尺,基趾广峙,莹饰奇珍,既无层龛,便置覆钵,虽建表柱,而无轮铎。其侧有小窣堵波,是阿若憍陈如等五人弃制迎佛处也。初,萨婆曷刺他悉陁唐言一切义成。旧言悉达多,讹略也。太子逾城之后,栖山隐谷,忘身殉法。净饭王乃命家族三人,舅氏二人曰:“我子一切义成舍家修学,孤游山泽,独处林薮,故命尔曹随知所止。内则叔父、伯舅,外则既君且臣,凡厥动静,宜知进止。”五人衔命,相望营卫,因即勤求,欲期出离。每相谓曰:“夫修道者,苦证耶?乐证耶?”二人曰:“安乐为道。”三人曰:“勤苦为道。”二三交争,未有以明。于是太子思惟至理,

在寺院西南二三里,有一座佛塔,高三百多尺,基址高大,装饰着奇珍异宝,塔身没有层龛,就建立了覆钵部分,虽然建起了表柱,然而没有轮相和铃铎。它的旁边有座小佛塔,是阿若憍陈如等五人放弃原先的约定,迎接佛陀的地方。当初,萨婆曷刺他悉陁(唐朝语言称一切义成。旧称悉达多,是错误与疏略的。)太子越过城墙后,栖息隐居在山谷中,舍身而殉法。净饭王于是命令家族中三人、太子母舅家二人说:“我的儿子一切义成离家修学,一人游走山泽,独身处于树林中,所以命令你们跟随他,了解他的行踪。在内你们是叔父、伯舅,在外则是君臣,不管有什么事发生,要知道进退。”五人接到命令,便跟着太子加以护卫,因之勤奋探求,期望脱离生死轮回。时常相互说:“修道之事,是在勤苦中得道呢?还是在安乐中得道呢?”有两人说:“在安乐中得道。”三人说:“在勤苦中得道。”二人和三人互相争执,没有结论。这时太子思考最高的道

为伏苦行外道，节麻米以支身。彼二人者见而言曰：“太子所行，非真实法。夫道也者，乐以证之，今乃勤苦，非吾徒也。”舍而远遁，思惟果证。太子六年苦行，未证菩提，欲验苦行非真，受乳糜而证果。

斯三人者闻而叹曰：“功垂成矣，今其退矣。六年苦行，一日捐功！”于是相从求访二人，既相见已，匡坐高论，更相议曰：“昔见太子一切义成出王宫，就荒谷，去珍服，披鹿皮，精勤励志，贞节苦心，求深妙法，期无上果[1]。今乃受牧女乳糜，败道亏志，吾知之矣，无能为也。”彼二人曰：“君何见之晚欤？此猖獗人耳。夫处乎深宫，安乎尊胜，不能静志，远迹山林，弃转轮王位，为鄙贱人行，何可念哉？言增忉怛耳[2]！”菩萨浴尼连禅河，坐

理，为了折服修苦行的外道，节省麻布和米，仅仅够维持生命。那两个人见到后说：“太子所实行的不是真正的办法。所谓道，是在安乐中得到的，如今如此勤苦，不是我们一类。”就离开太子远去，思考得道证果的办法。太子六年修苦行，没有证得菩提之果，他想验证苦行不是真正的办法，就接受人家的乳糜，而去证得正果。

另外那三个人听说后叹息说：“太子大功就要告成，现在却倒退了。六年的苦行，竟毁于一旦！”于是一起去寻找那两个人，相见之后，坐在一起高谈阔论，互相议论说：“从前见到太子一切义成逃离王宫，前往荒山野岭，去掉珍贵的衣服，披上鹿皮，精心勤奋，矢志修道，一片贞节苦心，探求深妙的法门，期望证得无上果。现在却接受牧女的乳糜，损坏道行，有亏志向，我已经知道，他没有什么作为了。”那二人说：“你怎么知道得这么晚呢？这是一个颠三倒四的人。他处在深宫，安于尊贵，不能静思安心，远远跑到山林，抛弃转轮王位，做下贱人的事，有什么值得挂念的？只是说起来增加忧

菩提树，成等正觉，号天人师，寂然宴默，惟察应度，曰："彼郁头蓝子者[3]，证非想定[4]，堪受妙法。"空中诸天寻声报曰："郁头蓝子命终已来，经今七日。"如来叹惜："如何不遇？垂闻妙法，遽从变化！"重更观察，营求世界，有阿蓝迦蓝得无所有处定[5]，可授至理。诸天又曰："终已五日。"如来再叹，愍其薄祜。又更谛观，谁应受教，唯施鹿林中有五人者，可先诱导。如来尔时起菩提树，趣鹿野园，威仪寂静，神光晃耀，毫含玉彩，身真金色，安详前进，导彼五人。斯五人遥见如来，互相谓曰："一切义成，彼来者是。岁月遽淹，圣果不证，心期已退，故寻吾徒。宜各默然，勿起迎礼。"如来渐近，威神动物，五人忘制，拜迎问讯，侍从如仪。如来渐诱，

伤而已。"菩萨在尼连禅河沐浴后，坐在菩提树下，成等正觉，号为天人师，寂然默思，思考应度化的人，说："那位郁头蓝子，已经证得非想定，足以接受精妙佛法。"空中天神随声报告："郁头蓝子已经死去，到今天已有七日。"如来叹息："他怎么如此不幸运？刚要听到佛法，突然就去世了！"重新观察，在世间寻找，有一位叫阿蓝迦蓝的，已经证得无所有处定，可传授至理。天神又说："他已死了五天。"如来再次叹息，哀怜他福分薄。又另外观察，谁应接受教化，只有施鹿林中有五个人，可以先加以诱导。如来这时从菩提树下起身，赶往鹿野园，仪表威严而静谧，神光闪耀，光芒中包含美玉的色彩，身上呈真金颜色，稳重地前进，去开导那五人。那五人远远地望见如来，互相说："来的是一切义成太子。岁月流逝，圣果没有证得，心中已经失去志向，所以来寻我们几个人。应该各自默不出声，不起身迎接他。"如来渐渐走近，神威感动万物，五人忘记了约定，起身拜见迎接，向他问候，按照礼仪侍卫在左右。如来逐渐诱导，指示精妙的道理，

示之妙理，雨安居毕，方获果证。

在雨住安居完毕之后，五人才获得了正果。

注释 1 无上果：即无上正等正觉、无上正真之道。这是佛觉悟的智慧，是无以上之的、真正的平等圆满的智慧。 2 忉怛（dāo dá）：忧愁，悲苦。 3 郁头蓝子：又作郁头蓝弗、优陀罗罗摩子等，似为印度六派哲学之一的僧佉论论师。释迦牟尼成道前，曾向其求法。 4 非想：即非想非非想。不是想象，也不是非想象的境地。这是无色界的第四天，是三界的最上境界。对于欲界、色界的粗想的烦恼的否定，为非想；也不是没有细想的烦恼，为非非想。由于是非想，外道以为这是真正的涅槃境地；由于是非非想，佛法以为此中尚有生死，未能真正解脱。在修行上，这是相当高而不是究极的境界。 5 阿蓝迦蓝：又作阿罗逻、阿蓝等，是释迦牟尼出家初问道的外道仙人。无所有处：观取一切对象都无所有的三昧的境地。这是无色界的四处之一，为无色界禅定的第三位。

二、烈士池及传说

施鹿林东行二三里，至窣堵波，傍有涸池，周八十余步，一名救命，又谓烈士。闻诸先志曰：数百年前有一隐士，于此池侧结庐屏迹，博习伎术，究极神理，能使瓦砾为宝，人畜易

从施鹿林向东行走二三里，到达一座佛塔，旁边有一个干涸的池子，周长八十多步，一名救命池，又称烈士池。听老年人：几百年前，有一个隐士，在这个池旁构筑房舍隐居，广博地学习技巧法术，研究变幻的道理，能使瓦砾成为珍宝，人畜变易形貌，只是不

形，但未能驭风云，陪仙驾。阅图考古，更求仙术。其方曰："夫神仙者，长生之术也。将欲求学，先定其志，筑建坛场，周一丈余。命一烈士，信勇昭著，执长刀，立坛隅，屏息绝言，自昏达旦。求仙者中坛而坐，手按长刀，口诵神咒，收视反听，迟明登仙。所执铦刀变为宝剑，凌虚履空，王诸仙侣，执剑指麾，所欲皆从，无衰无老，不病不死。"是人既得仙方，行访烈士，营求旷岁，未谐心愿。后于城中遇见一人，悲号逐路。隐士睹其相，心甚庆悦，即而慰问："何至怨伤？"曰："我以贫窭，佣力自济。其主见知，特深信用，期满五岁，当酬重赏。于是忍勤苦，忘艰辛。五年将周，一旦违失，既蒙笞辱，又无所得。以此为心，悲悼谁恤？"隐士

能驾驭风云，陪伴仙人云游。他查阅图册考索古代事迹，进一步寻求成仙之术，方法是："所谓神仙，是长生的法术，想要学习，先要立下志向，建筑一个坛场，方圆一丈多。命令一位烈士，此人要信实勇武，手执长刀，站在坛场旁，屏住呼吸不说话，从晚上一直到早晨。求仙的人则坐在坛场中间，手按长刀，口中诵念神咒，不看不听，天明之前便可成仙。手中锋利的刀变为宝剑，在虚空中行走，在众仙中称王。手执宝剑指挥，所要做的事都能做到。不会体衰，不会年老，不会得病，不会死亡。"这个人得到仙方后，出去寻访烈士，找了一年多，未见到如意的。后来在城内遇到一个人，正沿路悲伤地啼哭。隐士看到他的相貌，心中十分喜悦，随即对他慰问："为什么如此悲伤？"那人说："我因为贫穷，靠卖力气活命，主人了解我，特别信任，期限满五年，应当给予厚重的赏赐。我于是忍着辛苦，忘记了艰难，五年将满，忽然有点过失，既受鞭笞之辱，又得不到赏赐，因此心中悲伤，这种苦痛有谁会同情呢？"隐士命那人和自己一同行

命与同游，来至草庐，以术力故，化具肴馔。已而令入池浴，服以新衣，又以五百金钱遗之，曰："尽当来求，幸无外也。"自时厥后，数加重赂，潜行阴德，感激其心。烈士屡求效命，以报知己。隐士曰："我求烈士，弥历岁时，幸而会遇，奇貌应图，非有他故，愿一夕不声耳。"烈士曰："死尚不辞，岂徒屏息？"于是设坛场，受仙法，依方行事，坐待日曛。曛暮之后，各司其务，隐士诵神咒，烈士按铦刀。殆将晓矣，忽发声叫。是时空中火下，烟焰云蒸，隐士疾引此人，入池避难。已而问曰："诫子无声，何以惊叫？"烈士曰："受命后，至夜分，昏然若梦，变异更起。见昔事主躬来慰谢，感荷厚恩，忍不报语；彼人震怒，遂见杀害。受中阴身[1]，顾尸叹惜，

走，来到草房，以法术变化出饭菜，让那人吃。随后又让那人进池中洗澡，换上新衣服，又拿出五百金钱送给那人说："用完了就再来拿，希望不要见外。"从这时以后，多次给予财货，暗中施予恩德，激发他的感恩之心。烈士屡次请求效命，以报答知遇之恩。隐士说："我访求烈士，已经历若干岁月了，幸而相会，你的相貌与古代图册相应，没有其他的要求，只希望一个晚上不出声而已。"烈士说："死尚且不推辞，何况只是不出声呢？"于是设立坛场，接受仙法，根据成仙的法术行事，坐等黄昏的到来。黄昏之后，各人干自己的事。隐士诵念神咒，烈士按着锋利的刀。天快亮时，烈士忽然发出声音喊叫。这时空中火团掉下来，烟尘滚滚如云彩腾起，隐士赶忙拉着这人入池中避难。随后问他说："告诫你不要出声，为什么要惊叫？"烈士说："接受命令后，到了半夜，昏昏沉沉如做梦一般，变异不断发生。看到从前侍奉的主人亲自来慰问道歉，我感念你的厚恩，忍着不回答他。那人大怒，就动手杀了我。我变为中阴身，看着

犹愿历世不言，以报厚德。遂见托生南印度大婆罗门家，乃至受胎出胎，备经苦厄，荷恩荷德，尝不出声。洎乎受业、冠婚、丧亲、生子，每念前恩，忍而不语，宗亲戚属咸见怪异。年过六十有五，我妻谓曰：'汝可言矣！若不语者，当杀汝子。'我时惟念，已隔生世，自顾衰老，唯此稚子，因止其妻，令无杀害，遂发此声耳。"隐士曰："我之过也！此魔娆耳。"烈士感恩，悲事不成，愤恚而死。免火灾难，故曰救命；感恩而死，又谓烈士池。

尸体叹息，还是希望世世不说话，来报答你的大德。于是便转生在南印度的一个婆罗门大族，经过受胎出胎，历尽痛苦厄难。想起你的恩德，没有说过话。直到读书、行冠礼、结婚、丧亲、生子，每一念及从前的恩德，都忍着不说话，同宗亲戚看到后都感到奇怪。年纪过了六十五岁，我的妻子对我说：'你可以说话了，如果不说话，我就杀死你的儿子。'我当时思考，事情已经隔代，自己又年老体衰，只有这个幼小的孩子，于是制止我的妻子，让他不要杀害儿子，就发出了声音。"隐士说："这是我的过错！这是魔鬼在捣乱。"烈士感念恩德，悲叹事情没成功，愤恨而死。这个池子因避免了火灾之难，所以叫救命池；因烈士感恩而死，又叫烈士池。

注释 1 中阴身：佛教以为，众生若未得解脱尚在轮回，则死后其物理的身体腐灭，而灵魂未灭，成一无主孤魂，需托胎受生，接受新的物理之身。这无主孤魂状态即中阴身，是死后及转生前的一个阶段。

三、三兽窣堵波

烈士池西有三兽窣堵波，是如来修菩萨行时烧身之处。劫初时，于此林野，有狐、兔、猿，异类相悦，时天帝释欲验修菩萨行者，降灵应化为一老夫，谓三兽曰："二三子善安隐乎？无惊惧耶？"曰："涉丰草，游茂林，异类同欢，既安且乐。"老夫曰："闻二三子情厚意密，忘其老弊，故此远寻。今正饥乏，何以馈食？"曰："幸少留此，我躬驰访。"于是同心虚己，分路营求。狐沿水滨，衔一鲜鲤，猿于林树，采异花果，俱来至止，同进老夫。唯兔空还，游跃左右。老夫谓曰："以吾观之，尔曹未和。猿狐同志，各能役心，唯兔空还，独无相馈。以此言之，诚可知也。"兔闻讥议，谓

烈士池西面有三兽佛塔，这是如来修菩萨行时烧身的地方。劫初之时，在这片树林中，有狐狸、兔子和猿，它们不是同类却能友好相处，这时天帝释想考验其中修菩萨行的，就从天降临变化为一个老人，对三兽说："你们几位都过得安稳吗？没有惊吓吗？"三兽回答："我们奔驰于丰盛的草丛，游玩于茂密的树林，不同类而共欢，既安稳又快乐。"老人说："听说各位情意深厚，我忘记了年老疲惫，所以远远地到这里寻找你们。我现在正饥饿困乏，你们如何款待我？"三兽回答："希望稍微在这里停留一下，我们亲自出去寻求食物。"于是同心协力，分头去寻找。狐狸沿着水边，衔着一头鲜鲤鱼，猿在树林中采集奇花异果，都带了回来，一起进献给老人。只有兔子空手而回，在老人左右跳跃。老人说："依我看来，你们并不融洽。猿和狐狸同心，各能用心去办事，只有兔子空手而回，没有东西馈赠给我。如此说来，你们的不融洽可得而知。"兔子听到讥讽的议论，对狐狸

狐、猿曰:“多积樵苏,方有所作。”狐、猿竞驰,衔草曳木,既已蕴崇,猛焰将炽。兔曰:“仁者,我身卑劣,所求难遂,敢以微躬,充此一餐。”辞毕入火,寻即致死。是时老夫复帝释身,除烬收骸,伤叹良久,谓狐、猿曰:“一何至此!吾感其心,不泯其迹,寄之月轮,传乎后世。”故彼咸言,月中之兔,自斯而有。后人于此建窣堵波。

从此顺殑伽河流,东行三百余里,至战主国。中印度境。

和猿说:“你们去多采集柴草,我要有所作为。”狐狸、猿争着跑出去,衔草曳木,柴草堆得很高,火焰即将炽烈。兔子说:“仁义的老人,我的身份卑劣,您的要求没有办到,我愿以微贱的身体,充当您的一顿饭。”说罢就跳入火中,不一会儿就烧死了。这时老人恢复为帝释的形貌,除去灰烬,收集遗骸,感伤叹息了很久,对狐狸和猿说:“没想到事情竟然如此!我的心为它所感动,不能泯灭它的事迹,要把它放到月亮上去,传到后世。”所以当地人都说,月亮中的兔子,是从那时才有的。后人于是在这里建立了佛塔。

从婆罗痆斯国顺着殑伽河流向东行走三百多里,到达战主国。(在中印度境内。)

战主国[1]

原文

战主国周二千余里，都城临殑伽河，周十余里。居人丰乐，邑里相邻。土地膏腴，稼穑时播。气序和畅，风俗淳质，人性犷烈，邪正兼信。伽蓝十余所，僧徒减千人，并皆遵习小乘教法。天祠二十，异道杂居。

译文

战主国方圆两千多里，都城濒临殑伽河，方圆十多里。居民丰足欢乐，城乡相接。土地肥沃，庄稼适时播种。气候温和舒适，风俗淳厚质朴。人性粗犷刚烈，邪教、正教都信仰。寺院有十多所，僧徒近千人，都尊奉研习小乘佛教。天祠有二十所，异道信徒混杂居住。

注释　1 战主国：国名，其都城在今印度东北部的加济普尔。

一、佛舍利窣堵波

大城西北伽蓝中窣堵波，无忧王之所建也。《印度记》曰：此中有如来舍利一升。昔者世尊尝于此处，七日之中，为天人众显说妙法。其侧则有过去三佛坐及经行遗迹之处。邻此复有慈氏菩萨像，形量虽

都城西北寺院中的佛塔，是无忧王建造的。《印度记》说：塔内有一升如来舍利。从前世尊曾在这里，用七天时间为天神大众演说精妙的佛法。塔旁有过去三佛的座位和散步遗迹的场所。相接的又有慈氏菩萨像，形体虽然

小，威神嶷然，灵鉴潜通，奇迹间起。

小，却威严庄重，神灵与像相通，时常有奇迹发生。

二、不穿耳伽蓝

大城东行二百余里，至阿避陁羯刺拿僧伽蓝[1]。唐言不穿耳。周垣不广，雕饰甚工，花池交影，台阁连甍，僧徒肃穆，众仪庠序。闻诸先志曰：昔大雪山北睹货逻国有乐学沙门，二三同志礼诵余闲，每相谓曰："妙理幽玄，非言谈所究。圣迹昭著，可足趾所寻。宜询莫逆，亲观圣迹。"于是二三交友杖锡同游。既至印度，寓诸伽蓝，轻其边鄙，莫之见舍。外迫风露，内累口腹，颜色憔悴，形容枯槁。时此国王出游近郊，见诸客僧，怪而问曰："何方乞士？何所因来？耳既不

从都城向东行走两百多里，到达阿避陁羯刺拿寺院。（唐朝语言称不穿耳。）四周墙垣不宽广，雕饰得十分精巧，花卉与水池交相映照，亭台楼阁连成一片，僧徒安详肃穆，各种礼仪堪称楷模。听老年人讲：从前大雪山以北睹货逻国有乐于研习佛学的沙门，几个志同道合者在诵经余暇之时，常互相说："佛法真理幽深玄妙，不是言谈所能深究的。圣迹存留得清清楚楚，可以实地去寻访。我们应邀约知心者，亲自去瞻仰圣迹。"于是两三个至交手执锡杖一同出游。到了印度后，到寺院中借宿，别人轻视他们来自边地，不肯让他们留宿。他们外迫于风霜雨露，内为饥饿所逼，脸色憔悴，容貌枯槁。当时这个国家的君王到近郊游玩，见到这些外来僧人，奇怪地问道："你们是哪里的乞丐？因何事而来？耳朵没有

穿，衣又垢弊。”沙门对曰：“我，睹货逻国人也。恭承遗教，高蹈俗尘，率其同好，观礼圣迹。慨以薄福，众所同弃，印度沙门，莫顾羁旅。欲还本土，巡礼未周，虽迫勤苦，心遂后已。”王闻其说，用增悲感，即斯胜地，建立伽蓝，白氎题书，为之制曰：“我惟尊居世上，贵极人中，斯皆三宝之灵祐也。既为人王，受佛付嘱，凡厥染衣，吾当惠济。建此伽蓝，式招羁旅。自今已来，诸穿耳僧，我此伽蓝不得止舍。”因其事迹，故以名焉。

穿刺戴环，衣服又脏又破。”沙门回答说：“我们是睹货逻国人。恭敬地继承如来的佛法，远离尘俗，邀约志同道合者，前来瞻仰圣迹。可叹我们福分薄，为众人所抛弃，印度的沙门，不肯关照外来之人。我们想回本国，而尚未遍观佛迹，虽然为困苦逼迫，也要实现心愿后才罢休。”国王听了他们的话，激起了悲伤的感觉，当即在这片胜地建立寺院，用白细棉布题写命令：“我尊居于世间，在人群中贵重至极，这都是佛法的佑助。我既为国王，受到佛的嘱咐，凡是僧侣，我均当惠施接济。建立这些寺院，用以招待外来僧侣。从今以后，所有穿耳僧人，我这座寺院不再留宿。”由于这一段事迹，所以该寺院名为不穿耳寺院。

注释　1 阿避陁羯刺拿僧伽蓝：寺院名。其地址可能在今印度迦济普尔以东的巴利亚附近。

三、摩诃娑罗邑及诸遗迹[1]

阿避陁羯剌拿伽蓝东南行百余里，南渡殑伽河，至摩诃娑罗邑，并婆罗门种，不遵佛法。然见沙门，先访学业，知其强识，方深礼敬。

殑伽河北，有那罗延天祠[2]，重阁层台，奂其丽饰。诸天之像，镌石而成，工极人谋，灵应难究。

那罗延天祠东行三十余里，有窣堵波，无忧王之所建也，大半陷地。前建石柱，高余二丈，上作师子之像，刻记伏鬼之事。昔于此处有旷野鬼，恃大威力，啖人血肉，作害生灵，肆极妖祟。如来愍诸众生不得其死，以神通力诱化诸鬼，导以归依之敬，齐以不杀之戒。诸鬼承教，奉以周旋。于是举石请佛安坐，愿闻正法，克念护持。自兹厥后，

从阿避陁羯剌拿寺院向东南行走一百多里，向南渡过殑伽河，到达摩诃娑罗邑，那里都是婆罗门种姓，不遵奉佛法。不过见到沙门，就首先探询他的佛学根底，得知他学识深厚后，便深加礼敬。

在殑伽河北面有那罗延天祠，台阁重叠，装饰得非常华丽。天神的像，都是刻石而成，工艺精巧至极，灵异之事难以究明。

从那罗延天祠从东行走三十多里，有一座佛塔，是无忧王所建造的，大半已陷入地中。塔前竖有石柱，高二丈多，上面雕有狮子像，刻记着降鬼的事迹。从前这里有旷野鬼，仗恃强大的威力，吃人血肉，残害生灵，肆无忌惮地兴妖作怪。如来怜悯众生不能善终，凭借神通力，诱导度化众鬼，用皈依佛法的崇敬心引导它们，用不得杀生的戒律约束它们。众鬼接受教诲后，侍奉在周围，于是举起石头请佛陀安稳地就座，愿意听闻佛法，专意维护扶持。从这时之后，不

无信之徒竞共推移鬼置石座，动以千数，莫之能转。茂林清池，周基左右，人至其侧，无不心惧。

信佛法的人竟相前来推移鬼所设置的座位，动不动就是千把人，但都不能移动它。茂密的树林和清澈的水池，分布在周围，人们到了石柱旁，没有不心中畏惧的。

伏鬼侧不远，有数伽蓝，虽多倾毁，尚有僧徒，并皆遵习大乘教法。

在降鬼处不远，有几所寺院，虽然多已倾斜毁废，但仍然有僧徒，都遵奉、研习大乘佛教。

从此东南行百余里，至一窣堵波，基已倾陷，余高数丈。昔者如来寂灭之后，八国大王分舍利也，量舍利婆罗门蜜涂瓶内，分授诸王，而婆罗门持瓶以归，既得所粘舍利，遂建窣堵波，并瓶置内，因以名焉。后无忧王开取舍利瓶，改建大窣堵波，或至斋日，时烛光明。

从这里向东南行走一百多里，抵达一座佛塔，塔基已经倾斜陷落，却仍高几丈。从前如来寂灭之后，八国大王瓜分舍利，量舍利的婆罗门用蜜涂在瓶内，分别授予各国王，然后婆罗门带着瓶子返回，取得黏在瓶内的舍利，便建造佛塔，连瓶子也置于塔内，因之以舍利瓶为塔名。后来无忧王开塔取出舍利瓶，改建大佛塔，在斋日时，时常放射光芒。

从此东北渡殑伽河，行百四五十里，至吠舍厘国。旧曰毗舍离国，讹也。中印度境。

从战主国向东北渡过殑伽河，行走一百四五十里，到达吠舍厘国。（旧称毗舍离国，是错误的。在中印度境内。）

注释 1 摩诃娑罗邑：地名，其地约在今巴特那以西的阿拉赫之西约十公里处，今名马莎尔村。 2 那罗延天祠：天祠名，其地在马莎尔村以北二十多公里处。那罗延天为婆罗门教的尊神之一，又为梵天的异名。

吠舍厘国[1]

原文

吠舍厘国周五千余里。土地沃壤，花果茂盛，庵没罗果、茂遮果既多且贵。气序和畅，风俗淳质，好福重学，邪正杂信。伽蓝数百，多已圮坏，存者三五，僧徒稀少。天祠数十，异道杂居，露形之徒，实繁其党。吠舍厘城已甚倾颓，其故基趾周六七十里，宫城周四五里，少有居人。

译文

吠舍厘国方圆五千多里。土地肥沃，花果茂盛，庵没罗果、茂遮果又多又贵重。气候温和舒适，风俗淳厚质朴，人们喜好行善积福，重视学习，邪教、正教都有信仰者。寺院有几百所，大多已经毁坏，保存下来的只有十分之三到十分之五，僧徒稀少。天祠有几十所，异道信徒混杂居住，露形一派的信徒，最为众多。吠舍厘城已经十分破败，城墙的旧基方圆有六七十里，宫城方圆四五里，居民很少。

注释　1 吠舍厘国：又作维邪离、毗舍离等，其都城在今印度甘达克以东木扎伐浦尔地区的巴莎尔。

一、佛说毗摩罗诘经所

宫城西北五六里，至一伽蓝，僧徒寡少，习学小乘正量部法。傍有窣堵波，是

从宫城向西北行走五六里，到一所寺院，那里僧徒很少，都研习小乘佛教正量部理论。旁边有座佛塔，

昔如来说《毗摩罗诘经》[1]，长者子宝积等献宝盖处[2]。其东有窣堵波，舍利子等于此证无学之果[3]。

是从前如来讲说《毗摩罗诘经》，长者的儿子宝积等人进献宝盖的地方。塔东有座佛塔，舍利子等曾在这里证得无学之果。

注释 1《毗摩罗诘经》：又称《维摩经》。内容是维摩诘（吠舍厘城佛教居士）和舍利弗、弥勒及文殊大师等的问答之辞，说明大乘教理。其地位仅次于《大般若经》。 2 长者：指毗摩罗诘（略称维摩诘，意译作无垢称）。宝盖：即伞。 3 无学之果：指阿罗汉果，是圣者的阶位。这是学业已经完成，没有进一步修学需要的阶段。

二、佛舍利窣堵波及诸遗迹

舍利子证果东南有窣堵波，是吠舍厘王之所建也。佛涅槃后，此国先王分得舍利，式修崇建。《印度记》曰：此中旧有如来舍利一斛，无忧王开取九斗，唯留一斗。后有国王复欲开取，方事兴工，寻即地震，遂不敢开。

在舍利子证果处的东南有座佛塔，是吠舍厘王所建造的。佛陀涅槃以后，这个国家的先代君王分得了舍利，恭敬地建塔。《印度记》中说：此塔中旧时有一斛如来的舍利，无忧王开塔取出了九斗，只留下一斗。后来有位国王又想开塔取舍利，正要动手，不久就发生了地震，于是不敢再开塔。

其西北有窣堵波，无忧王之所建也。傍有石柱，高

在其西北有座佛塔，是无忧王所建造的。旁边有石柱，高五六十

五六十尺，上作师子之像。石柱南有池，是群猕猴为佛穿也，在昔如来曾住于此。池西不远有窣堵波，诸猕猴持如来钵上树取蜜之处。池南不远有窣堵波，是诸猕猴奉佛蜜处。池西北隅犹有猕猴形像。

尺，上面刻有狮子像。石柱南有水池，是一群猕猴为佛陀开凿的，当初如来曾在这里居住。池西不远处有座佛塔，是众猕猴拿着如来食钵到树上取蜜的地方。池南不远处有座佛塔，是众猕猴向佛陀奉献蜜的地方。水池的西北角，尚存有猕猴的雕像。

三、无垢称及宝积故宅

伽蓝东北三四里有窣堵波，是毗摩罗诘唐言无垢称，旧曰净名，然净则无垢，名则是称，义虽取同，名乃有异。旧曰维摩诘，讹略也。故宅基趾，多有灵异。去此不远有一神舍，其状叠砖，传云积石，即无垢称长者现疾说法之处。去此不远有窣堵波，长者子宝积之故宅也。去此不远有窣堵波，是庵没罗女故宅[1]，佛姨母等诸苾刍尼于此证入涅槃。

在寺院东北三四里有座佛塔，是毗摩罗诘（唐朝语言称无垢称，旧称净名，不过净就是无垢，名就是称，取义虽然相同，名字却有差异。旧称维摩诘，是错误而有疏略的。）故宅的遗址，灵异的事迹不少。离这不远有一座神舍，状貌如砖砌成，相传是垒积石头而成，就是无垢称长者托病说法的地方。离这里不远有座佛塔，是长者的儿子宝积的故宅。离这里不远有座佛塔，是庵没罗女的故宅，佛陀的姨母等一些比丘尼曾在这里修成正果而得到涅槃。

注释 1 庵没罗女：又作庵罗卫女、捺女等。据说她原为吠舍厘城的妓女，后皈依佛教，献出庵没罗园为释迦牟尼的住所。

四、庵没罗女园及佛预言涅槃处

伽蓝北三四里有窣堵波，是如来将往拘尸那国入般涅槃，人与非人随从世尊，至此伫立。次西北不远有窣堵波，是佛于此最后观吠舍厘城。其南不远有精舍，前建窣堵波，是庵没罗女园持以施佛。

庵没罗园侧有窣堵波，是如来告涅槃处。佛昔在此告阿难曰："其得四神足者[1]，能住寿一劫[2]。如来今者，当寿几何？"如是再三，阿难不对，天魔迷惑故也[3]。阿难从坐而起，林中宴默。时魔来请佛曰："如来在世教化已久，蒙济流转，数如尘沙，寂灭之乐今其时矣。"世尊以少土置爪

寺院以北三四里处有座佛塔，当初如来将前往拘尸那国涅槃时，人和非人跟随着世尊，曾到这里伫立。再往西北不远处有座佛塔，佛陀曾在这里最后观览吠舍厘城。南面不远处有座精舍，前面建有佛塔，是庵没罗女献园奉佛的地方。

庵没罗园旁有座佛塔，这里是如来告诉他人自己就要涅槃的地方。佛陀从前在这里告诉阿难说："能获得四神足的人，可以享寿命一劫。如来现在的寿命该有多长？"这样连问了几遍，阿难不回答，是由于天魔迷惑的缘故。阿难从座位上起身，到林中静坐。这时天魔来对佛陀说："如来在世，教化已有很久了，蒙您超度脱离轮回的，数额如尘沙一般。您享受寂灭的欢乐，现在是时候了。"世尊以少量的土放在指甲上，而问天魔说：

上，而告魔曰："地土多耶？爪土多耶？"对曰："地土多也。"佛言："所度者如爪上土，未度者如大地土。却后三月，吾当涅槃。"魔闻欢喜而退。阿难林中忽感异梦，来白佛言："我在林间，梦见大树，枝叶茂盛，荫影蒙密，惊风忽起，摧散无余。将非世尊欲入寂灭？我心怀惧，故来请问。"佛告阿难："吾先告汝，汝为魔蔽，不时请留。魔王劝我早入涅槃，已许之期，斯梦是也。"

"是地上的土多呢？还是指甲上的土多？"天魔回答："地上的土多。"佛陀说："我所度化的众生如同指甲上的土，而没有度化的众生如大地上的土。三个月后，我就要涅槃了。"天魔听后，高兴地退出去。阿难在树林中忽然感受到一个奇怪的梦境，回来报告佛陀说："我在树林中，梦见有株大树，枝叶茂盛，树荫浓密，狂风忽然吹起，枝叶被吹得干干净净。该不会是世尊就要入寂灭吧？我的心中怀着恐惧，所以前来请问。"佛陀告诉阿难说："我先前告诉你，你为天魔所蒙蔽，没及时挽留我。魔王劝我早些涅槃，我已许诺了他期限，这就是你做的梦。"

注释　1 四神足：获得四种自在力或超自然的神通力的根据。神是神通力、自在力；足是因、根据，即所谓禅定。神足即是能生起神通力的因素，有四种：欲神足、勤神足、心神足、观神足。　2 劫：佛经中以天地的形成至毁灭为一劫。　3 天魔：欲界最上层的他化自在天中的恶魔，名波旬。

五、千佛本生故事

告涅槃期侧不远有窣堵波，千子见父母处也。昔有仙人，隐居岩谷，仲春之月，鼓濯清流，麀鹿随饮[1]，感生女子，姿貌过人，唯脚似鹿。仙人见已，收而养焉。其后命令求火，至余仙庐，足所履地，迹有莲花。彼仙见已，深以奇之，令其绕庐，方乃得火。鹿女依命，得火而还。时梵豫王畋游见花[2]，寻迹以求，悦其奇怪，同载而返。相师占言，当生千子。余妇闻之，莫不图计。日月既满，生一莲花，花有千叶，叶坐一子。余妇诬罔，咸称不祥，投殑伽河，随波泛滥。乌耆延王下流游观[3]，见黄云盖乘波而来，取以开视，乃有千子，乳养成立，有大力焉。恃有千子，拓

在如来预告涅槃期限处旁边不远，有座佛塔，是一千个儿子会见父母之处。从前有位仙人，隐居在山谷中，春天二月时，在清溪中沐浴，有只母鹿跟着出来饮水，由于感应而生下女子，姿貌过于常人，只是脚像鹿而已。仙人见到后，将她收养。后来命她去借火，她到其他仙人庐舍，脚所踩过的地方，印迹呈莲花状。那位仙人见到后，深深地感到奇怪，命她围庐舍走一圈，才可借火给她。鹿女听从吩咐，得火后返回。当时梵豫王外出狩猎，见到莲花，循着足迹找到了她，喜爱她的奇特，便用车载着她一同返回。相师占卜说，她将生一千个儿子。其余的妃子听说后，无不图谋算计。孕期满了之后，鹿女生下一朵莲花，花有一千片叶子，每片叶子上坐着一个儿子。其余的妃子诬陷造谣，都称是不吉祥的，梵豫王于是把孩子投进殑伽河，顺着河流漂下去。乌耆延王在下游游览，看到黄色云盖随波而来，取过来打开一看，竟然有一千个儿子，就哺育他们成人，花了很多心思。乌耆延王仗恃有一千个儿子，向

境四方，兵威乘胜，将次此国。时梵豫王闻之，甚怀震惧，兵力不敌，计无所出。是时鹿女心知其子，乃谓王曰："今寇戎临境，上下离心，贱妾愚忠，能败强敌。"王未之信也，忧惧良深。鹿女乃升城楼，以待寇至。千子将兵，围城已匝，鹿女告曰："莫为逆事！我是汝母，汝是我子。"千子谓曰："何言之谬？"鹿女手按两乳，流注千岐，天性所感，咸入其口。于是解甲归宗，释兵返族，两国交欢，百姓安乐。

四方开疆拓土，乘着取胜的威力，将要征讨梵豫王所统治的国家。当时梵豫王听说后，心中十分恐惧，因兵力不敌，想不出主意来。这时鹿女心中知道那些人是自己的儿子，就对梵豫王说："现在敌寇兵临国境，国内上下心中忧愁，贱妾以愚见，能打败强敌。"国王不相信，忧愁恐惧更厉害。鹿女于是登上城楼，等待敌寇的到来。一千个儿子率领兵马，把城池围得严严实实。鹿女对他们说："不要做大逆不道的事！我是你们的母亲，你们是我的儿子。"一千个儿子说："你怎么说出如此荒谬的话？"鹿女用手按住两个乳房，乳汁流出一千道，由于天性的感应，都流入一千个儿子的口中。一千个儿子于是解除武装，回到本宗，两国因之和好，百姓安居乐业。

千子归宗侧不远有窣堵波，是如来经行旧迹，指告众曰："昔吾于此归宗见亲。欲知千子，即贤劫中千佛是也。"

在一千个儿子归宗处的旁边不远有座佛塔，是如来散步的遗迹，如来在这里告诉众人说："从前我在这里回到本宗见双亲。要知道一千个儿子，就是贤劫中的一千佛。"

注释　1 麀（yōu）：母鹿。　2 梵豫王：国王名。或以为是波罗痆斯国国王。　3 乌耆延王：国王名。或以为是乌仗那国国王。

六、重阁讲堂及诸圣迹

述本生东有故基，上建窣堵波，光明时烛，祈请或遂，是如来说《普门陁罗尼》等经重阁讲堂余趾也[1]。

在如来叙述本生故事处之东有一旧基，上面建有佛塔，时常放射光芒，祈求者有时可如愿，这是如来讲说《普门陁罗尼》等经的重阁讲堂遗址。

讲堂侧不远有窣堵波，中有阿难半身舍利。去此不远有数百窣堵波，欲定其数，未有克知，是千独觉入寂灭处[2]。

在讲堂旁边不远处有座佛塔，里面有阿难的半身舍利。离这里不远有几百座佛塔，想弄清具体数目，没有人能确切地知道，这里是一千位独觉涅槃的地方。

吠舍厘城内外周隍，圣迹繁多，难以具举。形胜故墟，鱼鳞间峙，岁月骤改，炎凉亟移，林既摧残，池亦枯涸，朽株余迹，其详验焉。

吠舍厘城内外四周，圣迹极多，难以一一列举。形胜故墟，如鱼鳞般分布，岁月流逝，寒暑交替，树林已经毁弃，池水也已干枯，只留下朽株痕迹，作为明显的证据。

大城西北行五六十里，至大窣堵波，栗呫昌叶反。婆子旧曰离车子，讹也。别如来处[3]。如来自吠舍厘城趣拘尸那国，诸栗呫婆子闻佛将入寂灭，相从号送。世尊既见哀慕，非言可谕，即以神力化作大河，崖岸深绝，波流迅急，诸栗呫婆子

从都城向西北行走五六十里，到一座大佛塔，是栗呫婆子（旧称离车子，是错误的。）送别如来的地方。如来从吠舍厘城前往拘尸那国，众多栗呫婆子听说佛陀将要涅槃，便相率跟从，号哭送别。世尊见到众人悲哀仰慕，不是言语所能慰喻的，就用神力变化出一条大河，河岸陡峭高深，河

悲恸以止，如来留钵，为作追念。

流湍急，众多的栗呫婆子只得止住悲恸，如来留下食钵，供他们作为纪念。

注释　1《普门陁罗尼》：佛经名。或以为为《法华经》中的一品。今汉译佛经中无此书。　2 独觉：又称辟支佛、缘觉。指独居而依自己的努力获得觉悟的人。　3 栗呫婆子：公元前六世纪时跋耆国吠舍厘城刹帝利种姓之名。

七、故城及大天王本生故事

吠舍厘城西北减二百里，有故城，荒芜岁久，居人旷少。中有窣堵波，是佛在昔为诸菩萨、人天大众引说本生，修菩萨行，曾于此城为转轮王，号曰摩诃提婆。唐言大天。有七宝应[1]，王四天下，睹衰变之相，体无常之理，冥怀高蹈，忘情大位，舍国出家，染衣修学。

在吠舍厘城西北不到二百里处，有一座故城，荒芜的时间已很长久，居民稀少。里面有座佛塔，从前佛陀为菩萨、天人大众讲说本生故事，修菩萨行时，曾在这座城中做转轮王，号称摩诃提婆。（唐朝语言称大天。）有七宝相应，当统治四方天下，但他目睹衰变的世相，体会到无常的道理，暗暗立志脱离世俗之念，不在乎国王之位，舍弃国政而出家，穿上僧衣修习佛学。

注释　1 七宝应：七宝相应。据《长阿含经》，相应的七宝为轮宝、象宝、马宝、珠宝、女宝、居士宝和主兵臣宝。而“居士宝”，《涅槃经》《俱舍论》均作“主藏臣宝”；《杂譬喻经》作“典财宝”。

八、七百贤圣结集

城东南行十四五里，至大窣堵波，是七百贤圣重结集处。佛涅槃后百一十年，吠舍厘城有诸苾刍，远离佛法，谬行戒律。时长老耶舍陁住憍萨罗国[1]，长老三菩伽住秣菟罗国[2]，长老厘波多住韩若国[3]，长老沙罗住吠舍厘国[4]，长老富阇苏弥罗住波罗梨弗国[5]。诸大罗汉心得自在，持三藏，得三明，有大名称，众所知识，皆是尊者阿难弟子。时耶舍陁遣使告诸贤圣，皆可集吠舍厘城。犹少一人，未满七百。是时富阇苏弥罗以天眼见诸大贤圣集议法事，运神足至法会。时三菩伽于大众中右袒长跪，扬言曰："众无哗！钦哉，念哉！昔大圣法王善权寂灭，岁月虽淹，言教尚在。吠舍厘城懈怠苾刍谬于戒律，有十事

从吠舍城向东南行走十四五里，到大佛塔，是七百贤圣重新结集经典的地方。佛陀涅槃一百一十年之后，吠舍厘城的众多比丘远离佛法，实行荒谬的戒律。这时长老耶舍陁住在憍萨罗国，长老三菩伽住在秣菟罗国，长老厘波多住在韩若国，长老沙罗住在吠舍厘国，长老富阇苏弥罗住在波罗梨弗国。这些大罗汉心中已处自在境地，通晓三藏之文，获得三明智慧，享有崇高声望，为众人所了解，都是尊者阿难的弟子。其时耶舍陁派遣使者遍告贤圣，都在吠舍厘城集会。到会者还缺一人，不满七百之数。这时富阇苏弥罗凭其天眼，看到贤圣们集会商议佛教事务，就运起神足到法会上。三菩伽在大众中露出右臂，长跪在地，高声地说："众人不要喧哗！请恭敬地思念。从前大圣法王顺应时机涅槃，岁月虽然久远，教谕仍然存在。吠舍厘城懈怠的比丘，造出荒谬的戒律，有十件事情出格，违背了佛教。现在各位贤圣深

出,违十力教[6]。今诸贤者深明持犯,俱承大德阿难指诲,念报佛恩,重宣圣旨。”时彼大众莫不悲感,即召集诸苾刍,依毗奈耶,诃责制止,削除谬法,宣明圣教。

明戒律,都承蒙高僧阿难的教诲,思念报答佛陀的恩典,重新宣布圣明的旨意。”这时各大贤圣无不悲伤,当即招集比丘们,依照戒律,斥责、制止他们的行为,废除他们荒谬的戒律,阐扬佛陀的教谕。

注释 1 耶舍陁:又作耶舍那、耶舍。出身婆罗门,后皈依佛教。因提倡严格的十不许戒律,遂在吠舍厘城集七百贤圣作第二次结集。 2 三菩伽:即商那和修。 3 厘波多:又作离婆多,是拘尸那揭罗国波婆城的长老。韩若国:国名,具体方位不详。 4 沙罗:又作沙留、遮楼、沙兰等。 5 富阇苏弥罗:又作级阇苏弥罗。生于华氏城,出身婆罗门,后皈依佛教。 6 十力教:即佛教。因佛具有十种智慧力,故称。

九、湿吠多补罗伽蓝

七百贤圣结集南行八九十里,至湿吠多补罗僧伽蓝,层台轮焕,重阁翚飞[1],僧众清肃,并学大乘。其傍则有过去四佛坐及经行遗迹之处。其侧窣堵波,无忧王之所建也。如来在昔南趣摩揭陁国,北顾吠舍厘城,中途止息遗迹之处。

从七百贤圣结集处向南行走八九十里,到达湿吠多补罗寺院,台阶高大华美,楼阁彩檐横飞,僧徒清静严肃,都学习大乘佛教。旁边有过去四佛的座位和散步遗迹的场所。遗迹旁边的佛塔,是无忧王所建造的,是如来从前南赴摩揭陁国,回首北望吠舍厘城中途休息的遗迹。

注释 1翚（huī）：飞翔。

十、阿难分身寂灭传说

湿吠多补罗伽蓝东南行三十余里，殑伽河南北岸各有一窣堵波，是尊者阿难陁分身与二国处。阿难陁者，如来之从父弟也，多闻总持，博物强识，佛去世后继大迦叶任持正法，导进学人。在摩揭陁国，于林中经行，见一沙弥讽诵佛经，章句错谬，文字纷乱。阿难闻已，感慕增怀，徐诣其所，提撕指授。沙弥笑曰："大德耄矣，所言谬矣！我师高明，春秋鼎盛，亲承示诲，诚无所误。"阿难默然，退而叹曰："我年虽迈，为诸众生，欲久住世，住持正法。然众生垢重，难以诲语，久留无利，可速灭度。"于是去摩揭陁国，趣吠舍厘城，渡殑伽河，泛

从湿吠多补罗寺院向东南行走三十多里，殑伽河南北岸各有一座佛塔，是尊者阿难陁把身体分给两国的地方。阿难陁是如来的堂弟，博学而能得要领，见闻多而记忆力强，在佛陀去世后，继承大迦叶任持正法，引导学人。在摩揭陁国，他在树林中散步，见到一个沙弥诵读佛经，章句出错，文字纷乱。阿难听到后，心中感慨万分，慢慢地前去，当面指教。沙弥笑着说："高僧您老了，您所说的错了！我的老师很高明，正年富力强，我得到他亲自教诲，实在没有错误。"阿难沉默不语，退下来叹息说："我年岁虽然高，却为了广大众生，想久留于世间，维持佛法。然而众生污垢太重，难以教诲，久留世间没有益处，应该赶快涅槃。"于是离开摩揭陁国，前往吠舍厘城，渡过殑伽河，船行于河中间。摩揭陁王听说阿难离去，深

舟中流。摩揭陁王闻阿难去，情深恋德，即严戎驾，疾驰追请，数百千众营军南岸。吠舍厘王闻阿难来，悲喜盈心，亦治军旅，奔驰迎候，数百千众屯集北岸。两军相对，旌旗翳日[1]。阿难恐斗其兵，更相杀害，从舟中起，上升虚空，示现神变，即入寂灭，化火焚骸，骸又中析，一堕南岸，一堕北岸。于是二王各得一分，举军号恸，俱还本国，起窣堵波，而修供养。

从此东北行五百余里，至弗栗恃国。北人谓三伐恃国，北印度境。

情地眷念他的德行，就率领兵马，赶紧追上去请他留下来，成百上千的兵士，扎营在南岸。吠舍厘王听说阿难前来，悲喜交集，也整顿军队，奔驰前去迎候，成百上千的兵士，扎营在北岸。两军相对，旌旗遮住了太阳。阿难担心双方交战，互相杀害，就从船上起身，飞升入空中，显示出神秘的变化，就涅槃了，并化出烈火焚烧骨骸，骨骸又分成两半，一半落在南岸，一半落在北岸。于是二位国王各得一份，全军号啕大哭，都回到本国，建造佛塔，加以供奉。

从吠舍厘国向东北行走五百多里，到达弗栗恃国。（北方人称为三伐恃国，在北印度境内。）

注释 1 翳（yì）：遮蔽。

弗栗恃国[1]

原文

弗栗恃国周四千余里，东西长，南北狭。土地膏腴，花果茂盛。气序微寒，人性躁急，多敬外道，少信佛法。伽蓝十余所，僧徒减千人，大小二乘，兼功通学。天祠数十，外道实众。国大都城号占戍拿，多已颓毁。故宫城中尚有三千余家，若村若邑也。大河东北有伽蓝，僧徒寡少，学业清高。

译文

弗栗恃国方圆四千多里，东西长，南北窄。境内土地肥沃，花果茂盛。气候比较寒冷，人们性情急躁。大多信奉外道，很少有人信仰佛法。寺院有十多所，僧徒不到一千人，大乘、小乘都加以研习。天祠有几十所，外道信徒很多。国家的都城称为占戍拿，大部分已毁废。旧宫城中还有三千多户人家，如村镇一样。大河的东北有一所寺院，僧徒很少，学业清雅高超。

注释　1 弗栗恃国：又作跋耆，其地在今印度达尔般迦北部。马都巴尼以北的巴利迦尔是其都城，即下文提到的“占戍拿”。

一、化度渔人处及诸遗迹

从此西行，依河之滨，有窣堵波，高余三丈，南带长流，大悲世尊度渔人处

从这里向西行走，沿着河滨，有一座佛塔，高三丈多，南面靠着大河，这里是世尊度化渔人的地方。远在

也。越在佛世，五百渔人结畴附党，渔捕水族，于此河流得一大鱼，有十八头，头各两眼。诸渔人方欲害之，如来在吠舍厘国，天眼见，兴悲心，乘其时而化导，因其机而启悟，告诸大众："弗栗恃国有大鱼，我欲导之，以悟诸渔人，尔宜知时。"于是大众围绕，神足凌虚，至于河滨，如常敷座。遂告诸渔人："尔勿杀鱼。"以神通力，开方便门[1]，威被大鱼，令知宿命，能作人语，贯解人情。尔时如来知而故问："汝在前身，曾作何罪，流转恶趣，受此弊身？"鱼曰："昔承福庆，生自豪族，大婆罗门劫比他者，我身是也。恃其族姓，凌蔑人伦，恃其博物，鄙贱经法。以轻慢心毁讟诸佛，以丑恶语詈辱众僧，引类形比，谓若驼、驴、象、马，诸丑形对。由此恶业，受此弊身。尚资宿

佛陀在世之时，有五百渔人结成同伴，捕捞鱼类，在这条河流中捕得一条大鱼，鱼有十八个头，每个头两只眼。渔人们正要杀死鱼时，如来在吠舍厘国，凭其天眼看见，产生了慈悲心，就利用这个时机加以度化开导，告诉周围大众说："弗栗恃国有条大鱼，我想要化导，使渔人领悟佛法，你们应知道掌握时机。"于是大众围绕着他，以神足踏入空中，到了河边，如平常敷设座位。如来对渔人们说："你们不要杀鱼。"接着运起神通力，打开方便门，威力施加于大鱼，使鱼知道自己的前世，能说人话，理解人情。这时，如来明知故问："你在前世，曾犯下什么罪过，以致转生恶道，变成如此低贱之身？"鱼说："从前禀承福庆，出生于豪族，大婆罗门中的劫比他，就是我的族姓。我仗恃族姓，蔑视欺凌他人，仗恃见闻广博，鄙视佛经。以轻慢之心诋毁诸佛，以丑恶的言语辱骂众僧，又以畜牲类比僧人，说他们如驼、驴、象、马这样一些丑陋动物。由于这些恶业，转生为现在的低劣之身。但还靠着前世善事，生在

善，生遭佛世，目睹圣化，亲承圣教。因而忏谢，悔先作业。”如来随机摄化，如应开导。鱼既闻法，于是命终。承兹福力，上生天宫。于是自观其身，何缘生此，既知宿命，念报佛恩，与诸天众，肩随戾止，前礼既毕，右绕退立，以天宝香花，持用供养。世尊指告渔人，为说妙法，俱即感悟，输诚礼忏，裂网焚舟，归真受法。既服染衣，又闻至教，皆出尘垢，俱证圣果。

度渔人东北行百余里，故城西有窣堵波，无忧王所建，高百余尺，是佛在昔于此六月说法度诸天人。此北百四五十步有小窣堵波，如来昔于此处为诸苾刍制戒。次西不远有如来发、爪窣堵波，如来昔于此处，近远邑人相趋辐凑，焚香散花，灯炬不绝。

从此西北千四五百里，

佛陀之世，得以目睹圣化，亲耳聆听教诲，并因而忏悔，对先前行事表示道歉。”如来乘机加以点化，多方开导。鱼听佛法后，于是死去，趁着这个福力，上升到天宫。这时它自己观察身体，为什么生在这里，知道过去身世后，感念佛陀恩德，于是与天神大众一道，前来向佛陀行礼，随后向右环绕一圈，退立一旁，用天宝香花加以供养。世尊指着这些遍告渔人，为他们说法，渔人顿时感悟，真诚地礼敬、忏悔，裂网烧船，归附佛教接受正法。他们穿上僧衣，又聆听最高真理，都得以脱离尘俗，证得圣果。

从如来度化渔人处向东北行走一百多里，旧城之西有座佛塔，是无忧王所建造，高一百多尺，从前佛陀在这里说法六个月，度化天神大众。在佛塔之北一百四五十步，有座小佛塔，从前如来曾在这里为比丘制定戒律。再往西不远，有收藏如来头发、指甲的佛塔，如来从前在这里时，远近的人相率前来，焚香散花，灯火不绝。

从弗栗恃国向西北行走一千四

逾山入谷，至尼波罗国。中印度境。

五百里，翻越山谷，到达尼波罗国。（在中印度境内。）

注释 1 方便门：远离菩提障的三种法门之一。正直为方，先人后己为便。

尼波罗国[1]

原文

尼波罗国周四千余里，在雪山中。国大都城周二十余里。山川连属，宜谷稼，多花果，出赤铜、牦牛、命命鸟[2]。货用赤铜钱。气序寒烈，风俗险诐，人性刚犷，信义轻薄。无学艺，有工巧。形貌丑弊，邪正兼信。伽蓝、天祠接堵连隅。僧徒二千余人，大小二乘，兼功综习。外道异学，其数不详。

译文

尼波罗国方圆两千多里，位于雪山之中。国家的都城方圆二十多里。境内山川相连，适宜种植谷物，花果很多。出产赤铜、牦牛、命命鸟。交易使用赤铜钱。气候寒冷，风俗险恶，人性刚烈粗犷，信义观念淡薄。没有学问，而工于技巧。相貌丑陋，邪教、正教都信仰。寺院、天祠，隔墙相连。僧徒有两千多人，大乘、小乘全都综合研习。外道信徒，数目不详。

注释 1 尼波罗国：又作泥波罗、泥婆罗等，即今尼泊尔加德满都谷地。

2 命命鸟：又称生生鸟、共命鸟等。据说是一种一身两头的鸟，或说是鹧鸪之类。

一、光胄王制《声明论》

王，刹帝利栗呫婆种也。志学清高，纯信佛法。近代有王，号鸯输伐摩，唐言光胄。硕学聪睿，自制《声明论》，重学敬德，遐迩著闻[1]。

国王，是刹帝利种姓中的栗呫婆部族人。他有志于学，清净高洁，诚心信仰佛法。近代有位国王，称为鸯输伐摩，（唐朝语言称光胄。）学识渊博，聪明睿智，撰写《声明论》，重视学术，尊敬道德高尚的人，远近闻名。

注释 1 “遐迩”句：本句下疑有阙文。

二、小水池

都城东南有小水池，以人火投之，水即焰起。更投余物，亦变为火[1]。

从此复还吠舍厘国，南渡殑伽河，至摩揭陁国。旧曰摩伽陁，又曰摩竭提，皆讹也。中印度境。

都城的东南有个小水池，把火种投进去，水中就腾起火焰。再投其他的东西，也变成火。

从尼波罗国再回到吠舍厘国，向南渡过殑伽河，就到达摩揭陁国。（旧称摩伽陁，又称摩竭提，都是错误的。在中印度境内。）

注释 1 “亦变”句：本句下疑有阙文。

卷第八 一国

三藏法师玄奘奉诏译
大总持寺沙门辩机撰

摩揭陁国[1]上

原文

摩揭陁国周五千余里，城少居人，邑多编户。地沃壤，滋稼穑，有异稻种，其粒粗大，香味殊越，光色特甚，彼俗谓之供大人米[2]。土地垫湿，邑居高原。孟夏之后，仲秋之前，平居流水，可以泛舟。风俗淳质，气序温暑。崇重志学，尊敬佛法。伽蓝五十余所，僧徒万有余人，并多宗习大乘法教。天祠数十，异道实多。

译文

摩揭陁国方圆五千多里，城市中居民少，乡村中编户多。土地肥沃，适宜庄稼生长，有一种特异的稻谷，颗粒粗大，香味浓郁，光泽颜色极佳，当地风俗称之为供大人米。地势低而潮湿，城镇位于高处。初夏之后，仲秋之前，平地遍布流水，可以行船。风俗淳厚质朴，气候温暖趋于炎热。崇尚学术，尊敬佛法。寺院有五十多所，僧徒一万多人，大多宗尚、研习大乘佛教。天祠几十所，外道信徒很多。

注释 **1** 摩揭陁国：又作摩伽陀，为古印度十六大国之一，其地在恒河南，大致相当于今印度比哈尔邦的巴特那和加雅地区。 **2** 供大人米：其米粒大，做饭香鲜，上供于国王与多闻大德，故称。

一、波吒厘子城及传说[1]

殑伽河南有故城，周七十余里，荒芜虽久，基址尚在。昔者人寿无量岁时，号拘苏摩补罗城[2]，唐言香花宫城。王宫多花，故以名焉。逮乎人寿数千岁，更名波吒厘子城。旧曰巴连弗邑，讹也。

初，有婆罗门高才博学，门人数千，传以授业。诸学徒相从游观，有一书生徘徊怅望。同俦谓曰："夫何忧乎？"曰："盛色方刚，羁游履影，岁月已积，艺业无成。顾此为言，忧心弥剧。"于是学徒戏言之曰："今将为子求娉婚亲。"乃假立二人为男父母，二人为女父母，遂坐波吒厘树[3]，谓女婿树也。采时果，酌清流，陈婚姻之绪，请好合之期。时假女父攀花枝以授书生曰："斯嘉偶也，幸无辞焉。"书生之心欣然自得，

殑伽河南岸有座旧城，方圆七十多里，虽然荒芜已久，但基址还存在。从前人的寿命无限长之时，称为拘苏摩补罗城，（唐朝语言称香花宫城。）因王宫花朵多，所以用这个名称。到了人的寿命几千岁时，改名为波吒厘子城。（旧称巴连弗邑，是错误的。）

当初，有位婆罗门才能出众，学问广博，门人有几千，他一心传道授业。众多的学生跟着他出游，有一个书生却在那里徘徊，四处张望。同伴们问他说："你有什么忧愁啊？"书生回答说："我血气方刚，游学于外，岁月已久，学业没有成就。一想到这里，忧愁的心情更为加剧。"这时同伴们同他开玩笑说："现在就为你求婚娶妻。"于是假扮二人为男方父母，二人为女方父母，坐在波吒厘树下，说这树是所谓的女婿树，他们采来花果，盛来清水，按照婚姻的程序，相约结婚的日期。假扮女方父亲的人摘下一根花枝交给书生说："这就是你的佳人，希望不要推辞。"书生心中欣然

日暮言归，怀恋而止。学徒曰："前言戏耳！幸可同归。林中猛兽恐相残害。"书生遂留，往来树侧。景夕之后，异光烛野，管弦清雅，帷帐陈列。俄见老翁策杖来慰，复有一妪携引少女，并宾从盈路，袨服奏乐[4]。翁乃指少女曰："此君之弱室也。"酣歌乐宴，经七日焉。学徒疑为兽害，往而求之，乃见独坐树阴，若对上客，告与同归，辞不从命。后自入城，拜谒亲故，说其始末。闻者惊骇，与诸友人同往林中，咸见花树是一大第，童仆役使驰驱往来，而彼老翁从容接对，陈馔奏乐，宾主礼备。诸友还城，具告远近。期岁之后，生一子男。谓其妻曰："吾今欲归，未忍离阻。适复留止，栖寄飘露。"其妻既闻，具以白父。翁谓书生曰："人生行

自得，傍晚将要回去时，他心恋佳人而停下来。学生们说："刚才的话是开玩笑，希望你同我们一起回去。树林中猛兽出没，恐怕会伤害你。"书生于是留下来了，来往于树旁。天黑之后，奇异的光芒照耀原野，管弦声清亮高雅，帷帐一排排列出。不久见一个老头拄着拐杖出来慰问，又有一个老妇领出一位少女，宾客随从挤满道路，全都穿着礼服，奏着音乐。老头指着少女说："这就是你的妻子。"歌舞宴席，一共持续了七天。学生们怀疑他为野兽所害，前去寻找他，只见他独自坐在树荫下，如同接待贵宾。大家请他一同回去，他不听从。后来自己进入城中，拜见亲属朋友，叙述事情经过。听到的人感到惊讶，他和亲友们一同前往树林，都看到花树是一座大宅院，奴仆差役，往来奔走，而那位老头从容应接客人，摆酒席，奏音乐，宾主尽礼。亲友们回到城中，遍告远近。一年之后，书生生了一个儿子，对他的妻子说："我现在想回去，又不忍心和你离别。而要留下来，又有寄住漂泊的感觉。"他的妻子听说后，便禀报父亲。老头对书生说：

乐，讵必故乡？今将筑室，宜无异志。”于是役使灵徒，功成不日。香花旧城，迁都此邑。由彼子故，神为筑城，自尔之后，因名波吒厘子城焉。

“人生享受快乐，何必非在故乡呢？现在就建筑房舍，不要再生异心了。”于是役使神灵，没费几天就盖起了房屋。香花旧城，于是迁于此。由于书生的缘故，神灵为之筑城，从此之后，就称作波吒厘子城了。

注释 1 波吒厘子：其地址在今印度北部的巴特那。 2 拘苏摩补罗城：意译为花城。 3 波吒厘树：树名，该树开淡红色花，相当于中国的方楸树。 4 袨（xuàn）服：盛服。

二、无忧王地狱处

王故宫北有石柱，高数十尺，是无忧王作地狱处。释迦如来涅槃之后第一百年，有阿输迦唐言无忧，旧曰阿育，讹也。王者，频毗娑罗唐言影坚，旧曰频婆娑罗，讹也。王之曾孙也[1]，自王舍城迁都波吒厘，重筑外郭，周于故城。年代浸远，唯余故基。伽蓝、天祠及窣堵波，余址数百，存者二三。唯故宫北临殑伽河，小城中有千

在旧王宫北边有个石柱，高几十尺，是无忧王设置地狱的地方。在释迦如来涅槃以后第一百年，有位国王叫阿输迦，（唐朝语言称无忧，旧称阿育，是错误的。）是频毗娑罗（唐朝语言称影坚，旧称频婆娑罗，是错误的。）王的曾孙，他从王舍城迁都到波吒厘，重新筑起外城，围在旧城外，年代久远，只剩下旧基。寺院、天祠和佛塔，遗址有几百，留下来的仅十之二三。只有旧宫北边靠近殑伽河的小城中，有一千多户人家。

余家。

初，无忧王嗣位之后，举措苛暴，乃立地狱，作害生灵。周垣峻峙，隅楼特起，猛焰洪炉，铦锋利刃，备诸苦具，拟像幽涂，招募凶人，立为狱主。初以国中犯法罪人，无校轻重，总入涂炭。后以行经狱次，擒以诛戮，至者皆死，遂灭口焉。时有沙门，初入法众，巡里乞食，遇至狱门，狱吏凶人擒欲残害。沙门惶怖，请得礼忏。俄见一人缚来入狱，斩截手足，磔裂形骸，俯仰之间，肢体糜散。沙门见已，深增悲悼，成无常观，证无学果。狱卒曰："可以死矣。"沙门既证圣果，心夷生死，虽入镬汤，若在清池，有大莲花而为之座。狱主惊骇，驰使白王，王遂躬观，深赞灵祐。狱主曰："大王当死。"王曰："云何？"对曰："王

当初，无忧王继位后，举措苛刻暴虐，并设立地狱，残害生灵。地狱四周围墙险峻，角楼高耸，里面有洪炉烈火，锋利的刀剑，准备了各种刑具，模仿着阴司，还招募凶残的人，封为狱主。开始，他对国内犯法的罪人，不分轻重，统统投入地狱之中。后来，凡途经地狱的人，都擒拿诛杀，凡是到了那里的人都送了命，因之实情未外泄。这时有一位沙门，入佛门不久，在乡间乞食，经过地狱之门，凶恶的狱吏将他擒获后，将要杀害他。沙门非常害怕，请求拜佛忏悔。不久见到一个人被绑来地狱，砍去了手脚，撕裂了身体，顷刻之间，肢体便四分五裂了。沙门见到后，更加增添了悲伤，于是悟得无常的道理，证得无学之果。狱卒说："你可以死了。"沙门证得圣果后，心中对生死同等对待，虽然进入沸水中，就如同在清水池里一样，有一朵大莲花，成为他的座位。狱主惊恐不已，跑去报告国王。国王于是亲自来观看，深深地赞美神灵佑助。狱主说："大王应当死去。"国王说："为什么？"狱主回答说："大王先前颁下命令，让我监守刑

先垂命，令监刑狱，凡至狱垣皆从杀害，不云王入而独免死。”王曰：“法已一定，理无再变。我先垂令，岂除汝身？汝久滥生，我之咎也。”即命狱卒，投之洪炉。狱主既死，王乃得出，于是颓墙堙堑，废狱宽刑。

狱，凡是到地狱围墙的，都一概杀死。却没说过大王进来能单独免死。”国王说：“法律已经定下来，没有再改变的道理。我先前发布命令，难道把你除开了吗？你长久滥活于世上，是我的过错。”国王当即命令狱卒把狱主投入洪炉。狱主死后，国王才得以出来，于是毁去围墙，填平沟堑，废除地狱，放宽刑罚。

注释 1 频毗娑罗王：公元前六世纪前半期摩揭陁国国王。在位期间，国家势力强盛，是北印度大国。不过，他并不是无忧王的曾祖父，玄奘此处当系误记。

三、无忧王建舍利塔

地狱南不远有窣堵波，基址倾陷，唯余覆钵之势，宝为厕饰，石作栏槛，即八万四千之一也，无忧王以人功建于宫中焉。中有如来舍利一升，灵鉴间起，神光时烛。无忧王废狱之后，遇近护大阿罗汉[1]，方便善

在地狱南面不远处有座佛塔，基址已经倾斜陷落，只剩下覆钵部分，四侧以珍宝装饰，以石头做栏杆，是八万四千座宝塔之一，由无忧王以人力建于宫中。里面有一升的如来舍利，时常产生灵异，神光也时而照耀。无忧王废除地狱后，遇到了近护大阿罗汉，罗汉循循善诱，利用时机

诱，随机导化。王谓罗汉曰："幸以宿福，位据人尊，慨兹障累，不遭佛化。今者如来遗身舍利，欲重修建诸窣堵波。"罗汉曰："大王以福德力，役使百灵，以弘誓心匡护三宝，是所愿也，今其时矣。"因为广说献土之因[2]，如来悬记兴建之功[3]。无忧王闻以庆悦，召集鬼神而令之曰："法王导利，含灵有庆，我资宿善，尊极人中。如来遗身，重修供养，今尔鬼神戮力同心！境极赡部，户满拘胝，以佛舍利起窣堵波。心发于我，功成于汝，胜福之利，非欲独有，宜各营构，待后告命。"鬼神受旨，在所兴功，功既成已，咸来请命。无忧王既开八国所建诸窣堵波，分其舍利，付鬼神已，谓罗汉曰："我心所欲，诸处同时藏下舍利。心虽此冀，事未从欲。"罗汉白王："命神鬼至所期日，日

开导。无忧王对罗汉说："我有幸以前世的福德，位居国王之位，可叹由于罪过，不能受到佛的教化。现在想为如来的遗身舍利，重新修建佛塔。"罗汉说："大王因为福德的力量，役使大众，以弘大的愿望，匡护三宝，这是我所盼望的，现在正是时候。"于是为无忧王详说献土的因缘，以及如来预言的兴建之功。无忧王听说后非常高兴，招集鬼神，命令他们说："法王倡导积德，是为众生之福。我凭前世善事，贵为国王。如来的遗身舍利，我准备重新建塔供养，你们鬼神要戮力同心！在整个赡部洲，亿万民众中，用佛陀舍利建造佛塔。主意出自我，事情成于你们之手，积善的利益，不想独占，应各自营造，完成后再来待命。"鬼神接受命令后，在各处动工，大功告成后，都来请示。无忧王打开八国所建造的佛塔，平分舍利，交给鬼神后，对罗汉说："我心中的想法，是各处同时存放舍利。心中虽有这个愿望，事情却不能如愿。"罗汉说："大王命令鬼神到约定的日子，太阳被遮蔽，阴影如手的形状，就在这个

有隐蔽，其状如手，此时也，宜下舍利。”王承此旨，宣告鬼神。逮乎期日，无忧王观候光景，日正中时，罗汉以神通力，伸手蔽日，营建之所咸皆瞻仰，同于此时功绩咸毕。

时候，存放舍利。”无忧王禀承这个旨意，宣告给鬼神。到了约定的日子，无忧王观察太阳的运行，当太阳在正中时，罗汉运用神通力，伸手遮住太阳，建塔的地方，全都看到了，便在此时都完成了工程。

注释 1 近护大阿罗汉：即邬波毱多。详见本书卷四“秣兔罗国”条。2 “因为”句：据传说，阿育王为小儿时，遇释迦佛行乞，曾以一掬土施舍。 3 “如来”句：据传说，佛陀曾预言涅槃之后一百年，有位国王会广分舍利，建宝塔八万四千座。

四、如来足迹石

窣堵波侧不远，精舍中有大石，如来所履，双迹犹存，其长尺有八寸，广余六寸矣。两迹俱有轮相，十指皆带花文，鱼形映起，光明时照。昔者如来将取寂灭，北趣拘尸那城，南顾摩揭陁国，蹈此石上，告阿难曰：“吾今最后留此足迹，将入寂灭，顾摩揭陁也。百岁之

在佛塔旁不远，精舍中有块大石头，如来在上面踩过，一双脚印还存在，长有一尺八寸，宽有六寸多。两个脚印上都有轮相，十个脚趾都带有花纹，鱼形纹显现出来，时有光芒照耀。从前如来将要涅槃，北往拘尸那城，南望摩揭陁国，踩在这块石头上，对阿难说：“我现在最后留下这个脚印，将要寂灭，回头看一看摩揭陁。一百年之后，有位无忧王君临天

后，有无忧王命世君临，建都此地，匡护三宝，役使百神。”及无忧王之嗣位也，迁都筑邑，掩周迹石，既近宫城，恒亲供养。后诸国王竞欲举归，石虽不大，众莫能转。近者设赏迦王毁坏佛法，遂即石所，欲灭圣迹，凿已还平，文彩如故。于是捐弃殑伽河流，寻复本处。其侧窣堵波，即过去四佛坐及经行遗迹之所。

下，将在这里建都，匡护三宝，役使众神。”等到无忧王继位，迁都筑城，妥善保护这块石头，由于石头靠近王宫，经常亲自供奉。后来各国国王争相想抬这些石头回去，石头虽然不大，众人却不能移动。近来设赏迦王毁坏佛法，到了这块石头前，想毁灭圣迹，凿过后又跟原来一样平，文彩如故。接着又把石头抛到殑伽河流水中，不久又回到了原处。足迹石旁边的佛塔，是过去四佛的座位与散步遗迹的场所。

五、无忧王大石柱

佛迹精舍侧不远，有大石柱，高三十余尺。书记残缺，其大略曰：“无忧王信根贞固，三以赡部洲施佛、法、僧，三以诸珍宝重自酬赎。”其辞云云，大略斯在。

佛迹精舍旁边不远，有个大石柱，高三十多尺。刻写的文字已经残缺，大致意思是：“无忧王信仰坚定，三次把赡部洲施舍给佛、法、僧，三次用各种珍宝将其赎回来。”还有一些文字，但大略就是这个意思。

六、摩醯因陁罗故事

故宫北有大石室，外若崇山，内广数丈，是无忧王为出家弟役使神鬼之所建也。初，无忧王有同母弟，名摩醯因陁罗，唐言大帝。生自贵族，服僭王制，奢侈纵暴，众庶怀怨。国辅老臣进谏王曰："骄弟作威，亦已太甚。夫政平则国治，人和则主安，古之明训，由来久矣。愿存国典，收付执法。"无忧王泣谓弟曰："吾承基绪，覆焘生灵，况尔同胞，岂忘惠爱？不先匡导，已陷刑法。上惧先灵，下迫众议。"摩醯因陁罗稽首谢曰："不自谨行，敢干国宪，愿赐再生，更宽七日。"于是置诸幽室，严加守卫，珍羞上馔，进奉无亏。守者唱曰："已过一日，余有六日。"至第六日

在旧王宫之北有间大石室，外面看上去像高山，里面有几丈宽，是无忧王为出家的弟弟使用鬼神的力量建造的。当初，无忧王有个同母所生的弟弟，名叫摩醯因陁罗，（唐朝语言称大帝。）出自贵族家庭，服饰僭用国王的规格，奢侈浪费，纵横霸道，众人对他心怀不满。辅佐老臣规劝无忧王说："你骄纵的弟弟作威作福，也太过分了。只有政事公平国家才能治理好，人心团结君主才能安定，这是古人的明训，由来已久了。希望陛下遵循法典，将他逮捕交付执法者。"无忧王哭着对弟弟说："我继承先人基业，保护生灵，何况你是同胞兄弟，岂会忘记爱护你？只是先前没引导你，使你触犯了刑法，我对上怕得罪先人之灵，对下又迫于民众的议论。"摩醯因陁罗叩头谢罪说："我行事不严谨，竟冒犯国家法度，希望赐给我再生的机会，宽限七天。"于是国王把他关在暗室中，严密加以守卫，上等的饭菜，进奉没有缺少。看守的人喊道："已经过了一天，还剩六天。"到第六天后，摩醯因陁罗

已，既深忧惧，更励身心，便获果证。升虚空，示神迹，寻出尘俗，远栖岩谷。无忧王躬往谓曰："昔拘国制，欲致严刑。岂意清升，取证圣果。既无滞累，可以还国。"弟曰："昔羁爱网，心驰声色，今出危城，志悦山谷。愿弃人间，长从丘壑。"王曰："欲静心虑，岂必幽岩？吾从尔志，当为崇树。"遂召命鬼神而告之曰："吾于后日广备珍羞，尔曹相率来集我会，各持大石，自为床座。"诸神受命，至期毕萃。众会既已，王告神曰："石座纵横，宜自积聚。因功不劳，垒为虚室。"诸神受命，不日而成。无忧王躬往迎请，止此山庐。

深怀忧愁恐惧，更加激励起身心，终于获得果证。他飞升到空中，显示神异现象，随后脱离尘俗，远远地栖息到山谷之中。无忧王亲自前去对他说："从前拘于国家制度，欲加以严厉的刑罚。哪想到你得道高升，证得了圣果。既已没有牵挂，可以回到国中了。"弟弟说："从前受爱网的羁绊，醉心于声色享乐，现在逃出了危城，一心喜爱山谷。希望抛弃人间事务，常住山野之中。"无忧王说："想要心地清静，何必一定在幽深的山谷中？我顺从你的志向，为你营建住处。"于是招来鬼神命令他们："我在后天准备大量美味佳肴，你们都来集会，各自带来大石头，自己设立座位。"众神受命后，到时候都来聚会。宴会结束，无忧王对鬼神说："石座凌乱，应该堆聚起来，利用现有石头不花大气力，可垒成一间石室。"众神接到命令，不到一天时间就完成了。无忧王亲自前往迎接摩醯因陁罗，住到这一山庐中。

七、无忧王诸营造遗迹

故宫北，地狱南，有大石槽，是无忧王匠役神功，作为此器，饭僧之时，以储食也。

故宫西南有小石山，周岩谷间，数十石室，无忧王为近护等诸阿罗汉役使鬼神之所建立。傍有故台余基积石，池沼涟漪，清澜澄鉴，邻国远人谓之圣水，若有饮濯，罪垢消灭。

山西南有五窣堵波，崇基已陷，余址尚高，远而望之，郁若山阜，面各数百步，后人于上重更修建小窣堵波。《印度记》曰：昔无忧王建八万四千窣堵波已，尚余五升舍利，故别崇建五窣堵波，制奇诸处，灵异间起，以表如来五分法身[1]。薄信之徒窃相评议，云是昔者难陁王建此五藏[2]，以储七宝。其后有王，不甚淳信，闻先

在旧王宫以北、地狱以南，有个大石槽，是无忧王驱使鬼神之力，建成这一容器，在招待僧人时用以储放食品。

故王宫的西南有座小石山，在山谷间，分布着几十座石室，是无忧王驱使鬼神，为近护等阿罗汉所建立的。旁边有旧台阁遗址的积石，湖池中水波微动，清澈如明镜，邻国远方的人称之为圣水，如果饮用、洗涤，罪垢就会消失。

山的西南有五座佛塔，高高的塔基已经陷落，遗址还很高，远远地望去，重叠如山丘，每一面各有几百步，后人在上面又重新修建了小佛塔。《印度记》说：从前无忧王建造八万四千座佛塔之后，还剩五升舍利，所以另外修建五座佛塔，形制不同于其他各塔，灵异时有出现，用以表现如来的五分法身。而一些不信仰佛法的人私下里议论，说是从前难陁王建立这五个宝库，以储放七宝。其后有位国王，不很信仰佛法，听到先前怀疑的议论，便放纵贪求之心，兴师动众，

疑议，肆其贪求，兴动军师，躬临发掘。地震山倾，云昏日翳，窣堵波中大声雷震，士卒僵仆，象马惊奔。自兹已降，无敢觊觎。或曰：“众议虽多，未为确论。”循古所记，信得其实。

亲自前去发掘。不料地动山摇，乌云遮天，太阳被挡住，佛塔中雷声大作，士卒倒伏于地，象、马惊慌地奔跑。从这以后，再也无人敢打佛塔的主意。有人说：“各种议论虽然多，不能算作定论。”而依据古书所记载，可以相信这是事实。

注释　1 五分法身：指戒、定、慧、解脱、解脱知见（解脱中所表现的知与见）五种法或德性。佛与无学位的罗汉，即具足五分法身。

2 难陁王：当是指前生曾经为王的比丘难陁，也就是善欢喜或牧牛难陁。

八、鸡园僧伽蓝

故城东南有屈居勿反。屈吒阿滥摩唐言鸡园。僧伽蓝，无忧王之所建焉。无忧王初信佛法也，式遵崇建，修殖善种，召集千僧，凡、圣两众，四事供养，什物周给。颓毁已久，基址尚在。

在旧城的东南，有一所屈屈吒阿滥摩（唐朝语言称鸡园。）寺院，是无忧王所建造的。无忧王信仰佛法之初，恭敬地营建，广积功德，招集一千僧人，有凡夫僧和圣僧两部分，以四事供养，各种物品周备。寺院毁坏已久，但遗址还存在。

九、阿摩落伽窣堵波

伽蓝侧有大窣堵波，名阿摩落伽。阿摩落伽者，印度药果之名也。无忧王遘疾弥留，知命不济，欲舍珍宝，崇树福田[1]。权臣执政，诫勿从欲。其后因食，留阿摩落果，玩之半烂，握果长息，问诸臣曰："赡部洲主今是何人？"诸臣对曰："唯独大王。"王曰："不然。我今非主。唯此半果，而得自在。嗟乎！世间富贵，危甚风烛。位据区宇，名高称谓，临终匮乏，见逼强臣，天下非己，半果斯在！"乃命侍臣而告之曰："持此半果，诣彼鸡园，施诸众僧，作如是说：'昔一赡部洲主，今半阿摩落王，稽首大德僧前，愿受最后之施。凡诸所有，皆已丧失，唯斯半果，得少自在。哀愍贫乏，增长福种。'"

在寺院旁有座大佛塔，称为阿摩落伽。所谓阿摩落伽，是印度一种药用果子的名称。无忧王患病，弥留之际，知道寿命将终，想要舍弃珍宝，为来世积福。弄权的大臣掌管朝政，劝他不要按自己的意愿行事。其后利用吃饭的机会，留下一颗阿摩落果，品玩得烂了一半时，握住果子长叹，问臣属们说："赡部洲的主宰，现在是谁？"臣属们回答说："唯独只有大王。"无忧王说："不对。我现在不是主宰，只有这半个果子，可以自由支配。唉！世间的富贵，比风中之烛更难保住，我拥有天下，名号高过所有称谓，而临终时空无所有，受强臣的逼迫，天下已不是自己的，只有这半个果子还在。"于是命令侍臣说："拿上这半个果子前往鸡园寺，施舍给僧人们，对他们这样说：'从前是赡部洲的主宰，现在是半个阿摩落果之王，谨向大德高僧叩头，希望接受最后的施舍。以前所拥有的，都已经丧失，只有这半个果子，能稍微支配。请可怜贫穷之人，我愿以此增添福德。'"寺中

僧中上座作如是言[2]："无忧大王宿期弘济，疟疾在躬，奸臣擅命，积宝非己，半果为施。承王来命，普施众僧。"即召典事，羹中总煮，收其果核，起窣堵波。既荷厚恩，遂旌顾命。

长老作了这样的回答："无忧王从前期望周济天下，如今疟疾在身，奸臣擅权，积累的珍宝非自己所有，以这半个果子施舍。遵循大王命令，已经遍施于各位僧人。"当即招来典事，将果子煮到汤羹中，然后收集里面的果核，建造佛塔。由于从前受过无忧王的厚恩，就以此来彰显他的临终嘱咐。

注释　1 福田：如能恭敬地供养佛、法、僧三宝，便能得无量的福德，因此称这三宝为福田。　2 上座：与长老同。有时也是对出家多年的僧人的尊称。

十、建揵椎声窣堵波及提婆故事[1]

阿摩落伽窣堵波西北故伽蓝中，有窣堵波，谓建揵椎声。

初，此城内伽蓝百数，僧徒肃穆，学业清高，外道学人销声缄口。其后僧徒相次殂落，而诸后进莫继前修。外道师资，传训成艺，于是命俦召侣，千计万数，

在阿摩落伽佛塔西北的旧寺院中，有座佛塔，称作建揵椎声。

起初，这座城内寺院有一百多所，僧徒严肃认真，学业清亮高超，外道的学者，只有沉默闭口。其后僧徒相继去世，而后辈学者不能继承前人的事业。外道的导师，传授弟子成材，于是招集同伴，人数成千上万，来到僧徒住处，高声喊道："大力敲击揵

来集僧坊，扬言唱曰：“大击揵椎，招集学人！”群愚同止，谬有扣击，遂白王，请校优劣。外道诸师高才达学，僧徒虽众，辞论庸浅。外道曰：“我论胜。自今已后，诸僧伽蓝不得击揵椎以集众也。”王允其请，依先论制。僧徒受耻，忍诟而退，十二年间不击揵椎。时南印度那伽阏剌树那菩萨唐言龙猛，旧译曰龙树，非也，幼传雅誉，长擅高名，舍离欲爱，出家修学，深究妙理，位登初地[2]。有大弟子提婆者，智慧明敏，机神警悟，白其师曰：“波吒厘城诸学人等辞屈外道，不击揵椎，日月骤移，十二年矣。敢欲摧邪见山[3]，然正法炬。”龙猛曰：“波吒厘城外道博学，尔非其俦，吾今行矣。”提婆曰：“欲摧腐草，讵必倾山？敢承指诲，黜诸异学。大师立外道义，而我随文破析，

椎，招集你们的学者！”一些愚蠢的僧人一同跑来，胡乱敲击揵椎，于是禀报国王，请求比出优劣。外道各位大师博学多才，僧徒虽然人多，论说却很肤浅。外道们说：“我们辩论获胜了。从今以后，所有寺院不能敲击揵椎来招集众人。”国王答应他们的请求，依照先前的规则。僧徒蒙受耻辱，忍耐着退下去。十二年间，不曾敲击揵椎。当时南印度的那伽阏剌树那菩萨（唐朝语言称龙猛，旧译为龙树，是不对的。）幼小时有美好的名声，长大后独擅高名，舍弃欲念，出家修行学法，深究精妙的佛理，达到初地阶位。他有个叫提婆的大弟子，聪慧灵敏，机警善悟，对老师说：“波吒厘城的一些学人，辩论为外道所屈服，不敲击揵椎，岁月流逝，已经十二年了。我想前去摧毁邪见山，点燃正法的火炬。”龙猛说：“波吒厘城的外道博学多才，你不是他们的对手，还是我现在去吧。”提婆说：“想摧毁腐草，何必倾倒整座山？我愿秉承您的教诲，去驳倒各外道学者。大师先替外道立论，我随文破解，弄清优劣之后，

详其优劣，然后图行。”龙猛乃扶立外义，提婆随破其理，七日之后，龙猛失宗[4]，已而叹曰：“谬辞易失，邪义难扶，尔其行矣，摧彼必矣！”

然后考虑出行的事。”龙猛于是确立外道主张，提婆随之击破其理论，七天之后，龙猛失去了宗旨。随后感叹地说：“荒谬的言辞容易失误，邪恶的主张难以扶立，你前去吧，一定可以摧败他们！”

注释　1 揵椎：亦作犍椎，是有声能集众人的钟、磬一类器物。 2 初地：菩萨十地中的初地，即欢喜地。 3 邪见山：亦作邪山，意为邪恶的、不正确的见解极为顽固，如山一般难以动摇。 4 失宗：辩论中失去宗旨。

提婆菩萨夙擅高名，波吒厘城外道闻之也，即相召集，驰白王曰：“大王昔纡听览，制诸沙门不击揵椎，愿垂告命，令诸门候，邻境异僧勿使入城，恐相党援，轻改先制。”王允其言，严加伺候。提婆既至，不得入城。闻其制令，便易衣服，叠僧伽胝，置草束中，褰裳疾驱，负戴而入。既至城中，弃草披衣，至此伽蓝，欲求止息。知人既寡，莫有相舍，遂宿

提婆菩萨一向有很高的名声，波吒厘城的外道听说后，就互相聚集到一起，跑去报告国王说：“大王从前屈尊听取辩论，下令所有沙门不得敲击揵椎，希望你发布命令，规定各个守门官，凡邻境僧人，不放他进城。恐怕他们互相支援，轻易改动先前的命令。”国王答应他们的请求，严密地加以防范。提婆到达后，不能进城。听说国王的命令后，就变换衣服，叠好僧伽胝，放到草束中，撩起衣服快步奔走，背着草束进了城。到城中后，丢掉草束披上僧衣，到了这所寺院，要求留宿。有识之士少，没有人肯留他，他于是住到

揵椎台上，于晨朝时，便大振击。众闻伺察，乃客游比丘。诸僧伽蓝，传声响应，王闻究问，莫得其先。至此伽蓝，咸推提婆。提婆曰："夫揵椎者，击以集众。有而不用，悬之何为？"王人报曰："先时僧众论议堕负，制之不击，已十二年。"提婆曰："有是乎？吾于今日，重声法鼓[1]。"使报王曰："有异沙门欲雪前耻。"王乃召集学人，而定制曰："论失本宗，杀身以谢。"于是外道竞陈旗鼓，喧谈异议，各曜辞锋。提婆菩萨既升论座，听其先说，随义析破，曾不浃辰，摧诸异道。国王大臣莫不庆悦，建此灵基，以旌至德。

揵椎台上。在早晨天刚亮时，就大声击揵椎。众人听到后去察看，是外地的僧人。各个寺院，都跟着敲击响应。国王听到后查问，没有人知道是谁先敲击的，到了这所寺院，都推说是提婆。提婆说："所谓揵椎，是用来敲击集合众人的。有揵椎而不用，挂着是为了什么呢？"国王的使者回答说："先前僧人辩论失败，下令他们不敲击，已经十二年了。"提婆说："有这个事吗？我在今日要重敲佛法之鼓。"使者报告国王说："有外国沙门想要洗刷以前的耻辱。"国王于是招集学者，定下规则说："辩论失去本派宗旨，要以死来谢罪。"这时外道竞相陈列出旗鼓，高声谈论各种主张，各自炫耀口才。提婆菩萨登上论座后，听他们一一说完，然后随其主张批驳，不到十二天工夫，驳倒了所有外道。国王和大臣没有人不庆幸欢乐，于是建造这座佛塔，来表彰提婆菩萨的大德。

注释　1 法鼓：比喻佛法的教化。

十一、马鸣遗迹

建击揵椎窣堵波北有故基,昔鬼辩婆罗门所居处也。

初,此城中有婆罗门,葺宇荒薮,不交世路,祠鬼求福,魍魉相依,高论剧谈,雅辞响应。人或激难,垂帷以对。旧学高才,无出其右,士庶翕然,仰之犹圣。有阿湿缚窭沙唐言马鸣。菩萨者[1],智周万物,道播三乘[2],每谓人曰:"此婆罗门学不师受,艺无稽古,屏居幽寂,独擅高名,将非神鬼相依,妖魅所附,何能若是者乎?夫辩资鬼授,言不对人,辞说一闻,莫能再述,吾今往彼,观其举措。"遂即其庐,而谓之曰:"仰钦盛德,为日已久。幸愿褰帷,敢伸宿志。"而婆罗门居然简傲,垂帷以对,终不面谈。马鸣心知鬼魅,

在建击揵椎佛塔北有个遗址,是从前鬼辩婆罗门所居住的地方。

当初,这座城中有一个婆罗门,在荒野中盖屋,不与世人交往,祭祀鬼神,祈求福禄,鬼怪依附在一起,高谈阔论,言辞华丽。如有人论难,便放下幕帘对答。学历深、才华高的人中,没有人能超过他。官吏民众对他肃然起敬,如圣人一般地景仰。有一位菩萨叫阿湿缚窭沙,(唐朝语言称作马鸣。)智慧全面,遍知万物,道行高深,通晓佛法,时常对别人说:"这个婆罗门学问没有老师传授,才艺不通古训,独居在荒野之中,博得崇高的名声,如果不是鬼神相依,妖魔附身,怎么能够如此呢?凡辩论依靠鬼神传授的,言谈不面对人,话说过一遍后,不能再复述。我现在前往那里,观察他的举动。"于是前往婆罗门的住处,对他说:"仰慕您的大德,已经很长时间了。希望您撩起幕帘,让我谈一谈心中一向的想法。"而婆罗门态度傲慢,垂着帘子回答,终究不当面谈话。马鸣心中知道

情甚自负，辞毕而退，谓诸人曰："吾已知之，摧彼必矣。"寻往白王："唯愿垂许，与彼居士较论剧谈。"王闻骇曰："斯何人哉！若不证三明，具六通，何能与彼论乎？"命驾躬临，详鉴辩论。是时马鸣论三藏微言，述五明大义，妙辩纵横，高论清远。而婆罗门既述辞已，马鸣重曰："失吾旨矣，宜重述之。"时婆罗门默然杜口，马鸣叱曰："何不释难？所事鬼魅宜速授辞！"疾褰其帷，视占其怪。婆罗门惶遽而曰："止！止！"马鸣退而言曰："此子今晨声闻失坠。虚名非久，斯之谓也。"王曰："非夫盛德，谁鉴左道？知人之哲，绝后光前。国有常典，宜旌茂实。"

对方是鬼魅，神情十分自负，说过一番话后就退下来，对众人说："我已知道底细了，一定可以驳倒他。"随即前去禀报国王："只恳请您同意，同那位居士进行辩论。"国王听说后惊讶地说："这是个什么样的人啊！如果不证得三明，具备六种神通，怎么同那人辩论呢？"于是下令备车亲自前去，详细考察他们的辩论。这时，马鸣论说三藏的精微道理，叙述五明的基本观点，妙论不断，清雅高远。在那婆罗门讲述一遍后，马鸣又说："你领会错了我的意思，应再说一遍。"这时婆罗门默不作声，马鸣斥责说："你为什么不解释疑难？你所侍奉的鬼魅应赶快传授答词！"同时立即撩起幕帘，看里面的怪异现象。婆罗门慌忙地说："住手！住手！"马鸣退下来说："这个人今天早晨声誉扫地。虚名不能长久，就是说的这种事。"国王说："不是大德，谁能识破旁门左道？你识别人的智慧，真是空前绝后。国家有定制，应对此进行嘉奖。"

注释 **1** 阿湿缚窭沙菩萨：意译为马鸣（或功胜）菩萨，印度古代佛教理论家与诗人。约出生于公元二世纪，与迦腻色迦王同时代。撰有《大庄严经论》和其他佛经，并有《佛所行赞》《美难陀》等著名文学作品。

2 三乘：其一是声闻乘，或称小乘，觉悟四谛之理而证阿罗汉果。其二是缘觉乘，或称中乘、辟支佛乘，觉悟十二因缘之理而证辟支佛果。其三是菩萨乘，或称大乘，经三大阿僧祇劫的修行而证无上菩提。乘，是车乘，譬喻佛教的教法，能使人臻于果地的境界。

十二、鞮罗择迦伽蓝及附近佛遗迹

城西南隅二百余里，有伽蓝余迹。其傍有窣堵波，神光时烛，灵瑞间发，近远众庶莫不祈请，是过去四佛坐及经行遗迹之所。

故伽蓝西南行百余里，至鞮罗择迦伽蓝。庭宇四院，观阁三层，崇台累仞，重门洞启，频毗娑罗王末孙之所建也。旌召高才，广延俊德，异域学人，远方髦彦，同类相趋，肩随戾止。僧徒千数，并学大乘。中门当涂，有三精舍，上置轮相，铃铎虚悬，下建层基，轩槛周列，户牖栋梁，壖垣阶陛，金铜隐起，厕间庄严。中精舍佛

在城的西南方两百多里处，有一所寺院的遗址。它的旁边有一座佛塔，光芒时常照耀，灵异之事时而发生，远近民众无不前来祈求，这里是过去四佛的座位与散步遗迹的场所。

从旧寺院向西南行走一百多里，到达鞮罗择迦寺院。庭院有四座，观阁有三层，高台达数仞，重叠的门洞开，这是频毗娑罗王的末代孙子所建造的。他大规模召募有才之人，广泛延聘有德之士，外国的学者，远方的俊杰，莫不相率前来，一个接着一个。僧徒有一千多人，都学习大乘佛教。中门正对着大路，有三座精舍，屋顶设置轮相，四周悬挂着铃铎，下面建起层台，栏杆排列在周围，门窗栋梁和矮墙台阶上，金铜隐然出现，

立像高三丈，左多罗菩萨像[1]，右观自在菩萨像。凡斯三像，鍮石铸成，威神肃然，冥鉴远矣。精舍中各有舍利一升，灵光或照，奇瑞间起。

镶嵌得庄严华丽。中间精舍的佛陀站立像高三丈，左边是多罗菩萨像，右边是观自在菩萨像。这三座像，都是鍮石铸成，威严庄重，暗中观察人间善恶。精舍中各有一升的舍利，不时放出灵光，时而有奇特的祥瑞。

注释 1 多罗菩萨：即多罗观自在，是观自在菩萨的化身。传说是从观自在菩萨眼中生出，而"多罗"意译亦作眼、眼瞳。

鞮罗择迦伽蓝西南九十余里，至大山，云石幽蔚，灵仙攸舍。毒蛇、暴龙窟穴其薮，猛兽、挚鸟栖伏其林。山顶有大磐石，上建窣堵波，其高十余尺，是佛入定处也。昔者如来降神止此，坐斯磐石，入灭尽定，时经宿焉。诸天灵圣供养如来，鼓天乐，雨天花。如来出定，诸天感慕，以宝金银起窣堵波。去圣逾邈，宝变为石。自古迄今，人未有至。遥望高山，乃见异类，长蛇、猛兽群从右旋，天仙灵圣肩随赞礼。

从鞮罗择迦寺院向西南行走九十多里，到一座大山，山上云雾幽暗，是神灵、仙人居住的地方。毒蛇和暴龙，在大泽中筑穴；猛兽和凶鸟，在树林中栖息。山顶上有大磐石，上面建有佛塔，高十多尺，是佛陀入定的地方。从前如来降临到这里，坐在这块磐石上，入灭尽定，经过了一夜。天神众仙，都供养如来，奏起天上的音乐，撒下天上的花朵。如来出定后，天神们感慨敬慕，用珍宝、金银建造佛塔。离开圣人的时代久远，珍宝变为了石头。从古到今，没有人到这里。遥望这座山，只看到非人之物，长蛇和猛兽，围绕着佛塔向右旋转，天神众仙，相互跟随着赞颂与礼拜。

山东岗有窣堵波，在昔如来伫观摩揭陁国所履之处也。

大山的东岗上有座佛塔，是从前如来伫立观览摩揭陁国所踏过的地方。

十三、德慧伽蓝及遗事

山西北三十余里，山阿有伽蓝，负岭崇基，疏崖峙阁。僧徒五十余人，并习大乘法教。瞿那末底唐言德慧。菩萨伏外道之处[1]。

初，此山中有外道摩沓婆者，祖《僧佉》之法而习道焉[2]。学穷内外，言极空有，名高前列，德重当时，君王珍敬，谓之国宝，臣庶宗仰，咸曰家师。邻国学人承风仰德，俦之先进，诚博达也。食邑二城，环居封建。时南印度德慧菩萨幼而敏达，早擅精徽，学通三藏，理穷四谛[3]。闻摩沓婆论极幽微，有怀挫锐，命一门人裁书

在大山西北方三十多里处，山坡上有一所寺院，背靠山岭，台基高大，悬崖边峙立着楼阁。僧徒有五十多人，都学习大乘佛教。这里是瞿那末底（唐朝语言称德慧。）菩萨降伏外道的地方。

当初，这座山中有个外道信徒叫摩沓婆，宗奉《僧佉》的学说而修行。他学问穷尽内外，透彻地谈论空、有的义理，名声超过前辈，德行为当代人敬重，君王珍视他，称之为国宝，臣属百姓景仰他，都称之为家师。邻国的学者，闻风仰慕他的德行，尊之为先辈，他确实是博学通达的人。他的食邑有两座城，是环绕着分封给他的。当时南印度的德慧菩萨，年幼时聪明有智慧，早就以精深闻名，学问贯通三藏，穷尽四谛之理，听说摩沓婆论辩极其

谓曰："敬问摩沓婆善安乐也。宜忘劳弊，精习旧学，三年之后，摧汝嘉声。"如是第二、第三年中，每发使报。及将发迹，重裁书曰："年期已极，学业何如？吾今至矣，汝宜知之。"摩沓婆甚怀惶惧，诫诸门人及以邑户："自今之后，不得居止沙门异道。"递相宣告，勿有犯违。时德慧菩萨杖锡而来，至摩沓婆邑，邑人守约，莫有相舍，诸婆罗门更詈之曰："断发殊服，何异人乎？宜时速去，勿此止也！"德慧菩萨欲摧异道，冀宿其邑，因以慈心，卑辞谢曰："尔曹世谛之净行[4]，我又胜义谛之净行[5]，净行既同，何为见拒？"婆罗门因不与言，但事驱逐。逐出邑外，入大林中。林中猛兽，群行为暴，有净信者恐为兽害[6]，乃束蕴持杖，谓菩萨

深奥精微，有意要挫败他的锐气，于是命令一位门人送信前去说："敬问摩沓婆安好快乐！你应忘记劳累疲惫，精心研习旧学，三年之后，我将摧毁你的好名声。"如此在第二年、第三年当中，都派使者发出预告。等到将启程时，又致信说："时间已到，你的学业怎么样？我现在就要到了，你应该知道。"摩沓婆心中十分惶恐，告诫门人以及封户说："从今以后，不能留宿沙门外道。"门人与封户递相转告，没有违犯者。这时德慧菩萨拄着锡杖前来，到了摩沓婆封邑中，封户遵守禁令，没有人留他住宿。一些婆罗门更是骂他："剪断头发穿奇装异服，是什么怪人啊！应赶快离开，不要停留在这里。"德慧菩萨想要摧败外道，希望留宿在封邑中，便以其慈悲之心，谦恭地说道："你们是按世俗谛修行的人，我是按胜义谛修行的人，修行既然相同，为什么要拒我于门外？"婆罗门不和他说话，只是驱赶他，赶到城外，进入大森林中。林中凶猛的野兽，成群地出来残害人命，有位信仰佛教的人担心他被野兽伤害，就打着火把、拿着棍棒，对菩萨说："南

曰:“南印度有德慧菩萨者,远传声问,欲来论议,故此邑主惧坠嘉声,重垂严制,勿止沙门。恐为物害,故来相援。行矣自安,勿有他虑。”德慧曰:“良告净信,德慧者,我是也。”净信闻已,更深恭敬,谓德慧曰:“诚如所告,宜可速行。”即出深林,止息空泽。净信纵火持弓,周旋左右,夜分已尽,谓德慧曰:“可以行矣,恐人知闻,来相图害。”德慧谢曰:“不敢忘德。”

印度有位德慧菩萨,声名远播,想前来辩论,所以这个封邑之主担心丧失美好的名声,发布严厉的禁令,不准留宿沙门。我担心你为野兽所害,所以前来援助。你放心地走吧,不要有其他顾虑。”德慧菩萨说:“实话告诉你,我就是德慧。”信佛人听说后,更为恭敬,对德慧菩萨说:“真要是这样的话,你就赶快走吧!”他们于是走出密林,停歇在空旷的草泽,信佛人点着火把拿着弓,在德慧身边护卫。黑夜将过,他对德慧说:“可以走了,担心有人知道后,前来谋害你。”德慧感谢他说:“不敢忘记你的恩德。”

注释　1 瞿那末底：约公元五至六世纪南印度人，佛教瑜伽行派的著名学者,唯识十大论师之一。其著作今存者有真谛所译《随相论》一卷。2《僧佉》:亦译作《僧企野》，为婆罗门正宗六论之一。该论“数度诸法根本立名，以数起论”，故亦名为《数论》。　3 四谛：即四圣谛，佛教以为是彻底解决宇宙人生问题的真理，分别是苦谛、集谛、灭谛和道谛。苦谛是一切皆苦；集谛是苦恼由种种原因（妄执、烦恼）积集而成；灭谛是断除苦恼的原因，超越无常的世界，而臻于寂灭、觉悟的境地；道谛是导致寂灭、觉悟的境地的实践，是八正道的正确的修行。　4 世谛：世俗之人所知道的真理。净行：行为清净的人。5 胜义谛：佛教所说的最高真理。这是殊胜智慧所证的究极真理。又称第一义谛、真谛，与世俗谛相对而言。　6 净信：信仰佛教的人。

于是遂行，至王宫，谓门者曰："今有沙门，自远而至，愿王垂许，与摩沓婆论。"王闻惊曰："此妄人耳。"即命使臣往摩沓婆所，宣王旨曰："有异沙门来求谈论，今已莹洒论场，宣告远近，伫望来仪，愿垂降趾。"摩沓婆问王使曰："岂非南印度德慧论师乎？"曰："然。"摩沓婆闻，心甚不悦，事难辞免，遂至论场。国王、大臣、士庶、豪族，咸皆集会，欲听高谈。德慧先立宗义，泊乎景落，摩沓婆辞以年衰，智昏捷对，请归静思，方酬来难。每事言归，及旦升座，竟无异论。至第六日，欧血而死。其将终也，顾命妻曰："尔有高才，无忘所耻！"摩沓婆死，匿不发丧，更服鲜绮，来至论会。众咸喧哗，更相谓曰："摩沓婆自负才高，耻对德慧，

于是出发，到达王宫，对守门人说："现在有位沙门从远方到来，希望得到国王的准许，同摩沓婆辩论。"国王听后惊讶地说："这真是个狂妄的人。"就命令使者到摩沓婆那里，宣布国王旨意说："现有外来沙门前来要求辩论，已经洒扫辩论场地，宣布远近，大家盼望您前来，敬望光临。"摩沓婆询问国王的使者说："难道是南印度的德慧论师吗？"使者回答："是的。"摩沓婆听说后，心中十分不高兴，而事情又难以推辞，就到了辩论场地。国王、大臣、官吏、百姓和豪族，都来集会，想听一听精彩的辩论。德慧先提出论点，到了傍晚，摩沓婆借口年老体衰，脑力迟钝，不能马上回答，请求回去静心思索，再来答复对方的提问。每次他都提出回去静思，到次日清晨登上论座，都没有特别的见解。到了第六天，便吐血而死。临终时，他交代妻子说："你有高强的才能，不要忘记了我的耻辱！"摩沓婆死后，他的妻子秘不发丧，反而穿着鲜艳的服装，来到辩论场所。众人都喧闹起来，互相说："摩沓婆自恃才能高强，耻于同德慧对答，所以派

故遣妇来，优劣明矣。”德慧菩萨谓其妻曰：“能制汝者，我已制之。”摩沓婆妻知难而退。王曰：“何言之密，彼便默然？”德慧曰：“惜哉，摩沓婆死矣！其妻欲来与我论耳。”王曰：“何以知之？愿垂指告。”德慧曰：“其妻之来也，面有死丧之色，言含哀怨之声，以故知之，摩沓婆死矣。能制汝者，谓其夫也。”王命使往观，果如所议。王乃谢曰：“佛法玄妙，英贤继轨，无为守道，含识沾化，依先国典，褒德有常。”德慧曰：“苟以愚昧，体道居贞，存止足，论济物，将弘汲引，先摧傲慢，方便摄化，今其时矣。唯愿大王以摩沓婆邑户子孙千代常充僧伽蓝人，则垂诫来叶，流美无穷。唯彼净信见匡护者福延于世，食用同僧，以劝清信，以褒厚德。”于

妻子来，谁优谁劣是很分明的。”德慧菩萨对摩沓婆的妻子说：“能够制服你的人，我已经制服他了。”摩沓婆的妻子知难而退。国王说：“你说了什么秘密的话，她便默不作声了？”德慧说：“可惜啊，摩沓婆已经死了！他的妻子却想来和我辩论。”国王说：“你怎么知道呢？请不吝赐教。”德慧说：“他的妻子前来，面有死丧的神色，言语中含有哀怨的声音，以此而可推知，摩沓婆已经死了。我所说的‘能够制服你的人’，是指她的丈夫。”国王派人前去观察，果然如德慧所料。国王于是道歉说：“佛法玄妙，英才不断涌现，以无为之术维护佛道，众生蒙受教化。依照国家前世法典，应该予以嘉奖。”德慧说：“我以愚昧之身，体察佛道，信心贞固，有知足之心，主张平等待人，将要开导他人，必先摧败他的傲慢心，才便于度化，现在正是时机。希望大王把摩沓婆封邑之人，子孙千代充作寺院的邑户，这样就可给后世留下教训，美名永存。那位护卫过我的信佛人，应福禄延于后世，食用同于僧人，以激励信佛之人，褒奖厚德之士。”国王于是建造

是建此伽蓝，式旌胜迹。

初，摩沓婆论败之后，十数净行逃难邻国，告诸外道耻辱之事，招募英俊，来雪前耻。王既珍敬德慧，躬往请曰："今诸外道不自量力，结党连群，敢声论鼓，唯愿大师摧诸异道。"德慧曰："宜集论者。"于是外道学人欣然相慰："我曹今日，胜其必矣。"时诸外道阐扬义理，德慧菩萨曰："今诸外道逃难远游，如王先制，皆是贱人，我今如何与彼对论？"德慧有负座竖，素闻余论，颇闲微言，侍立于侧，听诸高谈。德慧拊其座而言曰："床，汝可论。"众咸惊骇，异其所命。时负座竖便即发难，深义泉涌，清辩响应。三复之后，外道失宗，重挫其锐，再折其翮。自伏论已来，为伽蓝邑户。

这座寺院，表彰德慧菩萨的功绩。

当初，摩沓婆辩论失败之后，十几个婆罗门逃难到邻国，把受耻辱的事告诉那里的外道，招募英才，来洗刷先前的耻辱。国王珍视、敬重德慧，亲自前去请他："现在外道不自量力，结成党派，竟敢擂响论战鼓，希望大师摧败这些外道。"德慧说："应该招集辩论的人。"这时，外道学者高兴地互相安慰："我们现在，胜利是必然的。"辩论时，外道学者阐述义理，德慧说："现在外道逃难，远游在外，根据国王先前制令，他们都是贱民。我现在怎么能与那些人面对面地辩论呢？"德慧有个背座床的仆人，平素常在一旁听到德慧的议论，对佛教精微的旨趣相当熟悉。这时他侍立在德慧身边，倾听高妙的谈论。德慧拍着座床说："床，你可以参加辩论。"众人都感到惊讶，不理解他的意思。这时背座床的仆人便发言诘难，深奥的义理如泉水般涌现出来，清晰的辩辞如回声般响应。三个回合之后，外道失去了宗旨，锐气再度受挫，羽翼再次被折断。他们自从辩论失败以来，被确定为寺院所属邑户。

十四、戒贤伽蓝及伏外道事

德慧伽蓝西南二十余里，至孤山，有伽蓝，尸罗跋陁罗唐言戒贤。论师论义得胜[1]，舍邑建焉。竦一危峰，如窣堵波，置佛舍利。

论师，三摩呾吒国之王族，婆罗门之种也。少好学，有风操，游诸印度，询求明哲。至此国那烂陁僧伽蓝，遇护法菩萨，闻法信悟，请服染衣，谘以究竟之致，问以解脱之路。既穷至理，亦究微言，名擅当时，声高异域。南印度有外道，探赜索隐，穷幽洞微，闻护法高名，起我慢深嫉，不阻山川，击鼓求论，曰："我，南印度之人也。承王国内有大论师，我虽不敏，愿与详议！"王曰："有之，诚如议也。"乃命使臣请护法曰："南印度有外道，不远千里，来求较论。

从德慧寺院向西南行走二十多里，到达一座孤山，山上有一所寺院，是尸罗跋陁罗（唐朝语言称戒贤。）论师论辩获胜后，施舍封邑建造的。寺院旁耸立着陡峭的山峰，状似佛塔，放置着佛舍利。

尸罗跋陁罗论师，是三摩呾吒国的王族，属婆罗门种姓。他年轻时好学，有风度操守，游历印度，访求高明之人。到了这个国家的那烂陀寺，遇上护法菩萨，听他说法后觉悟，请求出家，探讨获得真理之法，询问解脱苦难之路。他既穷尽最高的理论，又研讨微妙的言论，名声冠于当代，播于异国。南印度有位外道信徒，探讨幽渺，索求隐晦，听说护法菩萨的崇高名声，产生了傲慢忌妒之心，不顾山水相隔，击鼓请求辩论，说："我是南印度人，听说大王国内有位大论师，我虽然不聪颖，愿意和他详尽地辩论一番！"国王说："国内有这位论师，就按你说的办。"于是命令使臣去对护法说："南印度有位外道信徒，不远千里，前来要

唯愿降迹，赴集论场。”护法闻已，摄衣将往。门人戒贤者，后进之翘楚也，前进请曰：“何遽行乎？”护法曰：“自慧日潜晖，传灯寂照[2]，外道蚁聚，异学蜂飞，故我今者，将摧彼论。”戒贤曰：“恭闻余论，敢摧异道。”护法知其俊也，因而允焉。是时戒贤年甫三十，众轻其少，恐难独任。护法知众心之不平，乃解之曰：“有贵高明，无云齿岁，以今观之，破彼必矣。”逮乎集论之日，远近相趋，少长咸萃。外道弘阐大猷，尽其幽致；戒贤循理责实，深极幽玄。外道辞穷，蒙耻而退。王用酬德，封此邑城。论师辞曰：“染衣之士，事资知足，清净自守，何以邑为？”王曰：“法王晦迹，智舟沦湑，不有旌别，无励后学。为弘正法，愿垂哀纳。”论师辞不获

求辩论。希望你屈驾，赶赴辩论场所。”护法得知后，整理行装将要前往。门人戒贤，是后辈中的佼佼者，上前请问说：“是什么事要匆匆地前往呢？”护法说：“自从智慧的太阳潜藏，传灯不再明朗地照耀，外道信徒如蚂蚁般地聚集，异端学说像蜂虫般地流传，所以我现在要去摧败他们的论题。”戒贤说：“我已恭敬地听到您的高论，请求前去摧败外道信徒！”护法知道他的英才，便答应了。这时戒贤年刚三十，众人看轻他年少，恐怕难以独当其任。护法知道众人心中不服，就解释说：“看人重要的是才华，不是年龄。以现在的情况看来，戒贤战胜他们是可以肯定的。”等到辩论之日，远近的人都赶来，少长汇集到一起。外道阐述道义，十分地精详；戒贤根据道理事实，讲得极为深刻。外道理屈词穷，蒙受耻辱而退出会场。国王为酬谢戒贤的恩德，封给他这座城。论师推谢说：“出家之人，凡事当知足，清净自守，何必要封邑？”国王说：“法王离开人间，智慧之舟沉没，如果不加以表彰区别，不能激励后学。为了弘扬佛法，希望你

已,受此邑焉。便建伽蓝,穷诸规矩,舍其邑户,式修供养。

发慈悲收下。”论师推辞不掉,就接受了这个封邑。随后建造寺院,极为工巧,施舍邑户的供奉,供养僧人。

注释　1 尸罗跋陁罗:公元六至七世纪人,初为婆罗门教徒,后改信佛教。为大乘瑜伽行派的论师,曾长期主持那烂陀寺。 2 传灯:佛教把佛法比喻为灯,以为能破除众生的昏暗,故把传法称为传灯。

十五、伽耶城与伽耶山[1]

戒贤伽蓝西南行四五十里,渡尼连禅河[2],至伽耶城。甚险固,少居人,唯婆罗门有千余家,大仙人之祚胤也,王所不臣,众咸宗敬。

城北三十余里,有清泉,印度相传谓之圣水,凡有饮濯,罪垢消除。

城西南五六里至伽耶山,溪谷杳冥,峰岩危险,印度国俗称曰灵山。自昔君王驭宇承统,化洽远人,德隆前代,莫不登封而告成功。山顶上有石窣堵波,高

从戒贤寺院向西南行走四五十里,渡过尼连禅河,到达伽耶城。城池十分险要坚固,居民少,只有婆罗门一千多家,是大仙人的后代,国王不以他们为臣,民众都敬重他们。

在城北三十多里处,有一股清泉,印度相传称为圣水,凡饮用过泉水或在里面洗涤,罪恶的污垢就会消除。

从都城向西南行走五六里,到达伽耶山,溪谷幽深,峰崖险峻,印度的风俗,称为灵山。自古以来,君王统御天下,教化遍及远方居民,德行超迈前代,没有不登灵山祭天而宣告

百余尺，无忧王之所建也，灵鉴潜被，神光时烛，昔如来于此演说《宝云》等经[3]。

伽耶山东南有窣堵波，迦叶波本生邑也。其南有二窣堵波，则伽耶迦叶波、捺地迦叶波旧曰那提迦叶，讹也。洎诸迦叶，例无波字，略也。事火之处[4]。

成功的。山顶上有座石塔，高一百多尺，是无忧王所建造的。灵异的力量暗察人间，神光时常闪耀，从前如来曾在这里演说《宝云》等经典。

伽耶山东南有一座佛塔，是迦叶波出生的地方。它的南面有两座佛塔，是伽耶迦叶波、捺地迦叶波（旧称那提迦叶，是错误的。其他迦叶，照例没有波字，是省略。）事火的地方。

注释　1 伽耶城：即今加雅城，亦称梵天加雅。伽耶山：亦称伽种山等，在伽耶城南。以形如象头，又称象头山。　2 尼连禅河：即今帕尔古河，是由尼拉杰那河与莫诃那河汇合而成。　3《宝云》：《大乘宝云经》的略称，亦称《宝雨经》。汉文有三种译本。　4 “则伽耶”句：三迦叶波皆为佛陀弟子。初为事火外道，其后三兄弟才率徒众一千人改信佛教。

十六、前正觉山及佛成道故事

伽耶迦叶波事火东，渡大河，至钵罗笈菩提山[1]。唐言前正觉山，如来将证正觉，先登此山，故云前正觉也。如来勤求六岁，未成正

在伽耶迦叶波事火处以东，渡过一条大河，到达钵罗笈菩提山。（唐朝语言称前正觉山，如来将要证得正觉，先登上这座山，所以称为前正觉。）如来勤苦修行六年，没有获得正果，后来

觉，后舍苦行，示受乳糜，行自东北，游目此山，有怀幽寂，欲证正觉。自东北冈登以至顶，地既震动，山又倾摇。山神惶惧，告菩萨曰："此山者，非成正觉之福地也。若止于此，入金刚定，地当震陷，山亦倾覆。"菩萨下自西南，止半崖中，背岩面涧，有大石室，菩萨即之，加趺坐焉，地又震动，山复倾摇。时净居天空中唱曰："此非如来成正觉处。自此西南十四五里，去苦行处不远，有毕钵罗树，下有金刚座，去来诸佛咸于此座而成正觉，愿当就彼。"菩萨方起，室中龙曰："斯室清胜，可以证圣，唯愿慈悲，勿有遗弃。"菩萨既知非取证所，为遂龙意，留影而去。影在昔日，贤愚咸睹，洎于今时，或有得见。诸天前导，往菩提树。逮乎无忧王之兴也，菩萨

放弃苦行，接受牧女的乳糜，从东北方向走来，观望这座山，感到这里幽静，想在这里证得正觉。从东北冈登到山顶，大地发生震动，山也摇晃起来。山神恐惧，告诉菩萨说："这座山，不是证得正觉的福地。如果您停留在这里，进入金刚定，大地会震动陷落，山也会倒塌。"菩萨从西南方向下山，在山半腰中，背靠岩石面对深涧处，有个大石室，菩萨走到里面，结跏趺坐，大地又发生震动，山也摇晃起来。这时净居天在空中高声说道："这里不是如来成正觉的地方。从这里向西南走十四五里，离修苦行处不远，有棵毕钵罗树，树下有金刚座，过去与将来的诸佛，都在这个座位上证成正觉，希望您到那里去。"菩萨正要起身，石室中的龙说："这座石室清静幽雅，可以证成圣果，希望菩萨大慈大悲，不要遗弃我。"菩萨已经知道这里不是证成正觉之地，而为满足龙的意愿，于是留下身影而离开。(过去，贤人愚人都可见到身影，直到今天，还有人见到。)在天神的引导下，前往菩提树下。等到无忧王兴起，菩萨登山上下的遗迹，都竖立标

登山上下之迹，皆树旌表，建窣堵波，度量虽殊，灵应莫异，或花雨空中，或光照幽谷。每岁罢安居日，异方法俗，登彼供养，信宿乃还。

志，建造佛塔，形制虽然不同，灵验却没有差异，有时鲜花撒布空中，有时神光照耀幽深的山谷。每年结束安居的日子，各地僧俗人士，都登山供养佛迹，度过一夜才返回。

注释 1 钵罗笈菩提山：山名，意译为前正觉山。或以为即今莫拉山，在伽耶城以南。

十七、菩提树垣

前正觉山西南行十四五里，至菩提树。周垣垒砖，崇峻险固，东西长，南北狭，周五百余步。奇树名花，连阴接影；细莎异草，弥漫缘被。正门东辟，对尼连禅河，南门接大花池，西厄险固，北门通大伽蓝。壖垣内地，圣迹相邻，或窣堵波，或复精舍，并赡部洲诸国君王、大臣、豪族钦承遗教，建以记焉。

从前正觉山向西南行走十四五里，到达菩提树。周围垒着砖墙，高峻险固，东西长，南北窄，方圆五百多步。珍奇的树木，名贵的花卉，荫影相接；纤细的莎草，特异的草蔓，浓密遍布。正门向东开，对着尼连禅河，南门与大花池相连，西边靠着险固地势，北门与大寺院相通。墙垣内，圣迹相接，有佛塔，有精舍，都是赡部洲各国君王、大臣、豪门大族敬奉佛陀遗教，建造以作纪念的。

1.金刚座

菩提树垣正中，有金刚座。昔贤劫初成，与大地俱起，据三千大千世界之中，下极金轮，上侵地际，金刚所成，周百余步，贤劫千佛坐之而入金刚定，故曰金刚座焉。证圣道所，亦曰道场，大地震动，独无倾摇。是故如来将证正觉也，历此四隅，地皆倾动，后至此处，安静不倾。自入末劫，正法浸微，沙土弥覆，无复得见。佛涅槃后，诸国君王传闻佛说金刚座量，遂以两躯观自在菩萨像南北标界，东面而坐。闻诸耆旧曰："此菩萨像身没不见，佛法当尽。"今南隅菩萨没过胸臆矣。

菩提树围墙内正中央，有金刚座。从前贤劫开始之时，与大地一起出现，位于三千大千世界之中，下面抵达金轮，上面至于地面，由金刚构成，方圆一百多步，贤劫中的一千佛都坐在这里而入金刚定，所以称为金刚座。证圣道的场所，也称为道场，当大地震动时，唯独这里不摇动。所以如来将证成正觉时，走到金刚座的四方，地都摇动，后来到了这里，安稳不动。自从进入末劫以来，佛法日趋衰微，沙土弥漫，金刚座再也看不到了。在佛陀涅槃后，各国君王听闻佛陀所说金刚座的大小后，就以两尊观自在菩萨像作为南北长度的界标，菩萨面朝东而坐。听老年人讲："如果这两尊菩萨像隐没不见，佛法就会消亡。"如今南边的菩萨像，沙土已经埋没到胸部了。

2.菩提树及其事迹

金刚座上菩提树者，即毕钵罗之树也。昔佛在世，高数百尺，屡经残伐，犹高四五丈。佛坐其下成等正觉，因而谓之菩提树焉。茎干黄白，枝叶青翠，冬夏不凋，光鲜无变。每至如来涅槃之日，叶皆凋落，顷之复故。是日也，诸国君王，异方法俗，数千万众，不召而集，香水香乳，以溉以洗，于是奏音乐，列香花，灯炬继日，竞修供养。如来寂灭之后，无忧王之初嗣位也，信受邪道，毁佛遗迹，兴发兵徒，躬临剪伐。根茎枝叶，分寸斩截，次西数十步而积聚焉，令事火婆罗门烧以祠天。烟焰未静，忽生两树，猛火之中，茂叶含翠，因而谓之灰菩提树。无忧王睹异悔过，以香乳溉余根，洎乎将旦，树生如本。王见灵怪，重深

金刚座上的菩提树，就是毕钵罗树。从前佛陀在世，树高几百尺，屡次经过砍伐，还高四五丈。佛陀坐在树下证成等正觉，因而称之为菩提树。树干呈黄白色，枝叶青翠，冬夏不凋谢，光亮颜色不变化。每到如来涅槃的日子，树叶都凋落，不久又恢复原状。在这一天，各国君王、各地僧俗人士，成千上万，不召而聚集，用香水香乳，浇灌洗涤，于是演奏音乐，摆列香花，灯光连日，竞相供养。如来寂灭之后，无忧王继位初，信仰邪道，毁灭佛的遗迹，调动兵马，亲临砍伐。树根、树干与枝叶，斩截成碎片，在靠西几十步的地方堆集起来，命令事火的婆罗门焚烧后祭天。火焰还未熄灭，忽然生出两棵树，在猛火之中，枝叶苍翠，因而称为灰菩提树。无忧王目睹异状而悔过，用香乳灌溉残根，等到次日清晨，树长得如原来一样。无忧王见到灵异，更加欣喜，亲自供奉，欢乐得忘记了返归。王妃一向信奉外

欣庆，躬修供养，乐以忘归。王妃素信外道，密遣使人，夜分之后，重伐其树。无忧王旦将礼敬，唯见蘖株，深增悲慨，至诚祈请，香乳溉灌，不日还生。王深敬异，叠石周垣，其高十余尺，今犹见在。近设赏迦王者，信受外道，毁嫉佛法，坏僧伽蓝，伐菩提树，掘至泉水，不尽根柢，乃纵火焚烧，以甘蔗汁沃之，欲其燋烂，绝灭遗萌。数月后，摩揭陁国补剌拏伐摩王[1]，唐言满胄。无忧王之末孙也，闻而叹曰："慧日已隐，唯余佛树，今复摧残，生灵何睹？"举身投地，哀感动物。以数千牛构乳而溉，经夜树生，其高丈余。恐后剪伐，周峙石垣，高二丈四尺。故今菩提树隐于石壁，上出二丈余。

道，秘密派使者，在半夜之后，重新砍伐这棵树。无忧王早上将要礼敬，只看到残枝，十分悲伤感慨，虔诚地祈请，以香乳浇灌，不到一天工夫又长出来了。无忧王十分敬畏惊异，在周围垒石，高十多尺，现在还存在。近代的设赏迦王，信仰外道，毁灭佛法，破坏寺院，砍伐菩提树，掘到泉水，没掘尽树根，就纵火焚烧，用甘蔗汁浇灌，想把菩提树根烧焦，绝其复发之机。几个月之后，摩揭陁国的补剌拏伐摩王，（唐朝语言称满胄。）是无忧王的末代孙，听闻此事后叹息说："智慧的太阳已经隐没，只剩下佛树，现在又加以摧残，生灵还能看什么呢？"全身倒在地上，悲痛感动万物，用几千头牛的奶加以浇灌，一夜过后，树长起来，高一丈多。担心后来被人砍伐，在周围垒起石墙，高二丈四尺。所以现在的菩提树隐没于石墙中，树梢露出石墙二丈多。

注释　1 补剌拏伐摩王：约公元七世纪初摩揭陁国国王。

菩提树东有精舍，高百六七十尺，下基面广二十余步，垒以青砖，涂以石灰。层龛皆有金像，四壁镂作奇制，或连珠形，或天仙像，上置金铜阿摩落迦果。亦谓宝瓶，又称宝壶。东面接为重阁，檐宇特起三层，榱柱栋梁，户扉寮牖，金银雕镂以饰之，珠玉厕错以填之。奥室邃宇，洞户三重。外门左右各有龛室，左则观自在菩萨像，右则慈氏菩萨像，白银铸成，高十余尺。

精舍故地，无忧王先建小精舍，后有婆罗门更广建焉。初，有婆罗门不信佛法，事大自在天，传闻天神在雪山中，遂与其弟往求愿焉。天曰："凡诸愿求，有福方果。非汝所祈，非我能遂。"婆罗门曰："修何福可以遂心？"天曰："欲植善种，求胜福田，菩提树者，证佛果处也。宜时速返，往

菩提树东面有座精舍，高一百六七十尺，下边的基座每面宽二十多步，用青砖垒起，用石灰涂抹。每层龛中都有金像，四壁上雕刻得形制奇特，有的是连珠形，有的是天仙像，上面安放着金光闪闪的铜质阿摩落迦果。（亦称作宝瓶，又称宝壶。）东面连接着楼阁，屋檐飞起三层，椽柱与栋梁，门扇与窗户，都是金银镂刻装饰，珠玉错落地镶嵌于其中。深幽的屋宇，三重洞门相连。外门左右各有龛室，左面是观自在菩萨像，右面是慈氏菩萨像，用白银铸成，高十多尺。

在精舍的旧地，无忧王先建有小精舍，后来有婆罗门又将其扩建。当初，有位婆罗门不相信佛法，侍奉大自在天，听说天神在雪山中，就与弟弟前去求愿。天神说："所求的各种愿望，有福力才能实现，这既不是你所能祈求的，也不是我所能满足你的。"婆罗门说："修什么福德才能满足心愿呢？"天神说："想要种植善根，求得胜妙福田，菩提树那里，是证得佛果的地方。应马上返回，前往菩提树，建造大精舍，穿凿大水池，兴办

菩提树，建大精舍，穿大水池，兴诸供养，所愿当遂。”婆罗门受天命，发大信心，相率而返，兄建精舍，弟凿水池，于是广修供养，勤求心愿，后皆果遂，为王大臣，凡得禄赏，皆入檀舍。

精舍既成，招募工人，欲图如来初成佛像。旷以岁月，无人应召。久之，有婆罗门来告众曰：“我善图写如来妙相。”众曰：“今将造像，夫何所须？”曰：“香泥耳。宜置精舍之中，并一灯照我，入已，坚闭其户，六月后乃可开门。”时诸僧众皆如其命。尚余四日，未满六月，众咸骇异，开以观之。见精舍内佛像俨然，结加趺坐，右足居上，左手敛，右手垂，东面而坐，肃然如在。座高四尺二寸，广丈二尺五寸，像高丈一尺五寸，两膝相去八尺八寸，两肩六尺二寸，

各种供养，所求的愿望就会实现。”婆罗门接受天神之命，萌发出坚定的信念，相率返回，兄长建造精舍，弟弟穿凿水池，随后广修供养，勤苦寻求实现心愿，后来都果然如意，成为国王的大臣，凡是所得到的俸禄赏赐，都用于施舍。

精舍修成，招募画工，想要图画如来刚成佛时的像。经过了一些岁月，没有人应召。很久后，有个婆罗门前来告诉僧众说：“我善于绘制如来的妙相。”僧众说：“现在造像，需要什么呢？”婆罗门说：“只是香泥而已。应放置在精舍内，并用一盏灯为我照明，在我进去后，就坚实地关上门，六个月后才能打开门。”这时僧众都依其吩咐而行。当还剩四天就满六个月时，众人都十分惊讶，便开门察看。只见精舍内佛像严肃，结跏趺坐，右脚叠在上面，左手提起，右手下垂，面朝东而坐，俨然如在世一般。座位高四尺二寸，宽一丈二尺五寸，像高一丈一尺五寸，两膝相隔八尺八寸，两肩宽六尺二寸。相貌庄严，慈祥的面容如真身，只有右侧乳上绘画还不周全。既看不到画工，

相好具足，慈颜若真，唯右乳上涂莹未周。既不见人，方验神鉴，众咸悲叹，殷勤请知。有一沙门，宿心淳质，乃感梦见往婆罗门而告曰："我是慈氏菩萨，恐工人之思不测圣容，故我躬来图写佛像。垂右手者，昔如来之将证佛果，天魔来娆，地神告至，其一先出，助佛降魔，如来告曰：'汝勿忧怖，吾以忍力，降彼必矣。'魔王曰：'谁为明证？'如来乃垂手指地，言：'此有证。'是时第二地神踊出作证，故今像手仿昔下垂。"众知灵鉴，莫不悲感。于是乳上未周，填厕众宝，珠璎宝冠，奇珍交饰。设赏迦王伐菩提树已，欲毁此像，既睹慈颜，心不安忍，回驾将返，命宰臣曰："宜除此佛像，置大自在天形。"宰臣受旨，惧而叹曰："毁佛像则历劫招殃，违王命乃丧身灭族，进退若

僧众才感到神明灵鉴。众人都悲伤叹息，殷勤地寻求个中原因。有一个沙门一向心地淳厚质朴，梦见那位婆罗门告诉他说："我是慈氏菩萨，担心画工想象不出佛陀圣容，所以亲自来绘制佛像。佛像之所以垂右手，是从前如来将证成佛果，天魔来骚扰，地神加以报告，其中一个地神先出面，欲助佛降伏天魔。如来告诉他说：'你不要忧虑害怕，我以忍力一定能降伏它。'魔王说：'谁能作证？'如来于是垂手指地说：'这里有证人。'这时候第二个地神跳出来作证。所以现在的佛像手指仿照从前向下垂。"众人知道神明显灵，莫不悲痛感慨。这时佛像乳上未周之处，众人便填上各种宝物，珠缨宝冠，以奇异的珍宝交相装饰。设赏迦王砍伐菩提树后，想毁坏这尊佛像，见了那慈祥的容貌后，心中不忍下手，起驾回去时，命令宰臣说："应该除掉这座佛像，安放大自在天的像。"宰臣接受旨意后，畏惧地叹息说："毁灭佛像会历劫遭殃，违背王命会丧身灭族，进退如此，该怎么办呢？"于是招来一名佛教信徒，充

此,何所宜行?”乃召信心以为役使,遂于像前横垒砖壁,心惭冥暗,又置明灯,砖壁之前画自在天。功成报命,王闻心惧,举身生疱,肌肤攫裂,居未久之,便丧没矣。宰臣驰返,毁除障壁,时经多日,灯犹不灭。像今尚在,神工不亏。既处奥室,灯炬相继,欲睹慈颜,莫由审察,必于晨朝持大明镜,引光内照,乃睹灵相。夫有见者,自增悲感。

当差役,在佛像前垒上一道砖墙,心中惭愧让佛像处于昏暗中,又放上一盏明灯。然后在砖壁前画一幅自在天的像。事情完成后报告给设赏迦王,设赏迦王听到后内心恐惧,全身长出脓疱,皮肉绽裂,没过多久,就死去了。宰臣赶紧返回,拆除障壁。历时多日,灯还没有熄。佛像现在还存在,神巧的工艺没有损伤。由于处于内室之中,灯火不断,想要一睹慈祥的容貌,却没法看清楚,必须在早晨,拿着一面大明镜,利用阳光反射,才可看见灵相。凡是见到的人,自然增添悲伤感慨。

3. 如来成道时日

如来以印度吠舍佉月后半八日成等正觉,当此三月八日也。上座部则吠舍佉月后半十五日成等正觉,当此三月十五日也。是时如来年三十矣,或曰年三十五矣。

如来在印度吠舍佉月后半月的第八天证成等正觉,相当于中国的三月八日。上座部则认为是在吠舍佉月后半月的第十五天证成等正觉,相当于中国的三月十五日。这时如来已经三十岁了,有人说他已三十五岁了。

4.如来成道及诸奉佛遗迹

菩提树北，有佛经行之处。如来成正觉已，不起于座，七日寂定。其起也，至菩提树北，七日经行，东西往来，行十余步，异花随迹，十有八文。后人于此垒砖为基，高余三尺。闻诸先志曰：此圣迹基，表人命之修短也。先发诚愿，后乃度量，随寿修短，数有增减。

经行基北道左磐石上，大精舍中有佛像，举目上望。昔者如来于此七日观菩提树，目不暂舍。为报树恩，故此瞻望。

菩提树西不远，大精舍中有鍮石佛像，饰以奇珍，东面而立。前有青石，奇文异彩。是昔如来初成正觉，梵王起七宝堂，帝释建七宝座，佛于其上七日思惟，放异光明，照菩提

在菩提树北面，有佛陀散步的场所。如来成正觉后，不从座位上起身，入定七天。起身后，到菩提树北，散步了七天，东西走动，走了十多步，随着他的足迹，留下了十八处花纹。后人在这里垒砖为台基，高三尺多。听老年人讲：这个圣迹台基，能显示人寿命的长短，先发下至诚的誓愿，然后度量，根据寿命的长短，数额有增减。

在散步台基北面道路左侧的磐石上，大精舍中有座佛像，抬着眼睛向上看。从前如来在这里观看菩提树七天，目不转睛。为了报答树的恩情，所以如此瞻望。

在菩提树西面不远，大精舍中有鍮石佛像，用奇异的珍宝装饰，面向东而站立。前面有块青石，上有奇异的纹路色彩。从前如来在这里成正觉，梵王建起七宝堂，帝释建起七宝座，佛陀坐在上面思考了七天，身上放射光芒，照耀着菩提树。如今离圣人的时代已经遥远，七宝变成了石头。

在菩提树南面不远，有座佛塔，高

树。去圣悠远，宝变为石。

菩提树南不远，有窣堵波，高百余尺，无忧王之所建也。菩萨既濯尼连河，将趣菩提树，窃自惟念何以为座，寻自发明当须净草。天帝释化其身为刈草人，荷而逐路。菩萨谓曰："所荷之草颇能惠耶？"化人闻命，恭以草奉，菩萨受已，执而前进。

受草东北不远，有窣堵波，是菩萨将证佛果，青雀、群鹿呈祥之处。印度休征，斯为嘉应，故净居天随顺世间，群从飞绕，效灵显圣。

菩提树东大路左右，各一窣堵波，是魔王娆菩萨处也。菩萨将证佛果，魔王劝受轮王，策说不行，殷忧而返。魔王之女请往诱焉，菩萨威神，衰变冶容，扶羸策杖，相携而退。

菩萨树西北精舍中，有迦叶波佛像，既称灵圣，时烛光明。闻诸先记曰：若人至

一百多尺，是无忧王所建造的。菩萨在尼连河洗涤后，将前往菩提树，暗自思维用什么作座位，旋即想到应用净草。天帝释变化为割草人，挑着草赶路。菩萨问他说："你所挑的草，能施舍一些给我吗？"变化之人听到后，便恭敬地将草献给他。菩萨接受后，拿着草向前行进。

在受草东北不远处，有一座佛塔，是菩萨将要证得佛果，青雀和鹿群显示祥瑞的地方。印度的吉兆中，这是很好的征候，所以净居天顺从世间习俗，一起围绕菩萨飞行，来展示灵异显现神圣。

在菩提树东面大路的左右，各有一座佛塔，是魔王骚扰菩萨的地方。菩萨将要证得佛果，魔王劝他当转轮王，用计劝说无效，以忧虑的心情返回。魔王的女儿们请求前往引诱，菩萨威严神圣，使其艳丽的容貌变得衰老，拖着瘦弱的身体，拄着拐杖，互相搀扶着返回。

在菩提树西北的精舍中，有迦叶波佛像，以灵验神圣著称，时常放射光芒。据早先的记载说：如果谁

诚,旋绕七周,在所生处,得宿命智[1]。

有至诚之心,旋绕佛像七周,就能在出生之地,获得宿命智。

迦叶波佛精舍西北二砖室,各有地神之像。昔者如来将成正觉,一报魔至,一为佛证。后人念功,图形旌德。

在迦叶波佛精舍西北的二间砖室中,各有地神的像。从前如来将证得正觉,一个报告魔王的到来,一个为佛作证。后人感念二神的功绩,造像表彰其德行。

注释 1 宿命智:又称宿命通、宿命智通,是通晓过去世有关寿命等事的智慧。

菩提树垣西北不远,有窣堵波,谓郁金香,高四十余尺,漕矩吒国商主之所建也。昔漕矩吒国有大商主,宗事天神,祠求福利,轻蔑佛法,不信因果。其后将诸商侣,贸迁有无,泛舟南海,遭风失路,波涛飘浪,时经三岁,资粮罄竭,糊口不充。同舟之人,朝不谋夕,戮力同志,念所事天,心虑已劳,冥功不济。俄见大山,崇崖峻岭,两日联晖,重明照朗。时诸商侣更相慰曰:"我曹

在菩提树围墙西北不远处,有一座佛塔,称为郁金香,高四十多尺,是漕矩吒国的商主所建造。从前漕矩吒国有位大商主,宗奉天神,祭祀祈求福禄,轻视佛法,不相信因果报应。后来他率领商人,去做贸易,互通有无,在南海中行船,遭遇大风迷失方向,漂泊在海浪之中。经过了三年,粮食吃光,无东西充饥。同船的人朝不保夕,戮力同心,祈求所尊奉的天神,心力交瘁,没有神在暗中保护。不久见到大山,崇山峻岭,两个太阳光芒相连,如日月同时照耀。这时商人们互相安慰说:"我辈有福气,

有福，遇此大山，宜于中止，得自安乐。”商主曰：“非山也，乃摩竭鱼耳[1]。崇崖峻岭，须鬣也；两日联晖，眼光也。”言声未静，舟帆飘凑。于是商主告诸侣曰：“我闻观自在菩萨于诸危厄能施安乐，宜各至诚，称其名字。”遂即同声，归命称念。崇山既隐，两日亦没。俄见沙门，威仪庠序，杖锡凌虚，而来拯溺，不逾时而至本国矣。因即信心贞固，求福不回，建窣堵波，式修供养，以郁金香泥而周涂上下。既发信心，率其同志，躬礼圣迹，观菩提树。未暇言归，已淹晦朔。商侣同游，更相谓曰：“山川悠间，乡国辽远，昔所建立窣堵波者，我曹在此，谁其洒扫？”言讫，旋绕至此，忽见有窣堵波，骇其由致，即前瞻察，乃本国所建窣堵波也。故今印度因以郁金为名。

菩提树垣东南隅尼拘

遇上了这座大山，应该在山上停留，得以安乐。”商主说：“这不是山，是摩竭鱼。崇山峻岭，是它的须；两个太阳光芒相连，是它的眼光。”说话声还未落下来，船帆已漂近摩竭鱼。这时商主告诉同伴们说：“我听说观自在菩萨能在危难之中，给人们施予安乐。我们应各自诚心称呼他的名字。”于是就同声称呼，表示皈依。崇山隐没下去，两个太阳也沉没了。不久，看到一个沙门威武庄严，拄着锡杖腾空而来拯救他们，不一会儿就到了本国。商人于是信仰坚定，不屈不挠地追求福德，建造佛塔，恭敬供养，用郁金香泥涂抹在佛塔上下。商主产生信仰后，率领志同道合者，亲身前往瞻仰圣迹，观看菩提树，还没顾得上说回去，已过了一个月。商人们一同游览，互相说：“山川阻隔，家乡遥远，从前我们所建造的佛塔，我辈在这里，有谁洒扫呢？”说完后，旋绕到了这里。忽然见有一座佛塔，众人惊讶它的突然出现，就前去瞻仰，发现是本国所建造的佛塔。所以现在的印度，就因之以律树侧窣堵波，傍有精舍，中作佛坐像。昔如来初证佛果，大梵天王于此劝请转妙法轮。

郁金为名称。

菩提树墙垣东南角的尼拘律树旁有一座佛塔，塔旁有精舍，精舍中有一尊佛的坐像。从前如来刚证得佛果时，大梵天王在这里劝他转妙法轮。

菩提树垣内，四隅皆有大窣堵波。在昔如来受吉祥草已，趣菩提树，先历四隅，大地震动，至金刚座，方得安静。

菩提树墙垣内，四个角落都有大佛塔。从前如来接受吉祥草后，前往菩提树，先到四个角落，大地震动，到了金刚座，才安稳下来。

树垣之内，圣迹鳞次，羌难遍举。

菩提树墙垣之内，圣迹一个接着一个，难以一一列举。

注释 1 摩竭鱼：传说中的大鱼，一说指鲸鱼，一说泛指鲨鱼、鳄鱼等凶猛之鱼。

5.菩提树垣附近诸迹

菩提树垣外，西南窣堵波，奉乳糜二牧女故宅。其侧窣堵波，牧女于此煮糜。次此窣堵波，如来受糜处也。

在菩提树墙垣外，西南有一座佛塔，是奉献乳糜的两位牧女的故居。旁边的佛塔，牧女在这里煮乳糜。再过去的一座佛塔，是如来接受乳糜的地方。

6.南门外遗迹

菩提树南门外有大池，周七百余步，清澜澄镜，龙鱼潜宅，婆罗门兄弟承大自在天命之所凿也。次南一池，在昔如来初成正觉，方欲浣濯，天帝释为佛化成。池西有大石，佛浣衣已，方欲曝晒，天帝释自大雪山持来也。其侧窣堵波，如来于此纳故衣。次南林中窣堵波，如来受贫老母施故衣处。

帝释化池东林中，有目支邻陁龙王池[1]，其水清黑，其味甘美。西岸有小精舍，中作佛像。昔如来初成正觉，于此宴坐，七日入定。时此龙王警卫如来，即以其身绕佛七匝，化出多头，俯垂为盖，故池东岸有其室焉。

菩提树南门外有个大水池，方圆七百多步，清澈如明镜，龙和鱼潜居其中，是婆罗门兄弟秉承大自在天的命令所开凿的。再往南有一池，是从前如来成正觉后，正要洗衣沐浴，天帝释为佛变化而成的。池西有块大石头，是佛陀洗衣后，正要曝晒，天帝释从大雪山为他搬来的。旁边的佛塔，是如来缝补旧衣服的地方。再往南去的树林中有座佛塔，是如来接受贫穷老妇人施舍旧衣服的地方。

在天帝释所化水池以东的树林中，有目支邻陁龙王池，池水呈清黑色，味道甜美。西岸有个小精舍，里面有佛像。从前如来成正觉后，在这里静坐，入定七天。当时这个水池的龙王为如来警卫，就以它的身子在佛陀周围绕了七圈，变化出很多头，下垂作为伞盖，所以水池东岸有其居室。

注释 **1** 目支邻陁：又译作文驎、目真、目真邻等。据说释迦牟尼成道后，目支邻陁龙王邀至龙宫坐禅，龙王因闻佛法而脱龙身之苦。

目支邻陁龙池东，林中精舍有佛羸瘦之像。其侧有经行之所，长七十余步，南北各有毕钵罗树。故今土俗，诸有婴疾，香油涂像，多蒙除差。是菩萨修苦行处。如来为伏外道，又受魔请，于是苦行六年，日食一麻一麦，形容憔悴，肤体羸瘠，经行往来，攀树后起。

菩萨苦行毕钵罗树侧，有窣堵波，是阿若憍陈如等五人住处。初，太子之舍家也，彷徨山泽，栖息林泉，时净饭王乃命五人随瞻侍焉。太子既修苦行，憍陈如等亦即勤求。憍陈如等住处东南，有窣堵波，菩萨入尼连禅那河沐浴之处。河侧不远，菩萨于此受食乳糜。其侧窣堵波，二长者献麨蜜处。佛在树下结加趺坐，寂然宴默，受解脱乐[1]，过七日后，方从定起。时二商主行次林外，而彼林神告商主曰："释种太子

在目支邻陁龙池以东，树林中有精舍，里面有佛陀瘦弱的像。旁边有佛陀散步的场所，长七十多步，南北各有毕钵罗树。古今风俗，凡有患病者，用香油涂佛像，多能痊愈。这里是菩萨修苦行的地方。如来为了降伏外道，又受魔王请求，于是苦行六年，每天吃一粒芝麻、一粒麦子，面容憔悴，身体瘦弱，往来行走，攀着树枝才能起身。

在菩萨苦行毕钵罗树旁边，有一座佛塔，是阿若憍陈如等五人的住处。当初，太子舍弃家庭，彷徨于山泽，栖息于树林中，其时净饭王就命令五人随后察看侍候。太子修苦行时，憍陈如等人也跟着勤修苦行。在憍陈如等人住处的东南，有一座佛塔，是菩萨入尼连禅那河沐浴的地方。河边不远，菩萨在这里接受乳糜。旁边的佛塔，是两位长者奉献炒米粉和蜂蜜的地方。佛陀在树下盘腿打坐，静默入定，享受解脱的欢乐，过了七天，才出定起身。这时两个商主行经树林外，而那树林之神告诉商主说："释迦太子现在树林

今在此中，初证佛果，心凝寂定，四十九日未有所食，随有奉上，获大善利。”时二商主各持行资麨蜜奉上，世尊纳受。

长者献麨侧，有窣堵波，四天王奉钵处。商主既献麨蜜，世尊思以何器受之。时四天王从四方来，各持金钵，而以奉上。世尊默然，而不纳受，以为出家不宜此器。四天王舍金钵，奉银钵，乃至颇胝、琉璃、马脑、车渠、真珠等钵，世尊如是皆不为受。四天王各还宫，奉持石钵，绀青映彻，重以进献。世尊断彼此故，而总受之，次第重叠，按为一钵，故其外则有四际焉。

中，刚证得佛果，心志专一，四十九天，没有吃东西，你们可把自己随身所有献上去，能获得大福利。”这时两位商主各拿准备在途中吃的炒米粉和蜂蜜献上，世尊接受了。

在长者献炒米粉处的旁边，有一座佛塔，是四大天王献钵的地方。商主献炒米粉和蜂蜜后，世尊思考着用什么器皿装。这时四位天王从四方而来，各拿着金钵，将其献上。世尊沉默不语，不接受，认为出家后不应使用这样的器物。四位天王舍弃金钵，献上银钵，以至颇胝、琉璃、玛瑙、车渠、真珠质地的钵，世尊都不出声也不接受。四位天王各自回宫，取来石钵，紫青色半透明，再次献上，世尊为不分彼此，全部收下，依次叠起，按成一个钵，所以钵外有四条边际。

注释 1 解脱：指从烦恼的束缚中解脱，臻于自由自在的境地。这是佛教的究极理想，又称涅槃。

四天王献钵侧不远，有窣堵波，如来为母说法处也。如来既成正觉，称天人师，其母摩耶自天宫降于此处，世尊随机示教利喜。其侧涸池岸有窣堵波，在昔如来现诸神变化有缘处。

现神变侧有窣堵波，如来度优楼频螺迦叶波三兄弟及千门人处[1]。如来方垂善导，随应降伏，时优楼频螺迦叶波五百门人请受佛教，迦叶波曰："吾亦与尔俱返迷途。"于是相从来至佛所。如来告曰："弃鹿皮衣，舍祭火具。"时诸梵志恭承圣教，以其服用投尼连河。捺地迦叶波见诸祭器随流漂泛，与其门人候兄动静，既见改辙，亦随染衣。伽耶迦叶波与二百门人闻其兄之舍法也，亦至佛所，愿修梵行。

在四位天王献钵处旁边不远，有一座佛塔，是如来为母亲说法的地方。如来成正觉后，称为天人师，他的母亲摩耶从天宫降临于此处，世尊随其机缘，教导佛法，予以她利益欢喜。旁边干涸的水池岸边，有一座佛塔，是从前如来显现各种神通度化有缘人的地方。

佛陀显现神通处旁边，有一座佛塔，是如来度化优楼频螺迦叶波三兄弟和一千门徒的地方。如来正要施行教化，随机降伏外道时，优楼频螺迦叶波的五百门徒请求接受佛教，迦叶波说："我也和你们一起从迷途返回。"于是一起来到佛陀那里。如来对他们说："丢弃鹿皮衣，抛掉祭火的器具。"这时婆罗门都恭敬地秉承教诲，把所服用的东西，抛入尼连河。捺地迦叶波见到各种祭器随波漂流，和门徒一起观察兄长的动静，见兄长改弦更张，亦随着出了家。伽耶迦叶波和二百门徒听说二位兄长舍弃原先的信仰，也到了佛陀那里，愿意修习梵行。

注释　**1** 优楼频螺迦叶波：又作优卢频螺迦叶等，是三迦叶之一，原为外道论师。皈依佛教事迹详见正文。

度迦叶波兄弟西北窣堵波，是如来伏迦叶波所事火龙处。如来将化其人，先伏所宗，乃止梵志火龙之室。夜分已后，龙吐烟焰，佛既入定，亦起火光，其室洞然，猛焰炎炽。诸梵志师恐火害佛，莫不奔赴，悲号愍惜。优楼频螺迦叶波谓其徒曰："以今观之，未必火也，当是沙门伏火龙耳。"如来乃以火龙盛置钵中，清旦持示外道门人。其侧窣堵波，五百独觉同入涅槃处也。

目支邻陁龙池南窣堵波，迦叶波救如来溺水处也。迦叶兄弟时推神通，远近仰德，黎庶归心。世尊方导迷徒，大权摄化，兴布密云，降澍暴雨，周佛所居，令独无水。迦叶是时见此云雨，谓门人曰："沙门住处将不漂

度化迦叶波兄弟处的西北有一座佛塔，是如来降伏迦叶波所祭祀的火龙的地方。如来将要度化某人，先降伏他的崇拜对象，于是住在婆罗门祭祀火龙的屋宇。半夜之后，火龙喷出火焰；佛陀入定后，也发出火光，屋宇一片火光，火焰猛烈燃烧。婆罗门的师父担心烈火伤害佛陀，无不奔赴现场，痛哭怜惜。优楼频螺迦叶波对他的门徒说："现在看来，未必是火，应该是沙门降伏火龙。"如来把火龙放在钵中，清晨，拿给外道门徒看。旁边的佛塔，是五百位独觉一起入涅槃的地方。

目支邻陁龙池南面的佛塔，是如来落水迦叶波前往救援的地方。迦叶波兄弟以其神通为世人推重，远近的人敬仰其德操，民众归向他们。世尊正要引导迷途之人，大力度化众生，布起浓云，下起暴雨，唯独佛陀居住处，四周没有水。迦叶波这时见到浓云暴雨，对门徒说：

溺？”泛舟来救，乃见世尊履水如地，蹈河中流，水分沙现。迦叶见已，心伏而退。

“沙门的住处，该不会被淹吧？”划着船来救援，只见世尊踏水如履平地，走到河流中央，水势分开，沙土显现。迦叶波见到后，心悦诚服而退回去。

7.东门外遗迹

菩提树垣东门外二三里，有盲龙室。此龙者，殃累宿积，报受生盲。如来自前正觉山欲趣菩提树，途次室侧，龙眼忽明，乃见菩萨将趣佛树，谓菩萨曰：“仁今不久当成正觉。我眼盲冥，于兹已久，有佛兴世，我眼辄明，贤劫之中，过去三佛出兴世时，已得明视。仁今至此，我眼忽开，以故知之，当成佛矣。”

在菩提树墙垣东门外二三里处，有一间盲龙室。这条龙，累世作孽，报应为天生眼盲。如来从前正觉山要到菩提树，途经盲龙室旁，龙的眼睛忽然睁开了，才见是菩萨要前往佛树，龙对菩萨说：“您如今不久就将成正觉。我的眼睛瞎，到现在已经很久了，有佛出世时，我的眼睛就看见光明。贤劫当中，过去三佛出世时，我曾恢复视力。您现在到这里，我的眼睛忽然睁开，以此而得知，您将要成佛了。”

菩提树垣东门侧，有窣堵波，魔王怖菩萨之处。初，魔王知菩萨将成正觉也，诱乱不遂，忧惶无赖，集诸神众，齐整魔军，治兵振旅，将

在菩提树墙垣东门旁，有一座佛塔，是魔王恐吓菩萨的地方。当初，魔王知道菩萨将证得正觉，诱惑他不成功，忧虑恐惧，闷闷不乐，招集鬼神，整顿魔军，加以训练，准备胁迫

胁菩萨。于是风雨飘注，雷电晦冥，纵火飞烟，扬沙激石，备矛楯之具，极弦矢之用。菩萨于是入大慈定，凡厥兵杖变为莲华。魔军怖骇，奔驰退散。其侧不远有二窣堵波，帝释、梵王之所建也。

菩萨。于是狂风大作，暴雨骤降，雷电交加，天昏地暗，火燃烟飞，飞沙走石，矛盾一类器械齐备，弓箭之类全部用上。菩萨这时入大慈定，所有的兵器，都变为莲花。魔军惊恐万状，奔跑逃散。在这旁边不远，有两座佛塔，是帝释、梵王所建造的。

8.北门外摩诃菩提僧伽蓝

菩提树北门外摩诃菩提僧伽蓝，其先僧伽罗国王之所建也[1]。庭宇六院，观阁三层，周堵垣墙高三四丈，极工人之妙，穷丹青之饰。至于佛像，铸以金银，凡厥庄严，厕以珍宝。诸窣堵波高广妙饰，中有如来舍利，其骨舍利大如手指节，光润鲜白，皎彻中外。其肉舍利如大真珠，色带红缥。每岁至如来大神变月满之日，出示众人。即印度十二月三十日，当此正月十五日也。此时也，或放光，或雨花。

菩提树北门外的摩诃菩提寺院，是从前僧伽罗国王所建造的。庭宇有六个院落，楼阁三层，四周围墙高三四丈，工匠用尽技艺，绘画精妙绝伦。至于佛像，用金银铸成，显示庄严之处，镶嵌着珍宝。各佛塔中都精心装饰，里面有如来舍利。骨舍利大如手指节，光润鲜白，内外透明。肉舍利如同大真珠，呈红色和淡青色。每年到如来大神变月的满月之日，舍利便被拿出来给人们观看。（就是印度历的十二月三十日，相当于中国的正月十五日。）这时，或者舍利放射光芒，或者天上落下僧徒减千人，习学大乘上座部法，律仪清肃，戒行贞明。

花朵。僧徒不足一千人，都研习大乘佛教上座部法，教规严肃，戒行端正。

注释 1 僧伽罗：国名，即执师子国，详见本书卷十一。

昔者，南海僧伽罗国，其王淳信佛法，发自天然。有族弟出家，想佛圣迹，远游印度，寓诸伽蓝，咸轻边鄙。于是返迹本国，王躬远迎，沙门悲耿，似若不能言。王曰："将何所负，若此殷忧？"沙门曰："凭恃国威，游方问道，羁旅异域，载罹寒暑，动遭凌辱，语见讥诮。负斯忧耻，讵得欢心？"王曰："若是者何谓也？"曰："诚愿大王福田为意，于诸印度建立伽蓝，既旌圣迹，又擅高名，福资先王，恩及后嗣。"曰："斯事甚美，闻之何晚？"于是以国中重宝献印度王。王既纳贡，义存怀远，谓使臣曰："我今将何持报来命？"使

从前，南海中有僧伽罗国，国王笃信佛法，出自天性。他有位族弟出家，思念佛陀圣迹，远游到印度，寄居在各寺院，人家都轻视他来自边远地带。于是他返回本国，国王亲自出郊远迎，沙门悲伤哽咽，好像说不出话来。国王说："有什么委屈，以至于如此忧伤？"沙门说："我依仗国家威名，云游四方访求真理，寄居异国，经历了寒暑之苦，动辄遭受凌辱，言语被讥讽。受到这种耻辱，哪能有快乐的心情呢？"国王说："情况如此，该怎么办呢？"沙王说："真心希望大王以广积福德为意，在五印度建立寺院，既旌表圣迹，又获取好名声。使先代君王得福，恩泽及于后代。"国王说："这事太好了，怎么听到得这么晚？"于是把国库中珍贵的宝物献给印度王。印度王接受贡品后，为安抚远方之人，问使者说："我现在该以什么来

臣曰:“僧伽罗王稽首印度大吉祥王!大王威德远振,惠泽遐被。下土沙门,钦风慕化,敢游上国,展敬圣迹,寓诸伽蓝,莫之见馆,艰辛已极,蒙耻而归。窃图远谋,贻范来叶,于诸印度建一伽蓝,使客游乞士,息肩有所,两国交欢,行人无替。”王曰:“如来潜化,遗风斯在,圣迹之所,任取一焉。”使者奉辞报命,群臣拜贺,遂乃集诸沙门,评议建立。沙门曰:“菩提树者,去来诸佛咸此证圣,考之异议,无出此谋。”于是舍国珍宝,建此伽蓝,以其国僧而修供养,乃刻铜为记曰:“夫周给无私,诸佛至教;惠济有缘,先圣明训。今我小子,丕承王业,式建伽蓝,用旌圣迹,福资祖考,惠被黎元。唯我国僧而得自在,及有国人亦同僧例。传之后嗣,永永

答谢贵国呢?”使者说:“僧伽罗王谨向印度大吉祥王叩首,大王威名恩德传布远方,福泽遍及天下。敝国的沙门,仰慕风化,游历上国,朝拜圣迹,寄居在寺院中,但没有人敢留宿,艰难至极,蒙受耻辱而归。我私下作长远打算,为子孙树立榜样,想在印度建一所寺院,使远游的沙门有个歇脚的地方,这样可使两国友好相处,使者不断。”印度王说:“如来教诲潜移默化,遗风犹存,在有圣迹的地方,可任取一处建寺。”使者得到答复后回国复命,群臣朝拜庆贺,于是集合沙门,讨论建寺之处。沙门说:“菩提树,是过去与将来诸佛证得圣果的地方。比较各种意见,没有比这里更好的。”于是花费国家珍宝,建立这所寺院,以本国的僧人去恭敬地供养,并在铜板上刻铭文说:“周济施舍无私心,是诸佛的最高教导;惠助有缘之人,是先代圣人的明确训示。现在我这卑微之人,继承先王大业,建造寺院,旌表圣人遗迹,使祖先得福,恩惠施及于民众。凡属我国僧人,皆可自由出入,其他国人,也同僧侣之例。这一制度要传到子孙后代,

无穷。”故此伽蓝多执师子国僧也。

永世无穷尽。”所以这所寺院里，大多是执师子国的僧人。

9.安居月日

菩提树南十余里，圣迹相邻，难以备举。每岁比丘解安居，四方法俗百千万众，七日七夜，持香花，鼓音乐，遍游林中，礼拜供养。印度僧徒依佛圣教，皆以室罗伐拿月前半一日入雨安居，当此五月十六日；以颎湿缚庾阇月后半十五日解雨安居，当此八月十五日。印度月名，依星而建，古今不易，诸部无差。良以方言未融，传译有谬，分时计月，致斯乖异，故以四月十六日入安居，七月十五日解安居也。

菩提树南十多里，圣迹相邻近，难以详尽列举。每年比丘结束安居后，四方的僧俗成千上万，七天七夜，拿着香花，鼓奏音乐，遍游树林之中，行礼供养。印度的僧徒，依照佛陀教导，都在室罗伐拿月前半月的一日入雨安居，相当于中国的五月十六日；在颎湿缚庾阇月的后半月的十五日结束雨安居，相当于中国的八月十五日。印度的月份名称，是依星宿而定，古今没有改变，各地没有差异。只是因方言未融合，翻译有差误，分时计月，导致乖异，所以我国在四月十六日入安居，七月十五日结束安居。

卷第九 一国

三藏法师玄奘奉诏译
大总持寺沙门辩机撰

摩揭陁国下

十八、香象池

原文

菩提树东渡尼连禅那河，大林中有窣堵波。其北有池，香象侍母处也。如来在昔修菩萨行，为香象子，居北山中，游此池侧。其母盲也，采藕根，汲清水，恭行孝养，与时推移。属有一人，游林迷路，彷徨往来，悲号恸哭。象子闻而愍焉，导之以示归路。是人既还，遂白王曰："我知香象游舍林薮，此奇货也，可往捕之。"王纳其言，兴兵往狩。是人

译文

从菩提树往东渡过尼连禅那河，大树林中有一座佛塔。北面有个水池，是香象服侍母亲的地方。如来从前修菩萨行，转生为香象之子，住在北面的山中，游玩到这个水池边。它的母亲眼睛瞎，它采集藕根，汲取清水，恭敬地奉养，时间过了一年又一年。遇上一个人，他在树林中游玩迷失了道路，来往彷徨，放声大哭。小象听到后怜惜他，指给他回去的道路。那个人回去后，竟禀报国王说："我知道香象在这个树林中游逛，这是名贵的动物，可前往捕捉。"国王听

前导，指象示王，即时两臂堕落，若有斩截者。其王虽惊此异，仍缚象子以归。象子既已维絷多时，而不食水草，典厩者以闻，王遂亲问之。象子曰："我母盲冥，累日饥饿，今见幽厄，讵能甘食？"王愍其情也，故遂放之。

取了他的意见，发兵前去狩猎。那个人带路，把象指给国王看，当时两个胳膊就脱落了，好像被斩断那样。国王虽然惊异这个奇怪现象，仍然绑住小象回去了。小象被绑多时，不吃水草，管象厩的人报告上去，国王亲自审问。小象说："我的母亲眼睛瞎了，多日饥饿，现在我被囚禁，哪能吃得下去呢？"国王怜悯它的孝心，所以放了它。

其侧窣堵波前建石柱，是昔迦叶波佛于此宴坐。其侧有过去四佛坐及经行遗迹之所。

池旁的佛塔前竖有石柱，从前迦叶波佛曾在这里静坐。旁边有过去四佛的座位以及散步遗迹的场所。

十九、外道发恶愿处

四佛坐东渡莫诃河[1]，至大林中，有石柱，是外道入定及发恶愿处。昔有外道郁头蓝子者，志逸烟霞，身遗草泽，于此法林栖神匿迹。既具五神通，得第一有定[2]。摩揭陁王特深宗敬，每至中时，请就宫食。郁

从四佛座位处往东渡过莫诃河，到大树林中，有个大石柱，是外道入定和发恶愿的地方。从前有个外道名叫郁头蓝子，志在隐居山水间，住在草泽中，在这片法林中匿迹。在具备五种神通后，获得第一有定。摩揭陁王对他特别崇敬，每到中午，请他到宫中就餐。郁头蓝子腾空飞行，往

头蓝子凌虚履空，往来无替。摩揭陁王候时瞻望，亦既至已，捧接置座。王将出游，欲委留事，简擢中宫，无堪承命。有少息女，淑慎令仪，既亲且贤，无出其右。摩揭陁王召而命曰："吾方远游，将有所委，尔宜悉心，慎终其事。彼郁头蓝仙，宿所宗敬，时至来饭，如我所奉。"敕诫既已，便即巡览。少女承旨，瞻候如仪，大仙至已，捧而置座。郁头蓝子既触女人，起欲界染，退失神通，饭讫言归，不得虚游。中心愧耻，诡谓女曰："吾比修道业，入定怡神，凌虚往来，略无暇景，国人愿睹，闻之久矣。然先达垂训，利物为务，岂守独善，忘其兼济？今欲从门而出，履地而往，使夫睹见之徒，咸蒙福利。"王女闻已，宣告远近。是时人以驰竞，洒扫

来不间断。摩揭陁王届时仰望他，当他到达后，伸手迎接，为他安置座位。国王将要出游，要委托留守事宜，在宫中挑选，没有可以承担使命的。他有个小女儿，为人贤淑有礼貌，既亲近又贤能，没有人可超过她。摩揭陁王把她招来吩咐说："我就要远游，要有所委托，你应竭尽全力，自始至终地办好事情。那位郁头蓝仙，我一向崇敬，时间到了来吃饭，你要像我那样侍奉他。"告诫之后，就出巡了。少女秉承意旨，按仪式迎接大仙。大仙到达后，伸手迎接入座。郁头蓝子接触女人后，产生了世俗爱欲，失去了神通，吃饭后回去，不能腾空飞行。心中惭愧，口中却假意对少女说："我以前修习道行，坐禅入定，怡神养心，腾空往来，不曾有过空闲，国人想见见我，我听说很久了。先贤垂下训示，以利于他人为己任，岂能独善其身，而忘记兼济天下呢？今日想从大门出去，从地上返回，使那些看见我的人，都获得福德。"国王的女儿听到后，宣告给远近的人。这时人们交相驰告，洒扫道路，成千上万的人，伫立着盼他到来。郁头蓝子

衢路，百千万众，伫望来仪。郁头蓝子步自王宫，至彼法林，宴座入定，心驰外境，栖林则乌鸟嘤啭，临池乃鱼鳖喧声，情散心乱，失神废定。乃生忿恚，即发恶愿："愿我当来为暴恶兽，狸身鸟翼，搏食生类，身广三千里，两翅各广千五百里，投林啖诸羽族，入流食彼水生。"发愿既已，忿心渐息，勤求顷之，复得本定。不久命终，生第一有天[3]，寿八万劫。如来记之，天寿毕已，当果昔愿，得此弊身，从是流转恶道，未期出离。

从王宫步行而出，到了那片法林，静坐入定，心神却集中不起来，坐在林中只听到乌鸦和鸟叫，到水池边又是鱼鳖的喧闹声，心烦意乱，失去了神通，废掉了定境。于是产生怨恨，就发下恶愿："希望我将来变成凶暴的恶兽，狐狸的身子鸟的翅膀，搏食生灵，身体长三千里，两个翅膀各长一千五百里，投到树林中吃鸟类，钻进水流中吃那些鱼类。"发愿之后，怨恨之心逐渐平息，勤苦修炼了一阵，又获得原先的禅定。不久死去，转生在第一有天，寿命是八万劫。如来预言，在他寿命结束后，将会实现从前的誓愿，获得丑陋的身体，从此在恶道中流转，没有脱离恶道的期限。

注释　1 莫诃河：河名，确址未详，或以为即今柏瓦尔河上流。2 第一有定：即非想非非想定。处于不是想象、也不是非想象的境地，是无色界的第四天，是三界的最上境界。　3 第一有天：即有顶天，是无色界的第四天。

二十、鸡足山及大迦叶故事

莫诃河东入大林野，行百余里，至屈屈居勿反。吒播陁山[1]，唐言鸡足。亦谓窭卢播陁山。唐言尊足山。高峦峭无极，深壑洞无涯，山麓溪涧，乔林罗谷，岗岑岭嶂，繁草被岩，峻起三峰，傍挺绝崿，气将天接，形与云同。其后尊者大迦叶波居中寂灭，不敢指言，故云尊足。摩诃迦叶波者，声闻弟子也，得六神通，具八解脱。如来化缘斯毕，垂将涅槃，告迦叶波曰："我于旷劫勤修苦行，为诸众生求无上法，昔所愿期，今已果满。我今将欲入大涅槃，以诸法藏嘱累于汝，住持宣布，勿有失坠。姨母所献金缕袈裟，慈氏成佛，留以传付。我遗法中诸修行者，若比丘、比丘尼、邬波索迦、唐言近事男。旧曰伊蒲塞，又曰优波

从莫诃河东岸进入大森林，行走一百多里，到达屈屈吒播陁山，(唐朝语言称鸡足。)也称窭卢播陁山。(唐朝语言称尊足山。)山峰高峻陡峭，深壑无边无际，山坡峡谷中，林木密布，山冈屏障上，繁草覆盖，三座山峰耸立，旁边是悬崖，气势与天相连接，形状与云朵相同。后来尊者大迦叶波在山上寂灭，人们不敢直呼其名，所以称尊足。摩诃迦叶波，是亲闻如来教诲的弟子，得到六神通，具备八解脱。如来度化有缘人结束，将要涅槃时，对迦叶波说："我在以往许多劫以来，勤奋修习苦行，为众生求无上之法，从前的愿望，如今已实现。我现在将要入大涅槃，把各种法藏托付给你，你要对正法维持不失，广为传布，不得使之消失。我姨母所献的金缕袈裟，现留下来，待慈氏菩萨成佛后，由你传交。按我遗法修行的各种人，如比丘、比丘尼、邬波索迦、(唐朝语言称近事男。旧称伊蒲塞，又称优波塞，还称优婆塞，都不对。)邬波斯迦，

塞，又曰优婆塞，皆讹也。邬波斯迦[2]，唐言近事女。旧曰优婆斯，又曰优婆夷，皆讹也。皆先济渡，令离流转。”迦叶承旨，住持正法。结集既已，至第二十年，厌世无常，将入寂灭，乃往鸡足山。山阴而上，屈盘取路，至西南冈。山峰险阻，崖径槃薄，乃以锡扣，剖之如割。山径既开，逐路而进，槃纡曲折，回互斜通，至于山顶，东北面出。既入三峰之中，捧佛袈裟而立，以愿力故，三峰敛覆，故今此山三脊隆起。当来慈氏世尊之兴世也，三会说法之后，余有无量憍慢众生，将登此山，至迦叶所，慈氏弹指，山峰自开。彼诸众生既见迦叶，更增憍慢。时大迦叶授衣致辞，礼敬已毕，身升虚空，示诸神变，化火焚身，遂入寂灭。时众瞻仰，憍慢心除，因而感悟，皆证圣果。

（唐朝语言称近事女。旧称优婆斯，又称优婆夷，都不对。）都要先行济度，使他们脱离轮回之苦。”迦叶波秉承旨意，维护佛法。结集之后，到第二十年，厌倦世俗生活的无常，打算入涅槃，便前往鸡足山。他由北坡上去，沿着曲折的路，到了西南冈。那里山峰险峻，悬崖上道路不通，便以锡杖叩击，像刀割般地剖开岩石。山路开通后，沿路而进，迂回曲折，来回盘旋，到达山顶，面朝东北而出。进入三峰之后，捧着佛陀袈裟站在那里，以愿力的缘故，三个山峰收拢在一起，所以现在这座山有三个背脊隆起。后来慈氏世尊出世，在三会说法之后，还有无数傲慢的众生，将要登上这座山，到达迦叶波所在的地方，慈氏一弹手指，山峰自动打开。那些众生见到迦叶波后，更加骄傲怠慢。这时大迦叶波向慈氏世尊传授袈裟并致辞，行礼之后，飞身入空中，显示出各种神妙的变化，化出火来焚烧身体，于是进入涅槃。这时众生仰望着这一切，傲慢的心意消除，从而感悟，都证得圣果。所以现在山上建有佛塔，夜深人静时远远地望过去，故今山上建窣堵波，静夜远望，或见明炬。及有登山，遂无所睹。

有时可看到明亮的火炬。而等到登山上去时，却什么也看不到。

注释　1 屈屈吒播陁山：又称鸡足山，确切所指众说不一。　2 邬波索迦：男居士。邬波斯迦：女居士。

二十一、佛陀伐那山及杖林[1]

鸡足山东北行百余里，至佛陀伐那山，峰崖崇峻，巘崿隐嶙。岩间石室，佛尝降止。傍有磐石，帝释、梵王摩牛头栴檀涂饰如来[2]，今其石上余香郁烈。五百罗汉潜灵于此，诸有感遇，或得睹见，时作沙弥之形，入里乞食。或隐或显，灵奇之迹，差难以述。

佛陀伐那山空谷中东行三十余里，至泄移结反。瑟知林。唐言杖林。林竹修劲，被山弥谷。其先有婆罗门，闻释迦佛身长丈六，常怀疑惑，未之信也，乃以丈

从鸡足山向东北行走一百多里，到达佛陀伐那山，山峰高峻，峰峦迭起。岩石间的石室，佛陀曾经到过。旁边有块磐石，帝释、梵王曾用它磨碎牛头栴檀，为如来涂抹装饰，现在石头上仍余香浓烈。五百罗汉的神灵潜伏在这里，有因缘的人，有时能看见他们，他们经常化作沙弥的形貌，到乡村乞食。隐藏现身、灵验神奇的事迹，很难加以叙述。

从佛陀伐那山的空谷中向东行走三十多里，到达泄瑟知林。（唐朝语言称杖林。）林内的竹子修长挺拔，漫山遍野。先前有一位婆罗门，他听说释迦佛身长一丈六尺，时常存有疑问，不相信。就用一丈六尺的竹杖，

六竹杖，欲量佛身。恒于杖端出过丈六，如是增高，莫能穷实，遂投杖而去，因植根焉。中有大窣堵波，无忧王之所建也。如来在昔，于此七日为诸天人现大神通，说深妙法。

想丈量佛的身躯，而佛身总在竹杖顶端超过一丈六尺，如此增高不已，不能确知高度。婆罗门于是扔下竹杖离去，竹杖就在这里生了根。杖林中有座大佛塔，是无忧王所建造的。从前如来曾在这里度过七天，为天神大众显示大神通，演说精妙的教义。

注释　1 佛陀伐那山：意译为觉林山，即今佛陀因山。　2 牛头栴檀：生长于牛头山的栴檀。栴檀木有香味，经久不腐，能作雕刻、建筑材料和香料。

1.胜军故事

杖林中近有邬波索迦阇耶犀那者[1]，唐言胜军。西印度刹帝利种也，志尚夷简，情悦山林，迹居幻境，心游真际[2]，内外典籍，穷究幽微，辞论清高，仪范闲雅。诸沙门、婆罗门、外道异学、国王、大臣、长者、豪右，相趣通谒，伏膺请益。受业门人，十室而六。年渐七十，耽读不倦，余艺捐废，唯习佛经，策励身心，不舍昼

杖林中近来有一位居士叫阇耶犀那，（唐朝语言称胜军。）是西印度刹帝利种姓，他志向崇尚简朴，爱好山水，身处虚幻之境，心在真如法性，内外的典籍，穷究其奥妙之处，谈吐清雅，仪态端方。众多的沙门、婆罗门、外道异学、国王、大臣、学者、豪族，相率前往求见，恭敬地请教。受业的门人，十家中便有六家。年近七十，勤读不知疲倦，其他学业都放弃，只研习

夜。印度之法，香末为泥，作小窣堵波，高五六寸，书写经文，以置其中，谓之法舍利也。数渐盈积，建大窣堵波，总聚于内，常修供养。故胜军之为业也，口则宣说妙法，导诱学人，手乃作窣堵波，式崇胜福，夜又经行礼诵，宴坐思惟，寝食不遑，昼夜无怠。年百岁矣，志业不衰。三十年间，凡作七拘胝唐言亿。法舍利窣堵波。每满一拘胝，建大窣堵波，而总置中，盛修供养，请诸僧众，法会称庆。其时神光烛曜，灵异昭彰。自兹厥后，时放光明。

佛经，鞭策自己，不分白天黑夜。印度有一种习俗，用香末和成泥，制成小佛塔，高五六寸，书写经文，放到塔内，称作法舍利。数额逐渐积累，就建立大佛塔，把小塔聚集于内，常年虔诚地供养。所以胜军致力于学业，口中宣讲佛法，引导学人，手中制作佛塔，修福积德，夜晚又散步诵经，静坐沉思，寝食顾不上，昼夜不懈怠。已经一百岁了，意志仍不衰退。三十年中，共制作了七拘胝(唐朝语言称作亿。)法舍利佛塔。每满一拘胝，就建大佛塔，聚集于其中，隆重地供养，请来僧人，举行法会庆贺。这时神光照耀，灵异清晰可见。从此以后，时常放射光芒。

注释　1 阇耶犀那：公元七世纪印度著名学者，精通宗教、哲学、天文、地理、医方术数，因明学造诣尤深。玄奘曾从其求学二年。　2 真际：至真之义，指释迦牟尼所说的佛法。

2.杖林附近诸迹

杖林西南十余里，大山阳有二温泉，其水甚热。在昔如来化出此水，于中浴焉。今者尚存，清流无减，远近之人，皆来就浴，沉痾宿疹，多有除差。其傍则有窣堵波，如来经行之处也。

杖林东南行六七里，至大山，横岭之前有石窣堵波。昔如来雨三月为诸人天于此说法，时频毗娑罗王欲来听法，乃疏山积石，垒阶以进，广二十余步，长三四里。

大山北三四里，有孤山，昔广博仙人栖隐于此[1]，凿崖为室，余趾尚存。传教门人，遗风犹扇。

孤山东北四五里，有小孤山，山壁石室广袤可坐千余人矣。如来在昔于此三月说法。石室上有大磐石，帝释、梵王磨牛头栴檀涂饰佛身，石上余香，于今郁烈。

在杖林西南十多里，大山南面有两个温泉，水很热。从前如来变化出这些泉水，在里面洗澡。现在还存在，清亮的流水没有减少，远近的人，都来这里沐浴，多年的疾病，没有不痊愈的。旁边有座佛塔，是如来散步的地方。

从杖林东南行走六七里，到达一座大山，横着的山岭前有一座佛塔。从前如来在雨季三月中，为人、神在这里讲说佛法，其时频毗娑罗王想来听法，就疏通山间岩石，垒台阶而进，宽二十多步，长三四里。

大山北面三四里，有一座孤山，从前广博仙人隐居在这里，开凿石崖为室，遗址还存在。传扬他学术的门人，遗风还很盛。

孤山东北四五里，有一座小孤山，山壁上有一座石室，十分宽广，可坐一千多人。如来从前在这里说法，历时三月。石室上有块大磐石，帝释、梵王用来磨碎牛头栴檀，涂抹装饰佛身，石头上残余的香气，至今浓烈。

注释　1 广博仙人：传说是《吠陀》和《摩诃婆罗多》的编纂者。

3.阿素洛宫异事[1]

石室西南隅有岩岫，印度谓之阿素洛旧曰阿修罗，又曰阿须伦，又曰阿苏罗，皆讹也。宫也。往有好事者，深闲咒术，顾俦命侣，十有四人，约契同志，入此岩岫。行三四十里，廓然大明，乃见城邑台观，皆是金银琉璃。是人至已，有诸少女伫立门侧，欢喜迎接，甚加礼遇。于是渐进至内城门，有二婢使各捧金盘，盛满花香，而来迎候。谓诸人曰："宜就池浴，涂冠香花，已而后入，斯为美矣。唯彼术士，宜时速进。"余十三人遂即沐浴，即入池已，恍若有忘，乃坐稻田中，去此之北平川中，已三四十里矣。

在石室西南角有个岩洞，印度称为阿素洛（旧称阿修罗，又称阿须伦，还称阿苏罗，都是错误的。）宫。从前有个好事之徒，精通咒术，邀集同伙，有十四个人，约定同心协力，进入这个岩洞。走了三四十里，豁然开朗，只见城墙台阁，都是金银琉璃建成。这些人到达后，一些少女站立在城门边，欢喜地迎接，十分地恭敬。于是继续行进，到了内城门口，有两个婢女各自捧着金盘，盛满了鲜花香料，前来迎接。对这些人说："你们应先到池中沐浴，涂过香料，头戴花冠，然后进去，这样才美妙。只有那位术士，应赶快进去。"剩下的十三人，便去沐浴，进入池中后，好像忘记了什么，发现自己竟然坐在稻田中，位于岩洞以北的平原上，距离已有三四十里了。

注释 1 阿素洛：意译为非天，是一种恶魔的名称。

4.栈道

石室侧有栈道，广十余步，长四五里。昔频毗娑罗王将往佛所，乃斩石通谷，疏崖导川，或垒石，或凿岩，作为阶级，以至佛所。

石室旁边有一条栈道，宽十多步，长四五里。从前频毗娑罗王将前往佛陀那里，就劈石开通山路，疏导河流，有时垒石头，有时凿山岩，铺成台阶，一直到佛陀住处。

二十二、上茅宫城（旧王舍城）

从此大山中东行六十余里，至矩奢揭罗补罗城[1]。唐言上茅宫城。上茅宫城，摩揭陁国之正中，古先君王之所都，多出胜上吉祥香茅，以故谓之上茅城也。崇山四周，以为外郭，西通峡径，北辟山门，东西长，南北狭，周一百五十余里。内城余趾周三十余里。羯尼迦树遍诸蹊径[2]，花含殊馥，色烂黄金，暮春之月，林皆金色。

从这座大山中向东行走六十多里，到达矩奢揭罗补罗城。（唐朝语言称上茅宫城。）上茅宫城，在摩揭陁国的正中央，古代早先的君王在这里建都，因为盛产上好的吉祥香茅，所以称为上茅城。周围崇山峻岭，作为外郭，西面与山路相通，北面开着山门，东西长，南北窄，方圆一百五十多里。内城遗址方圆三十多里。羯尼迦树遍布路旁，花朵含着特殊的香味，颜色灿烂似黄金，暮春月份，树林都是一片金色。

注释　1 矩奢揭罗补罗城：古代摩揭陀国都城。在今印度比哈尔邦的腊季吉尔。　2 羯尼迦树：又作迦尼迦。此树四季开花，叶如金色，或以为属紫铆类，也可能与波罗奢树是同一类。

1.伏醉象遗迹

宫城北门外有窣堵波，是提婆达多与未生怨王共为亲友[1]，乃放护财醉象[2]，欲害如来。如来指端出五师子，醉象于此驯伏而前。

宫城北门外有座佛塔，从前提婆达多和未生怨王互相友好，就放出叫护财的醉象，想加害如来。如来的指端化出五头狮子，醉象便在这里驯服地伏到如来的面前。

注释　1 未生怨王：佛陀在世时的摩揭陀国王。后皈依佛教，对佛教之兴颇有贡献。　2 护财：醉象之名。又作守财。

2.舍利弗证果故事

伏醉象东北有窣堵波，是舍利子闻阿湿婆恃比丘唐言马胜。说法证果之处[1]。初，舍利子在家也，高才雅量，见重当时，门生学徒，传以受业。此时将入王舍大城，马胜比丘亦方乞

在降伏醉象处东北有一座佛塔，是舍利子听闻阿湿婆恃比丘(唐朝语言称马胜。)说法后证得圣果的地方。当初，舍利子在家时，才能高，气度大，为当时人所推重，招收了门生学徒，传授给他们学业。这时将进入王舍大城，马胜比丘也正巧在乞讨食

食。时舍利子遥见马胜，谓门生曰："彼来者甚庠序，不证圣果，岂斯调寂？宜少伫待，观其进趣。"马胜比丘已证罗汉，心得自在，容止和雅，振锡来仪。舍利子曰："长老善安乐耶？师何人，证何法，若此之悦豫乎？"马胜谓曰："尔不知耶，净饭王太子舍转轮王位，悲愍六趣，苦行六年，证三菩提，具一切智，是吾师也。夫法者，非有非空，难用诠叙，唯佛与佛乃能究述，岂伊愚昧所能详议？"因为颂说，称赞佛法，舍利子闻已，便获果证。

物。其时舍利子远远望见马胜，对门生说："那个过来的人风度非凡，不证得圣果，哪能如此宁静？咱们应稍等一会，看看他的动静。"马胜比丘已经证得罗汉果，心中自由自在，举止温文尔雅，手持锡杖庄重地走来。舍利子说："长老您身体好吗？尊师是谁？证的是什么法？为什么如此快乐呢？"马胜对他说："你难道不知道吗？净饭王太子舍弃转轮王位，怜悯六道众生，修习苦行六年，证得三菩提，具备一切智慧，他就是我的老师。至于法，不是有也不是虚无，难以解说清楚，只有佛和佛之间才能究竟讲述，哪里是我辈愚昧之人所能详细议论的呢？"接着为舍利子念偈，称赞佛法，舍利子听了后，便证得了圣果。

注释　1 阿湿婆恃比丘：又译作阿湿波誓等，是释迦牟尼初转法轮所度化的五位比丘之一。

3.胜密火坑故事

舍利子证果北不远，有大深坑，傍建窣堵波，是室利毱多唐言胜密。以火坑、毒饭欲害佛处[1]。胜密者，宗信外道，深着邪见。诸梵志曰："乔答摩国人尊敬，遂令我徒无所恃赖，汝今可请至家饭会，门穿大坑，满中纵火，栈以朽木，覆以燥土。凡诸饭食，皆杂毒药，若免火坑，当遭毒食。"胜密承命，便设毒会。城中之人皆知胜密于世尊所起恶害心，咸皆劝请，愿佛勿往。世尊告曰："无得怀忧。如来之身，物莫能害。"于是受请而往。足履门阃，火坑成池，清澜澄鉴，莲花弥漫。胜密见已，忧惶无措，谓其徒曰："以术免火，尚有毒食。"世尊饭食已讫，为说妙法，胜密闻已，谢咎归依。

在舍利子证果处以北不远，有个大深坑，旁边建有佛塔，是室利毱多（唐朝语言称胜密。）想用火坑、毒饭谋害佛陀的地方。胜密这个人，信仰外道，为邪见所左右。一些婆罗门对他说："乔答摩受国内百姓的尊敬，以致使我们无所依赖仗恃，你可以请他到家中吃饭相会，先在门口挖一个大深坑，里面放满火，用朽木铺在上面，盖上一层干土。凡是饮食，都拌进毒药，他如免受了火坑之苦，就会遇上毒食。"胜密接受指使，便设下毒饭宴会。城中的人都知道胜密对世尊有毒害之心，全都劝告请求，希望佛陀不要前往。世尊告诉他们说："不要担忧，如来的身体，是任何东西都不能伤害的。"于是接受邀请前往胜密家。脚一踏上门槛，火坑变成水池，清澈如明镜，莲花弥漫。胜密见到后，忧虑惶恐，不知如何是好，对他的门徒说："佛陀以法术免去火坑之苦，还有毒食等着他。"世尊吃过饭后，为胜密讲说精妙的佛法，胜密听了后，承认过错，皈依佛教。

注释　1 室利毱多：又作尸利崛多等，是王舍城的长者。

4.时缚迦大医遗迹[1]

胜密火坑东北，山城之曲，有窣堵波，是时缚迦大医旧曰耆婆，讹也。于此为佛建说法堂，周其壖垣种植花果，余址蘖株尚有遗迹。如来在世，多于中止。其傍复有时缚迦故宅，余基旧井，墟坎犹存。

在胜密火坑东北，山城的拐弯之处，有一座佛塔，是时缚迦大医师（旧称耆婆，是错误的。）为佛陀建造说法堂的地方，围墙周围，种植着花果，遗址上树木的蘖株，还有遗迹。如来在世时，常在里面居住。旁边又有时缚迦的故居，遗址上古老的井穴、坑坎还存在着。

注释　1 时缚迦：又译作侍缚迦等，是频毗娑罗王的庶子、王舍城的著名医生。或说其为王舍城娼女婆罗跋提与频毗娑罗之子无畏王所生的儿子。

二十三、鹫峰及佛迹

宫城东北行十四五里，至姞栗陁罗矩吒山，唐言鹫峰，亦谓鹫台。旧曰耆阇崛山，讹也。接北山之阳，孤标特

从宫城向东北行走十四五里，到达姞栗陁罗矩吒山，（唐朝语言称鹫峰，也称鹫台。旧称耆阇崛山，是错误的。）它与北山的南坡相连接，

起，既栖鹫鸟，又类高台，空翠相映，浓淡分色。如来御世垂五十年，多居此山，广说妙法。频毗娑罗王为闻法故，兴发人徒，自山麓至峰岑，跨谷凌岩，编石为阶，广十余步，长五六里。中路有二小窣堵波，一谓下乘，即王至此徒行以进；一谓退凡，即简凡夫不令同往。其山顶则东西长，南北狭。临崖西埵有砖精舍，高广奇制，东辟其户，如来在昔多居说法。今作说法之像，量等如来之身。

精舍东有长石，如来经行所履也。傍有大石，高丈四五尺，周三十余步，是提婆达多遥掷击佛处也。其南崖下有窣堵波，在昔如来于此说《法华经》[1]。

精舍南山崖侧有大石室，如来在昔于此入定。

拔地而起，栖息着鹫鸟，又像高台，空旷翠绿，互相映照，色彩浓淡分明。如来统治天下，将近五十年，多居住在这座山，广泛地演说精妙的佛法。频毗娑罗王为了听到佛法，调遣人工，从山脚到峰顶，跨山谷登悬崖，垒石头为台阶，宽十多步，长五六里。路途中有两座小佛塔，一叫下乘，是国王到了这里便徒步行进的地方；一叫退凡，意思是在这里要摒弃凡夫，不让他们一同前往。山顶上东西长，南北窄。西面靠近悬崖处，有砖砌的精舍，高大奇特，向东开门，如来从前多住在这里说法。现在造有如来说法的像，规模等同于如来的身体。

精舍东面有块长石头，是如来散步时踏过的。旁边有块大石头，高一丈四五尺，四周有三十多步，是提婆达多远远地投物掷佛的地方。南面山崖下有座佛塔，从前如来在这里讲说过《法华经》。

精舍南面的山崖旁，有一座石室，如来从前在这里坐禅入定。

注释 1《法华经》：佛教主要经典之一。经中宣扬三乘归一之旨，自以其法微妙，如莲华居尘不染，故名《妙法莲华经》。《法华经》是其略称。现存有晋竺法护、后秦鸠摩罗什、隋阇那掘多等三种译本，以鸠摩罗什本最为通行。

佛石室西北，石室前有大磐石，阿难为魔怖处也。尊者阿难于此入定，魔王化作鹫鸟，于黑月夜分据其大石，奋翼惊鸣，以怖尊者。尊者是时惊惧无措，如来鉴见，伸手安慰，通过石壁，摩阿难顶，以大慈言而告之曰："魔所变化，宜无怖惧。"阿难蒙慰，身心安乐。石上鸟迹，崖中通穴，岁月虽久，于今尚存。

精舍侧有数石室，舍利子等诸大罗汉于此入定。舍利子石室前有一大井，枯涸无水，墟坎犹存。

精舍东北石涧中有大磐石，是如来晒袈裟之处，衣文明彻，皎如雕刻。其傍石上有佛脚迹，轮文虽暗，

在佛陀石室的西北，有一座石室，前面有块磐石，是阿难受到魔王恐吓的地方。尊者阿难在这里入定，魔王化成鹫鸟，在没有月亮的半夜里，站在大石头上，奋起翅膀惊叫，来恐吓尊者。尊者这时惊讶害怕，不知所措，如来看见后，伸出手来安慰，穿过石壁，抚摸阿难的头顶，用充满慈爱的语言对他说："它是魔王变化出来的，你不应恐惧。"阿难受到安慰后，身心安乐。石头上的鸟迹，山崖中的空穴，岁月虽过去很久，至今还存在。

在精舍旁有几间石室，舍利子等一些大罗汉曾在此入定。舍利子石室前，有一口大井，干枯无水，废穴还存在。

在精舍东北的石涧里，有块大磐石，是如来晾晒袈裟的地方，衣服上花纹清晰，洁白得如雕刻一般。旁

规模可察。

北山顶有窣堵波，是如来望摩揭陁城，于此七日说法。

边石头上有佛陀的足迹，轮相的纹路虽然不明显，但轮廓仍可见到。

北面的山顶上有一座佛塔，如来曾在这里眺望摩揭陁城，讲法七天。

二十四、毗布罗山

山城北门西，有毗布罗山。闻之土俗曰：山西南崖阴，昔有五百温泉，今者数十而已，然犹有冷有暖，未尽温也。其泉源发雪山之南无热恼池，潜流至此，水甚清美，味同本池。流经五百枝小热地狱，火势上炎，致斯温热。泉流之口，并皆雕石，或作师子、白象之首，或作石筒悬流之道，下乃编石为池。诸方异域咸来此浴，浴者宿疾多差。

温泉左右诸窣堵波及精舍，基址鳞次，并是过去四佛坐及经行遗迹之所。

山城北门的西面，有一座毗布罗山。听当地人讲：山西南崖的北边，从前有五百个温泉，现在只有几十个而已，并且还有冷有暖，不全是温泉。泉水发源于雪山南面的无热恼池，从地下流到这里，水十分清澈甜美，味道与原池相同。流经五百个小型发热的地狱，地狱的火势向上蒸腾，以致有这种温热的泉水。泉水流出的口，都有雕刻过的石头，有的是狮子、白象的头，有的是石筒下垂流水的通道，下面是石头砌成的水池。各地方和外国的人，都来这里沐浴，沐浴者往日的疾病，大多痊愈。

在温泉周围，很多佛塔和精舍基址相连，都是过去四佛的座位和散步遗迹的场所。这里山水相连，为仁者

此处既山水相带，仁智攸居，隐沦之士盖亦多矣。

智者所乐于居住，隐居避世的人也是很多的。

1.卑钵罗石室及比丘习定故事

温泉西有卑钵罗石室，世尊在昔恒居其中。后壁洞穴是阿素洛宫也。习定比丘多居此室，时出怪异，龙、蛇、师子之形，见之者心发狂乱。然斯圣地，灵圣所止，蹑迹钦风，忘其灾祸。近有比丘，戒行贞洁，心乐幽寂，欲于此室匿迹习定。或有谏曰："勿往彼也。彼多灾异，为害不少，既难取定，亦恐丧身。宜鉴前事，勿贻后悔。"比丘曰："不然。我方志求佛果，摧伏天魔，若此之害，夫何足言？"便即振锡而往室焉。于是设坛场，诵禁咒。旬日之后，穴出少女，谓比丘曰："尊者染衣

在温泉西面有座卑钵罗石室，世尊从前总是住在里面。后壁上的洞穴是阿素洛宫。修习禅定的比丘，多居住于这座石室，时常出现怪异，龙、蛇、狮子的形状，使见到的人心神发生狂乱。然而这一圣地，是圣人居住过的，接踵而来的人仰慕圣人遗迹，忘记了灾祸。近来有一位比丘，戒行贞洁，心中喜爱幽静，想在这座石室中避世禅定。有人劝告他说："不要前往那里。那里灾异多，害人已经不少了，既难以入定，也恐怕丧命。应借鉴从前的事，不要招致悔恨。"比丘说："不对。我正要立志求得佛果，摧败天魔，如受它的伤害，哪还值得一谈？"当即持锡杖前往石室中。在那里设立坛场，念诵禁咒。十天之后，洞中走出一位少女，对比丘说："尊者出家谨守戒条，为众生依附，修智慧习禅定，为生灵作向导。

守戒，为含识归依，修慧习定，作生灵善导。而今居此，惊惧我曹。如来之教，岂若是耶？”比丘曰：“我守净戒，遵圣教也。匿迹山谷，远喧杂也。忽此见讥，其咎安在？”对曰：“尊者诵咒声发，火从外入，烧我居室，苦我枝属。唯愿悲愍，勿复诵咒。”比丘曰：“诵咒自护，非欲害物。往者，行人居此习定，期于圣果，以济幽涂，睹怪惊惧，丧弃身命，汝之辜也。其何辞乎？”对曰：“罪障既重，智慧斯浅。自今已来，屏居守分，亦愿尊者勿诵神咒。”比丘于是修定如初，安静无害。

可是现在居住在这里，惊动、恐吓我们。如来的教化，难道是这样的吗？”比丘说：“我恪守戒规，是遵循圣人教诲。藏身于山谷中，是远离喧嚣嘈杂。忽然受到这个讥讽，过错到底在哪里？”少女回答说：“尊者念咒的声音发出后，火从外面进入，焚烧我们的居室，害苦了我的徒属。希望尊者慈悲怜悯，不要再念咒。”比丘说：“念咒是保护自己，不是想害人。从前修习的人在这里修习禅定，期望获得圣果，以救济迷途之人，都因看到怪异而惊讶恐惧，丧失了性命，这是你的罪过。你还有什么话可说？”少女说：“我的确罪孽深重，智慧浅薄。从今以后，我要隐居，安守本分，也希望尊者不要再念神咒。”比丘于是如起初一样修习禅定，安宁寂静，不受伤害。

2.其他诸遗迹

毗布罗山上有窣堵波，昔者如来说法之处，今有露形外道，多依此住，修

毗布罗山上有座佛塔，是从前如来说法的地方。现在有许多露形外道的信徒依塔而住，修习苦行，朝夕

习苦行，夙夜匪懈，自旦至昏，旋转观察。

山城北门左南崖阴，东行二三里，至大石室，昔提婆达多于此入定。

石室东不远，磐石上有斑采，状血染，傍建窣堵波，是习定比丘自害证果之处。昔有比丘，勤励心身，屏居修定，岁月逾远，不证圣果。退而自咎，窃复叹曰："无学之果，终不时证；有累之身，徒生何益？"便就此石自刺其颈，是时即证阿罗汉果，上升虚空，示现神变，化火焚身，而入寂灭。美其雅操，建以记功。

比丘证果东石崖上，有石窣堵波，习定比丘投崖证果之处。昔在佛世，有一比丘，宴坐山林，修证果定，精勤已久，不得果证。昼夜继念，无忘静定。如来知其根机将发也，遂

不懈怠，从早上到黄昏，随着太阳的旋转而观察。

山城北门的左方，从南崖北边向东行走二三里，到一座大石室，从前提婆达多在这里修习禅定。

石室东边不远，磐石上有斑斓的色彩，如血染过似的，旁边建有佛塔，是修习禅定的比丘伤害自己而证得圣果的地方。从前有位比丘，勤勉地磨炼身心，独居修习禅定，岁月久远，不能证得圣果。他退而责备自己，私下里又叹息说："无学之果，终究不能证得，有烦恼的身体，徒然生存有什么益处？"就从这块磐石上自己刺伤脖子，当时就证得阿罗汉果，飞升到空中，显现神通变化，化出火来焚烧身体，而入涅槃。后人赞美他高雅的操行，建塔来纪念他的功德。

在比丘证果处以东的石崖上，有一座石塔，是修习禅定的比丘投崖证果的地方。从前佛陀在世时，有一位比丘，静坐于山林，修习禅定而欲获圣果，精诚勤勉已很久，不能得到圣果。他日夜思念，不忘寂定。如来知道他的根机将要萌发，就前往那里去助成

往彼而成之，自竹林园至山崖下，弹指而召，伫立以待。此比丘遥睹圣众，身意勇悦，投崖而下，犹其净心，敬信佛语，未至于地，已获果证。世尊告曰："宜知是时。"即升虚空，示现神变。用彰净信，故斯封记。

他，从竹林园到了山崖下，弹指召唤，伫立等待。比丘远远地看到众位圣人，身心勇敢欢悦，从山崖跳下去，还保持着清静的心，崇敬信仰佛陀的教导，还未落地，已经获得圣果。世尊对他说："应该知道这正是时机。"比丘就升入空中，显示神通变化。后人为表彰他的清净与信念，所以建塔作为纪念。

二十五、迦兰陁竹园

山城北门行一里余，至迦兰陁竹园。今有精舍，石基砖室，东辟其户。如来在世，多居此中，说法开化，导凡拯俗。今作如来之像，量等如来之身。

初，此城中有大长者迦兰陁，时称豪贵，以大竹园施诸外道。及见如来，闻法净信，追惜竹园居彼异众，今天人师无以馆舍。时诸神鬼感其诚心，斥逐外道，而告之曰："长者迦兰陁

从山城北门走出去一里多路，到达迦兰陁竹园。现在那里有精舍，石作台基，由砖砌成，向东开着门。如来在世，常住在这里面，演说佛法，开导教化，引领凡人，拯救俗人。现在供有如来的像，大小等同于如来的身体。

当初，这座城中有位大长者迦兰陁，是当时著名的富豪贵人，曾把大竹园施舍给了外道。等他见到如来，听了佛法后虔诚地信仰，追悔竹园给那些外道居住，而现在天人师没有住处。这时鬼神被其诚心所感动，就去驱逐外道而告诉他们说："长者迦兰陁将要

当以竹园起佛精舍，汝宜速去，得免危厄。”外道愤恚，含怒而去。长者于此建立精舍，功成事毕，躬往请佛。如来是时遂受其施。

用竹园建造佛陀的精舍，你们应赶快离开，以免遭受危难。”外道信徒心中气愤，怀着不满离去了。长者在这里建造精舍，完工之后，亲自前往邀请佛陀。这时，如来便接受了他的施舍。

1.佛舍利窣堵波

迦兰陀竹园东有窣堵波，阿阇多设咄路王唐言未生怨，旧曰阿阇世，讹略也。之所建也[1]。如来涅槃之后，诸王共分舍利，未生怨王得以持归，式遵崇建，而修供养。无忧王之发信心也，开取舍利，建窣堵波，尚有遗余，时烛光景。

在迦兰陀竹园东面有一座佛塔，是阿阇多设咄路王（唐朝语言称未生怨，旧称阿阇世，是讹误与省略。）所建造的。如来涅槃之后，诸王一起瓜分舍利，未生怨王得以带回，恭敬建塔，虔诚供养。无忧王萌发对佛教的信仰后，打开佛塔，取走舍利，另建佛塔，原塔内还有残余的舍利，时常放射光芒。

注释　1 阿阇多设咄路王：摩揭陀国国王。又译作未生怨王，可参见本卷“上茅宫城”条。

2.阿难半身窣堵波

未生怨王窣堵波侧窣堵波，有尊者阿难半身舍利。昔尊者将寂灭也，去摩揭陁国，趣吠舍厘城，两国交争，欲兴兵甲。尊者伤愍，遂分其身。摩揭陁王奉归供养，即斯胜地，式修崇建。

其傍则有如来经行之处。次此不远有窣堵波，是舍利子及没特伽罗子等安居之所。

在未生怨王佛塔旁的佛塔中，有尊者阿难半个身子的舍利。从前尊者将要寂灭，离开摩揭陁国，前往吠舍厘城，两国发生争端，就要诉诸武力。尊者怜悯他们，就把自己分成两半。摩揭陁王带回舍利供养，就在这个胜地，恭敬地建造了佛塔。

佛塔旁有如来散步的地方。离这不远处又有佛塔，是舍利子和没特伽罗子等人在雨季安居的地方。

3.第一结集

竹林园西南行五六里，南山之阴[1]大竹林中有大石室，是尊者摩诃迦叶波于此与九百九十九大阿罗汉以如来涅槃后结集三藏。前有故基，未生怨王为集法藏诸大罗汉建此堂宇。

从竹林园向西南行走五六里，在南山的北面大竹林中有座大石室，尊者摩诃迦叶波曾在这里和九百九十九位大阿罗汉一起，在如来涅槃后编纂三藏。石室前有旧基址，未生怨王为编纂法藏的大罗汉建造了这座厅堂。

当初，大迦叶在山林中静坐，忽然有光芒闪耀，又看到大地震动，他

初,大迦叶宴坐山林,忽烛光明,又睹地震,曰:“是何祥变,若此之异?”以天眼观,见佛世尊于双树林间入般涅槃。寻命徒属趣拘尸城,路逢梵志,手执天花。迦叶问曰:“汝从何来?知我大师今在何处?”梵志对曰:“我适从彼拘尸城来,见汝大师已入涅槃。天人大众咸兴供养,我所持花,自彼得也。”迦叶闻已,谓其徒曰:“慧日沦照,世界暗冥,善导遐弃,众生颠坠。”懈怠比丘更相贺曰:“如来寂灭,我曹安乐,若有所犯,谁能诃制?”迦叶闻已,深更感伤,思集法藏,据教治犯。遂至双树,观佛礼敬。既而法王去世,人天无导,诸大罗汉亦取灭度,时大迦叶作是思惟:“承顺佛教,宜集法藏。”于是登苏迷卢山,击大揵椎,唱如是言:

说:“这是什么吉祥或灾变,竟如此异常?”用天眼观察,只见佛世尊在双树林中间入涅槃。他马上命令徒属前往拘尸城,路上碰到一位婆罗门,手中拿着天宫的花朵。迦叶问道:“你从哪里来?知道我们的大师现在在哪里吗?”婆罗门回答说:“我刚从那拘尸城来,看到你们的大师已入涅槃。天神大众都在供养,我所拿的花,是从那里得到的。”迦叶听说后,对自己的徒属说:“智慧的太阳已经落下去,世界变得黑暗,良师远离我们,众生将要堕落。”懈怠的比丘则互相庆贺说:“如来寂灭,我们就安乐了。如有违犯戒律处,谁还能呵斥禁止?”迦叶听到后,更加感伤,便考虑编纂佛典,根据教义惩治犯戒者。于是前往双树间,瞻仰佛陀,礼拜致敬。不久,法王去世,众生天神失去导师,大阿罗汉也相继涅槃。这时大迦叶想:“为了继承和弘扬佛教,应该纂辑佛典。”于是登上苏迷卢山,敲击大揵椎,发出这样的声音:“现在王舍城将有法事,所有证得圣果的人应赶快聚集。”揵椎声中,传出了迦叶的命令,直到所有三千大千世界,

"今王舍城将有法事，诸证果人宜时速集！"揵椎声中传迦叶教，遍至三千大千世界，得神通者闻皆集会。是时迦叶告诸众曰："如来寂灭，世界空虚，当集法藏，用报佛恩。今将集法，务从简静，岂恃群居，不成胜业？其有具三明，得六通，闻持不谬，辩才无碍，如斯上人，可应结集。自余果学，各归其居。"于是得九百九十九人。除阿难在学地，大迦叶召而谓曰："汝未尽漏，宜出圣众。"曰："随侍如来，多历年所，每有法议，曾未弃遗。今将结集，而见摈斥。法王寂灭，失所依怙。"迦叶告曰："勿怀忧恼，汝亲侍佛，诚复多闻，然爱惑未尽，习结未断。"阿难辞屈而出，至空寂处，欲取无学，勤求不证。既已疲怠，便欲假寐，未及伏枕，遂证罗汉。往

得到神通的人听到后都来聚会。这时迦叶告诉所有人说："如来寂灭，世界变得空虚，应当编纂佛典，来报答佛的恩情。现在就要编纂了，务必要精干静寂，怎么能靠人多，而把事情办糟呢？凡是具有三明、得到六种神通、闻听佛陀教诲而谨记无误、说法无所滞碍，像这样的人，可以参加纂辑。其余果位的人，各自回到住地。"于是得到九百九十九人。阿难还在修学阶段，被排除在外，大迦叶召他来对他说："你还没有断除烦恼，应该离开圣者的集会。"阿难说："我随从照料如来，已有很多年，他每次说法，我都没有漏过。现在编纂佛典，我却被排斥在外。法王寂灭，我失去了依靠。"迦叶对他说："不要心怀忧虑烦恼，你亲身侍奉佛陀，确实见闻多，只是爱欲、疑惑还未除尽，世俗烦恼还未断绝。"阿难理屈词穷，退了出来，到了空旷寂静处，想要取得无学果，经过努力仍达不到。随之疲倦，便想和衣而睡，还没来得及趴到枕头上，就证得了罗汉果。他前往编纂佛典的地方，叩门通报自己的到来。迦叶问他说："你的烦恼断绝了

结集所，叩门白至。迦叶问曰："汝结尽耶？宜运神通，非门而入。"阿难承命，从钥隙入，礼僧已毕，退而复坐。是时安居初十五日也。于是迦叶扬言曰："念哉谛听！阿难闻持，如来称赞，集素呾缆旧曰修多罗，讹也。藏[2]。优波厘持律明究，众所知识，集毗奈耶旧曰毗那耶，讹也。藏[3]。我迦叶波集阿毗达磨藏[4]。"雨三月尽，集三藏讫。以大迦叶僧中上座，因而谓之上座部焉。

吗？应该运用神通，不从门中进入。"阿难接受命令，从钥匙缝里进入，礼拜僧人后，退下来重新坐下。这时是安居之初的第十五天。于是迦叶高声说："敬请各位认真谛听！阿难听闻佛陀教诲而不忘，受到过如来的称赞，现由他主编素呾缆（旧称修多罗，是错误的。）藏。优波厘修持戒律，研究深透，是大家所了解的，现由他主编毗奈耶（旧称毗那耶，是错误的。）藏。我迦叶波则主编阿毗达磨藏。"三个月雨季结束时，三藏的编纂也完成了。因大迦叶是僧人中的上座，故这一部派就称为上座部。

注释 1 南山：即王舍城南现今的鞞婆罗山，第一次结集所在之山。2 素呾缆藏：即经藏。 3 毗奈耶藏：即律藏。 4 阿毗达磨藏：即论藏。

大迦叶波结集西北，有窣堵波，是阿难受僧诃责，不预结集，至此宴坐，证罗汉果。证果之后，方乃预焉。

在大迦叶编纂佛典处西北，有一座佛塔，阿难受到僧人的呵斥责难，不能参与编纂佛典，来到这里静坐，而证得罗汉果。证得罗汉果后，方才参与进去。

阿难证果西行二十余里，有窣堵波，无忧王之

从阿难证得罗汉果处向西行走二十多里，有一座佛塔，是无忧王所建

所建也,大众部结集之处。诸学无学数百千人,不预大迦叶结集之众,而来至此,更相谓曰:“如来在世,同一师学,法王寂灭,简异我曹。欲报佛恩,当集法藏。”于是凡圣咸会,贤智毕萃,复集素呾缆藏、毗奈耶藏、阿毗达磨藏、杂集藏、禁咒藏,别为五藏。而此结集,凡、圣同会,因而谓之大众部。

造的,是大众部编纂佛典的地方。那些处于修习无学果位的人,有成百上千,不能参与大迦叶主编的佛典纂辑,就来到这里,互相说:“如来在世时,大家向同一个导师学习,法王寂灭后,他们却轻视我们。为了报答佛的恩情,我们也要编纂佛典。”于是凡人与得道高僧都来相会,贤人智者全部荟萃,又编纂素呾缆藏、毗奈耶藏、阿毗达磨藏、杂集藏、禁咒藏,另外构成五藏。而这一次编纂佛典,凡僧与圣僧一同集会,因而就称为大众部。

4.迦兰陁池及石柱

竹林精舍北行二百余步,至迦兰陁池,如来在昔多此说法。水既清澄,具八功德,佛涅槃后,枯涸无余。

迦兰陁池西北行二三里,有窣堵波,无忧王所建也,高六十余尺。傍有石柱,刻记立窣堵波事,高五十余尺,上作象形。

从竹林精舍向北行走二百多步,到达迦兰陁池,从前如来多次在这里说法。池水清澈,具有八种属性,在佛陀涅槃后,就干枯无残余之水了。

从迦兰陁池向西北行走二三里,有一座佛塔,是无忧王所建造的,高六十多尺。旁边有个石柱,刻记着建造佛塔的事情,高五十多尺,上部是大象的形状。

二十六、王舍城

石柱东北不远，至曷罗阇姞利呬城[1]。唐言王舍。外郭已坏，无复遗堵。内城虽毁，基址犹峻，周二十余里，面有一门。

初，频毗娑罗王都在上茆宫城也[2]，编户之家频遭火害。一家纵逸，四邻罹灾，防火不暇，资产废业，众庶嗟怨，不安其居。王曰："我以不德，下民罹患，修何福德可以禳之？"群臣曰："大王德化邕穆，政教明察，今兹细民不谨，致此火灾。宜制严科，以清后犯，若有火起，穷究先发，罚其首恶，迁之寒林。寒林者，弃尸之所，俗谓不祥之地，人绝游往之迹。令迁于彼，同夫弃尸，既耻陋居，当自谨护。"王曰："善，宜遍宣告居人。"顷之，王宫中先自失火，谓诸臣曰："我其迁矣。"乃命太子监摄

从石柱向东北行走不远，到达曷罗阇姞利呬城。（唐朝语言称王舍。）外郭已经毁坏，没有残余的墙垣。内城虽然毁坏，基址还很高，方圆二十多里，四面各有一门。

当初，频毗娑罗王在上茆宫城建都，编户频繁地遭受火灾。一家不慎，四邻遭殃，防火都来不及，正常生产耽误了，民众嗟叹不满，不安心居住。国王说："我因不仁德，下民遭受祸患，将修什么福德来禳除灾祸呢？"大臣们说："大王施行德治，政教清明，现在因下民不小心，导致这些火灾。应制定严厉的法规，来处分今后的违犯者，如有火灾发生，极力追究先发生者，惩治首恶分子，把他迁到寒林。所谓寒林，是抛弃尸体的地方，世俗认为是不吉祥的地方，没有人会到那里去。被命令迁到那里的人，如同抛弃的尸体，他们既然耻于居处粗陋，应当会谨慎小心。"国王说："好，应该遍告所有居民。"不久，王宫当中自己先发生了火灾，国

留事，欲清国宪，故迁居焉。时吠舍厘王闻频毗娑罗王野处寒林，整集戎旅，欲袭不虞。边候以闻，乃建城邑。以王先舍于此，故称王舍城也。官属士庶咸徙家焉。或云至未生怨王乃筑此城，未生怨太子既嗣王位，因遂都之。逮无忧王迁都波吒厘城，以王舍城施婆罗门，故今城中无复凡民，惟婆罗门减千家耳。

宫城西南隅有二小伽蓝，诸国客僧往来此止，是佛昔日说法之所。次此西北有窣堵波，殊底色迦唐言星历。旧曰树提伽，讹也。长者本生故里。

城南门外，道左有窣堵波，如来于此说法及度罗怙罗。

王对臣属说："我就要迁徙了。"于是命令太子代管留守事务，为维护法令，所以迁至寒林居住。这时吠舍厘王听说频毗娑罗王住在郊外寒林，调集军队，想乘其不备加以袭击。边境守护人员报告了这件事，于是就筑起城邑。由于国王最先住在这里，所以称为王舍城。随后官属和民众，都迁到这里居住。有人说到未生怨王时才建筑这座城，未生怨太子继位后，才在这里建都。等到无忧王迁都于波吒厘城，把王舍城施舍给了婆罗门，所以现在城中不再有普通民众，只有婆罗门将近一千家而已。

宫城西南角有两所小寺院，各国僧人往来时住在这里，是从前佛陀说法的地方。由此往西北，有一座佛塔，是殊底色迦(唐朝语言称星历，旧称树提伽，是错误的。)长者的出生地。

宫城南门外，道路的左边有一座佛塔，如来曾在这里说法，并且度化罗怙罗。

二十七、那烂陁僧伽蓝[1]

从此北行三十余里，至那烂陁唐言施无厌。僧伽蓝。闻之耆旧曰：此伽蓝南庵没罗林中有池，其龙名那烂陁，傍建伽蓝，因取为称。从其实议，是如来在昔修菩萨行，为大国王，建都此地，悲愍众生，好乐周给，时美其德，号施无厌，由是伽蓝因以为称。其地本庵没罗园，五百商人以十亿金钱买以施佛，佛于此处三月说法，诸商人等亦证圣果。佛涅槃后未久，此国先王铄迦罗阿迭多唐言帝日。敬重一乘[2]，遵崇三宝，式占福地，建此伽蓝。初兴功也，穿伤龙身，时有善占尼乾外道，见而记曰："斯胜地也，建立伽蓝，当必昌盛，为五印度之轨则，逾千载而弥隆。后进学人易以成业，然多欧

从这里向北行走三十多里，到达那烂陁（唐朝语言称施无厌。）寺院。听老年人讲：这所寺院南面的庵没罗林中有个水池，龙的名字叫那烂陀，由于在池旁建寺院，就以那烂陀为寺院名称。而实际的意义，是从前如来修菩萨行，做大国王，在这个地方建都，悲悯众生，乐善好施，当时人赞美他的德行，称之为施无厌，由此寺院以之为名称。这块地方本来是庵没罗林，五百个商人用十亿金钱买下后施舍给佛陀，佛陀在这里说法三月，各位商人也证得了圣果。在佛陀涅槃之后不久，这个国家的先代君王铄迦罗阿迭多（唐朝语言称帝日。）敬重佛教，尊奉三宝，占卜福地，建造这座寺院。刚动工时，挖伤了龙身，这时有位善于占卜的尼乾外道，看见后预言说："这是一片胜地，建立寺院，必然会兴盛，成为五印度的楷模，一千年后会更兴旺。后来的学者，易于完成学业，然而多会吐血，是伤了龙身的缘故。"铄迦罗阿迭多的儿子佛陀毱多王（唐朝语

血，伤龙故也。”其子佛陀毱多王唐言觉护。继体承统，聿遵胜业，次此之南又建伽蓝。呾他揭多毱多王唐言如来。笃修前绪，次此之东又建伽蓝。婆罗阿迭多唐言幼日。王之嗣位也，次此东北又建伽蓝。功成事毕，福会称庆，输诚幽显，延请凡圣。其会也，五印度僧万里云集，众坐已定，二僧后至，引上第三重阁。或有问曰：“王将设会，先请凡圣，大德何方，最后而至？”曰：“我至那国也，和上婴疹，饭已方行，受王远请，故来赴会。”闻者惊骇，遽以白王。王心知圣也，躬往问焉。迟上重阁，莫知所去。王更深信，舍国出家。出家既已，位居僧末，心常怏怏，怀不自安：“我昔为王，尊居最上；今者出家，卑在众末。”寻往白僧，自述情事。于是众僧和合，令未受戒者以年齿为

言称觉护。）继承王位，继续美好的事业，在这以南又建造寺院。呾他揭多毱多王（唐朝语言称如来。）遵循前代轨则，在其东面又建造寺院。婆罗阿迭多（唐朝语言称幼日。）王继位后，在这东北又建造寺院。大功告成后，举行福会庆贺，对知名与不知名的人士都表示了诚意，延请一般僧人和得道高僧。集会时，五印度僧人从万里外云集到这里，众人落座之后，两位僧人后到，被领上第三层楼阁。有人问道：“国王将举办法会时，先延请凡僧圣僧，二位高僧来自何方，要最后赶到？”二人回答：“我们来自至那国。大和尚患病，我们侍候饭食后才出发，接受国王的邀请，所以前来赴会。”询问者惊讶害怕，赶紧禀报国王。国王心中知道二人是圣人，亲自前往慰问。等到上了楼，二人已不知去了何处。国王更加信仰佛教，舍弃王位而出家。出家后，位居于僧人的末位，心中常常怏怏不乐，安不下心来：“我从前做国王，尊居于最高之位；现在出家，却卑贱得处于最末。”便去告诉僧人们，自述心情。于是僧人

次，故此伽蓝独有斯制。其王之子伐阇罗唐言金刚。嗣位之后，信心贞固，复于此西建立伽蓝。其后中印度王于此北复建大伽蓝。于是周垣峻峙，同为一门。既历代君王继世兴建，穷诸剞劂，诚壮观也。帝日王大伽蓝者，今置佛像，众中日差四十僧就此而食，以报施主之恩。

们商议，让没受戒的人以年龄排列次序，所以这所寺院独有这项制度。这位国王的儿子伐阇罗(唐朝语言称金刚。)继位后，信仰坚定，又在这西面建造寺院。其后中印度王又在这北面建立大寺院。于是四周墙垣高筑，同用一个大门。经过历代君王的相继兴修，极尽精雕细刻之能事，实在是壮观。在帝日王大寺院中，如今置了佛像，每日在僧众中派遣四十人到这里就食，以报答施主的恩情。

注释 1 那烂陁僧伽蓝：印度六至九世纪最著名的佛教寺院。其故址在今印度比哈尔邦巴特那县境内的巴罗贡村。 2 一乘：又称一佛乘。一是独一无二，乘是乘载之物，使人由此移至彼之车乘。一乘喻其教说能导众生臻于绝对觉悟的境地。

僧徒数千，并俊才高学也，德重当时，声驰异域者，数百余矣。戒行清白，律仪淳粹，僧有严制，众咸贞素，印度诸国皆仰则焉。请益谈玄，渴日不足，夙夜警诫，少长相成，其有不谈三藏幽旨者，则形影自愧矣。故异域学人欲驰声问，

僧徒几千人，都是才能出众、学问渊博的人，德行为当时人推重，名传外国者，共有几百人。寺院内戒行清白，教规纯粹，僧人有严格的制度，人人严格遵循，印度各国都仰慕而视为楷模。他们互相请教，谈论玄妙的义理，日复一日没有满足的时候，日夜互相督促告诫，老少共同促进，谁要不谈论三藏的深奥道理，就会自惭形秽。所以外

咸来稽疑，方流雅誉。是以窃名而游，咸得礼重。殊方异域欲入谈议，门者诘难，多屈而还，学深今古，乃得入焉。于是客游后进，详论艺能，其退飞者固十七八矣。二三博物，众中次诘，莫不挫其锐，颓其名。若其高才博物，强识多能，明德哲人，联晖继轨。至如护法、护月，振芳尘于遗教；德慧、坚慧，流雅誉于当时。光友之清论，胜友之高谈，智月则风鉴明敏，戒贤乃至德幽邃。若此上人，众所知识，德隆先达，学贯旧章，述作论释各十数部，并盛流通，见珍当时。

伽蓝四周，圣迹百数，举其二三，可略言矣。

国的学者，想要名声远扬，都要来请教释疑，才能传出好声誉。因此欺世盗名的人出游，都受到礼遇尊重。外地异域的人想进入寺院谈论，守门的人先要诘难，多半因对答不上而返回，只有学通古今的人，才能够进去。这样外来的年轻学者，再与他们讨论学理，失败退走的，总有十分之七八。至于十分之二三的博学之士，众僧相继诘问，莫不挫其锐气，使其名声损伤。但才能高强博识事理，记忆力强而多才多艺，这样的德操高尚之人，仍是相继涌现。比如护法、护月，在传扬佛教中美名远布；德慧、坚慧，高尚的声誉流传于当时。光友有清晰的论辩，胜友有高雅的谈吐，智月则是卓识明见，戒贤则是德操识力高深。这样一些高人，是人所共知的，德行都超过前辈，学问贯通从前的著述，论著和注疏各有十几部，都流传广泛，为当时人所珍视。

寺院的四周，圣迹数以百计，以下举例二三例，就可见其概略了。

1.伽蓝附近诸迹

伽蓝西不远有精舍，在昔如来三月止此，为诸天人广说妙法。次南百余步小窣堵波，远方比丘见佛处。昔有比丘自远方来，至此遇见如来圣众，内发敬心，五体投地[1]，便即发愿求轮王位。如来见已，告诸众曰："彼比丘者甚可愍惜。福德深远，信心坚固，若求佛果，不久当证。今其发愿求转轮王，于当来世必受此报。身体投地下至金轮，其中所有微尘之数，一一尘是一轮王报也。既耽世乐，圣果斯远。"其南则有观自在菩萨立像。或见执香炉往佛精舍，周旋右绕。

观自在菩萨像南窣堵波中，有如来三月之间剃剪发、爪，有婴疾病，旋绕多愈。其西垣外池侧窣堵

在寺院西面不远有一所精舍，从前如来在这里逗留了三个月，为天神众生广泛演说精妙的佛法。再靠南一百多步的小佛塔，是远方比丘拜见佛陀的地方。从前有位比丘从远方前来，到这里遇见如来和圣贤们，内心产生敬意，行五体投地之礼，随即发愿请求获得转轮王的地位。如来见到后，对大家说："那位比丘，实在是可惜。他福德深远，信仰坚定，如果求佛果，不久就将得到。现在却发愿，请求为转轮王，来世当中，必定受到这个果报。他身体投地之处，下到金轮，其中有多少微尘，一粒微尘就是一次轮王之报。他既耽于世俗之乐，离圣果就远了。"在这南面有观自在菩萨的站立像。有人看见他手拿香炉前往佛陀精舍，从左向右在周围绕行。

观自在菩萨像南面的佛塔中，有如来在三个月中剪下的头发和指甲，患病的人，围绕着旋转多能痊愈。西边围墙外的水池旁有座佛塔，外道曾手执鸟雀在这里向佛陀询问生死的事

波，是外道执雀于此问佛死生之事。次东南垣内五十余步，有奇树，高八九尺，其干两披，在昔如来嚼杨枝弃地，因植根柢，岁月虽久，初无增减。次东大精舍，高二百余尺，如来在昔于此四月说诸妙法。次北百余步精舍中，有观自在菩萨像，净信之徒兴供养者所见不同，莫定其所，或立门侧，或出檐前。诸国法俗咸来供养。

情。由此往东南墙内五十多步，有棵奇特的树，高八九尺，树干向两边披开。从前如来嚼杨枝后抛在地上，于是扎下了根，岁月虽然已久，树身却没有增减。再往东去的大精舍，高二百多尺，如来从前在这里四个月，讲说种种妙法。再往北去一百多步的精舍中，有观自在菩萨像，虔诚的信徒前来供养，各人所见不同，不能确定菩萨像的位置，有时立在门旁，有时出门到了屋檐前。各国的僧徒和世人，都前来供养。

注释 1 五体投地：佛教最隆重的礼节。行礼时，头与四肢同时着地。

观自在菩萨精舍北有大精舍，高三百余尺，婆罗阿迭多王之所建也。庄严度量及中佛像，同菩提树下大精舍。其东北窣堵波，在昔如来于此七日演说妙法。西北则有过去四佛坐处。其南鍮石精舍，戒日王之所建立，功虽未毕，然其图量一十丈而后成之。次东二百余步垣外，

观自在菩萨精舍的北面有一座大精舍，高三百多尺，是婆罗阿迭多王所建造的。其装饰、尺度和室内佛像，和菩提树下的大精舍相同。它东北的佛塔，如来从前曾在这里演说了七天精妙的佛法。西北则有过去四佛坐的地方。它南面的鍮石精舍，是戒日王所建造的，工程虽然没有完成，但预计高度是十丈，是后来完成的。再往东二百多步的围

有铜立佛像，高八十余尺，重阁六层，乃得弥覆，昔满胄王之所作也。

满胄王铜佛像北二三里，砖精舍中有多罗菩萨像。其量既高，其灵甚察。每岁元日，盛兴供养。邻境国王、大臣、豪族，赍妙香花，持宝幡盖，金石递奏，丝竹相和，七日之中，建斯法会。其垣南门内有大井。昔佛在世，有大商侣热渴逼迫，来至佛所，世尊指其地以可得水。商主乃以车轴筑地，地既为陷，水遂泉涌，饮已闻法，皆悟圣果。

墙外，有铜质的站立佛像，高八十多尺，楼阁六层，才能覆盖它，这是从前满胄王所制作的。

在满胄王铜佛像以北二三里，砖精舍中有多罗菩萨像，身量很高，灵验十分显著。每年的元旦，供养盛多。邻国的国王、大臣、豪族，带着美妙的香花，拿着宝幡、宝盖，乐器齐奏，互相应和，七天之中，举行法会。围墙的南门内有一口大井，从前佛陀在世，有一批商人受炎热、干渴的逼迫，到了佛陀住所，世尊以手指地，说可以得到水。商人头领于是以车轴捣地，地因此陷下去，水流如泉水般涌出。商人饮水后听讲佛法，都证得了圣果。

二十八、拘理迦邑及目连故里

伽蓝西南行八九里，至拘理迦邑，中有窣堵波，无忧王之所建也，是尊者没特伽罗子本生故里。傍有窣堵波，尊者于此入无余涅

从寺院向西南行走八九里，到达拘理迦邑，里面有佛塔，是无忧王所建造的，是尊者没特伽罗子的出生地。旁边有佛塔，尊者在这里入无余涅槃，塔内有他的遗身舍利。尊者出

槃,其中则有遗身舍利。尊者,大婆罗门种,与舍利子少为亲友。舍利子以才明见贵,尊者以精鉴延誉,才智相比,动止必俱,结要终始,契同去就。相与厌俗,共求舍家,遂师珊阇耶焉[1]。舍利子遇马胜阿罗汉,闻法悟圣,还为尊者重述,闻而悟法,遂证初果[2]。与其徒二百五十人俱到佛所,世尊遥见,指告众曰:"彼来者,我弟子中神足第一。"既至佛所,请入法中。世尊告曰:"善来,比丘!净修梵行,得离苦际。"闻是语时,须发落,俗裳变,戒品净,威仪调顺。经七日,结漏尽,证罗汉果,得神通力。

身于大婆罗门家族,年轻时和舍利子是朋友。舍利子以聪明才智受到尊重,尊者则以见识精到获得荣誉,二人才智相等,行动总在一起,相约要始终友好,共同进退。互相都厌倦世俗生活,一起谋求出家,尊者于是师从珊阇耶。舍利子遇上了马胜阿罗汉,闻佛法后而悟得圣果,他回去后为尊者重述,尊者听讲后也领悟了佛法,证得了初果。他和徒弟二百五十人一起到佛陀住所,世尊远远看见,指着他对众人说:"那位前来的人,就是我弟子中的神足第一。"尊者到了佛陀那里,请求加入佛教,世尊对他说:"欢迎你,比丘!虔诚地修习清静无欲之行,就能脱离苦海。"尊者听了这段话,须发脱落,世俗的衣裳改变,戒行清静,仪表和顺。过了七天,烦恼断除,证得了罗汉果,获得了神通力。

注释 1 珊阇耶:六师外道之一。 2 初果:即预流果,是声闻乘四果中的第一果,为刚脱离凡夫而初入圣道者所得。

二十九、频毗娑罗王迎佛遗迹

没特伽罗子故里东行三四里，有窣堵波，频毗娑罗王迎见佛处。如来初证佛果，知摩揭陁国人心渴仰，受频毗娑罗王请，于朝晨时，着衣持钵，与千比丘左右围绕，皆是耆旧螺髻梵志，慕法染衣，前后羽从，入王舍城。时帝释天王变身为摩那婆[1]，首冠螺髻，左手执金瓶，右手执宝杖，足蹈虚空，离地四指，在大众中前导佛路。时摩揭陁国频毗娑罗王与其国内诸婆罗门、长者、居士百千万众，前后导从，出王舍城奉迎圣众。

从没特伽罗子故乡向东行走三四里，有一座佛塔，是频毗娑罗王迎接佛陀的地方。如来刚证得佛果，知道摩揭陁国人心中十分仰慕，便接受了频毗娑罗王的邀请，在一天早晨，穿着袈裟拿着钵，一千比丘在其左右围绕，都是年岁高、盘着螺髻的婆罗门，因仰慕佛法而出家，前后簇拥着，进入王舍城。这时帝释天王变化成少年模样，头上盘成螺髻，左手拿着金瓶，右手拿着宝杖，脚踏在空中，离开地面四指远，在大众中为佛陀引路。这时，摩揭陁国频毗娑罗王和国内的婆罗门、长者、居士成千上万人，前呼后拥，出王舍城恭迎圣众。

注释　1 摩那婆：又作摩纳婆，意为儒童、年轻的净行。

三十、迦罗臂拏迦邑及舍利子故里

频毗娑罗王迎佛东南行二十余里，至迦罗臂拏迦邑，中有窣堵波，无忧王之所建也，是尊者舍利子本生故里，井今尚在。傍有窣堵波，尊者于此寂灭，其中则有遗身舍利。

尊者，大婆罗门种，其父高才博识，深鉴精微，凡诸典籍莫不究习。其妻感梦，具告夫曰："吾昨宵寐，梦感异人，身披铠甲，手执金刚，摧破诸山，退立一山之下。"夫曰："梦甚善。汝当生男，达学贯世，摧诸论师，破其宗致，唯不如一人，为作弟子。"果而有娠，母忽聪明，高论剧谈，言无屈滞。尊者年始八岁，名擅四方，其性淳质，其心慈悲，朽坏结缚，成就智慧。与没特伽罗子少而相友，深厌尘俗，未有所归，于是与没特伽罗

在频毗娑罗王迎佛处东南，行走二十多里，到达迦罗臂拏迦邑，里面有佛塔，是无忧王所建造的，这是尊者舍利子的出生地，水井现在还存在。旁边有佛塔，尊者在这里寂灭，塔内有他的遗身舍利。

尊者是大婆罗门种姓，他的父亲才能高强，学识渊博，各种典籍，无不深究研习。他妻子做了一个梦，详细告诉丈夫说："我昨天夜里睡着后，梦中遇见一个奇人，身上披着铠甲，手中拿着金刚，摧毁所有的山，退下来站在一座山下。"丈夫说："梦十分好。你将生下一个儿子，精通各门学问，摧败各派的论师，只是不如一个人，并成为那人的弟子。"她果然怀孕了，忽然变得聪明，高谈阔论，论辩无滞碍。尊者刚八岁，已名扬四方，他天性淳厚质朴，心地慈悲，断绝了烦恼，智慧发达。他和没特伽罗子从小就互相友好，深深厌恶凡俗生活，还没有归宿，于是和没特伽罗子在珊阇耶外道那里修习。后来互相说："这

子于珊阇耶外道所而修习焉。乃相谓曰："斯非究竟之理，未能穷苦际也。各求明导，先尝甘露，必同其味。"时大阿罗汉马胜执持应器，入城乞食。舍利子见其威仪闲雅，即而问曰："汝师是谁？"曰："释种太子厌世出家，成等正觉，是我师也。"舍利子曰："所说何法，可得闻乎？"曰："我初受教，未达深义。"舍利子曰："愿说所闻。"马胜乃随宜演说，舍利子闻已，即证初果。遂与其徒二百五十人往诣佛所，世尊遥见，指告众曰："我弟子中智慧第一。"至已顶礼，愿从佛法。世尊告曰："善来，比丘！"闻是语时，戒品具足[1]。过半月后，闻佛为长爪梵志说法[2]，闻余论而感悟，遂证罗汉之果。其后阿难承佛告寂灭期，展转相语，各怀悲感，舍利子深增恋仰，不忍见佛入般涅槃，

不是终极的真理，不能彻底脱离苦海。我们可各自去寻找英明的导师，谁先品尝了甘露，一定要二人同享。"这时大阿罗汉马胜拿着食钵，进城乞讨。舍利子见他仪态端庄高雅，就上去问他说："您的老师是谁？"马胜说："释迦太子厌倦世俗而出家，证成等正觉，他就是我的老师。"舍利子说："他所演说的佛法，能讲给我听吗？"马胜说："我刚接受教导，还没通晓精深的义理。"舍利子说："希望您谈一谈所听说的。"马胜于是根据具体情况讲说，舍利子听过后，就证得了初果。舍利子于是和门徒二百五十人前往佛陀那里，世尊远远地看见，指着他对众人说："他便是我弟子中的智慧第一。"舍利子到达后顶礼膜拜，希望依从佛法。世尊对他说："欢迎，比丘！"听到这句话时，舍利子的戒品便具备了。过了半个月，听佛陀为长爪梵志说法，听闻余论就感悟了，于是证得罗汉果。后来阿难在听佛预告了寂灭日期后，辗转相告，各自怀着悲伤的感情。舍利子深深地眷恋与景仰，不忍心见到佛陀入涅槃，

遂请世尊，先入寂灭。世尊告曰："宜知是时。"告谢门人，至本生里，侍者沙弥遍告城邑。未生怨王及其国人莫不风驰，皆悉云会。舍利子广为说法，闻已而去。于后夜分，正意系心，入灭尽定，从定起已而寂灭焉。

就请求世尊，让自己先行寂灭。世尊对他说："你应知道这正是时机。"舍利子告别门人，回到出生地，侍者沙弥把这一消息遍告城邑。未生怨王和国内的人，无不如风一般地赶来，都云集到一起。舍利子广泛地为他们说法，众人闻听后离去了。在后半夜里，舍利子集中心力，排除杂念，入灭尽定，出定之后就在那里寂灭。

迦罗臂拿迦邑东南四五里，有窣堵波，是尊者舍利子门人入涅槃处。或曰：迦叶波佛在世时，有三拘胝拘胝者，唐言亿。大阿罗汉同于此地无余寂灭。

在迦罗臂拿迦邑东南四五里，有一座佛塔，是尊者舍利子的门人入涅槃的地方。有人说：迦叶波佛在世时，有三拘胝（拘胝，唐朝称作亿。）大阿罗汉在这个地方入无余涅槃。

注释　**1** 戒品：戒的种类，如五戒、十善戒。 **2** 长爪梵志：舍利子的舅父。本为外道，后皈依佛教。

三十一、帝释窟

舍利子门人窣堵波东行三十余里，至因陁罗势罗窭诃山。唐言帝释窟也。其山岩谷杳冥，花林蓊郁，岭

从舍利子门人佛塔向东行走三十多里，到达因陁罗势罗窭诃山。（唐朝语言称帝释窟。）山的岩谷幽深，花草繁茂，山岭上有两个高峰，巍然挺

有两峰，岌然特起。西峰南岩间有大石室，广而不高，昔如来尝于中止。时天帝释以四十二疑事画石请问，佛为演释，其迹犹在。今作此像，拟昔圣仪，入中礼敬者，莫不肃然敬惧。山岭上有过去四佛坐及经行遗迹之所。东峰上有伽蓝，闻诸土俗曰：其中僧众，或于夜分，望见西峰石室佛像前每有灯炬，常为照烛。

立。西峰南的岩谷间，有个大石室，宽大而不高，从前如来曾在里面住过。当时天帝释把四十二件疑难的事情画在石头上，向佛陀请教，佛陀为他演说讲解，遗迹还存在。现在制作这尊像，是模仿从前圣人的仪表，进去行礼的人，无不肃然起敬，并生畏惧之心。山岩上有过去四佛的座位和散步遗迹的场所。东峰上有一所寺院，听当地人说：寺院的僧人，有时在半夜里，可以望见西峰石室的佛像前，常常有灯光火炬，照耀得一片光明。

1.雁窣堵波

因陁罗势罗窭诃山东峰伽蓝前有窣堵波，谓亘许赠反。娑。唐言雁。昔此伽蓝习玩小乘，小乘渐教也，故开三净之食，而此伽蓝遵而不坠。其后三净求不时获。有比丘经行，忽见群雁飞翔，戏言曰："今日众僧中食不充，摩诃萨埵

在因陁罗势罗窭诃山东峰的寺院前，有一座佛塔，叫亘娑。（唐朝语言称作雁。）从前这所寺院研习小乘佛教，小乘佛教是渐教，所以允许吃三种净肉，这所寺院遵循这种习俗而不改变。后来，三种净肉不能按时获得了。有一个比丘散步，忽然看到一群雁在飞翔，就开玩笑说："今天僧人中午饭不够吃，大菩萨应该知道这正是

宜知是时[1]。"言声未绝,一雁退飞,当其僧前,投身自殒。比丘见已,具白众僧,闻者悲感,咸相谓曰:"如来设法,导诱随机。我等守愚,遵行渐教。大乘者,正理也,宜改先执,务从圣旨。此雁垂诫,诚为明导,宜旌厚德,传记终古。"于是建窣堵波,式昭遗烈,以彼死雁瘗其下焉。

时候。"话还没说完,一只雁就飞了回来,正好在僧人面前,投地自己撞死。比丘看到后,详细地告诉僧人们,听者悲伤感叹,都互相说:"如来确立法度,根据机缘引导,我们固守愚昧,遵循渐教。大乘佛教,是真正的道理,我们应改变从前的习惯,努力遵循佛的旨意。这只雁垂下告诫,实在是英明的导师,应该表彰它的厚德,把它的事迹永远传下去。"于是建造佛塔,记载雁的事迹,把那只死雁埋在塔下面。

注释 1 摩诃萨埵:是大菩萨的意思。此处是指释迦修菩萨行时的名号之一。

2.鸽伽蓝

因陁罗势罗窭诃山东北行百五六十里,至迦布德迦唐言鸽。伽蓝。僧徒二百余人,学说一切有部。伽蓝东有窣堵波,无忧王之所建也。昔佛于此为诸大众一宿说法。时有罗者于此林

从因陁罗势罗窭诃山向东北行走一百五六十里,到达迦布德迦(唐朝语言称作鸽。)寺院。这所寺院僧徒有二百多人,研习说一切有部。寺院东面有一座佛塔,是无忧王所建造的。从前佛陀在这里,为大众讲了一宿的佛法。当时有个捕鸟人,在这个

中网捕羽族，经日不获，遂作是言："我惟薄福，恒为弊事。"来至佛所，扬言唱曰："今日如来于此说法，令我网捕都无所得，妻孥饥饿，其计安出？"如来告曰："汝应蕴火，当与汝食。"如来是时化作大鸽，投火而死，罗者持归，妻孥共食。其后重往佛所，如来方便摄化，罗者闻法，悔过自新，舍家修学，便证圣果。因名所建为鸽伽蓝。

树林中用网捕鸟类，经过一天仍一无所获，就这样说："我的福分薄，总做些劳而无功的事。"他来到佛陀之处，高声地说："今天如来在这里说法，使我张网捕鸟什么都没得到，妻子儿女饥饿，该怎么办呢？"如来对他说："你可以先生火，我会给你食物。"如来这时化作一只大鸽，投身火海而死。捕鸟者带回去，妻子儿女一起食用。后来再到佛陀住所，如来因势利导地教化他，他听闻佛法后，悔过自新，舍弃家庭而修学，就证得了圣果。后人因之把这里所建造的寺院称为鸽寺。

三十二、孤山观自在像

迦布德迦伽蓝南二三里，至孤山。其山崇峻，树林郁茂，名花清流，被崖缘壑。上多精舍灵庙，颇极剞劂之工。正中精舍有观自在菩萨像，躯量虽小，威神感肃，手执莲华，顶戴佛像。常有数人，断食要心，求见

从迦布德迦寺院往南走二三里，到达一座孤山。这座山高大挺拔，树林茂密，名花和清流，遍布山崖和沟壑。山上有很多精舍神庙，极尽雕琢之能事。正中间的精舍有观自在菩萨像，躯干尺寸虽然小，但威严灵验，手拿莲花，头顶上佩着佛像。经常有几个人，在那里断绝饮食，约束

菩萨，七日、二七日乃至一月，其有感者，见观自在菩萨妙相庄严，威光赫奕，从像中出，慰谕其人。昔南海僧伽罗国王清旦以镜照面，不见其身，乃睹赡部洲摩揭陁国多罗林中小山上有此菩萨像。王深感庆，图以营求。既至此山，实唯肖似，因建精舍，兴诸供养。自后诸王尚想遗风，遂于其侧建立精舍灵庙，香花伎乐供养不绝。

意念，以求见到菩萨，这样持续七天、十四天，以至一个月，有感应的人，会见到观自在菩萨相貌堂堂，神采奕奕，从像中间走出来，安慰、教诲这个人。从前南海僧伽罗国王早晨用镜子照脸，没看见自己，却看到赡部洲摩揭陁国多罗树林中的小山上有这个菩萨像。国王深为庆幸，画了像前去寻找。到了这座山上，菩萨像实在太相似，于是建造精舍，置办各种供养。此后各位国王，仰慕遗风，就在旁边建造精舍神庙，香花和音乐的供养没有断绝过。

三十三、其他佛说法遗迹

孤山观自在菩萨像东南行四十余里，至一伽蓝，僧徒五十余人，并学小乘法教。伽蓝前有大窣堵波，多有灵异，佛昔于此为梵天王等七日说法。其侧则有过去三佛坐及经行遗迹之所。

伽蓝东北行七十余里，

从孤山观自在菩萨像往东南行走四十多里，到达一所寺院，僧徒有五十多人，都学习小乘佛教。寺院前有座大佛塔，灵验颇多，从前佛陀曾在这里为梵天王等演说佛法，历时七天。旁边有过去三佛的座位和散步遗迹的场所。

从寺院往东北行走七十多里，

殑伽河南，至大聚落，人民殷盛，有数天祠，并穷雕饰。东南不远有大窣堵波，佛昔于此一宿说法。

从此东入山林中，行百余里，至落般腻罗聚落。伽蓝前有大窣堵波，无忧王之所建，佛昔于此三月说法。此北二三里有大池，周三十余里，四色莲花四时开发。

从此东入大山林中，行二百余里，至伊烂拏钵伐多国。中印度境。

在殑伽河南岸，到达一个大聚落，人口众多，有几座天祠，都极尽雕饰之巧。东南不远有大佛塔，佛陀曾在这里说法一宿。

从这里往东进入山林中，行走一百多里，到达落般腻罗聚落。寺院前有座大佛塔，是无忧王所建造的，从前佛陀在这里演说过三个月的佛法。在这以北二三里有个大池塘，方圆三十多里，四种颜色的莲花四季开放。

从这里向东进入山林中，行走二百多里，到达伊烂拏钵伐多国。（在中印度境内。）

卷第十　十七国

三藏法师玄奘奉诏译
大总持寺沙门辩机撰

伊烂拿钵伐多国[1]

原文

伊烂拿钵伐多国周三千余里，国大都城北临殑伽河，周二十余里。稼穑滋植，花果具繁。气序和畅，风俗淳质。伽蓝十余所，僧徒四千余人，多学小乘正量部法。天祠二十余所，异道杂居。近有邻王废其国君，以大都城持施众僧，于此城中建二伽蓝，各减千僧，并学小乘教说一切有部。

译文

伊烂拿钵伐多国方圆三千多里，国家的都城北面濒临殑伽河，方圆二十多里。境内庄稼茂盛，花果繁多。气候温和，风俗淳厚质朴。寺院有十多所，僧徒四千多人，大多学习小乘佛教正量部法。天祠有二十多所，异道混杂相居。近来有位邻国国王，废除了这个国家的君主，把大都城施舍给了僧徒们，在这座城建造两所寺院，僧人各近一千人，都研习小乘佛教说一切有部。

注释　**1** 伊烂拿钵伐多国：简称伊烂拿国，都城在今印度北部的孟格尔。

一、伊烂拿山[1]

大城侧临殑伽河，有伊烂拿山，含吐烟霞，蔽亏日月，古今仙圣继踵栖神。今有天祠尚遵遗则。在昔如来亦尝居此，为诸天人广说妙法。

大城南有窣堵波，如来于此三月说法。其傍则有过去三佛坐及经行遗迹之所。

都城旁边靠近殑伽河的地方，有座伊烂拿山，烟霞环绕，遮住了太阳、月亮，古今的仙人、圣贤相继住在这里。现在尚有天祠，遵循古代遗留下来的法规。从前如来也曾住在这里，为众多的天神众生广泛地演说精妙的佛法。

都城南面有座佛塔，如来在这里说法，历时三个月。旁边有过去三佛的座位和散步遗迹的场所。

注释　1 伊烂拿山：山名，约为今孟格尔以东5公里的一座活火山。

二、二百亿比丘故事

三佛经行西不远，有窣堵波，是室缕多频设底拘胝唐言闻二百亿。旧译曰亿耳，谬也。苾刍生处。

昔此城有长者，豪贵巨富，晚有继嗣，时有报者，辄赐金钱二百亿，因名

从过去三佛散步处向西行走不远，有一座佛塔，是室缕多频设底拘胝（唐朝语言称闻二百亿。旧译为亿耳，是错误的。）比丘的出生地。

从前，这座城里有位长者，出身高贵，财富极多，晚年有了子嗣，当时有人报告了消息，就赏赐了金钱二百亿，

其子闻二百亿。洎乎成立，未曾履地，故其足妒毛长尺余，光润细软，色若黄金。珍爱此儿，备诸玩好，自其居家以至雪山，亭传连隅，童仆交路，凡须妙药，递相告语，转而以授，曾不逾时。其豪富如此。世尊知其善根将发，命没特伽罗子往化焉。既至门下，莫由自通。长者家祠日天，每晨朝时东向以拜。是时尊者以神通力，从日轮中降立于前。长者子疑日天也，因施香饭而归，其饭香气遍王舍城。时频毗娑罗王骇其异馥，命使历问，乃竹林精舍没特伽罗子自长者家持来。因知长者子有此奇异，乃使召焉。长者承命，思何安步：泛舟鼓棹，有风波之危；乘车驭象，惧蹎蹶之患。于是自其居家，至王舍城，凿渠通漕，流满芥子，御舟安止，

于是给他的儿子取名为闻二百亿。到长大成人，儿子不曾踏过地，因此脚掌的毛有一尺多长，光润细软，颜色如黄金。长者珍爱这个儿子，为他购置了种种玩物，从其居住的地方直到雪山，驿站相连，僮仆往来于道路，所有必需的好药品，依次转告，辗转传递，没有耽误过时间。家庭就是如此的富有。世尊知道长者之子的善根将要萌发，命令没特伽罗子前去开导他。到了门口，没有途径通报。长者家中祭祀太阳神，每天早晨，向东叩拜。这时尊者运用神通力，从太阳中降下，立在他们面前。长者的儿子怀疑他是太阳神，就布施给他香饭然后返回，饭的香气传遍了王舍城。这时频毗娑罗王惊异这种特殊的香气，就派人查问，原来是竹林精舍的没特伽罗子从长者家中带来的。从而知道长者的儿子有奇异之处，就派人召见。长者接到命令，思考怎样去才安全：坐船划桨去，有风波的危险；坐车驾象去，又担心跌倒的祸患。于是从居住的家中到王舍城，开凿渠道，水面撒满芥子，安然地驾船在上面，用长绳牵引。到达王舍城，先去

长缅以引。至王舍城,先礼世尊。世尊告曰:“频毗娑罗王命使召汝,无过欲见足下毛耳。王欲观者,宜结跏坐。伸脚向王,国法当死。”长者子受诲而往,引入廷谒。王欲视毛,乃跏趺坐,王善其有礼,特深珍爱。亦既得归,还至佛所。如来是时说法诲喻,闻而感悟,遂即出家。于是精勤修习,思求果证,经行不舍,足遂流血。世尊告曰:“汝善男子,在家之时知鼓琴耶?”曰:“知。”“若然者,以此为喻。弦急则声不合韵,弦缓则调不和雅。非急非缓,其声乃和。夫修行者亦然,急则身疲心怠,缓则情舒志逸。”承佛指教,奉以周旋,如是不久,便获果证。

向世尊行礼。世尊对他说:“频毗娑罗王派使者召唤你,不过是想看你脚下的毛而已。国王要观看时,你应结跏趺坐,伸脚向着国王,按国法是要处死的。”长者的儿子接受教诲后前往王宫,被引入朝廷谒见。国王想看他的毛,他便结跏趺坐,国王称赞他有礼貌,特别地喜爱他。他被从宫中放回,就到佛陀那里。如来这时说法开导他,他听了后感动觉悟,就出家了。他精诚勤奋地修习,思虑着求得圣果,不停地散步,以致脚流出了血。世尊对他说:“你是个好男儿,在家时,知道弹琴吗?”他回答:“知道。”世尊说:“若是这样,就以这打个比方。琴弦弹得太急声音就不合韵律,太慢了音调就不谐和雅致。不急也不慢,声音才悦耳。修行也是这样,太急了就身体疲倦、心智懈怠,太慢了就性情迟缓、志向放松。”他接受佛陀指教,绕佛陀行走,这样没过多久,就证得了圣果。

三、小孤山佛遗迹

国西界殑伽河南，至小孤山，重巘嶜崟，昔佛于此三月安居，降薄句罗药叉。山东南岩下大石上，有佛坐迹，入石寸余，长五尺二寸，广二尺一寸。其上则建窣堵波焉。次南石上则有佛置捃稚迦即澡瓶也。旧曰军持，讹略也。迹[1]，深寸余，作八出花文。佛坐迹东南不远，有薄句罗药叉脚迹，长尺五六寸，广七八寸，深减二寸。药叉迹后有石佛坐像，高六七尺。次西不远，有佛经行之处。其山顶上有药叉故室。次北有佛足迹，长尺有八寸，广余六寸，深可半寸。其迹上有窣堵波。如来昔日降伏药叉，令不杀人食肉，敬受佛戒，后得生天。

此西有温泉六七所，其水极热。国南界大山林中

从伊烂拏钵伐多国西界的殑伽河往南走，到达小孤山，层峦叠嶂，高大险峻，从前佛陀在这里安居三月，降伏薄句罗药叉。山东南的崖谷下有块大石头，上面有佛陀坐过的痕迹，痕迹进入石头一寸多深，长五尺二寸，宽二尺一寸。石头上建造了一座佛塔。再南边的石头上有佛陀放置捃稚迦（就是澡瓶。旧称军持，是错误省略的。）的痕迹，深一寸多，呈现八瓣的花纹。佛陀座迹的东南不远，有薄句罗药叉的脚印，长一尺五六寸，宽七八寸，深近二寸。药叉脚印后有石佛坐像，高六七尺。再往西不远，有佛陀散步的地方。山顶上有药叉住过的房子。再往北有佛陀的足迹，长一尺八寸，宽六寸多，深约半寸。足迹上建造有佛塔。如来从前降伏药叉，命令他不能杀人吃肉，药叉恭敬地接受佛陀告诫，后来得以升天。

在这西面有六七处温泉，水极为灼热。国家南部边界的大山林中，

多诸野象，其形伟大。

从此顺殑伽河南岸东行三百余里，至瞻波国。中印度境。

野象很多，形体庞大。

从这里顺着殑伽河南岸，向东行走三百多里，到达瞻波国。（在中印度境内。）

注释 1 捃稚迦：又作军持、君迟等，意译为澡瓶，是僧众十八物之一。

瞻波国[1]

原文

瞻波国周四千余里，国大都城北背殑伽河，周四十余里。土地垫湿，稼穑滋盛。气序温暑，风俗淳质。伽蓝数十所，多有倾毁。僧徒二百余人，习小乘教。天祠二十余所，异道杂居。

都城垒砖，其高数丈，基址崇峻，却敌高险。在昔劫初，人物伊始，野居穴处，未知宫室。后有天女，

译文

瞻波国方圆四千多里，国家的都城北面背靠殑伽河，方圆四十多里。境内土地低下潮湿，庄稼茂盛。气候温热，风俗淳厚质朴。寺院有几十所，大多已倒塌。僧徒二百多人，都研习小乘佛教。天祠二十多所，异道信徒混杂居住。

都城用砖垒成，有几丈高，基址宽广高大，抵御敌人的建筑又高又险。早在劫初之时，人类刚产生，住在荒野洞穴中，不知道宫室。后来有位天神之女降临人间，在殑伽河中游泳，在水

降迹人中，游殑伽河，濯流自媚，感灵有娠，生四子焉。分赡部洲，各擅区宇，建都筑邑，封疆画界，此则一子之国都，赡部洲诸城之始也。

中洗涤而自己欣赏自己，感应神灵而怀孕，生下四个儿子。四个儿子分割赡部洲，各自统治一块疆土，建筑城池，划分国界，这里是其中一个儿子的国都，是赡部洲所有城市中最早出现的一座城。

城东百四五十里，殑伽河南，水环孤屿，崖巘崇峻。上有天祠，神多灵感。凿崖为室，引流成沼，花林奇树，巨石危峰，仁智所居，观者忘返。

都城东一百四五十里，殑伽河以南，水环绕一个孤岛，岛上山崖高大。上面有天祠，神祇多有灵验。有人凿开山崖为室，引流水为池沼，花果成林，树木奇异，岩石巨大，山峰险峻，仁者智者居住在这里，观赏者忘记了返回。

国南境山林中，野象猛兽群游千数。

国家南部边境的山林中，野象与猛兽成群游窜，数目以千计。

自此东行四百余里，至羯朱嗢祇罗国。彼俗或谓羯蝇揭罗国，中印度境。

从这里向东行走四百多里，到达羯朱嗢祇罗国。（当地习惯上有人称为羯蝇揭罗国，在中印度境内。）

注释　1 瞻波国：又作瞻婆、占波等，是古代印度十六大国之一。其都城在今印度恒河岸边巴加尔普尔附近。

羯朱嗢祇罗国[1]

原文

羯朱嗢祇罗国周二千余里。土地泉湿，稼穑丰盛。气序温，风俗顺，敦尚高才，崇贵学艺。伽蓝六七所，僧徒三百余人。天祠十所，异道杂居。自数百年王族绝嗣，役属邻国，所以城郭丘墟，多居村邑。故戒日王游东印度，于此筑宫，理诸国务。至则葺茅为宇，去则纵火焚烧。国南境多野象。北境去殑伽河不远，有大高台，积垒砖石而以建焉，基址广峙，刻雕奇制，周其方面镂众圣像，佛及天形区别而作。

自此东渡殑伽河，行六百余里，至奔那伐弹那国。中印度境。

译文

羯朱嗢祇罗国方圆两千多里。土地低下潮湿，庄稼茂盛。气候温和，风俗和顺，重视有才能的人，崇尚学术技艺。寺院有六七所，僧徒三百多人。天祠有十所，异道信徒混杂居住。最近几百年中，王族后嗣断绝，为邻国所役属，所以城郭化为废墟，人民多居于村庄中。戒日王巡游东印度，在这里建筑宫室，处理各种国家事务。到来时就用茅草盖房屋，离去时就放火焚烧。国家南部边境野象很多。北部边境离殑伽河不远，有一个大高台，是垒积砖石建成的，台基宽大高耸，雕刻奇巧，台的每面都镂刻各种圣贤像，佛和天神各有区别。

从这里向东渡过殑伽河，行走六百多里，到达奔那伐弹那国。（在中印度境内。）

注释　1 羯朱嗢祇罗国：其都城在今印度恒河以北拉其马哈。

奔那伐弹那国[1]

原文

奔那伐弹那国周四千余里，国大都城周三十余里。居人殷盛，池馆花林往往相间。土地卑湿，稼穑滋茂。般椽娑果既多且贵，其果大如冬瓜，熟则黄赤，剖之中有数十小果，大如鹤卵，又更破之，其汁黄赤，其味甘美。或在树枝，如众果之结实；或在树根，若伏苓之在土。气序调畅，风俗好学。伽蓝二十余所，僧徒三千余人，大小二乘，兼功综习。天祠百所，异道杂居，露形尼乾，实繁其党。

译文

奔那伐弹那国方圆四千多里，国家的都城方圆三十多里。居民众多，池塘馆舍、花果林木交织于其间。土地低下潮湿，庄稼茂盛。般椽娑果又多又贵重，果实大如冬瓜，成熟后是黄红色，剖开后里面有几十个小果实，如鹤蛋一样大，再将小果实剖开，果汁是黄红色，味道甜美。有的结在树枝上，如其他果实一样；有的长在树根上，如伏苓一样在泥土中。气候温和舒畅，风俗喜好学习。寺院有二十多所，僧徒三千多人，大小二乘，都研究学习。天祠有一百所，异道信徒混杂居住，露形一派的教徒，最为众多。

注释 1 奔那伐弹那国：又作分那婆陀那，该国最强盛时领土包括今孟加拉全境，此后包括今孟加拉北部的大部分地区。其都城在今孟加拉博格勒城以北的摩诃斯坦。

一、跋始婆僧伽蓝

城西二十余里有跋始婆僧伽蓝，庭宇显敞，台阁崇高。僧徒七百余人，并学大乘教法，东印度境硕学名僧多在于此。

其侧不远有窣堵波，无忧王之所建也。昔者如来三月在此为诸天人说法之处。或至斋日，时烛光明。其侧则有四佛坐及经行遗迹之所。去此不远复有精舍，中作观自在菩萨像，神鉴无隐，灵应有征，远近之人，绝粒祈请。

自此东行九百余里，渡大河，至迦摩缕波国。东印度境。

在都城西二十多里，有一座跋始婆寺院，庭院开阔宽敞，台基楼阁很高。僧徒有七百多人，都学习大乘佛教，东印度境内博学的名僧，大多在这里。

寺院旁边不远，有一座佛塔，是无忧王建造的。从前如来在这里三个月，为天神众生说法。有时到了斋日，往往放射光芒。旁边有四佛的座位和散步遗迹的场所。离这不远，又有一所精舍，里面有观自在菩萨像，神灵洞察秋毫，灵验有征，远近的人，前来绝食祈求。

从这里向东行走九百多里，渡过大河，到达迦摩缕波国。（在东印度境内。）

迦摩缕波国[1]

原文

迦摩缕波国周万余里，国大都城周三十余里。土地泉湿，稼穑时播。般橠娑果、那罗鸡罗果，其树虽多，弥复珍贵。河流湖陂，交带城邑。气序和畅，风俗淳质。人形卑小，容貌黧黑。语言少异中印度。性甚犷暴，志存强学，宗事天神，不信佛法。故自佛兴以迄于今，尚未建立伽蓝，招集僧侣。其有净信之徒，但窃念而已。天祠数百，异道数万。

译文

迦摩缕波国方圆一万多里，国家的都城方圆三十多里。土地低下潮湿，庄稼适时播种。般橠娑果、那罗鸡罗果，树虽然很多，却仍很珍贵。河流和湖泊，与城乡交错。气候温和舒畅，风俗淳厚质朴。人的体形矮小，容貌黝黑，语言与中印度稍有差异。性格十分粗犷暴躁，相当热爱学习。崇敬天神，不相信佛法。所以从佛教兴起直到如今，还未建立寺院，招集僧徒。有信佛的人，只是私下思念而已。天祠有几百所，异道信徒几万人。

注释　1 迦摩缕波国：又作庵摩罗跛、迦没路等，其地在今印度阿萨姆的西部地区，都城在今高哈蒂。

一、拘摩罗王招请

今王本那罗延天之祚胤，婆罗门之种也，字婆塞羯罗伐摩，唐言日胄。号拘摩罗。唐言童子。自据疆土，奕叶君临，逮于今王，历千世矣。君上好学，众庶从化，远方高才，慕义客游。虽不淳信佛法，然敬高学沙门。初，闻有至那国沙门在摩揭陁那烂陁僧伽蓝，自远方来，学佛深法，殷勤往复者再三，未从来命。时尸罗跋陁罗论师曰："欲报佛恩，当弘正法，子其行矣，勿惮远涉。拘摩罗王世宗外道，今请沙门，斯善事也。因兹改辙，福利弘远。子昔起广大心，发弘誓愿，孤游异域，遗身求法，普济含灵，岂徒乡国？宜忘得丧，勿拘荣辱，宣扬圣教，开导群迷，先物后身，忘名弘法。"于是辞不获免，遂与使偕行，而

当今的国王本来是那罗延天的后裔，属于婆罗门种姓，名叫婆塞羯罗伐摩。（唐朝语言称日胄。）号称拘摩罗。（唐朝语言称作童子。）自从拥有疆土，世代为王，到当今国王，已历时千世。国王喜好学习，庶民受其教化，远方有才华的人，仰慕仁义而前往这个国家。他虽然不十分信仰佛法，但敬重学问高的沙门。当初，他听说至那国的沙门住在摩揭陁的那烂陀寺，从远方而来，学习深奥的佛法，两三次派遣使者来邀请，我没有接受。这时尸罗跋陁罗论师说："要报答佛的恩情，应当弘扬佛法，你还是去吧，不要怕长途跋涉。拘摩罗王世代崇奉外道，现在邀请沙门，这是好事情。他若从此而改变信仰，福德利益广大深远。你从前树立远大的志向，发出宏伟的誓愿，孤身远游异国，舍身求法，普渡众生，难道只是为了本国？你应忘记得失，不拘泥于荣辱，宣传圣教，开导痴迷的人，先人而后己，忘记名誉而弘扬佛法。"这时我

会见焉。拘摩罗王曰："虽则不才，常慕高学，闻名雅尚，敢事延请。"曰："寡能褊智，猥蒙流听。"拘摩罗王曰："善哉！慕法好学，顾身若浮，逾越重险，远游异域。斯则王化所由，国风尚学。今印度诸国多有歌颂摩诃至那国《秦王破阵乐》者，闻之久矣，岂大德之乡国耶？"曰："然。此歌者，美我君之德也。"拘摩罗王曰："不意大德是此国人，常慕风化，东望已久，山川道阻，无由自致。"曰："我大君圣德远洽，仁化遐被，殊俗异域拜阙称臣者众矣。"拘摩罗王曰："覆载若斯，心冀朝贡。今戒日王在羯朱嗢祇罗国，将设大施，崇树福慧，五印度沙门、婆罗门有学业者，莫不召集。今遣使来请，愿与同行。"于是遂往焉。

无话可说，就和使者一同上路，去会见拘摩罗王。拘摩罗王说："我虽然没有才能，但常常仰慕学问高的人，听到您的大名，所以邀请您前来。"我说："我才能有限，智慧不足，实在有愧于传言。"拘摩罗王说："好！仰慕佛法而好学，看待自身如浮云，越过重重险阻，远游外国，这实在是国家王道所致，国内风俗崇尚学术。现在印度各国中多有歌唱摩诃至那国《秦王破阵乐》的，听到很久了，难道是高僧的祖国吗？"我回答："是的。这首歌，是赞美我国君主的德行的。"拘摩罗王说："没有想到高僧是这个国家的人，时常仰慕贵国的风俗教化，向东翘望已久，只因山川阻隔，没法亲自前往。"我说："我国君主圣明的德行远传，仁义的教化遍布，异族外国，到朝廷叩拜而称臣的很多。"拘摩罗王说："仁德广布如此，我心中希望能朝贡。现在戒日王在羯朱嗢祇罗国，将设立大施之会，树立福德，五印度学有成就的沙门、婆罗门，无不招请。现在已派使者来邀集，希望您和我同行。"于是我便前往羯朱嗢祇罗国。

二、东境风土

此国东山阜连接，无大国都，境接西南夷，故其人类蛮獠矣[1]。详问土俗，可两月行，入蜀西南之境。然山川险阻，嶂气氛沴，毒蛇毒草，为害滋甚。国之东南野象群暴，故此国中象军特盛。

从此南行千二三百里，至三摩呾吒国。东印度境。

这个国家的东部，山冈连绵不断，没有大城池，疆土和中国的西南夷相接，所以这里的人与蛮獠相似。仔细询问当地人，行走两个月，可以进入蜀地的西南境。但是山川险阻，瘴气弥漫，毒蛇和毒草，为害十分严重。国家的东南，野象成群，非常凶暴，所以这个国家里象军特别强盛。

从这里向南行走一千二三百里，到达三摩呾吒国。（在东印度境内。）

注释　1 蛮獠：唐代中原地区对西南地区少数民族的蔑称。

三摩呾吒国[1]

原文

三摩呾吒国周三千余里，滨近大海，地遂卑湿。国大都城周二十余里。稼穑滋植，花果繁茂。气序和，风俗

译文

三摩呾吒国方圆三千多里，濒临大海，土地低下潮湿。国家的都城方圆二十多里。庄稼茂盛，花果繁多。气候温和，风俗驯顺。人们

顺。人性刚烈，形卑色黑，好学勤励，邪正兼信。伽蓝三十余所，僧徒二千余人，并皆遵习上座部学。天祠百所，异道杂居，露形尼乾，其徒甚盛。

性格刚烈，体形矮小，肤色黝黑，勤奋好学，邪教、佛教都信仰。寺院三十多所，僧徒两千多人，都遵循研习上座部佛法。天祠有一百所，异道信徒混杂居住，露形一派，信徒特别众多。

去城不远有窣堵波，无忧王之所建也，昔者如来为诸天人于此七日说深妙法。傍有四佛坐及经行遗迹之所。去此不远伽蓝中有青玉佛像，其高八尺，相好圆备，灵应时效。

离都城不远，有一座佛塔，是无忧王建造的，从前如来曾在这里为天神众生演说精深的佛法，历时七天。旁边有四佛的座位和散步遗迹的场所。离这不远的寺院中，有青玉佛像，高八尺，相貌庄严，时时显现灵验。

注释　1 三摩呾吒国：印度东北部最重要的古国之一，其地在今恒河及梅格纳河三角洲上，都城在今孟加拉达卡西南的柯密拉之西约二十公里处。

一、传闻六国

从此东北大海滨山谷中，有室利差呾罗国[1]。次东南大海隅有迦摩浪迦国[2]。次东有堕罗钵底国[3]。次东

从这里往东北方去，大海滨的山谷中，有室利差呾罗国。再往东南，大海岸边有迦摩浪迦国。再往东，有堕罗钵底国。再往东，有伊赏

有伊赏那补罗国[4]。次东有摩诃瞻波国[5],即此云林邑是也。次西南有阎摩那洲国[6]。凡此六国,山川道阻,不入其境,然风俗壤界,声闻可知。

那补罗国。再往东,有摩诃瞻波国,就是中国所说的林邑。再往西南,有阎摩那洲国。这六个国家,山川阻隔,没有进入它们境内,不过风俗和疆界,从传闻中可以得知。

自三摩呾吒国西行九百余里,至耽摩栗底国。东印度境。

从三摩呾吒国向西行走九百多里,到达耽摩栗底国。(在东印度境内。)

注释 1 室利差呾罗国:又作室利察呾罗,即缅甸都城,在今下缅甸伊洛瓦底江畔骠蔑附近。 2 迦摩浪迦国:即《梁书》中的狼牙修国,在马来半岛上。 3 堕罗钵底国:又作社和钵底、堕和罗等,为泰国古都。4 伊赏那补罗国:古代柬埔寨国名。 5 摩诃瞻波国:又作瞻波、林邑等,在今越南中部一带。 6 阎摩那洲国:又作耶婆提、叶调等。其地或以为即今爪哇,或以为指今苏门答腊。

耽摩栗底国[1]

原文

耽摩栗底国周千四五百里,国大都城周十余里。滨近海垂,土地卑湿。稼穑

译文

耽摩栗底国方圆一千四五百里,国家的都城方圆十多里。濒临海岸,土地低下潮湿。庄稼适时播种,

时播，花果茂盛。气序温暑，风俗躁烈。人性刚勇，邪正兼信。伽蓝十余所，僧众千余人。天祠五十余所，异道杂居。国滨海隅，水陆交会，奇珍异宝，多聚此国，故其国人大抵殷富。

花果茂盛。气候温热，风俗急躁暴烈。人们性格刚强勇猛，邪教、佛教都信仰。寺院有十多所，僧徒一千多人。天祠有五十多所，异道信徒混杂居住。国家靠近大海，水路陆路在这里交会，奇珍异宝，多汇聚到这个国家，所以这个国家的人大抵都殷实富有。

城侧窣堵波，无忧王所建也。其傍则有过去四佛坐及经行遗迹之所。

都城旁的佛塔，是无忧王建造的，旁边有过去四佛的座位和散步遗迹的场所。

自此西北行七百余里，至羯罗拿苏伐剌那国。东印度境。

从这里向西北行走七百多里，到达羯罗拿苏伐剌那国。（在东印度境内。）

注释 1 耽摩栗底国：又作多摩梨帝、耽摩立底等，其都城在今印度西孟拉加邦米德纳普尔县的塔姆鲁克。

羯罗拿苏伐剌那国[1]

原文

羯罗拿苏伐剌那国周四千四五百里，国大都城周

译文

羯罗拿苏伐剌那国方圆四千四五百里，国家的都城方圆二十多里。

二十余里。居人殷盛，家室富饶。土地下湿，稼穑时播。众花滋茂，珍果繁植。气序调畅，风俗淳和。好尚学艺，邪正兼信。伽蓝十余所，僧徒二千余人，习学小乘正量部法。天祠五十余所，异道实多。别有三伽蓝，不食乳酪，遵提婆达多遗训也。

居民众多，家庭富饶。土地低下潮湿，庄稼适时播种，各种花朵茂盛，珍奇的果品大量种植。气候适宜舒畅，风俗淳厚和顺。崇尚学术技艺，邪教、佛教都信仰。寺院有十多所，僧徒两千多人，研习小乘佛教正量部法。天祠有五十多所，异道信徒众多。另外有三所寺院，不吃乳酪，是遵奉提婆达多的遗训。

注释 1 羯罗拏苏伐剌那国：国名，其地在今印度西孟加拉邦中部。

一、赤泥僧伽蓝

大城侧有络多末知僧伽蓝，唐言赤泥。庭宇显敞，台阁崇峻。国中高才达学、聪明有闻者，咸集其中，警诫相成，琢磨道德。

初，此国未信佛法时，南印度有一外道，腹锢铜鍱，首戴明炬，杖策高步，来入此城，振击论鼓，求欲论议。或人问曰："首腹

都城旁边有一所络多末知寺院，（唐朝语言称作赤泥。）庭院明亮宽敞，亭台楼阁高大挺拔。国内才华卓越、学问通达、聪颖明慧、名声远布的人，都集中在这里，互相督促告诫，探讨佛学真谛。

当初，这个国家不相信佛法的时候，南印度有一名外道信徒，用铜带捆住肚腹，头上顶着火炬，拄着手杖，高视阔步，进入这座城，敲击论鼓，要找人辩论。有人问他："你的头和肚子为

何异？”曰：“吾学艺多能，恐腹拆裂。悲诸愚暗，所以持照。”时经旬日，人无问者，询访髦彦，莫有其人。王曰：“合境之内，岂无明哲？客难不酬，为国深耻。宜更营求，访诸幽隐。”或曰：“大林中有异人，其自称曰沙门，强学是务，今屏居幽寂，久矣于兹。非夫体法合德，何能若此者乎？”王闻之，躬往请焉。沙门对曰：“我南印度人也，客游止此，学业肤浅，恐黜所闻。敢承来旨，不复固辞，论议无负，请建伽蓝，招集僧徒，光赞佛法。”王曰：“敬闻，不敢忘德。”沙门受请，往赴论场。外道于是诵其宗致，三万余言，其义远，其文约，苞含名相[1]，网罗视听。沙门一闻究览，辞义无谬，以数百言辩而释之，因问宗致。外道辞穷理屈，杜口不酬。

什么与众不同？”他说：“我学习技艺而多能，担心肚子会挤破。可怜人们愚昧，所以头上顶着火炬。”时间过了十来天，没有人对他提问题，寻访杰出人士，也没有这样的人。国王说：“整个国家之内，难道没有高明的人？外来学者挑战而不能应答，是国家的大耻辱。应该再寻访那些幽隐之士。”有人说：“大森林中有位奇异的人，他自称为沙门，只知道勤奋学习，现在避世隐居，已经很久了。假如不是践行正法合于道德，怎么能够如此呢？”国王听说后，亲自前去邀请。沙门回答说：“我是南印度人，游学到这里定居，学业肤浅，恐怕不是传闻的那样优异。承蒙您的旨意，不再推辞，如果辩论不输，请求建造寺院，招集僧徒，光大佛法。”国王说：“敬闻一切，不敢忘记大德。”沙门接受邀请，赶赴辩论场所。外道信徒于是背诵他所信仰的宗旨，共三万多字，含义深远，文辞简约，包含了佛教概念，网罗了所见所闻。沙门一听便了解了他的意思，文辞义理无误，用几百字加以辩论解说，随之诘问他的宗旨。外道信徒理屈词穷，闭

既折其名，负耻而退。王深敬德，建此伽蓝，自时厥后，方弘法教。

伽蓝侧不远有窣堵波，无忧王所建也，在昔如来于此七日说法开导。其侧精舍，过去四佛坐及经行遗迹之所。有数窣堵波，并是如来说经法之处，无忧王之所建也。

从此西南行七百余里，至乌荼国。东印度境。

口不答。他在名声挫败后，忍受耻辱而返回。国王深深地尊敬沙门的恩德，便建立了这所寺院。从这时之后，才开始弘扬佛教。

寺院旁边不远有座佛塔，是无忧王所建造的，从前如来曾在这里说法七天，开导众生。塔旁的精舍，有过去四佛的座位和散步遗迹的场所。还有几座佛塔，都是如来说法的地方，是无忧王所建造的。

从这里往西南行走七百多里，到达乌荼国。（在东印度境内。）

注释　1 名相：一般来说是指佛教的概念。有时也可作术语看。

乌荼国[1]

原文

乌荼国周七千余里，国大都城周二十余里。土地膏腴，谷稼茂盛。凡诸果实，颇大诸国，异草名花，难以称

译文

乌荼国方圆七千多里，国家的都城方圆二十多里。土地肥沃，庄稼茂盛。各种果品，都略大于各国，异草名花，难以一一列举。气候温

述。气序温暑，风俗犷烈，人貌魁梧，容色黶黰。言辞风调，异中印度。好学不倦，多信佛法。伽蓝百余所，僧徒万余人，并皆习学大乘法教。天祠五十所，异道杂居。诸窣堵波凡十余所，并是如来说法之处，无忧王之所建也。

热，风俗粗犷暴烈，体形魁梧，肤色黝黑。言语声调，和中印度有差别。爱好学习不懈怠，大多信仰佛法。寺院有一百多所，僧徒一万多人，都研习大乘佛教。天祠有五十所，异道信徒混杂居住。各种佛塔共十多座，都是如来说法的地方，是无忧王所建造的。

注释 1 乌荼国：其地在今印度的奥里萨。

一、补涩波祇厘僧伽蓝

国西南境大山中，有补涩波祇厘僧伽蓝。其石窣诸波极多灵异，或至斋日，时烛光明。故诸净信，远近咸会，持妙花盖，竞修供养。承露盘下，覆钵势上，以花盖笴[1]，置之便住，若磁石之吸针也。此西北山伽蓝中有窣堵波，所异同前。此二窣堵波者，神鬼所建，灵奇若斯。

乌荼国西南部的大山中，有一所补涩波祇厘寺院。寺内的石塔非常灵验，到了斋日，时常绽放光芒。所以虔诚的信徒，远近的人都聚集到这里，拿着美妙的花盖，竞相供养。在承露盘下，覆钵状的塔身上，放上花盖柄，一放就固定下来，犹如磁石吸住铁针一样。在这西北方山头上的寺院里有佛塔，奇异的事情与上述相同。这两座佛塔，是鬼神所建造，所以如此地灵验奇特。

注释 1 笴（gǎn）：箭杆。此处指花盖的柄。

二、折利呾罗城[1]

国东南境临大海滨，有折利呾罗城，唐言发行。周二十余里，入海商人、远方旅客，往来中止之路也。其城坚峻，多诸奇宝。城外鳞次有五伽蓝，台阁崇高，尊像工丽。南去僧伽罗国二万余里，静夜遥望，见彼国佛牙窣堵波上宝珠，光明离然，如明炬之悬烛也。

乌荼国东南境濒临大海边，有折利呾罗城，（唐朝语言称发行。）方圆二十多里，是入海的商人、远方的游客来往停留的必经之路。城池坚固险峻，奇异的宝物很多。城外依次排列着五所寺院，亭台楼阁高大，佛像工巧壮丽。南距僧伽罗国两万多里，夜深人静时远远望去，可以看到那个国家佛牙塔上的宝珠光芒灿烂，如同明亮的火炬照耀远方。

自此西南大林中行千二百余里，至恭御陁国。东印度境。

从这里向西南的大树林行走一千二百多里，到达恭御陁国。（在东印度境内。）

注释 1 折利呾罗城：城名意译为发行，故址或以为即今印度的浦里城，或以为在马亨纳底河沿岸、各答克下游二十多公里处。

恭御陁国[1]

原文

恭御陁国周千余里，国大都城周二十余里。滨近海隅，山阜隐轸，土地垫湿，稼穑时播。气序温暑，风俗勇烈。其形伟，其貌黑，粗有礼义，不甚欺诈。至于文字，同中印度，语言风调，颇有异焉。崇敬外道，不信佛法。天祠百余所，异道万余人。国境之内，数十小城，接山岭，据海交，城既坚峻，兵又敢勇，威雄邻境，遂无强敌。国临海滨，多有奇宝，螺贝珠玑，斯为货用。出大青象，超乘致远。

从此西南入大荒野，深林巨木，干霄蔽日，行千四五百里，至羯餕力甑反。伽国。南印度境。

译文

恭御陁国方圆一千多里，国家的都城方圆二十多里。靠近海边，山峦起伏，土地低下潮湿，庄稼适时播种。气候温热，风俗勇猛暴烈。形体高大，容貌呈黑色，粗懂礼义，不太欺骗人。至于文字，与中印度相同，语言声调，则有较多差异。崇敬外道，不信仰佛法。天祠有一百多所，异道信徒一万多人。国境以内，有几十座小城，与山岭连接，与海口相交，城池坚固，军队又勇敢，声威称雄邻国，没有强大的对手。国家靠近海边，奇异的宝物很多，用螺贝和珠玑，作为货币。出产大青象，可驮物品远行。

从这里向西南进入广大的荒野，深密的树林中巨木参天，遮住了太阳，行走一千四五百里，到达羯餕伽国。（在南印度境内。）

注释　1 恭御陁国：国名，其地即今印度东部沿海的甘贾姆地方。

羯餕伽国[1]

原文

羯餕伽国周五千余里，国大都城周二十余里。稼穑时播，花果具繁，林薮联绵，动数百里。出青野象，邻国所奇。气序暑热，风俗躁暴，性多狷犷，志存信义。言语轻捷，音调质正，辞旨风则，颇与中印度异焉。少信正法，多遵外道。伽蓝十余所，僧徒五百余人，习学大乘上座部法。天祠百余所，异道甚众，多是尼乾之徒也。

羯餕伽国在昔之时，氓俗殷盛，肩摩毂击，举袂成帷。有五通仙栖岩养素，人或陵触，退失神通，以恶咒术残害国人，少长无遗，贤愚俱丧，人烟断绝，多历年所。颇渐迁居，犹未充实，

译文

羯餕伽国方圆五千多里，国家的都城方圆二十多里。庄稼适时播种，花果繁茂，树林动辄上百里。出产青色的野象，被邻国看成稀有动物。气候温热，风俗急躁暴烈，性情多狷介粗犷，讲究信义。言语轻巧，音调质朴纯正，言辞、语法和中印度颇有差异。很少有人信仰佛法，多遵循外道。寺院有十多所，僧徒五百多人，研习大乘佛教上座部法。天祠有一百多所，异道信徒十分众多，大多数是露形一派。

羯餕伽国在从前，民众很多，肩膀相摩擦，车轮相撞击，举起袖子来就可连成帐幕。有一位五通仙人，栖息山岩，怡养真性，有人触犯他，使他失去了神通，他便以恶毒的咒术残害国中人士，老幼不能幸免，贤愚大都丧命，人烟断绝，经历了若干年。后来有人逐渐迁居到这里，但仍不够充

故今此国人户尚少。

实，所以现在这个国家的人口还是很少。

城南不远有窣堵波，高百余尺，无忧王之所建也。傍有过去四佛坐及经行遗迹之所。

在都城南面不远有座佛塔，高一百多尺，是无忧王所建造的。旁边有过去四佛的座位和散步遗迹的场所。

国境北垂，大山岭上有石窣堵波，高百余尺，是劫初时人寿无量岁，有独觉于此入寂灭焉。

国家的北部边境，大山岭上有石佛塔，高一百多尺，在劫初人寿无量岁时，有位辟支佛在这里涅槃。

自此西北山林中行千八百余里，至憍萨罗国。中印度境。

从这里向西北山林中行走一千八百多里，到达憍萨罗国。（在中印度境内。）

注释 1 羯餧伽国：又作迦陵伽、羯餧伽等，其地在今印度哥达瓦里河以北，孟加拉湾沿岸一带。

憍萨罗国[1]

原文

憍萨罗国周六千余里，山岭周境，林薮连接。国大都城周四十余里。土壤膏

译文

憍萨罗国方圆六千多里，山岭围绕着国境，森林相连接。国家的都城方圆四十多里。境内土地肥沃，物

腴,地利滋盛。邑里相望,人户殷实。其形伟,其色黑。风俗刚猛,人性勇烈,邪正兼信,学艺高明。王,刹帝利也,崇敬佛教,仁慈深远。伽蓝百余所,僧徒减万人,并皆习学大乘法教。天祠七十余所,异道杂居。

产丰富。城乡连接,人户多而富饶。人民体形魁梧,肤色黑。风俗刚猛强悍,人们性格勇敢暴烈,邪教、佛教都信仰,学术技艺高明。国王是刹帝利种姓,崇敬佛法,极其仁慈。寺院有一百多所,僧徒将近一万人,都研习大乘佛教。天祠有七十多所,异道信徒混杂居住。

注释 **1** 憍萨罗国:又称南憍萨罗等,其地包括今印度纳格浦尔以南钱达全部以及以东康克尔一带地区。

一、龙猛与提婆

城南不远有故伽蓝,傍有窣堵波,无忧王之所建也。昔者,如来曾于此处现大神通,摧伏外道。后龙猛菩萨止此伽蓝。时此国王号娑多婆诃,唐言引正。珍敬龙猛,周卫门庐。时提婆菩萨自执师子国来求论义,谓门者曰:“幸为通谒。”时门者

在都城南面不远处,有所旧寺院,旁边有座佛塔,是无忧王所建造的。从前,如来曾在这里显示大神通,摧败降伏外道。后来龙猛菩萨居住在这所寺院。当时这个国家的君王号称娑多婆诃,(唐朝语言称引正。)珍视敬重龙猛,派人为他警卫门户。这时提婆菩萨从执师子国前来,以求和龙猛辩论,他对守门人说:“请你为我通报一下。”这时守门的人就为他禀报了。龙猛原本知

遂为白。龙猛雅知其名，盛满钵水，命弟子曰："汝持是水，示彼提婆。"提婆见水，默而投针。弟子持钵，怀疑而返。龙猛曰："彼何辞乎？"对曰："默无所说，但投针于水而已。"龙猛曰："智矣哉，若人也！知幾其神，察微亚圣，盛德若此，宜速命入。"对曰："何谓也？无言妙辩，其在是欤？"曰："夫水也者，随器方圆，逐物清浊，弥满无间，澄湛莫测。满而示之，比我学之智周也，彼乃投针，遂穷其极。此非常人，宜速召进。"而龙猛风范懔然肃物，言谈者皆伏抑首。提婆素挹风徽，久希请益，方欲受业，先骋机神，雅惧威严，升堂僻坐，谈玄永日，辞义清高。龙猛曰："后学冠世，妙辩光前，我惟衰耄，遇斯俊彦，诚乃写瓶

道提婆的名声，就盛满了一钵水，命令弟子说："你拿上这钵水，给提婆看一看。"提婆见过水后，默默不语，投进去一根针。弟子拿着钵，疑惑地返回。龙猛说："他说了什么话？"弟子回答："他沉默没有说话，只是把针投进水里而已。"龙猛说："这个人聪明啊！了解事情的幾微达到神奇的地步，体察精妙之处仅次于圣人，才德如此高，应赶紧请他进来。"弟子说："这是什么意思？不说话而成为精妙的辩论，就是这样的吗？"龙猛说："水这种物质，随着容器变化而有方圆，依周围物体而有清浊，弥漫而无间隙，纯净而不能测度。装满水而给他看，是比喻我学问的渊博周遍，他却投进针，是要穷尽我学问的要旨。这不是一般人，应赶快请进来。"龙猛一向有气度，凛然严肃，和他谈话的人都低着头。提婆一向敬佩他的美德，很久就盼望向他求教，正要受业时，先显示机智神妙，由于畏惧龙猛的威严，上堂后在偏僻处坐下，整日谈论玄理，辞义清高。龙猛说："你这位后辈学人，才学高过世人，精妙的论辩超越前贤，我在衰老之时，遇上这样的卓越人才，

有寄，传灯不绝，法教弘扬，伊人是赖。幸能前席，雅谈玄奥。”提婆闻命，心独自负，将开义府，先游辩囿，提振辞端，仰视质义。忽睹威颜，忘言杜口，避坐引责，遂请受业。龙猛曰：“复坐，今将授子至真妙理，法王诚教。”提婆五体投地，一心归命，曰：“而今而后，敢闻命矣。”

实在是泻瓶有寄托，事业不会中断，佛教的弘扬，就靠你了。希望能靠近些，畅谈玄妙的教义。”提婆听到这段话，心中暗自高兴，将要开讲经论时，先与龙猛论辩，提起话头，仰视而质疑。忽然看到龙猛的威严相貌，忘记了内容，不敢开口，于是退下座席责备自己，请求指教。龙猛说：“再坐下来。现在将传授给你最高的道理，是如来真实的教导。”提婆行五体投地之礼，一心归向于龙猛，说：“从今以后，愿听从您的教诲。”

二、龙猛自刎故事

龙猛菩萨善闲药术，餐饵养生，寿年数百，志貌不衰，引正王既得妙药，寿亦数百。王有稚子，谓其母曰：“如我何时得嗣王位？”母曰：“以今观之，未有期也。父王年寿已数百岁，子孙老终者盖亦多矣。斯皆龙猛福力所加，药术所致。菩萨寂灭，王必殂

龙猛菩萨精通药物学，服食药饵养生，年龄数百，容貌不衰老。引正王得到妙药后，年岁也有几百。引正王有个幼儿，对他的母亲说：“像我这样，什么时候能继承王位呢？”母亲说：“以现在看来，还没有期限。你父王已有几百岁，子孙中老死的也不少了。这都是龙猛的福力所施予，药物所导致的。菩萨寂灭后，你父王就会去世。龙猛菩萨智慧无边，慈悲深厚，周济众

落。夫龙猛菩萨智慧弘远，慈悲深厚，周给群有，身命若遗。汝宜往彼，试从乞头，若遂此志，当果所愿。”王子恭承母命，来至伽蓝，门者惊惧，故得入焉。时龙猛菩萨方赞诵经行，忽见王子，伫而谓曰：“今夕何夕，降迹僧坊，若危若惧，疾驱来至？”对曰：“我承慈母余论，语及行舍之士，以为含生宝命，经语格言，未有轻舍报身，施诸求欲。我慈母曰：‘不然。十方善逝[1]、三世如来[2]，在昔发心，逮乎证果，勤求佛道，修习戒忍，或投身饲兽，或割肌救鸽，月光王施婆罗门头[3]，慈力王饮饿药叉血[4]，诸若此类，羌难备举。求之先觉，何代无人？’今龙猛菩萨笃斯高志。我有所求，人头为用，招募累岁，未之有舍。欲行暴劫杀，则罪累尤多，虐

生，对自己性命很不看重。你应前去他那里，试着向他乞讨头颅。如果这个要求达到了，你就能实现继位的愿望。”王子恭敬地秉承母亲的命令，来到寺院，守门人惊讶害怕，王子因此得以入寺。这时龙猛菩萨正诵经散步，忽然见到王子，就停下来问道：“今天晚上是什么原因，光临本寺，看起来危急畏惧，匆匆忙忙地赶来？”王子回答说：“我听母亲谈论，说到施舍之人，认为要珍爱生命，这是经典格言都说过的，没有轻易捐弃生命，施舍给求取者的。我的母亲说：‘不是这样。十方善逝、三世如来，从前立下心愿，直到证得圣果，要勤勉地追求佛道，修习持戒与忍让，有时以身体喂野兽，有时割肌肉救鸽子，月光王把自己的头施舍给婆罗门，慈力王把自己的血给饥饿的药叉喝，诸如此类，难以列举。在先觉中寻求，哪一代没有这样的人？’现在龙猛菩萨就是这样志向高尚的人。我有所求，要用人头，募集了多年，没有肯施舍的。想要使用暴力劫杀，就会罪恶深重，残害无辜，会秽德昭著。想到菩萨修习圣道，期望证得佛果，慈

害无辜，秽德彰显。惟菩萨修习圣道，远期佛果，慈沾有识，惠及无边，轻生若浮，视身如朽，不违本愿，垂允所求！”龙猛曰：“俞，诚哉是言也！我求佛圣果，我学佛能舍，是身如响，是身如泡，流转四生，去来六趣，宿契弘誓，不违物欲。然王子，有一不可者，其将若何？我身既终，汝父亦丧，顾斯为意，谁能济之？”龙猛徘徊顾视，求所绝命，以干茅叶自刎其颈，若利剑断割，身首异处。王子见已，惊奔而去。门者上白，具陈始末，王闻哀感，果亦命终。

悲沾溉生灵，恩惠无边无际，看轻生命如浮云，贱视身体如朽木，所以期望您不违背本身的愿望，答应我的请求！”龙猛说：“是啊，你说得对！我求证佛果，学习佛陀能够舍身，这个身体如同回音，如同泡影，在四种生命状态中流转，在六趣中往来，我从前立下弘愿，要不违别人请求。不过王子啊，有一件事是不可以的，该怎么办？我死之后，你的父亲也会丧命，希望你考虑这一点，谁能救助他？”龙猛徘徊观察，寻找绝命的方式，用干茅叶自刎脖子，如同利剑割断，身首异处。王子见到后，惊慌逃奔。守门人将此事报告上去，详细陈说经过。国王听说后哀伤感慨，不久也去世了。

注释　1 十方善逝：指分身于世界十方（东、南、西、北、东南、西南、东北、西北、上、下）、摄化各处众生的佛陀。　2 三世如来：指过去、现在、未来的诸佛。　3 月光王：传说中释迦牟尼的前身之一。　4 慈力王：传说中释迦牟尼的前身之一。

三、跋逻末罗耆厘山

国西南三百余里至跋逻末罗耆厘山，唐言黑蜂。岌然特起，峰岩峭险，既无崖谷，宛如全石。引正王为龙猛菩萨凿此山中，建立伽蓝。去山十数里，凿开孔道，当其山下，仰凿疏石。其中则长廊步檐，崇台重阁。阁有五层，层有四院，并建精舍，各铸金像，量等佛身，妙穷工思。自余庄严，唯饰金宝。从山高峰临注飞泉，周流重阁，交带廊庑，疏寮外穴，明烛中宇。初，引正王建此伽蓝也，人力疲竭，府库空虚，功犹未半，心甚忧戚。龙猛谓曰："大王何故若有忧负？"王曰："辄运大心，敢树胜福，期之永固，待至慈氏。功绩未成，财用已竭，每怀此恨，坐而待旦。"龙猛曰："勿忧。崇福胜善，其利不穷，有兴弘愿，

从国都向西南行走三百多里，到达跋逻末罗耆厘山，（唐朝语言称黑峰。）山峰巍然耸立，峰岩陡峭险峻，没有山谷，如同完整的巨石。引正王为龙猛菩萨开凿这座山，建立寺院。离山十多里，开凿通道，直到山脚下，向上凿开石头。里面有长廊步檐，高台楼阁。楼阁有五层，每层有四个院落，都建造精舍，各铸金像，尺寸等同于佛身，穷尽了工艺、构思。其余的装饰，都只用黄金、珠宝。从山的顶峰，泉水飞注而下，环绕楼阁周围，交错廊庑之间，疏朗的窗户开向洞外，光线照进屋宇。当初，引正王建立这所寺院时，人力疲惫，府库积蓄用尽，工程还不到一半，心中十分忧愁。龙猛问他说："大王什么原因如此地忧愁？"引正王说："我发下弘愿，想树立福德，期望永世坚固，等待慈氏菩萨。工程还未完成，财产已用光，每每想到这个憾事，就睡不着，坐着等待天明。"龙猛说："不用担忧。树立大福大善，利益是无穷的，只要立下弘愿，

无忧不济。今日还宫，当极欢乐，后晨出游，历览山野，已而至此，平议营建。”王既受诲，奉以周旋。龙猛菩萨以神妙药，滴诸大石，并变为金。王游见金，心口相贺，回驾至龙猛所曰：“今日畋游，神鬼所惑，山林之中，时见金聚。”龙猛曰：“非鬼惑也，至诚所感，故有此金。宜时取用，济成胜业。”遂以营建，功毕有余。于是五层之中，各铸四大金像，余尚盈积，充诸帑藏。招集千僧，居中礼诵。龙猛菩萨以释迦佛所宣教法，及诸菩萨所演述论，鸠集部别，藏在其中。故上第一层唯置佛像及诸经论，下第五层居止净人、资产、什物，中间三层僧徒所舍。闻诸先志曰：引正王营建已毕，计工人所食盐价，用九拘胝拘胝者，唐言亿。金钱。其后僧徒忿诤，就王平议。时诸净人更相

就没有什么忧愁的事不能过去。今天回宫后，大王当尽情欢乐。明天早晨出游，遍览山野，然后到这里，商议营建寺院的事情。”引正王接受教诲后，照着去办。龙猛菩萨运用神妙的药物，滴在大石头上，都变成了金子。引正王出游见到金子，心中、口中都称贺，回驾到龙猛住所，说：“今天打猎出游，为鬼神所迷惑，在山林中，时时见到黄金堆集。”龙猛说：“这不是鬼神迷惑，是大王至诚所感，所以有这些金子。应马上取用，完成大事业。”于是用以营建寺院，工程完成后还有多余的。于是就在五层楼阁中，各铸四座大金像，还有多余的黄金，储存在府库中。便招集一千僧人，住在里面礼佛诵经。龙猛菩萨把释迦佛所宣讲的佛法以及各位菩萨演述的议论，聚集到一起分门别类，收藏在寺院中。所以上面第一层只放置佛像和各种经论，下面第五层居住净人，放财产、什物，中间三层为僧徒所居住。据古书记载：引正王营建寺院完毕，计算工匠吃盐的价钱，用去了九拘胝（拘胝，唐朝语言称作亿。）金

谓曰："僧徒诤起，言议相乖，凶人伺隙，毁坏伽蓝。"于是重关反拒，以摈僧徒。自尔以来，无复僧众。远瞩山岩，莫知门径。时引善医方者入中疗疾，蒙面入出，不识其路。

从此大林中南行九百余里，至案达罗国。南印度境。

钱。后来僧徒发生争吵，到国王那里去评论是非。这时净人们互相说："僧徒发生争吵，议论相矛盾。恶人趁这个机会，会毁坏寺院。"于是反锁层层大门，摈退僧徒。从那以后，不再有僧人。远望山岩，不知道门径。净人时常带着擅长医术的人到里面治病，蒙着脸进出，医生因此也不认识道路。

从这里在大树林中向南行走九百多里，到达案达罗国。(在南印度境内。)

案达罗国[1]

原文

案达罗国周三千余里，国大都城周二十余里，号瓶耆罗[2]。土地良沃，稼穑丰盛。气序温暑，风俗猛暴。语言辞调异中印度，至于文字，轨则大同。伽蓝二十余所，僧徒三千余人。天祠三十余所，异道实多。

译文

案达罗国方圆三千多里，国家的都城方圆二十多里，称作瓶耆罗。境内土地优良肥沃，庄稼茂盛。气候温热，风俗刚猛暴烈。语言、音调和中印度有差异，至于文字，规则大致相同。寺院有二十多所，僧徒三千多人。天祠有三十多所，异道信徒很多。

注释 1 案达罗国：又作安陀罗，在今印度哥达瓦里河流域。 2 瓶耆罗：城名，在今印度安德拉邦艾洛尔西北约十余公里处的贝达维基附近。

一、阿折罗罗汉伽蓝

瓶耆罗城侧不远有大伽蓝，重阁层台，制穷剞劂，佛像圣容，丽极工思。伽蓝前有石窣堵波，高数百尺，并阿折罗唐言所行。阿罗汉之所建也。

所行罗汉伽蓝西南不远有窣堵波，无忧王之所建也。如来在昔于此说法，现大神通，度无量众。

在瓶耆罗城旁边不远处，有一所大寺院，楼阁重重，高台层层，穷尽了工巧，佛像的容貌、装饰极尽匠心。寺院前有石塔，高几百尺，都是阿折罗（唐朝语言称所行。）阿罗汉所建造的。

在所行罗汉寺院西南不远处，有一座佛塔，是无忧王所建造的。如来从前在这里说法，显现大神通，度化无数的众生。

二、陈那与《因明论》[1]

所行罗汉伽蓝西南行二十余里，至孤山。山岭有石窣堵波，陈那唐言童授。菩萨于此作《因明论》。陈那菩萨者，佛去世后，承风染

从所行罗汉寺院向西南行走二十多里，到一座孤山。山岭上有座石塔，陈那（唐朝语言称童授。）菩萨曾在这里创作《因明论》。陈那菩萨在佛去世后，继承佛的教化，出家为僧，

衣。智愿广大，慧力深固，愍世无依，思弘圣教。以为因明之论，言深理广，学者虚功，难以成业，乃匿迹幽岩，栖神寂定，观述作之利害，审文义之繁约。是时岩谷震响，烟云变采，山神捧菩萨高数百尺，唱如是言："昔佛世尊善权导物，以慈悲心，说《因明论》，综括妙理，深究微言。如来寂灭，大义泯绝。今者，陈那菩萨福智悠远，深达圣旨，因明之论，重弘兹日。"菩萨乃放大光明，照烛幽昧。时此国王深生尊敬，见此光明相，疑入金刚定，因请菩萨证无生果[2]。陈那曰："吾入定观察，欲释深经，心期正觉，非愿无生果也。"王曰："无生之果，众圣欣仰，断三界欲，洞三明智，斯盛事也，愿疾证之。"陈那是时心悦王请，方欲证受无学圣果。时妙吉祥菩萨知而惜焉[3]，欲

志愿广大，慧力坚固深厚，悲愍世人无所皈依，想要弘扬佛法。他认为因明理论言辞深奥，道理远大，学者不花费功夫，难以完成学业，于是匿迹于山谷，凝神入定，观察以往述作的得失利弊，审视文义的繁简广约。这时山谷中发出巨响，云彩变化，山神将菩萨托起，高几百尺，高声地说："从前佛陀善于权变，引导世人，以其慈悲心，讲说《因明论》，综括玄妙的理论，深究精微的言辞。如来寂灭后，大义灭绝。现在陈那菩萨福德智慧悠远，深达圣人旨意，因明之论，将要重新光大。"菩萨于是放射出大光芒，照耀昏暗的地方。当时这个国家的君王产生出深深的敬意，见到这个光明景象，怀疑菩萨已入金刚定，于是请菩萨证成无生果。陈那说："我入禅定观察，是想解释深奥的经典，心中期望成等正觉，不愿成无生果。"国王说："无生之果，是众多圣贤所欣幸仰慕的。断绝三界欲望，洞察三明智慧，这是大好事，希望马上证成！"陈那这时心中喜爱国王的请求，就要证得无学圣果。其时妙吉祥菩萨

相警诫，乃弹指悟之，而告曰："惜哉！如何舍广大心，为狭劣志，从独善之怀，弃兼济之愿？欲为善利，当广传说慈氏菩萨所制《瑜伽师地论》，导诱后学，为利甚大。"陈那菩萨敬受指诲，奉以周旋。于是覃思沉研，广因明论。犹恐学者惧其文微辞约也，乃举其大义，综其微言，作《因明论》，以导后进。自兹已后，宣畅《瑜伽》盛业，门人有知当世。

得知而惋惜，就要加以警诫，便弹指提醒，对他说："可惜啊！为什么要放弃弘大心愿，追求狭小志向，实现独善己身的志向，而放弃兼济天下的愿望？要做善事，应推广传扬慈氏菩萨所作的《瑜伽师地论》，引导后学，这样利益才十分广大。"陈那菩萨恭敬地接受教诲，照着去做。于是深入思考，潜心研究，推广因明理论。还担心学者畏惧文辞精微简约，便撮举大旨，综括精微的言语，写出《因明论》，来引导后辈学人。从此以后，宣讲《瑜伽师地论》成为盛举，他的门人著称于世。

从此林野中南行千余里，至驮那羯磔迦国。亦谓大安达逻国，南印度境。

从这里的山林野地向南行走一千多里，到达驮那羯磔迦国。（亦称大安达逻国，在南印度境内。）

注释　1 陈那：约公元五世纪末至六世纪初佛学兼因明学大师。出身于南印度香至国，属婆罗门种姓。出家后先习小乘，后改学大乘佛教，是世亲的弟子。在原因明学五支作法的基础上加以改革，创为三支作法。《因明论》：全称《因明正理门论》，一卷，是陈那为改革《古因明论》而作。《古因明论》倾向于归纳论式，此书则归纳与演绎兼用，在因明学理论上有重大贡献。有玄奘与义净两种译本。　2 无生果：指觉悟到因缘生法的无生无灭的本性的智慧。这是阿罗汉果的最高智，也是声闻界十智中的第一智。　3 妙吉祥菩萨：即文殊菩萨。

驮那羯磔迦国[1]

原文

驮那羯磔迦国周六千余里，国大都城周四十余里。土地膏腴，稼穑殷盛。荒野多，邑居少。气序温暑，人貌黧黑。性猛烈，好学艺。伽蓝鳞次，荒芜已甚，存者二十余所，僧徒千余人，并多习学大众部法。天祠百余所，异道实多。

译文

驮那羯磔迦国方圆六千多里，国家的都城方圆四十多里。境内土地肥沃，庄稼茂盛。荒野多，市镇少。气候温热，人的容貌黝黑。性格刚猛暴烈，喜好学术技艺。寺院相连，荒芜得已很严重，保存下来的有二十多所。僧徒一千多人，大都研习大众部佛法。天祠有一百多所，异道信徒很多。

注释　1 驮那羯磔迦国：又称大安达逻国，在今印度南部克里希那河河口两岸地区。

一、东山西山二僧伽蓝

城东据山有弗婆势罗唐言东山。僧伽蓝，城西据山有阿伐罗势罗唐言西山。僧伽蓝，此国先王为佛建焉。奠川通径，疏崖

都城东面靠山处，有一所弗婆势罗（唐朝语言称东山。）寺院，都城西面靠山处，有一所阿伐罗势罗（唐朝语言称西山。）寺院，是这个国家前代君王为佛陀建造的。他疏通河道，开凿山路，在

峙阁，长廊步檐，枕岩接岫，灵神警卫，圣贤游息。自佛寂灭，千年之内，每岁有千凡夫僧同入安居。其解安居日，皆证罗汉，以神通力凌虚而去。千年之后，凡圣同居。自百余年，无复僧侣。而山神易形，或作豺狼，或为猿狖，惊恐行人，以故空荒，阒无僧众[1]。

高崖上楼阁耸立，长廊步檐，在山峦间延伸，神灵在这里警卫，圣贤游息于其间。自从佛陀寂灭，一千年之内，每年有一千凡夫僧在这里同入安居。结束安居的日子，都证得罗汉果，运用神通力，凌空而去。一千年之后，凡夫僧和圣僧一同居住在这里。最近一百多年里，这里不再有僧人。而山神也改变形貌，有时变成豺狼，有时变成猿猴，恐吓过往行人，因此寺院空虚荒芜，不再有僧人。

注释 1 阒（qù）：寂静，空虚。

二、清辩故事

城南不远有大山岩，婆毗吠伽唐言清辩。论师住阿素洛宫待见慈氏菩萨成佛之处[1]。论师雅量弘远，至德深邃，外示僧佉之服[2]，内弘龙猛之学。闻摩揭陁国护法菩萨宣扬法教，学徒数千，有怀谈议，杖锡而往。

都城南面不远处有大山岩，是婆毗吠伽（唐朝语言称清辩。）论师住在阿素洛宫，等待见到慈氏菩萨成佛的地方。论师度量高雅弘远，德行深邃高尚，外面穿着僧佉学派的衣服，内心却要光大龙猛的学说。他听说摩揭陁国护法菩萨宣扬佛法，学徒有几千人，有心与他讨论，手执锡杖前

至波吒厘城，知护法菩萨在菩提树，论师乃命门人曰："汝行诣菩提树护法菩萨所，如我辞曰：'菩萨宣扬遗教，导诱迷徒，仰德虚心，为日已久。然以宿愿未果，遂乖礼谒。菩提树者，誓不空见，见当有证，称天人师。'"护法菩萨谓其使曰："人世如幻，身命若浮，渴日勤诚，未遑谈议。"人信往复，竟不会见。

去。到了波吒厘城，得知护法菩萨在菩提树下，论师就对门人说："你前往菩提树护法菩萨那里，照着我的话说：'菩萨宣扬如来遗教，引导迷路的徒属，我仰慕菩萨德行，诚心讨教，已经很长时间了，但因以前的誓愿没有实现，便未谒见菩萨。对菩提树，我发誓不空见，见到就要证得圣果，称天人师。'"护法菩萨对论师的使者说："人生如同幻梦，性命犹若浮云，时日急迫，应勤励学习，没有空闲辩论。"使者来往于其间，二人竟未见面。

注释　1 婆毗吠伽：即清辩，六世纪时南印度秣剌耶山人，属刹帝利种姓。到中印度学习大乘佛教经典和龙树的学说，后回南印度传教，对《中论》学说有进一步的发挥。著有《大乘掌珍论》和《般若灯论释》。
2 僧佉：外道数论学派的名号。

论师既还本土，静而思曰："非慈氏成佛，谁决我疑？"于观自在菩萨像前诵《随心陀罗尼》[1]，绝粒饮水，时历三岁。观自在菩萨乃现妙色身，谓论师曰："何所志乎？"对曰："愿留此身，待见慈氏。"观自在菩萨曰：

论师回到本土，静下心来思虑："不是慈氏菩萨成佛，谁能解除我的疑惑？"就在观自在菩萨像前诵读《随心陀罗尼》，不吃粮食仅饮水，经过了三年。观自在菩萨便显现美妙色身，问论师说："你有什么志愿？"论师回答："希望留下这个身体，等待见到慈氏菩萨。"观自在菩萨说："人

"人命危脆,世间浮幻,宜修胜善,愿生睹史多天,于斯礼觐,尚速待见。"论师曰:"志不可夺,心不可贰。"菩萨曰:"若然者,宜往驮那羯磔迦国城南山岩执金刚神所,至诚诵持《执金刚陀罗尼》者[2],当遂此愿。"论师于是往而诵焉。三岁之后,神乃谓曰:"伊何所愿,若斯勤励?"论师曰:"愿留此身,待见慈氏。观自在菩萨指遣来请,成我愿者,其在神乎?"神乃授秘方,而谓之曰:"此岩石内有阿素洛宫,如法行请,石壁当开,开即入中,可以待见。"论师曰:"幽居无睹,讵知佛兴?"执金刚曰:"慈氏出世,我当相报。"论师受命,专精诵持,复历三岁,初无异想,咒芥子以击石岩壁,豁而洞开。是时百千万众观睹忘返,论师跨其户而告众曰:"吾久祈请,待见慈氏,圣灵警祐,

的生命脆弱,世事如同浮云梦幻,应修习善行,志愿转生睹史多天,在那里觐见,比在这里等待还是要快些。"论师说:"我的志愿不可改变,诚心不再动摇。"菩萨说:"如果是这样,你应前往驮那羯磔迦国都城南面山岩执金刚神处,至诚地诵读《执金刚陀罗尼》,便可实现愿望。"论师于是前往诵读。三年之后,执金刚神才问他说:"你有什么志愿,竟如此勤励?"论师说:"希望留下这个身体,等待见到慈氏菩萨。"执金刚神于是传授秘方给他说:"这里的岩石内有阿素洛宫,照着我说的前去请求,石壁就会打开。打开之后就进去,可以等待觐见慈氏菩萨。"论师说:"我在黑暗之中一无所见,怎么知道佛陀出世呢?"执金刚神说:"慈氏出世,我将向你通报。"论师接受了告诫,专心致志地诵经,又经历了三年,没有一点杂念,口念咒语,用芥子敲击岩石厚壁,石壁豁然裂开。这时百千万大众见到这一景象,观望忘了归去,论师跨进洞门对大众说:"我长久地祈求,等待觐见慈氏菩萨,受神灵保佑,

大愿斯遂，宜可入此，同见佛兴。”闻者怖骇，莫敢履户，谓是毒蛇之窟，恐丧身命。再三告语，唯有六人从入。论师顾谢时众，从容而入。入之既已，石壁还合，众皆怨嗟，恨前言之过也。

自此西南行千余里，至珠利耶国。南印度境。

大愿现在实现了。各位可以进来，一同观看佛陀出世。”听者恐惧惊骇，不敢跨进洞门，以为是毒蛇的洞窟，担心丧失性命。再三劝告，只有六个人跟着论师进去。论师回头向观众告别，从容地走进去。进去之后，石壁又合上了。众人都嗟叹，遗憾刚才说了不对的话。

从这里向西南行走一千多里，到达珠利耶国。（在南印度境内。）

注释　1《随心陀罗尼》：即《千手千眼观世音菩萨广大圆满无碍大悲心陀罗尼经》，略称《千手经》，实际即《大悲咒》。通行本有唐代伽梵达摩译本，一卷，共有咒语82句。　2《执金刚陀罗尼》：佛经名。汉译本有北魏佛陀扇多的《金刚三昧陀罗尼经》，隋代阇那崛多的《金刚场陀罗尼经》。

珠利耶国[1]

原文

珠利耶国周二千四五百里，国大都城周十余里。

译文

珠利耶国方圆两千四五百里，国家的都城方圆十多里。田野空旷，土野空旷，薮泽荒芜，居户寡少，群盗公行。气序温暑，风俗奸宄，人性犷烈，崇信外道。伽蓝颓毁，粗有僧徒。天祠数十所，多露形外道也。

山林川泽荒芜，居民人户稀少，盗贼公然横行。气候温热，风俗奸诈，性格粗犷暴烈，信仰外道。寺院毁坏，略有一些僧徒。天祠有几十所，大多数是露形外道。

城东南不远有窣堵波，无忧王之所建也。如来在昔尝于此处现大神通，说深妙法，摧伏外道，度诸天人。

都城东南不远处，有座佛塔，是无忧王所建造的。如来从前曾在这里显现大神通，讲说精妙的佛法，度化天神大众。

注释 1 珠利耶国：又作车离等，在今印度佩内尔河下游，自贡土尔以南至吠拉尔河之间地区。

一、提婆遗事

城西不远有故伽蓝，提婆菩萨与罗汉论议之处。初，提婆菩萨闻此伽蓝有嗢呾罗唐言上。阿罗汉，得六神通，具八解脱，遂来远寻，观其风范。既至伽蓝，投罗汉宿。罗汉少欲知足，唯置一床。提婆既至，无以为席，乃聚落叶，指令就坐。罗汉

都城西面不远，有一所旧寺院，是提婆菩萨和罗汉论辩的地方。当初，提婆菩萨听说这所寺院里有位嗢呾罗（唐朝语言称作上。）阿罗汉，获得六神通，具备八解脱，于是远道来寻访，观望他的风范。到了寺院后，向罗汉投宿。罗汉欲念少，知道满足，只安放一张床。提婆到达后，没有席子，就聚集落叶，让提婆坐下。

入定,夜分方出。提婆于是陈疑请决,罗汉随难为释,提婆寻声重质,第七转已,杜口不酬,窃运神通力,往睹史多天请问慈氏。慈氏为释,因而告曰:“彼提婆者,旷劫修行,贤劫之中,当绍佛位,非尔所知,宜深礼敬。”如弹指顷,还复本座,乃复抑扬妙义,剖析微言。提婆谓曰:“此慈氏菩萨圣智之释也,岂仁者所能详究哉?”罗汉曰:“然,诚如来旨。”于是避席礼谢,深加敬叹。

从此南入林野中,行千五六百里,至达罗毗荼国。南印度境。

罗汉入定,到半夜才出定。提婆于是提出疑难请求解答,罗汉依其提问作答,提婆随声重新质问,到第七个回合后,罗汉闭口不答,暗自运起神通力,前往睹史多天请教慈氏菩萨。慈氏菩萨为他解说,并告诉他说:“那位提婆,长久修行,贤劫之中,将继承佛位,不是你所知道的事,你应深深地加以尊敬。”弹指一挥间,罗汉回到本来的座位,于是又宣讲精妙的义理,剖析入微。提婆对他说:“这是慈氏菩萨神圣的智慧所作的解说,岂是仁者您所能详究的吗?”罗汉说:“是的,的确如您所说。”于是下座行礼,对提婆菩萨深为敬佩赞叹。

从这里向南进入森林荒野,行走一千五六百里,到达达罗毗荼国。(在南印度境内。)

达罗毗荼国[1]

原文

达罗毗荼国周六千余里，国大都城号建志补罗[2]，周三十余里。土地沃壤，稼穑丰盛，多花果，出宝物。气序温暑，风俗勇烈。深笃信义，高尚博识，而语言文字，少异中印度。伽蓝百余所，僧徒万余人，皆遵学上座部法。天祠八十余所，多露形外道也。如来在世，数游此国，说法度人，故无忧王于诸圣迹皆建窣堵波。

译文

达罗毗荼国方圆六千多里，国家的都城称作建志补罗，方圆三十多里。土地肥沃，庄稼茂盛，花果很多，出产宝物。气候温热，风俗勇敢刚烈。十分讲究信义，崇尚博学多识，至于语言文字，则略异于中印度。寺院有一百多所，僧徒一万多人，都遵循、学习上座部佛法。天祠有八十多所，大多是露形外道。如来在世时，多次出游这个国家，演说佛法，度化世人，所以无忧王在各处圣迹都建造佛塔。

注释　1 达罗毗荼国：又作达罗鼻荼等，其地在今印度安得拉邦南部、泰米尔纳德邦北部一带。　2 建志补罗：城名，故址在今马德拉斯西南的康契普腊姆。

一、护法遗事

建志补罗城者，即达磨波罗唐言护法。菩萨本生之城。菩萨此国大臣之长子也，幼怀雅量，长而弘远。年方弱冠，王姬下降。礼筵之夕，忧心惨凄，对佛像前殷勤祈请。至诚所感，神负远遁，去此数百里，至山伽蓝，坐佛堂中。有僧开户，见此少年，疑其盗也，更诘问之。菩萨具怀指告，因请出家。众咸惊异，遂允其志。王乃宣命，推求遐迩，乃知菩萨神负远尘。王之知也，增深敬异。自染衣已，笃学精勤，令问风范，语在前记[1]。

城南不远有大伽蓝，国中聪睿同类萃止。有窣堵波，高百余尺，无忧王所建也。如来在昔于此说法，摧伏外道，广度人天。其侧则有过去四佛坐及经行遗迹之所。

建志补罗城，是达磨波罗（唐朝语言称护法。）菩萨出生的地方。菩萨是这个国家大臣的长子，幼小时就有度量，长大后胸怀远大。年刚二十岁，国王把女儿嫁给他。举行婚礼的晚上，他忧愁悲伤，对着佛像殷勤地祈请。为他的至诚所感动，神背负着他远逃出去，离家几百里，到了山上的寺院，坐在佛堂中。有个僧人开门，看到这位少年，怀疑他是盗贼，反复盘问他。菩萨一五一十地相告，并请求出家。众人都惊奇，答应了他的要求。国王传令远近，到处寻找，才知道菩萨被神背到了远处。国王得知后，更增敬意。菩萨自出家后，刻苦勤奋地学习，美好的名声和风范，上文已有叙述。

城南不远，有一所大寺院，国内聪颖睿智之士，都荟萃在这里。有一座佛塔，高一百多尺，是无忧王所建造的。如来从前在这里演说佛法，摧败外道，广泛度化大众天神。旁边有过去四佛的座位和散步遗迹的场所。

自此南行三千余里，至秣罗矩吒国。亦谓枳秣罗国。南印度境。

从这里向南行走三千多里，到达秣罗矩吒国。（也称为枳秣罗国，在南印度境内。）

注释 1 “语在”句：前记，指本书卷五“憍赏弥国”条、卷八、卷九及本卷“驮那羯磔迦国”条。

秣罗矩吒国[1]

原文

秣罗矩吒国周五千余里，国大都城周四十余里。土田潟卤[2]，地利不滋。海渚诸珍，多聚此国。气序炎热，人多厘黑。志性刚烈，邪正兼崇。不尚游艺，唯善逐利。伽蓝故基，实多余址，存者既少，僧徒亦寡。天祠数百，外道甚众，多露形之徒也。

城东不远有故伽蓝，庭宇荒芜，基址尚在，无忧王

译文

秣罗矩吒国方圆五千多里，国家的都城方圆四十多里。土地多是盐碱地，物产不丰富。海中的各种珍宝，多汇集到这个国家。气候炎热，人的肤色黝黑。性格刚强暴烈，邪教、佛教都信仰。不崇尚学术、技艺，只爱追逐财利。寺院的旧基，遗址很多，但保存下来的少，僧徒也不多。天祠有几百所，外道十分众多，大多是露形一派。

都城东面不远，有一所旧寺院，庭院荒芜，遗迹还存在，是无忧王的

弟大帝之所建也。其东有窣堵波，崇基已陷，覆钵犹存，无忧王之所建立。在昔如来于此说法，现大神通，度无量众，用彰圣迹，故此标建。岁久弥神，祈愿或遂。

弟弟大帝所建造的。东面有一座佛塔，高大的台基已经陷落，覆钵部分还保存着，是无忧王所建造的。从前如来在这里演说佛法，显示大神通，度化无数的众生，为了昭示圣人遗迹，所以在这里建塔。岁月过去越久越灵验，祈求发愿，有的能够如愿。

注释　1 秣罗矩吒国：其地在今印度半岛的南端。　2 舄（xì）卤：盐碱地。

一、秣剌耶山[1]

国南滨海有秣剌耶山，崇崖峻岭，洞谷深涧。其中则有白檀香树、栴檀你婆树。树类白檀，不可以别，唯于盛夏，登高远瞩，其有大蛇萦者，于是知之。犹其木性凉冷，故蛇盘也。既望见已，射箭为记，冬蛰之后，方乃采伐。羯布罗香树松身异叶，花果斯别，初采既湿，尚未有香，木干之后，循

国家南面靠海边，有座秣剌耶山，崇山峻岭，谷涧幽深。山上有白檀香树、栴檀你婆树。这些树类似于白檀，不容易区别，只是在盛夏时节，登高望远，有大蛇盘绕的便是，可以由此而得知。这是因为这些树性质凉冷，所以蛇盘绕它。望见之后，射箭做记号，冬天蛇蛰伏后，才可以采伐。羯布罗香树和松树树干相同，而叶片不同，花果也有区别，刚采伐时，还是湿的，没有香气，木头干了之后，

理而析，其中有香，状若云母，色如冰雪，此所谓龙脑香也。

顺着纹路剖开，里面有香脂，形状如云母，色彩如冰雪，这就是所谓的龙脑香。

注释 **1** 秣剌耶山：山名，即今印度西高止山脉中的卡尔达蒙山。

二、布呾落迦山[1]

秣剌耶山东有布呾落迦山，山径危险，岩谷敧倾[2]。山顶有池，其水澄镜，派出大河，周流绕山二十匝，入南海。池侧有石天宫，观自在菩萨往来游舍。其有愿见菩萨者，不顾身命，厉水登山，忘其艰险，能达之者，盖亦寡矣。而山下居人，祈心请见，或作自在天形，或为涂灰外道，慰谕其人，果遂其愿。

从此山东北海畔有城，是往南海僧伽罗国路。闻诸土俗曰：从此入海，东南可三千余里，至僧伽罗国。唐言执师子，非印度之境。

秣剌耶山东边有布呾落迦山，山路危险，岩石山谷倾斜。山顶有个水池，池水清澈如镜，派生出一条大河，绕山流出二十圈，进入南海。水池旁有座石天宫，观自在菩萨来往时游玩、住宿于此。有发愿要见到菩萨的人，不顾性命，跋山涉水，忘记了艰难险阻，而真能到达的，也实在很少。而山下的居民，诚心祈求请见，菩萨有时以自在天形象，有时以涂灰外道形象，抚慰那个人，使其心愿实现。

从这座山向东北行走，海边有座城镇，是通往南海僧伽罗的道路。听当地人讲：从这里入海，向东南约走三千多里，可以到达僧伽罗国。（唐朝语言称执师子，不是印度的疆土。）

注释　**1** 布呾落迦山：又作补怛洛迦等，意译为光明山、小花树山，即今西高止山脉南段的巴波那桑山。　**2** 攲（qī）：倾斜不正。

卷第十一　二十三国

三藏法师玄奘奉诏译
大总持寺沙门辩机撰

僧伽罗国[1]

原文

僧伽罗国周七千余里，国大都城周四十余里。土地沃壤，气序温暑，稼穑时播，花果具繁。人户殷盛，家产富饶。其形卑黑，其性犷烈。好学尚德，崇善勤福。

译文

僧伽罗国方圆七千多里，国家的都城方圆四十多里。土地肥沃，气候温热，庄稼适时播种，花果十分繁茂。人户众多，家庭富裕。身体矮小肤色黑，性格粗犷刚烈。喜爱学习，崇尚德行，广行善事，勤植福德。

注释　1 僧伽罗国：又作僧诃罗、执师子等，即今斯里兰卡。

一、执师子传说

原文

此国本宝渚也，多有珍宝，栖止鬼神。其后南印度有一国王，女娉邻国，

译文

这个国家原本是个宝岛，珍宝很多，居住着鬼神。后来南印度有一个国王，把女儿许配给邻国，选定吉日出

吉日送归，路逢师子，侍卫之徒弃女逃难，女在舆中，心甘丧命。时师子王负女而去，入深山，处幽谷，捕鹿采果，以时资给。既积岁月，遂孕男女，形貌同人，性种畜也。男渐长大，力格猛兽。年方弱冠，人智斯发，请其母曰："我何谓乎？父则野兽，母乃是人，既非族类，如何配偶？"母乃述昔事以告其子。子曰："人畜殊途，宜速逃逝。"母曰："我先已逃，不能自济。"其子于后逐师子父，登山逾岭，察其游止，可以逃难。伺父去已，遂担负母妹，下趋人里。母曰："宜各慎密，勿说事源，人或知闻，轻鄙我等。"于是至父本国，国非家族，宗祀已灭。投寄邑人，人谓之曰："尔曹何国人也？"曰："我本此国，流离异域，子母相携，来归故里。"人皆

嫁时，路上遇到了狮子，侍卫者抛下女子逃难，女子坐在车中，心中甘愿丧命。这时狮子王背负女子而去，进入深山，把她安置在幽深的谷地，捕野鹿采果实，按时供养她。过了几年，便生一男一女，形貌与人一样，性情同于野兽。男孩逐渐长大，力量能搏杀猛兽。年到二十，开始具有人的智慧，问他的母亲说："我是什么呢？父亲是野兽，母亲却是人。既不是同类，你们为什么婚配？"母亲就追述旧事，告诉了儿子，儿子说："人和畜牲不同类，应马上逃走。"母亲说："我先前已经逃过，不能够成功。"儿子于是在后面跟随狮子父亲，翻山越岭，观察它的活动，寻找逃走的机会。等到父亲走远了，就担负着母亲和妹妹，下山到人居住的村子。母亲说："应各自谨慎保密，不要说出事情的根源。人们如果得知，会轻视我们。"于是到了父王所在的国家，国家已不是本家族统治，宗族已灭绝。投奔乡间居民，别人问他们说："你们是哪个国家的人？"女子说："我本来是这个国家的人，流落到了外国。现母子相依，回到故乡。"人们都

哀愍，更共资给。其师子王还无所见，追恋男女，愤恚既发，便出山谷，往来村邑，咆哮震吼，暴害人物，残毒生类，邑人辄出，遂取而杀。击鼓吹贝，负弩持矛，群从成旅，然后免害。其王惧仁化之不洽也，乃纵猎者，期于擒获。王躬率四兵，众以万计，掩薄林薮，弥跨山谷。师子震吼，人畜辟易。既不擒获，寻复招募，其有擒执师子除国患者，当酬重赏，式旌茂绩。其子闻王之令，乃谓母曰："饥寒已甚，宜可应募，或有所得，以相抚育。"母曰："言不可若是！彼虽畜也，犹谓父焉，岂以艰辛，而兴逆害？"子曰："人畜异类，礼义安在？既以违阻，此心何冀？"乃袖小刀，出应招募。是时千众万骑，云屯雾合，师子踞在林中，人莫敢近。子即其

可怜他们，更相资助供给。那个狮子王回来后没有看见人，追恋儿女，发了大怒，就出了山谷，来往于村镇，咆哮怒吼，伤害人群，残杀生灵。人们一出门，狮子王就扑过去杀死他们。人们只有击鼓吹贝，拿着弓弩长矛，成群结队，然后才能免遭伤害。国王担心社会不能安宁，就派遣猎人，期望擒获狮子。国王亲自率领四种兵卒，数以万计，掩袭森林水泽，跨越山谷。狮子大声吼叫，人畜都避开。既不能擒获，又召募勇士，有擒住狮子除去国家患难的，将给予重赏，表彰他的功绩。狮子的儿子听到国王的命令后，就对母亲说："饥寒至极，应该响应召募，如果得到赏赐，可以抚育母亲。"母亲说："话不可这样说，它虽是畜牲，还是你的父亲。怎么能因艰辛，就做大逆不道的事呢？"儿子说："人和野兽不同类，礼义在哪里？现在已经分离了，心里还期望什么？"于是暗藏小刀，出门响应召募。这时千万兵马，如云屯雾合。狮子踞在树林中，没有人敢接近。儿子当即上前，父亲就驯服了，它只顾亲爱忘记了发怒，儿子于是将刀刺向它

前，父遂驯伏，于是乎亲爱忘怒，乃剸刃于腹中[1]，尚怀慈爱，犹无忿毒，乃至刳腹，含苦而死。王曰："斯何人哉，若此之异也？"诱之以福利，震之以威祸，然后具陈始末，备述情事。王曰："逆哉！父而尚害，况非亲乎？畜种难驯，凶情易动。除民之害，其功大矣；断父之命，其心逆矣。重赏以酬其功，远放以诛其逆，则国典不亏，王言不贰。"于是装二大船，多储粮糗[2]。母留在国，周给赏功，子女各从一舟，随波飘荡。其男船泛海至此宝渚，见丰珍玉，便于中止。其后商人采宝，复至渚中，乃杀其商主，留其子女。如是繁息，子孙众多，遂立君臣，以位上下，建都筑邑，据有疆域。以其先祖擒执师子，因举元功，而为国号。其女船者，泛至波剌斯西，神鬼所魅，产育群

腹中，它还怀着慈爱，没有愤恨伤害之意，以至于被剖腹，含着痛苦而死。国王说："这是什么人，竟如此奇异？"以利益加以引诱，以祸难加以震慑，狮子的儿子于是陈说了事情始末，告诉了全部情节。国王说："大逆不道啊！对父亲尚且伤害，何况不是亲属呢？畜牲难以驯服，凶恶的性情容易冲动。除去民众的祸害，功绩巨大；断绝父亲的性命，心地却是背理的。我要重赏报答他的功绩，远远地流放惩罚他的大逆不道，这样既不损伤国法，又不食言。"于是装满两条大船，放了很多粮食。将母亲留在国中，多方周给以为赏赐。儿子和女儿各乘一条船，随波逐流而去。儿子的船在海上漂流，到了这个宝岛，见到丰盛的珍珠宝玉，就在上面停留下来。后来商人采集宝货，又来到岛上，儿子便杀了商主，留下他们的子女。随后世代繁衍，子孙众多，于是设立君臣，分别上下尊卑，建都筑城，占有疆土。因他们的先祖擒获过狮子，便举此开国之功作为国号。狮子的女儿所乘的船，漂到波剌斯西面，受鬼神迷惑，

女，故今西大女国是也。故师子国人形貌卑黑，方颐大颡，情性犷烈，安忍鸩毒，斯亦猛兽遗种。故其人多勇健。斯一说也。

生下一群女儿，就是现在的西大女国。所以狮子国的人身材矮肤色黑，方面大额，性情粗犷暴烈，残忍毒辣，这因他们是猛兽后代的缘故，也因此这里的人大多勇敢健壮。这是一种说法。

注释　1 剚（zì）：用刀刺入。 2 糗（qiǔ）：干粮。

二、僧伽罗传说

佛法所记[1]，则曰：昔此宝洲大铁城中，五百罗刹女之所居也[2]。城楼之上竖二高幢，表吉凶之相，有吉事吉幢动，有凶事凶幢动。恒伺商人至宝洲者，便变为美女，持香花，奏音乐，出迎慰问，诱入铁城，乐燕会已，而置铁牢中，渐取食之。

佛教典籍的记载中，则是这样说的：从前这个宝洲的大铁城中，居住着五百罗刹女。城楼上竖着两面高幢，显示吉凶的征兆。有吉事出现吉幢就飘动，有凶事出现凶幢就飘动。罗刹女总是在商人来到宝洲时，就变为美女，拿着香花，奏着音乐，出来迎接慰问，引诱商人进入铁城，在欢乐宴饮之后，把他们关进铁牢中，不断地取出吃用。

注释　1 佛法所记：佛典中的记载。僧伽罗建国传说，佛典之中最早是巴利文《本生经》里的《云马本生》。 2 罗刹女：吃人的鬼女。

时赡部洲有大商主僧伽者，其子字僧伽罗。父既年老，代知家务，与五百商人入海采宝，风波飘荡，遇至宝洲。时罗刹女望吉幢动，便赍香花，鼓奏音乐，相携迎候，诱入铁城。商主于是对罗刹女王欢娱乐会，自余商侣，各相配合，弥历岁时，皆生一子。诸罗刹女情疏故人，欲幽之铁牢，更伺商侣。时僧伽罗夜感恶梦，知非吉祥，窃求归路，遇至铁牢，乃闻悲号之声。遂升高树，问曰："谁相拘絷，而此怨伤？"曰："尔不知耶？城中诸女，并是罗刹，昔诱我曹入城娱乐。君既将至，幽牢我曹，渐充所食，今已太半，君等不久亦遭此祸。"僧伽罗曰："当图何计，可免危难？"对曰："我闻海滨有一天马，至诚祈请，必相济渡。"僧伽罗闻已，窃

这时赡部洲有个大商主，名叫僧伽，他的儿子叫僧伽罗。父亲年老之后，儿子代管家中事务，和五百个商人入海采集珍宝，在风浪中漂泊，来到了宝洲。这时罗刹女望见吉幢飘动，就拿着鲜花，吹奏音乐，相率出来迎候，引诱商人进入铁城。商主于是和罗刹女王欢乐相会，其余的商人，也各自和罗刹女相配，过了一年，都生下一个儿子。这时罗刹女们对旧情人感情逐渐疏远，想把他们囚禁到铁牢中，再等待下一批商人。其时僧伽罗夜晚做了一个恶梦，知道不吉祥，暗自寻找回去的路，到了铁牢，就听到悲痛号哭的声音。他登上高大的树木，问道："是谁囚禁你们，而如此地怨恨悲伤？"对方回答说："你不知道吗？城中的女子，都是罗刹，从前引诱我们入城娱乐。在你们将要到来时，把我们囚禁起来，不断地充当食品，现在已吃了一大半，你们不久也要遭受这种祸患。"僧伽罗说："该想什么办法，才可避免这种危难？"对方回答说："我听说海边有一匹天马，真诚地祈求，必定会帮助你们渡过难关的。"僧伽罗听说后，暗中

告商侣，共望海滨，专精求救。是时天马来告人曰："尔辈各执我毛鬣[1]，不回顾者，我济汝曹，越海免难，至赡部洲，吉达乡国。"诸商人奉指告，专一无贰，执其髦鬣。天马乃腾骧云路，越济海岸。

告诉商人们，共同望着海滨，专心地求救。这时天马来告诉商人说："你们各自抓住我的鬃毛，不要回头张望，我可以救助你们，越过海洋避免祸难，到达赡部洲，平安回故乡。"商人们听从吩咐，专心致志，抓住天马的鬃毛。天马于是飞身入云端，向海岸飞去。

注释　1 鬣（liè）：某些兽类如马、狮子等颈上的长毛。

诸罗刹女忽觉夫逃，遂相告语，异其所去，各携稚子凌虚往来。知诸商人将出海滨，遂相召命，飞行远访。尝未逾时，遇诸商侣，悲喜俱至，涕泪交流，各掩泣而言曰："我惟感遇，幸会良人，室家有庆，恩爱已久，而今远弃，妻子孤遗，悠悠此心，谁其能忍？幸愿留顾，相与还城。"商人之心未肯回虑，诸罗刹女策说无功，遂纵妖媚，备行娇惑。商侣爱

罗刹女们忽然察觉丈夫逃跑，转相告诉，惊异他们的离去，各自携带幼小的孩子，凌空追赶上来。知道商人将要离开海滨，就互相呼唤，飞奔寻找。没过多长时间，就赶上了商人，悲喜交集，鼻涕眼泪一起流，各自掩面哭泣说："我是因缘巧遇，荣幸遇上夫君，家庭幸福，恩爱已久，现在却远远地抛弃，妻子小儿孤单，这片悲愁的心，谁能忍得下？希望留下来，一起回到城中。"商人的心不肯回转，罗刹女们见劝说无效，就施展妖冶媚术，极尽诱惑之能事。商人们心生爱意，情欲难以控制，心中对去留疑惑，就从天马身上

恋，情难堪忍，心疑去留，身皆退堕。罗刹诸女更相拜贺，与彼商人携持而去。僧伽罗者，智慧深固，心无滞累，得越大海，免斯危难。

时罗刹女王空还铁城，诸女谓曰："汝无智略，为夫所弃，既寡艺能，宜勿居此。"时罗刹女王持所生子，飞至僧伽罗前，纵极媚惑，诱请令还。僧伽罗口诵神咒，手挥利剑，叱而告曰："汝是罗刹，我乃是人，人鬼异路，非其匹合。若苦相逼，当断汝命。"罗刹女知诱惑之不遂也，凌虚而去，至僧伽罗家，谓其父僧伽曰："我是某国王女，僧伽娶我为妻，生一子矣，赍持宝货，来还乡国。泛海遭风，舟楫漂没，唯我子母及僧伽罗，仅而获济。山川道阻，冻馁艰辛，一言忤意，遂见弃遗，詈言不

坠落。罗刹女们互相拜贺，和那些商人，相携而去。只有僧伽罗，智慧深固，心中没有牵挂，得以越过大海，免除了这场危难。

其时罗刹女王独自一人回到铁城，众多女子对她说："你没有智谋，被丈夫抛弃，既然缺乏技能，不应再住在这里。"这时罗刹女王带着所生的儿子，飞到僧伽罗面前，用尽媚术诱惑，诱使他回去。僧伽罗口中诵起神咒，手里挥动利剑，呵斥她说："你是罗刹，我是人。人和鬼不同类，不可以匹配结合。你如苦苦相逼，我将断绝你的性命。"罗刹女知道诱惑不能成功，凌空而去，到达僧伽罗的家，欺骗他的父亲僧伽说："我是某国国王的女儿，僧伽罗娶我为妻，已生下一个儿子了。带着宝货，回到故国，渡海时遭到风暴，船只沉没。只有我们母子和僧伽罗，勉强得以生还。山川阻隔，饥寒交迫，历尽艰辛，却因一句话不称他的心，就被遗弃了，出言不逊，骂我为罗刹。我若回故国，路途遥远，留在这里，又孤独无依靠，进退无路，特禀报于您！"僧伽说："果真如你所言，应

逊，骂为罗刹。归则家国辽远，止则孤遗羁旅。进退无依，敢陈情事。”僧伽曰：“诚如所言，宜时即入室。”居未久，僧伽罗至。父谓之曰：“何重财宝，而轻妻子？”僧伽罗曰：“此罗刹女也。”则以先事具白父母，而亲宗戚属咸事驱逐。时罗刹女遂以诉王，王欲罪僧伽罗。僧伽罗曰：“罗刹之女，情多妖惑。”王以为不诚也，而情悦其淑美，谓僧伽罗曰：“必弃此女，今留后宫。”僧伽罗曰：“恐为灾祸。斯既罗刹，食唯血肉。”王不听僧伽罗之言，遂纳为妻。其后夜分，飞还宝渚，召余五百罗刹鬼女共至王宫，以毒咒术残害宫中，凡诸人畜，食肉饮血，持其余尸，还归宝渚。旦日群臣朝集，王门闭而不开，候听久之，不闻人语。于是排其户，辟其

马上住进来。”住下不久，僧伽罗到家了。父亲问他说：“你为什么看重财宝，而轻视妻子儿女？”僧伽罗说：“这是个罗刹女。”就把先前的事一一禀告父母，他的亲属本族，都一起驱逐罗刹女。这时罗刹女就去国王那里控告，国王想加罪于僧伽罗，僧伽罗说：“罗刹女子，惯于以妖媚迷惑人。”国王认为僧伽罗所言不真实，而心中喜爱罗刹女的美貌，就对僧伽罗说：“你一定要抛弃这个女子的话，现在就留她在后宫。”僧伽罗说：“我担心她将造成灾祸。她既是罗刹，便专门喝血吃肉。”国王不听僧伽罗的话，就纳罗刹女为妻。后来，在某一天半夜里，罗刹女飞回宝洲，招集其余的五百罗刹女，一起到王宫中，以毒咒法术，残害宫中生灵，凡是人畜，就吃其肉而喝其血，还带着其余的尸体，回到宝洲上。第二天早晨，群臣上朝集会，王宫大门关着未打开，等待、倾听了很久，没听到有人说话的声音。于是打开窗户，推开门，一起进去，到了内宫庭院，里面空无一人，只有骸骨。群臣僚属互相看着，不知怎么办好，悲痛地哭泣，不知

门，相从趋进，遂至宫庭，阒其无人，唯有骸骨。群官僚佐相顾失图，悲号恸哭，莫测祸源。

僧伽罗具告始末，臣庶信然，祸自招矣。于是国辅、老臣、群官、宿将，历问明德，推据崇高，咸仰僧伽罗之福智也，乃相议曰："夫君人者，岂苟且哉？先资福智，次体明哲，非福智无以享宝位，非明哲何以理机务？僧伽罗者，斯其人矣。梦察祸机，感应天马，忠以谏主，智足谋身。历运在兹，惟新成咏。"众庶乐推，尊立为王。僧伽罗辞不获免，允执其中，恭揖群官，遂即王位。于是沿革前弊，表式贤良。乃下令曰："吾先商侣在罗刹国，死生莫测，善恶不分。今将救难，宜整兵甲，拯危恤患，国之福也；收珍藏宝，国之利也。"于是治兵，浮海而往。时铁城

道祸患的根源。

僧伽罗详细地报告事情的始末，臣庶都相信，祸患是国王自己招致的。这时国家的宰辅、旧臣属、众官员、老将领，遍访贤明有德之人，推举德行高尚的人，都敬仰僧伽罗的福德智慧，就互相议论说："统治民众的人，岂可随随便便？先要有福德智慧，其次要明察事理，没有福德智慧便不能享有王位，不明察事理如何能处理机要事务？僧伽罗，就是合适的人。他梦中察觉到祸患的征兆，感应了天马，忠诚能规劝国君，智谋足以保全自身。这是天命和气运如此，新的基业值得歌咏。"众官员、百姓都乐于推举，尊立僧伽罗为王。僧伽罗推辞不掉，只好恭敬从命，向群官作揖，登上王位。于是革除前朝弊政，表彰贤良。随之下令说："我先前与商人们在罗刹国中，他们死生莫测，善恶不分。现在将要救援他们脱离危难，应整顿军队。拯救受难同胞，是国家的福祉；收集珍珠宝货，是国家的利益。"于是训练军队，浮海前往。这时铁城上凶幢飘动，罗刹女看到后惶恐

上凶幢遂动，诸罗刹女睹而惶怖，便纵妖媚，出迎诱诳。王素知其诈，令诸兵士口诵神咒，身奋武威。诸罗刹女蹎坠退败，或逃隐孤岛，或沈溺洪流。于是毁铁城，破铁牢，救得商人，多获珍宝。招募黎庶，迁居宝洲，建都筑邑，遂有国焉。因以王名而为国号。僧伽罗者，即释迦如来本生之事也。

不安，便施展妖法媚术，出城迎接，引诱诳骗。国王一向知道其中有诈，就下令兵士口诵神咒，奋勇地冲击。罗刹女们跌倒败退，有的逃到孤岛上躲起来，有的淹死在汪洋大海中。僧伽罗于是毁坏铁城，打破铁牢，救出商人，得到很多的珠宝。随后召募黎民百姓，迁居到宝洲上，建都筑城，便有了国家。又以国王的名字作为国号。这位僧伽罗，是释迦如来的本生故事。

三、佛教二部

僧伽罗国先时惟宗淫祀。佛去世后第一百年，无忧王弟摩醯因陁罗舍离欲爱，志求圣果，得六神通，具八解脱，足步虚空，来游此国，弘宣正法，流布遗教。自兹已降，风俗淳信。伽蓝数百所，僧徒二万余人，遵行大乘上座部法。佛教至后二百余年，各擅专门，分成二部：

僧伽罗国从前只信奉邪教。在佛陀去世后第一百年，无忧王的弟弟摩醯因陁罗抛舍世俗的物欲情爱，一心求取圣果，获得六神通，具备了八解脱，步行于空中，来到这个国家游历，宣讲佛法，传布佛家教义。自此之后，风俗纯朴信实。寺院有几百所，僧徒两万多人，遵循大乘佛教上座部理论。佛教传到这里两百多年后，教徒各擅专长，分成

一曰摩诃毗诃罗住部[1]，斥大乘，习小教。二曰阿跋耶祇厘住部[2]，学兼二乘，弘演三藏。僧徒乃戒行贞洁，定慧凝明，仪范可师，济济如也。

两部：一部称摩诃毗诃罗住部，排斥大乘，传习小乘。第二部称阿跋耶祇厘住部，兼学大乘与小乘，弘扬三藏。僧徒戒行贞洁，定学专一，慧学明通，仪表风范可作师表，这样的僧徒甚多。

注释 1 摩诃毗诃罗住部：意译为大寺住部。大寺在僧伽罗国都城之南，是国内佛教中心。由于上座部的一个分支以此寺为本部，所以这一部派以“大寺”为名。 2 阿跋耶祇厘住部：意译为无畏山住部。无畏山在僧伽罗国都城北，是上座部一个分支的本部，因以为部派名号。

四、佛牙精舍

王宫侧有佛牙精舍，高数百尺，莹以珍珠，饰之奇宝。精舍上建表柱，置钵昙摩罗伽大宝[1]，宝光赫奕联晖，照曜昼夜，远望烂若明星。王以佛牙日三灌洗，香水香末，或濯或焚，务极珍奇，式修供养。

在王宫旁边有佛牙精舍，高几百尺，嵌着珍珠，装饰着奇宝。精舍上建有表柱，放置着钵昙摩罗伽大宝石，宝石光彩闪耀，相互辉映，日夜照耀，远远望去，如明星般灿烂。国王每天清洗三次佛牙，有时用香水洗，有时则焚烧香末，都用尽珍奇，恭敬地供养。

注释 1 钵昙摩罗伽：钵昙摩，意为红莲花；罗伽，意为颜色。二者合起来为红宝石的名称。

五、俯首佛像传说

佛牙精舍侧有小精舍，亦以众宝而为莹饰。中有金佛像，此国先王等身而铸，肉髻则贵宝饰焉[1]。其后有盗，伺欲窃取，而重门周槛，卫守清切。盗乃凿通孔道，入精舍而穴之，遂欲取宝，像渐高远。其盗既不果求，退而叹曰："如来在昔修菩萨行，起广大心，发弘誓愿，上自身命，下至国城，悲愍四生，周给一切。今者如何遗像吝宝？静言于此，不明昔行。"佛乃俯首而授宝焉。是盗得已，寻持货卖，人或见者，咸谓之曰："此宝乃先王金佛像顶髻宝也，尔从何获，来此鬻卖？"遂擒以白王。王问所从得，盗曰："佛自与我，我非盗也。"王以为不诚，命使观验，像犹俯首。王

在佛牙精舍旁有座小精舍，也是用众多宝物加以装饰。其中有座金佛像，是这个国家前代君王根据佛陀的身高铸造，肉髻上用贵重的宝石装饰。后来有个盗贼，伺机盗窃宝石，而门户重重，周围有栅栏，守卫严密。盗贼于是开挖地道，进入精舍中，正要取宝石，佛像便升高了。盗贼没有达到目的，退下后叹息说："如来从前修菩萨行，以博大的胸怀，发下大誓愿，上自身家性命，下至国家城邑，悲悯一切众生，愿周济所有东西。现在不知为什么遗像都吝啬宝物？在这里仔细地思量，不明白他从前的作为。"佛像于是俯下身来，把宝石给了盗贼。这个盗贼得到宝石，寻人卖出去。有人见到后，都问他说："这宝石是先代君主装饰在金佛像头顶的宝物，你是从哪里得到，到这里来贩卖的？"就擒拿他去禀报国王，国王问盗贼从何处得到宝物。盗贼说："是佛给我的，不是我偷的。"国王认为他不诚实，派人去察看，佛像还低着头。国王看到灵验，更加

睹圣灵，信心淳固，不罪其人，重赎其宝，庄严像髻，重置顶焉。像因俯首，以至于今。

崇信佛法，不加罪这个人，用重金赎回宝石，装饰佛像肉髻，又放置在头顶。佛像从此俯下身子，直到现在。

注释 **1** 肉髻：佛陀头顶上隆起的一个肉团，是尊贵之相，所谓三十二相之一。

六、斋僧及采宝

王宫侧建大厨，日营万八千僧食。食时既至，僧徒持钵受馔，既得食已，各还其居。自佛教流被，建斯供养，子孙承统，继业至今。十数年来，国中政乱，未有定王，乃废斯业。

王宫旁建有大厨房，每日可供应一万八千名僧人的伙食。吃饭时间到了后，僧徒拿着饭钵接受食物，用餐结束，各自回到居处。自从佛教流传，设立这种供养，子孙继承，继续这个事业直到当代。十几年来，国中政事紊乱，没有固定的君王，就废除了这一事业。

国滨海隅，地产珍宝，王亲祠祭，神呈奇货。都人士子，往来求采，称其福报，所获不同。随得珠玑，赋税有科。

国家靠近海边，出产珍珠宝贝，国王亲自祭祀，神灵献出奇货。城中人士，到处寻求，根据各人的福德，获取的多少各有不同。根据所得的珠宝，有相应的赋税条款。

七、駿迦山与那罗稽罗洲

国东南隅有駿勒邓反。迦山，岩谷幽峻，神鬼駿游舍，在昔如来于此说《駿迦经》[1]。旧曰《楞伽经》，讹也。

国南浮海数千里，至那罗稽罗洲[2]。洲人卑小，长余三尺，人身鸟喙。既无谷稼，唯食椰子。

那罗稽罗洲西浮海数千里，孤岛东崖有石佛像，高百余尺，东面坐，以月爱珠为肉髻[3]。月将回照，水即悬流，滂霈崖岭，临注溪壑。时有商侣，遭风飘浪，随波泛滥，遂至孤岛。海咸不可以饮，渴乏者久之。是时月十五日也，像顶流水，众皆获济。以为至诚所感，灵圣拯之，于即留停，遂经数日。每月隐高岩，其水不流。时商主曰："未必为济我曹而流水也。尝闻月爱珠月光照即水流注耳，将非

僧伽罗国的东南边有座駿迦山，悬崖险峻，山谷幽深，是鬼神居止之处，从前如来曾在这里讲说《駿迦经》。（旧称《楞伽经》，是错误的。）

从僧伽国向南航海几千里，到达那罗稽罗洲。洲上的人身材矮小，长三尺多，是人的身形鸟的嘴形。岛上没有庄稼，只吃椰子。

从那罗稽罗洲向西航海几千里，一座孤岛东面山崖上有石佛像，高一百多尺，面向东而坐，以月爱珠为肉髻。月亮将回照的时候，山泉就如瀑布奔流，猛烈地冲刷山岭，注满溪谷之中。当时有一群商人，遭到风浪，随着海浪漂流，到了孤岛上。海水咸不能够喝，口渴了很久。这时是某月的十五日，佛像头顶流出水来，众人都获得救助。他们认为是心诚的感应，神灵才拯救他们，就在岛上停留下来，又住了些时日。每当月亮隐入高岩之后，水就不流了。这时商主说："恐怕不是为拯救我们而流出泉水。我曾听说过月爱珠，在月光照耀时就

佛像顶上有此宝耶?”遂登崖而视之,乃以月爱珠为像肉髻。当见其人,说其始末。

国西浮海数千里,至大宝洲,无人居止,唯神栖宅。静夜遥望,光烛山水。商人往之者多矣,咸无所得。

自达罗毗荼国北入林野中,历孤城,过小邑,凶人结党,作害羁旅。行二千余里,至恭建那补罗国。南印度境。

有泉水流出,该不是佛像顶上有这种珠宝吧?”于是登上山崖察看,果然是以月爱珠做佛像的肉髻。我曾见到这个人,他讲说了事情的经过。

从僧伽罗国的西面航海几千里,到达大宝洲,洲上无人居住,只有神灵栖息。深夜远望过去,光芒照耀着山水。商人到那里的不少,却都一无所获。

从达罗毗荼国向北进入丛林旷野中,经过孤城,穿越小乡镇,途中有恶人结成团伙,危害来往的旅客。行走两千多里,到达恭建那补罗国。(在南印度境内。)

注释 1《駿迦经》:佛经名。全称为《楞伽阿跋多罗宝经》,或译《大乘入楞伽经》。其主旨在于提出五法(名、相、分别、正智、如如)、三自性(遍计所执性、依他起性、圆成实性)、八识(眼、耳、鼻、舌、身、意、末那、阿赖耶)等,述说宇宙一切事物皆自心所现,虚妄不实。第八识(即“心”)是认识世界的根本。此经是佛教中禅宗、法相宗、法性宗的理论依据。汉译本有三种。 2 那罗稽罗洲:传闻中的岛屿。或疑即今马尔代夫群岛。 3 月爱珠:传说中的珠宝。据说是由月光凝结而成,只有月光照射才会发光。

恭建那补罗国[1]

原文

恭建那补罗国周五千余里，国大都城周三十余里。土地膏腴，稼穑滋盛。气序温暑，风俗躁烈。形貌黧黑，情性犷暴。好学业，尚德艺。伽蓝百余所，僧徒万余人，大小二乘兼功综习。天祠数百，异道杂居。

译文

恭建那补罗国方圆五千多里，国家的都城方圆三十多里。境内土地肥沃，庄稼茂盛。气候温热，风俗急躁暴烈。容貌黝黑，性情粗犷。喜好学习，崇尚道德技艺。寺院有一百多所，僧徒一万多人，对大小二乘佛教都综合研习。天祠有几百所，外道信徒混杂居住。

注释 1 恭建那补罗国：又作建那补罗等，其地在今印度西海岸自果阿地区至通加巴德腊河流域一带。

一、王城附近诸遗迹

王宫城侧有大伽蓝，僧徒三百余人，实唯俊彦也。伽蓝大精舍高百余尺，中有一切义成太子宝冠，高减二尺，饰以宝珍，盛以宝函。每至斋日，出置高座，香花供

在国王宫城旁有一所大寺院，僧徒三百多人，都是杰出的人物。寺院大精舍高一百多尺，里面有一切义成太子的宝冠，高不到二尺，用珍宝装饰，装在宝匣中。每到斋日，拿出来放在高座上，用香花供养，时

养，时放光明。

城侧大伽蓝中有精舍，高五十余尺，中有刻檀慈氏菩萨像，高十余尺。或至斋日，神光照烛，是闻二百亿罗汉之所造也[1]。

城北不远有多罗树林，周三十余里，其叶长广，其色光润，诸国书写，莫不采用。林中有窣堵波，是过去四佛坐及经行遗迹之所。其侧则有闻二百亿罗汉遗身舍利窣堵波也。

城东不远有窣堵波，基已倾陷，余高三丈。闻诸先志曰：此中有如来舍利，或至斋日，时烛灵光。在昔如来于此说法，现神通力，度诸群生。

城西南不远有窣堵波，高百余尺，无忧王之所建也。是闻二百亿罗汉于此现大神通，化度众生。旁有伽蓝，唯余基趾，是彼罗汉之所建也。

从此西北入大林野，猛

常放出光芒。

都城旁边的大寺院中有一座精舍，高五十多尺，里面有用檀木雕刻的慈氏菩萨像，高十多尺。到了斋日，有时神光照耀，这是闻二百亿罗汉所建造的。

都城北面不远，有多罗树林，周长三十多里，树叶又长又宽，颜色光润，各国书写，没有不采用的。树林中有佛塔，这里是过去四佛的座位和散步遗迹的场所。旁边则有闻二百亿罗汉遗身舍利的佛塔。

都城东面不远，有一座佛塔，塔基已经倾斜陷落，还高三丈。听老年人讲：这里面有如来的舍利，到了斋日，有时会放射出神圣的光芒。从前如来在这里说法，显示神通力，度化众生。

都城西南不远，有一座佛塔，高一百多尺，是无忧王所建造的。闻二百亿罗汉曾在这里显示大神通，度化众生。旁边有一所寺院，只剩下遗址，是那位罗汉所建造的。

从这里向西北进入大片森林旷野中，猛兽暴虐为害，盗贼凶恶残兽暴害，群盗凶残。行二千四五百里，至摩诃剌佗国。南印度境。

忍。行走二千四五百里，到达摩诃剌佗国。（在南印度境内。）

注释 1 闻二百亿罗汉：即室缕多频设底拘胝罗汉，事迹见本书第十卷“伊烂拿钵伐多国”条。

摩诃剌佗国[1]

原文

摩诃剌佗国周六千余里，国大都城西临大河，周三十余里。土地沃壤，稼穑殷盛。气序温暑，风俗淳质。其形伟大，其性傲逸，有恩必报，有怨必复。人或陵辱，殉命以仇，窘急投分，忘身以济。将复怨也，必先告之，各被坚甲，然后争锋。临阵逐北，不杀已降。兵将失利，无所刑罚，赐之女服，感激自死。国养勇士，有数百人，

译文

摩诃剌佗国方圆六千多里，国家的都城西面濒临大河，方圆三十多里。土地肥沃，庄稼茂盛。气候温热，风俗淳厚质朴。民众身形高大，性格高傲放逸，有恩一定报答，有仇一定报复。如有人遇到凌辱，敢于舍弃性命来报仇，别人在困迫时来投奔，则忘记生死来救助。将要复仇时，必先告诉对方，各自披上坚固的甲胄，然后争斗。临阵追赶敌人，不杀已经投降者。兵将作战失利，不加以刑罚，只是赐给女人服装，让他们羞愧自杀。国中豢养勇士，有几百个人，每当要决战时，喝酒

每将决战，饮酒酣醉，一人摧锋，万夫挫锐。遇人肆害，国刑不加，每出游行，击鼓前导。复饲暴象，凡数百头，将欲阵战，亦先饮酒，群驰蹈践，前无坚敌。其王恃此人象，轻陵邻国。王，刹帝利种也，名补罗稽舍[2]，谋猷弘远，仁慈广被，臣下事之，尽其忠矣。今戒日大王东征西伐，远宾迩肃，唯此国人独不臣伏。屡率五印度甲兵，及募召诸国烈将，躬往讨伐，犹未克胜。其兵也如此，其俗也如彼。人知好学，邪正兼崇。伽蓝百余所，僧徒五千余人，大小二乘兼功综习。天祠百所，异道甚多。

喝得酣醉，一人摧败敌方锋芒，万人都挫伤锐气。对人加以伤害，国法不加于身，而每次出外游行时，令他击鼓充当先导。又饲养凶暴的象，共几百头，将要交战时，也先给它们酒喝，群象奔驰践踏，前面无人可敌。这个国家的君王依恃这些人和象，轻视、欺凌邻国。国王是刹帝利种姓，名为补罗稽舍，谋略远大，仁慈遍布，臣属侍奉他，竭尽忠诚。当今的戒日王东征西讨，远近归附肃敬，唯独这个国家的人不臣伏。戒日王数次率领五印度的兵马以及召募的各国勇将，亲自前往征讨，还是不能取胜。这个国家的军队如此，风俗却是另一个样子。人们懂得好学的重要，邪教、佛教都崇尚。寺院有一百多所，僧徒五千多人，大小二乘佛教都综合研习。天祠有一百所，异道信徒特别多。

注释　1 摩诃刺侘国：又作摩诃勒吒、摩诃剌陀等，其地在今印度孟买附近，都城则在今纳西克附近。　2 补罗稽舍：这里指补罗稽舍二世，是印度历史上著名的统治者，在位时间为公元610年至642年。

一、附近诸迹

大城内外五窣堵波，并过去四佛坐及经行遗迹之所，无忧王建也。自余石砖诸窣堵波，其数甚多，难以备举。

城南不远有故伽蓝，中有观自在菩萨石像，灵鉴潜被，愿求多果。

都城内外有五座佛塔，都是过去四佛的座位和散步遗迹的场所，是无忧王建造的。其余的一些石砖佛塔，数量特别多，难以一一列举。

在都城南面不远有一所旧寺院，里面有观自在菩萨的石像，暗中灵验广布，发愿祈求的多能达到目的。

二、阿折罗伽蓝及石窟

国东境有大山，叠岭连嶂，重峦绝巘。爰有伽蓝，基于幽谷，高堂邃宇，疏崖枕峰，重阁层台，背岩面壑，阿折罗唐言所行。阿罗汉所建[1]。罗汉，西印度人也，其母既终，观生何趣，见于此国受女人身。罗汉遂来至此，将欲导化，随机摄受[2]。入里乞食，至母生家，女子持食来施，

摩诃剌侘国东部疆域有大山，山岭连接，层峦叠嶂，岩石陡峭。有一所寺院，建在幽深的山谷，高大的殿堂和深邃的屋宇，开凿在山崖，倚枕着峰头，层层的楼阁台榭，背靠岩石面对峡谷，这是阿折罗（唐朝语言称所行。）阿罗汉所建造的。罗汉是西印度人，在他的母亲去世后，他观察她转生到了哪一趣，发现她出生在这一国，受的是女人身。罗汉于是来到这里，将要开导、度化众生，随着时机加以摄持，

乳便流汁，亲属既见，以为不祥。罗汉说本因缘，女子便证圣果。罗汉感生育之恩，怀业缘之致，将酬厚德，建此伽蓝。

伽蓝大精舍高百余尺，中有石佛像，高七十余尺，上有石盖七重，虚悬无缀，盖间相去各三尺余。闻诸先志曰：斯乃罗汉愿力之所持也。或曰神通之力，或曰药术之功。考厥实录，未详其致。精舍四周雕镂石壁，作如来在昔修菩萨行诸因地事[3]。证圣果之祯祥，入寂灭之灵应，巨细无遗，备尽镌镂。伽蓝门外南北左右，各一石象。闻之土俗曰：此象时大声吼，地为震动。昔陈那菩萨多止此伽蓝。

自此西行千余里，渡耐秣陁河[4]，至跋禄羯呫昌叶反。婆国。南印度境。

进入乡里乞讨，到了母亲所出生的家中，那女子拿出食物来施舍，乳房就流出了乳汁，亲属见到后，认为不吉祥。罗汉讲说前世因缘，女子便证得了圣果。罗汉感激母亲生育的恩情，怀着业缘之力，将要酬答这种厚德，便建造了这所寺院。

寺院的大精舍，高一百多尺，里面有石佛像，高七十多尺，上面有七层石盖，虚悬空中，没有连缀，各盖之间相隔三尺多。听老年人讲：这是罗汉的愿力所支撑。有的说是神通力，有的说是药物法术的功效。考察记载，不能确知。精舍的四周，石壁都加以雕刻，画面是如来从前修菩萨行的一些因地之事。证得圣果的吉祥征兆，入寂灭的灵验预言，大小皆无遗漏，详尽地刻在上面。寺院门外的南北左右，各有一头石象。听当地人讲：这些石象有时大声吼叫，大地为之震动。从前陈那菩萨常常住在这个寺院中。

从这里向西行走一千多里，渡过耐秣陁河，到达跋禄羯呫婆国。（在南印度境内。）

注释 1 阿折罗阿罗汉：即所行罗汉，事迹参见本书第十卷“案达罗国”条。所建寺院当在今印度德干高原文达雅山的悬崖上，是著名的阿旃陀石窟寺。 2 摄受：以慈悲心容受、摄持众生，使其渐入于佛教。 3 因地：修行的阶级。这是对觉悟来说的中间阶段。 4 耐秣陁河：即今印度著名的纳巴达河。

跋禄羯呫婆国[1]

原文

跋禄羯呫婆国周二千四五百里，国大都城周二十余里。土地咸卤，草木稀疏。煮海为盐，利海为业。气序暑热，回风飙起。土俗浇薄，人性诡诈，不知学艺，邪正兼信。伽蓝十余所，僧徒三百余人，习学大乘上座部法。天祠十余所，异道杂居。

从此西北行二千余里，至摩腊婆国。即南罗罗国，南印度境。

译文

跋禄羯呫婆国方圆两千四五百里，国家的都城方圆二十多里。境内土地是盐碱地，草木稀少。煮海水为盐，靠海洋为生。气候炎热，回旋风如狂飙突起。民风不纯朴，人性诡诈，不知道学技艺，邪教、佛教都信仰。寺院有十多所，僧徒三百多人，研习大乘佛教上座部佛法。天祠有十多所，异道信徒混杂相居。

从这里向西北行走两千多里，到达摩腊婆国。（就是南罗罗国，在南印度境内。）

注释 1 跋禄羯呫婆国：又作婆楼割车等，其地在今印度西部，都城为今著名的海港布罗奇。

摩腊婆国[1]

原文

摩腊婆国周六千余里，国大都城周三十余里，据莫诃河东南[2]。土地膏腴，稼穑殷盛，草木荣茂，花果繁实，特宜宿麦，多食饼麨。人性善顺，大抵聪敏，言辞雅亮，学艺优深。五印度境，两国重学，西南摩腊婆国，东北摩揭陁国，贵德尚仁，明敏强学。而此国也，邪正杂信。伽蓝数百所，僧徒二万余人，习学小乘正量部法。天祠数百，异道实众，多是涂灰之侣也。

译文

摩腊婆国方圆六千多里，国家的都城方圆三十多里，位于莫诃河的东南。境内土地肥沃，庄稼茂盛，草木繁华，花果累累，特别适宜种植宿麦，多以面饼为食。人们性情善良温顺，大抵聪明敏捷，谈吐高雅清亮，学术技艺优秀精深。五印度境内，有两个国家最重视学问，西南的摩腊婆国，东北的摩揭陁国，尊重道德，崇尚仁义，聪明机敏而好学。在这个国家中，邪教、佛教都信仰。寺院有几百所，僧徒两万多人，研习小乘佛教正量部佛法。天祠有几百所，异道信徒众多，大都是涂灰一派教徒。

注释　1 摩腊婆国：又作摩啰尾、麻啰华等，其地在今印度纳巴达河以北，马尔瓦一带地方。　2 莫诃河：河流名。确址学术界众说纷纭，或认为是马希河，或认为当理解为“大河”。

一、戒日王遗事

国志曰：六十年前，王号尸罗阿迭多[1]，唐言戒日。机慧高明，才学赡敏，爱育四生，敬崇三宝。始自诞灵，洎乎没齿，貌无瞋色，手不害生。象马饮水，漉而后饲，恐伤水性也。其仁慈如此。在位五十余年，野兽狎人，举国黎庶咸不杀害。居宫之侧建立精舍，穷诸工巧，备尽庄严，中作七佛世尊之像[2]。每岁恒设无遮大会，招集四方僧徒，修施四事供养，或以三衣道具[3]，或以七宝珍奇。奕世相承，美业无替。

摩腊婆国的史书记载说：六十多年前，国王名叫尸罗阿迭多，（唐朝语言称戒日。）机智聪明，博学多才，爱护、养育众生，敬重、崇拜佛教。自从出生，直到晚年，没有显现愤怒的神色，没有伤害过生灵。象和马饮用的水，要过滤后再喂，恐怕伤害水中的生物。他就是如此地仁慈。在位五十多年，野兽和人相亲近，全国的民众，都不杀害它们。居住的宫室旁边，建造精舍，用尽了各种工艺，具备了各种装饰，里面供着过去七佛世尊的像。每年都设立无遮大会，招集四方的僧徒，实行四事的供养，有的施与三种僧衣，有的施与七种宝物。历代相传，美好的事业没有间断。

注释 **1** 尸罗阿迭多：指伐腊毗国王尸罗阿迭多一世，在位时间约为公元595年至610年或615年。 **2** 七佛：指释迦牟尼和在他以前出现的六佛：毗婆尸佛、尸弃佛、毗舍浮佛、拘留孙佛、拘那含牟尼佛、迦叶佛。 **3** 三衣：僧人的三种衣服。一是僧伽梨（大衣、重衣），是正装，上街托钵或应王者之邀时用。二是郁多罗僧（上衣），礼拜、听讲时用。三是安陀会（中衣），日常工作与就寝时用。

二、贤爱破邪论故事

大城西北二十余里，至婆罗门邑，旁有陷坑，秋夏淫滞，弥淹旬日，虽纳众流，而无积水。其旁又建小窣堵波。闻诸先志曰：昔者大慢婆罗门生身陷入地狱之处。昔此邑中，有婆罗门，生知博物，学冠时彦，内外典籍，究极幽微，历数玄文，若视诸掌，风范清高，令闻遐被。王甚珍敬，国人宗重。门人千数，味道钦风。每自言曰："吾为世出，述圣导凡，先贤后哲，无与我比。彼大自在天、婆薮天、那罗延天、佛世尊者[1]，人皆风靡，祖述其道，莫不图形，竞修祗敬。我今德逾于彼，名擅于时，不有所异，其何以显？"遂用赤旃檀刻作大自在天、婆薮天、那罗延天、佛世尊等像，为座

从都城向西北走二十多里，到达婆罗门邑，旁边有个陷坑，夏秋时节，阴雨连绵，持续常达十来天，虽然汇集各处水流，却没有积水。陷坑旁又建有小佛塔。听老年人讲：这是从前大慢婆罗门活活地陷入地狱的地方。从前这个镇子中，有一位婆罗门，生来便知识渊博，学问超越同辈人，佛教与外道的典籍，都深究其精微处，历法、术数与天文，都了如指掌，仪态风范高雅，美好名声远传。国王十分珍视尊敬，国人崇拜景仰，门人以千计数，传播他的学说，钦佩他的风度。他则每每自己说："我是多少世代才产生的人物，传述圣贤之学，引导世俗之人。先贤和后世哲人，没有可和我相比的。那大自在天、婆薮天、那罗延天、佛陀世尊，人们都佩服倾倒，遵循他们的理论，无不描绘他们的相貌，竞相崇敬他们。我现在德行超过了他们，名声高于一世，如没有不同之处，怎么可以显现出来？"就用红色檀木雕刻大自在天、婆薮天、那罗延天、佛陀世尊的像，

四足，凡有所至，负以自随。其慢傲也如此。时西印度有苾刍跋陁罗缕支。唐言贤爱。妙极因明，深穷异论，道风淳粹，戒香郁烈，少欲知足，无求于物，闻而叹曰："惜哉！时无人矣。令彼愚夫，敢行凶德。"于是荷锡远游，来至此国，以其宿心，具白于王。王见弊服，心未之敬，然高其志，强为之礼。遂设论座，告婆罗门。婆罗门闻而笑曰："彼何人斯，敢怀此志？"命其徒属，来就论场，数百千众，前后侍听。贤爱服弊故衣，敷草而坐。彼婆罗门踞所持座，非斥正法，敷述邪宗。苾刍清辩若流，循环往复，婆罗门久而谢屈。王乃谓曰："久滥虚名，罔上惑众，先典有记，论负当戮。"欲以炉铁，令其坐上。婆罗门窘迫，乃归命求救。贤爱

作座位的四个脚，凡是到哪里去，都搬上跟着自己。他就是如此地傲慢。当时西印度有位比丘叫跋陁罗缕支，（唐朝语言称贤爱。）精通因明之学，深入研究外道理论，道德风范纯朴完美，戒行如香花般郁烈，欲念少，知道满足，不求于人，听到这些事后叹息说："可惜啊，当代没有人才！让那个愚蠢的人，竟敢如此放肆。"于是拄着锡杖远游，来到这个国家，把他的心愿，都报告给国王。国王见他穿着破旧的衣服，心中不尊敬，但佩服他的志向，还是勉强给予礼遇。便设置论坛，告诉婆罗门。婆罗门听说后笑着说："他是什么人，竟敢怀有这种志向？"命令自己的门人，来到辩论地，成百上千的人，前后侍奉听讲。贤爱穿着破烂的旧衣服，铺着草坐下。那位婆罗门蹲在所带的座位上，诋毁佛法，叙述邪说。比丘清朗的辩论如行云流水，循环往复，婆罗门辩了许久，只好认输。国王就对他说："你久得虚名，欺骗君上，迷惑众人，前代法典有规定，辩论失败当杀头！"就要烧红炉铁，让他坐在上面。婆罗门窘迫之下，就归附比丘，请求救助。贤爱

愍之，乃请王曰："大王仁化远洽，颂声载途，当布慈育，勿行残酷，恕其不逮，唯所去就。"王令乘驴，巡告城邑。婆罗门耻其戮辱，发愤欧血。苾刍闻已，往慰之曰："尔学苞内外，声闻遐迩，荣辱之事，进退当明。夫名者，何实乎？"婆罗门愤恚，深詈苾刍，谤毁大乘，轻蔑先圣。言声未静，地便拆裂，生身坠陷，遗迹斯在。

可怜他，就对国王说："大王仁德教化远布，颂扬的声音遍于道路，应当再布慈爱，不要残酷杀戮，宽恕他的错误，任他去留随意。"国王下令婆罗门骑着驴子，把事情遍告城乡。婆罗门羞愧自己受到这样的耻辱，气得吐血。比丘听说后，前去安慰他说："你的学问包含内外，声名传遍远近各地，荣辱的事情，如何进退应当弄明白。名声这东西，有什么实质性的意义？"婆罗门愤怒怨恨，辱骂比丘，诽谤大乘佛教，轻蔑前代圣人。话音未落，大地就裂开了，活活地坠落下去，遗迹就在这里。

自此西南入海交，西北行二千四五百里，至阿吒厘国。南印度境。

从这里向西南进入海湾，再向西北行走二千四五百里，到达阿吒厘国。（在南印度境内。）

注释　1 婆薮天：婆罗门教的主神之一，为其保护神。此神通常称毗湿奴。

阿吒厘国[1]

原文

阿吒厘国周六千余里，国大都城周二十余里。居人殷盛，珍宝盈积，稼穑虽备，兴贩为业。土地沙卤，花果稀少。出胡椒树[2]，树叶若蜀椒也。出薰陆香树[3]，树叶若棠梨也。气序热，多风埃。人性浇薄，贵财贱德。文字语言，仪形法则，大同摩腊婆国。多不信福，纵有信者，宗事天神。祠馆十余所，异道杂居。

从摩腊婆国西北行三百里，至契吒国。南印度境。

译文

阿吒厘国方圆六千多里，国家的都城方圆二十多里。居民众多，储存有很多的珍宝，虽然庄稼茂盛，仍以贩卖为业。土地多为沙地、盐碱地，花果稀少。出产胡椒树，树叶和蜀地的胡椒相似。又出产薰陆香树，树叶如同棠梨。气候炎热，风暴灰尘多。人们性情不纯朴，重财富而轻德行。文字语言，仪表规则，大体上与摩腊婆国相同。多数人不信福报，即使有信仰者，也是尊崇天神。天祠有十多所，异道信徒混杂居住。

从摩腊婆国向西北行走三天，到达契吒国。（在南印度境内。）

注释　1 阿吒厘国：国名，地望不详，约在今印度河中游之地。玄奘未曾亲历该国。　2 胡椒树：属灌木类的长胡椒，是印度西海岸的特产。3 薰陆香树：又称君杜鲁树，是一种珍贵的香料树。

契吒国[1]

原文

契吒国周三千余里，国大都城周二十余里。人户殷盛，家室富饶。无大君长，役属摩腊婆国，风土物产，遂同其俗。伽蓝十余所，僧徒千余人，大小二乘，兼功习学。天祠数十，外道众多。

从此北行千余里，至伐腊毗国。即北罗罗国，南印度境。

译文

契吒国方圆三千多里，国家的都城方圆二十多里。民户众多，家庭富足。没有君主，隶属于摩腊婆国，风土和物产，也与之相同。寺院有十多所，僧徒一千多人，大小二乘佛教，都同时学习。天祠有几十所，外道信徒众多。

从这里向北行走一千多里，到达伐腊毗国。（就是北罗罗国，在南印度境内。）

注释　1 契吒国：又作迦蹉，其地在今印度卡奇湾北岸的卡奇地区。

伐腊毗国[1]

原文

伐腊毗国周六千余里，国大都城周三十余里。土地所产，气序所宜，风俗人性，同摩腊婆国。居人殷盛，家室富饶，积财百亿者乃有百余室矣。远方奇货，多聚其国。伽蓝百余所，僧徒六千余人，多学小乘正量部法。天祠数百，异道实多。

译文

伐腊毗国方圆六千多里，国家的都城方圆三十多里。土地的出产，气候条件，风俗人情，和摩腊婆国相同。居民众多，家庭富足，积累财产到百亿的，竟有一百多家。远方的珍奇货物，多汇聚到这个国家。寺院有一百多所，僧徒六千多人，大多学习小乘佛教正量部佛法。天祠有几百所，异道信徒很多。

注释 1 伐腊毗国：又名北罗罗国，其地在今印度卡提阿瓦半岛。

一、附近遗迹

如来在世，屡游此国，故无忧王于佛所止，皆树旌表，建窣堵波。过去三佛坐及经行说法之处，遗迹相间。

如来在世，数次游历这个国家，所以无忧王在佛陀居住处，都竖立标牌，建造佛塔。过去三佛的座位和散步说法的场所，遗迹间隔分布。

二、常睿王崇佛

今王，刹帝利种也，即昔摩腊婆国尸罗阿迭多王之侄，今羯若鞠阇国尸罗阿迭多王之子婿，号杜鲁婆跋吒。唐言常睿。情性躁急，智谋浅近，然而淳信三宝，岁设大会七日，以殊珍上味，供养僧众。三衣医药之价，七宝奇贵之珍，既以总施，倍价酬赎。贵德尚贤，尊道重学，远方高僧，特加礼敬。

当今的君王，是刹帝利种姓，就是从前摩腊婆国尸罗阿迭多王的侄子，现在羯若鞠阇国尸罗阿迭多王的女婿，名叫杜鲁婆跋吒。（唐朝语言称常睿。）他性情急躁，智谋不足，但是崇信佛教，每年举办七天大会，用特殊的珍品和上好的美味，供养僧徒。将三衣和医药，以及七宝等奇贵的珍品，全部施舍出去，后又用加倍的价格赎回来。尊重道德，崇尚贤人，遵循佛法，重视学术，对远方的高僧，格外加以礼敬。

三、阿折罗伽蓝

去城不远，有大伽蓝，阿折罗阿罗汉之所建立，德慧、坚慧菩萨之所游止，于中制论，并盛流布。

离都城不远，有一所大寺院，是阿折罗阿罗汉所建立，德慧、坚慧菩萨在这里游历住宿，在寺院中撰写论著，都广为流传。

自此西北行七百余里，至阿难陁补罗国。西印度境。

从这里向西北行走七百多里，到达阿难陁补罗国。（在西印度境内。）

阿难陁补罗国

原文

阿难陁补罗国周二千余里，国大都城周二十余里。人户殷盛，家室富饶。无大君长，役属摩腊婆国。土宜气序，文字法则，遂亦同焉。伽蓝十余所，僧徒减千人，习学小乘正量部法。天祠数十，异道杂居。

从伐腊毗国西行五百余里，至苏剌侘国。西印度境。

译文

阿难陁补罗国方圆两千多里，国家的都城方圆二十多里。民户众多，家庭富足。没有君主，隶属于摩腊婆国。物产气候，文字和语言规则，也同于摩腊婆国。寺院有十多所，僧徒将近一千人，研习小乘佛教正量部佛法。天祠有几十所，异道信徒混杂居住。

从伐腊毗国向西行走五百多里，到达苏剌侘国。（在西印度境内。）

苏剌侘国[1]

原文

苏剌侘国周四千余里，国大都城周三十余里，西据莫醯河。居人殷盛，家产富

译文

苏剌侘国方圆四千多里，国家的都城方圆三十多里，西边靠着莫醯河。居民众多，家产富饶。隶属于伐

饶。役属伐腊毗国。地土咸卤,花果稀少。寒暑虽均,风飘不静。土俗浇薄,人性轻躁。不好学艺,邪正兼信。伽蓝五十余所,僧徒三千余人,多学大乘上座部法。天祠百余所,异道杂居。国当西海之路,人皆资海之利,兴贩为业,贸迁有无。

去城不远,有郁鄯多山[2]。顶有伽蓝,房宇廊庑,多疏崖岭。林树郁茂,泉流交境,圣贤之所游止,灵仙之所集往。

从伐腊毗国北行千八里余里,至瞿折罗国。西印度境。

腊毗国。土地多盐碱,花果稀少。寒冷炎热虽然均匀,但风暴多,不平静。风俗不纯朴,性格轻浮急躁,不喜好学术技艺,邪教、佛教都信仰。寺院五十多所,僧徒三千多人,大都学习大乘佛教上座部佛法。天祠一百多所,异道信徒混杂居住。国家正当通往西海的要道,人们都靠海洋谋利,以贩卖为业,交易有无。

离都城不远,有郁鄯多山。山顶上有寺院,房屋走廊,多开凿在山岭悬崖上。树林茂密,泉水相连,是圣贤游玩居住,神仙聚集的地方。

从伐腊毗国向北行走一千八百多里,到达瞿折罗国。(在西印度境内。)

注释 1 苏剌侘国:又作须罗吒、苏罗沙吒等,其地在今印度西北境的卡提阿瓦半岛及其东岸马希河一带。 2 郁鄯多山:即今印度的讫尔纳山。

瞿折罗国[1]

原文

瞿折罗国周五千余里，国大都城号毗罗摩罗[2]，周三十余里。土宜风俗，同苏剌侘国。居人殷盛，家产富饶。多事外道，少信佛法。伽蓝一所，僧百余人，习学小乘法教说一切有部。天祠数十，异道杂居。王，刹帝利种也，年在弱冠，智勇高远，深信佛法，高尚异能。

从此东南行二千八百余里，至邬阇衍那国。南印度境。

译文

瞿折罗国方圆五千多里，国家的都城称为毗罗摩罗，方圆三十多里。土地特产和风俗与苏剌侘国相同。居民众多，家产富饶。大多敬奉外道，很少有人信仰佛法。寺院有一所，僧徒一百多人，研习小乘佛教说一切有部。天祠有几十所，异道信徒混杂居住。国王是刹帝利种姓，年龄二十岁左右，智勇双全，深深地信仰佛法，崇尚有特殊才能的人。

从这里向东南行走二千八百多里，到达邬阇衍那国。（在南印度境内。）

注释　1 瞿折罗国：又作胡茶辣，其地在今印度西海岸北部的古吉拉特地区。　2 毗罗摩罗：城名，故址在今巴尔默尔。

邬阇衍那国[1]

原文

邬阇衍那国周六千余里,国大都城周三十余里。土宜风俗,同苏剌侘国。居人殷盛,家室富饶。伽蓝数十所,多以圮坏,存者三五。僧徒三百余人,大小二乘,兼功习学。天祠数十,异道杂居。王,婆罗门种也,博览邪书,不信正法。

去城不远有窣堵波,无忧王作地狱之处。

从此东北行千余里,至掷枳陁国。南印度境。

译文

邬阇衍那国方圆六千多里,国家的都城方圆三十多里。土地物产和风俗与苏剌侘国相同。居民众多,家庭富裕。寺院有几十所,大多已经毁坏,保存下来的不过三五所。僧徒有三百多人,大小二乘佛教都综合学习。天祠有几十所,异道信徒混杂居住。国王是婆罗门种姓,他博览邪教各种书籍,不信仰佛法。

离都城不远,有一座佛塔,是无忧王建造地狱的地方。

从这里向东北行走一千多里,到达掷枳陁国。(在南印度境内。)

注释 **1** 邬阇衍那国:又作优禅耶尼等,其地在今印度中央邦的西部,都城在今乌贾因。

掷枳陁国[1]

原文

掷枳陁国周四千余里，国大都城周十五六里。土称沃壤，稼穑滋植，宜菽麦，多花果。气序调畅，人性善顺。多信外道，少敬佛法。伽蓝数十，少有僧徒。天祠十余所，外道千余人。王，婆罗门种也，笃信三宝，尊重有德，诸方博达之士，多集此国。

从此北行九百余里，至摩醯湿伐罗补罗国。中印度境。

译文

掷枳陁国方圆四千多里，国家的都城方圆十五六里。土地肥沃，庄稼茂盛，适宜种植菽和麦，花果很多。气候均匀舒畅，人们性格善良温顺，大多相信外道，少数人敬仰佛法。寺院有几十所，僧徒不多。天祠有十几所，外道一千多人。国王是婆罗门种姓，虔诚地信仰佛教，尊重有德行的人。各地博学通达之士，多汇集到这个国家。

从这里向北行走九百多里，到达摩醯湿伐罗补罗国。（在中印度境内。）

注释 1 掷枳陁国：国名，其地在今印度北部彭德尔甘德地区。

摩醯湿伐罗补罗国[1]

原文

摩醯湿伐罗补罗国周三千余里，国大都城周二十余里。土宜风俗，同邬阇衍那国。宗敬外道，不信佛法。天祠数十，多是涂灰之侣。王，婆罗门种也，不甚敬信佛法。

从此还至瞿折罗国，复北行荒野险碛，经千九百余里，渡信度大河，至信度国。西印度境。

译文

摩醯湿伐罗补罗国方圆三千多里，国家的都城方圆二十多里。土地物产与风俗，和邬阇衍那国相同。敬奉外道，不信仰佛法。天祠有几十所，多是涂灰一派信徒。国王是婆罗门种姓，不十分敬奉、信仰佛法。

从这里回到瞿折罗国，再向北越过荒野和艰险的沙漠地带，经过一千九百多里，渡过信度大河，到达信度国。（在西印度境内。）

注释　1 摩醯湿伐罗补罗国：国名，其地在今印度北部的昌巴尔河以南，瓜廖尔一带。

信度国[1]

原文

信度国周七千余里，国大都城号毗苫婆补罗[2]，周三十余里。宜谷稼，丰宿麦，出金、银、鍮石，宜牛、羊、橐驼、骡畜之属。橐驼卑小，唯有一峰。多出赤盐，色如赤石，白盐、黑盐及白石盐等，异域远方以之为药。人性刚烈而质直，数斗诤，多诽讟。学不好博，深信佛法。伽蓝数百所，僧徒万余人，并学小乘正量部法，大抵懈怠，性行弊秽。其有精勤贤善之徒，独处闲寂，远迹山林，夙夜匪懈，多证圣果。天祠三十余所，异道杂居。王，戍陁罗种也，性淳质，敬佛法。如来在昔颇游此国，故无忧王于圣迹处建窣堵波数十所。乌波毱多

译文

信度国方圆七千多里，国家的都城名为毗苫婆补罗，方圆三十多里。适宜种植谷物庄稼，宿麦产量高，出产金、银、鍮石，宜于养殖牛、羊、骆驼、骡子之类的动物。骆驼身形矮小，只有一个驼峰。出产的赤盐很多，颜色如红石头，还有白盐、黑盐和白石盐等，远方外地把它们作为药。人们性格刚烈而朴实正直，常争斗，多诽谤。学习不专好渊博，深深地信仰佛法。寺院有几百所，僧徒一万多人，都学习小乘佛教正量部佛法，大多松懈懒散，品行不端。其中有勤苦、贤良的人，独处空荡闲静的地方，远遁山林，日夜不懈怠，大多能证得圣果。天祠有三十多所，异道信徒混杂居住。国王是戍陁罗种姓，秉性淳厚质朴，敬仰佛法。如来从前数次游历这个国家，所以无忧王在有圣迹的地方建造了几十座佛塔。乌波毱多大

大阿罗汉屡游此国，演法开导，所止之处，皆旌遗迹，或建僧伽蓝，或树窣堵波，往往间起，可略而言。

阿罗汉也数次游历这个国家，演讲佛法，开导众生，所居住之处，都旌表遗迹，有的建寺院，有的建佛塔，相隔不远，可以略微陈述。

注释 1 信度国：国名，其地约在今巴基斯坦旁遮普省的南部。2 毗苫婆补罗：城名，约在今苏库尔地区的阿洛尔。

一、法服俗行户

信度河侧千余里陂泽间，有数百千户，于此宅居，其性刚烈，唯杀是务。牧牛自活，无所系命。若男若女，无贵无贱，剃须发，服袈裟，像类苾刍而行俗事，专执小见，非斥大乘。闻诸先志曰：昔此地民庶安忍，但事凶残。时有罗汉悯其颠坠，为化彼故，乘虚而来，现大神通，示希有事，令众信受，渐导言教。诸人敬悦，愿奉指诲。罗汉知众心顺，为授三归[1]，息其凶暴，悉断生

信度河旁边一千多里的陂池川泽间，有几百上千户，在这里建屋居住，他们性格刚烈，专事于杀戮。以牧牛养活自己，没有其他活命的生计。不分男的女的，不管高贵贫贱，都剃去须发，穿上袈裟，样子像比丘而做世俗的事，执著于小乘见解，非难、排斥大乘佛教。听老年人讲：从前这个地方的民众秉性残忍，专干凶恶害人的事。这时有个罗汉怜悯他们的堕落，为度化他们，从空中而来，显现大神通，展示稀有的事情，使大众相信接受，逐渐用说法来开导。众人敬奉喜悦，愿意接受教诲。罗汉知道众人心中归顺，便为他们传授三皈之法，止息他们的凶暴，

杀，剃发染衣，恭行法教。年代浸远，世易时移，守善既亏，余风不殄，虽服法衣，尝无戒善。子孙奕世，习以成俗。

全部禁止他们杀生，剃去头发，穿上僧衣，恭敬地奉行佛教。年代久远，世事变迁，奉行善业既不虔诚，旧的风气没有去掉，虽然穿着僧衣，却不守戒行善。子孙继承下来，因沿袭而成为风俗。

从此东行九百余里，渡信度河东岸，至茂罗三部卢国。西印度境。

从这里向东行走九百多里，渡过信度河东岸，到达茂罗三部卢国。（在西印度境内。）

注释　1 三归：又称三皈依，是皈依佛、法、僧三宝之意，这是做佛教徒的根本条件。

茂罗三部卢国[1]

原文

茂罗三部卢国周四千余里，国大都城周三十余里。居人殷盛，家室富饶，役属磔迦国。土田良沃，气序调顺。风俗质直，好学尚德。多事天神，少信佛法。伽蓝十余所，多已圮坏，少

译文

茂罗三部卢国方圆四千多里，国家的都城方圆三十多里。居民众多，家庭富足，隶属于磔迦国。境内土地优良肥沃，气候合适舒畅。风俗质朴正直，喜爱学习，崇尚道德。多敬奉天神，很少有人信仰佛法。寺院有十多所，大多已毁坏，僧徒不多，不

有僧徒，学无专习。天祠八所，异道杂居。

学某一专门的教派。天祠有八所，异道信徒混杂居住。

注释 1 茂罗三部卢国：国名，其地在今巴基斯坦旁遮普中部，都城在今木尔坦。

一、日天祠

有日天祠，庄严甚丽。其日天像铸以黄金，饰以奇宝。灵鉴幽通，神功潜被，女乐递奏，明炬继日，香花供养，初无废绝。五印度国诸王豪族，莫不于此舍施珍宝，建立福舍，以饮食医药给济贫病。诸国之人来此求愿，常有千数。天祠四周，池沼花林，甚可游赏。

从此东北行七百余里，至钵伐多国。北印度境。

有一座日天祠，装饰得十分壮丽。日天像是用黄金铸成的，装饰着珍奇的宝物。神灵鉴察世间一切事，神功暗中广布，女伎音乐不断地演奏，明亮的火炬日夜不熄，香花供养，从不间断。五印度国的国王和豪族，莫不在这里施舍珍珠宝贝，建立福田，用饮食医药来救济贫穷有病的人。各国的人来这里求愿，常有上千的数额。天祠四周，池塘的花草林木，很吸引人游览观赏。

从这里向东北行走七百多里，到达钵伐多国。（在北印度境内。）

钵伐多国[1]

原文

钵伐多国周五千余里，国大都城周二十余里。居人殷盛，役属磔迦国。多旱稻，宜宿麦。气序调适，风俗质直，人性躁急，言含鄙辞。学艺深博，邪正杂信。伽蓝十余所，僧徒千余人。大小二乘，兼功习学。四窣堵波，无忧王之所建也。天祠二十，异道杂居。

译文

钵伐多国方圆五千多里，国家的都城方圆二十多里。居民众多，隶属于磔迦国。多产旱稻，适宜种植宿麦。气候均匀合适，风俗质朴正直。人们性情急躁，言谈中夹杂着粗陋的话，学术技艺精深，邪教、佛教混杂信仰。寺院有十多所，僧徒一千多人，大小二乘都综合学习。有四座佛塔，是无忧王所建造的。天祠有二十所，异道信徒混杂居住。

注释　1 钵伐多国：又作钵伐多罗，其都城约在今克什米尔的查谟，或以为在今巴基斯坦旁遮普省的哈拉巴。

一、城侧大伽蓝

城侧有大伽蓝，僧徒百余人，并学大乘教，即是昔慎那弗呾罗唐言最胜子。论师于此制《瑜伽师地释论》，

在都城旁有一所大寺院，僧徒一百多人，都学习大乘佛教。这里是从前慎那弗呾罗（唐朝语言称最胜子。）写作《瑜伽师地释论》的地方，

亦是贤爱论师、德光论师本出家处。此大伽蓝为天火所烧,摧残荒圮。

也是贤爱论师、德光论师最初出家的地方。这所大寺院被天火焚烧,已经残破荒芜了。

从信度国西南行千五六百里,至阿点婆翅罗国。西印度境。

从信度国向西南行走一千五六百里,到达阿点婆翅罗国。(在西印度境内。)

阿点婆翅罗国[1]

原文

阿点婆翅罗国周五千余里,国大都城号朅䵣湿伐罗,周三十余里。僻在西境,临信度河,邻大海滨。屋宇庄严,多有珍宝。近无君长,统属信度国。地下湿,土斥卤,秽草荒茂,畴垄少垦,谷稼虽备,宿麦特丰。气序微寒,风飙劲烈。宜牛、羊、橐驼、骡畜之类。人性暴急,不好习学。语言微异中印度。其俗淳质,敬崇三宝。伽蓝

译文

阿点婆翅罗国方圆五千多里,国家的都城名为朅䵣湿伐罗,方圆三十多里。僻处于西部疆域,濒临信度河,靠近大海边。屋宇壮丽,珍宝很多。近代没有君王,统属于信度国。土地低下潮湿,多为盐碱地,杂草很多,农田少有开垦,谷稼虽然品种齐全,宿麦产量特别高。气候稍显寒冷,风暴强劲猛烈。宜于养殖牛、羊、骆驼、骡子之类牲畜。人们性格粗暴急躁,不喜爱学习,语言和中印度略有差异。风俗淳厚质朴,

八十余所，僧徒五千余人，多学小乘正量部法。天祠十所，多是涂灰外道之所居止。

敬仰佛教。寺院有八十多所，僧徒五千多人，大多学习小乘佛教正量部佛法。天祠有十所，大多是涂灰派信徒所居住。

注释　1 阿点婆翅罗国：国名，其地在今巴基斯坦南部印度河口一带。

一、大自在天祠及佛遗迹

城中有大自在天祠，祠宇雕饰，天像灵鉴，涂灰外道游舍其中。

在昔如来颇游此国，说法度人，导凡利俗，故无忧王于圣迹处建六窣堵波焉。

从此西行减二千里，至狼揭罗国。西印度境。

都城之中有大自在天祠，祠中屋宇雕刻装饰，神像很灵验，涂灰一派外道住在里面。

从前如来几次游历这个国家，说法度人，引导凡俗，以利世人，所以无忧王在有圣迹的地方，建造了六座佛塔。

从这里向西行走将近两千里，到达狼揭罗国。（在西印度境内。）

狼揭罗国[1]

原文

狼揭罗国东西南北各数千里,国大都城周三十余里,号窣菟黎湿伐罗。土地沃润,稼穑滋盛。气序风俗,同阿点婆翅罗国。居人殷盛,多诸珍宝。临大海滨,入西女国之路也。无大君长,据川自立,不相承命,役属波刺斯国。文字大同印度,语言少异。邪正兼信。伽蓝百余所,僧徒六千余人,大小二乘兼功习学。天祠数百所,涂灰外道,其徒极众。城中有大自在天祠,庄严壮丽,涂灰外道之所宗事。

自此西北至波刺斯国。虽非印度之国,路次附见。旧曰波斯,略也。

译文

狼揭罗国东西南北各有几千里,国家的都城方圆三十多里,名称为窣菟黎湿伐罗。土地肥沃滋润,庄稼茂盛。气候和风俗与阿点婆翅罗国相同。居民众多,拥有多种珍宝,濒临大海,是通往西女国的要道。没有君主,各地占据山川自立,不互相统属,而隶属于波刺斯国。文字大体上和印度相同,语言小有差异。邪教、佛教都信仰。寺院有一百多所,僧徒六千多人,大小二乘佛教都综合学习。天祠有几百所,涂灰一派外道,信徒极为众多。都城中有大自在天祠,装饰得很壮丽,为涂灰一派外道所景仰供奉。

从这里向西北行走,便到达波刺斯国。(虽然不属于印度境内的国家,因路途关系附记于此。旧称波斯,是略称。)

注释 1 狼揭罗国:国名,其地在印度河口以西,至俾路支沿岸,大体为今巴基斯坦俾路支省东南部一带。

波刺斯国[1]

原文

波刺斯国周数万里,国大都城号苏剌萨傥那[2],周四十余里。川土既多,气序亦异,大抵温也。引水为田,人户富饶。出金、银、鍮石、颇胝、水精、奇珍异宝,工织大锦、细褐、𣯚毹之类[3],多善马、橐驼。货用大银钱。人性躁暴,俗无礼义。文字、语言异于诸国,无学艺,多工技,凡诸造作,邻境所重。婚姻杂乱,死多弃尸。其形伟大,齐发露头,衣皮褐,服锦氎。户课赋税,人四银钱。天祠甚多,提那跋外道之徒为所宗也[4]。伽蓝二三,僧徒数百,并学小乘教说一切有部法。释伽佛钵在此王宫。

国东境有鹤秣城[5],内城不广,外郭周六十余里。

译文

波刺斯国方圆几万里,国家的都城称为苏刺萨傥那,方圆四十多里。土地辽阔,气候条件也就有差异,大体上是温暖的。引水灌溉农田,民户富裕。出产金、银、鍮石、颇胝、水精、奇异的珍宝,精于大锦、细褐、地毯之类的编织,精良的马匹和骆驼多。买卖使用大银钱。人们性情急躁暴烈,风俗中没有礼义。文字语言和各国不同,没有学术,而有很多工巧技术,各种工艺制品,为邻国所贵重。婚姻状况混乱,死后抛弃尸体的多。身材高大,剪平头发露出头顶,穿毛皮麻布和织锦棉布。每户交纳赋税,一个人四个银钱。天祠十分多,是提那跋外道信徒所敬奉的。寺院有两三所,僧徒几百人,都研习小乘佛教说一切有部佛法。释迦佛的食钵,收藏在这个国家的王宫中。

波刺斯国的东部疆域中有鹤秣城,内城不宽,外郭方圆六十多里。

居人众，家产富。

居民众多，财产丰富。

西北接拂懔国[6]，境壤风俗，同波剌斯。形貌语言，稍有乖异，多珍宝，亦富饶也。

波剌斯国西北邻接拂懔国，拂懔国的物产和风俗，与波剌斯相同。身材、相貌和语言，稍有一些不同，珍宝很多，也很富裕。

拂懔国西南海岛有西女国，皆是女人，略无男子。多诸珍宝货，附拂懔国，故拂懔王岁遣丈夫配焉，其俗产男皆不举也。

拂懔国西南的海岛上有个西女国，都是女人，没有男子。珍奇宝货多，依附于拂懔国，所以拂懔王每年派遣男子前去婚配。当地的风俗，生下男孩都不抚育。

自阿点婆翅罗国北行七百余里，至臂多势罗国。西印度境。

从阿点婆翅罗国向北行走七百多里，到达臂多势罗国。（在西印度境内。）

注释　1 波剌斯国：又称波斯，其地约相当于现在的伊朗。　2 苏剌萨傥那：又作苏利城、宿利城、苏蔺城，意译为"神之居所"。　3 氍毹（shū）：毛织的地毯。　4 提那跋外道：俗称拜火教。提那跋是太阳的意思。这个教派认为太阳是神的眼睛，火是善与光明的代表，所以该派以礼拜"圣火"为主要仪式。　5 鹤秣城：城名，当即现在的霍尔木兹城，是伊朗的重要港口。　6 拂懔国：又作拂菻、佛郎等，指东罗马帝国及西亚地中海沿岸诸地。

臂多势罗国[1]

原文

臂多势罗国周三千余里，国大都城周二十余里。居人殷盛，无大君长，役属信度国。土地沙卤，寒风凄劲。多宿麦，少花果。而风俗犷暴，语异中印度。不好艺学，然知淳信。伽蓝五十余所，僧徒三千余人，并学小乘正量部法。天祠二十余所，并涂灰外道也。

译文

臂多势罗国方圆三千多里，国家的都城方圆二十多里。居民众多，没有君主，隶属于信度国。土地多是沙漠盐碱地，寒风凄厉猛烈。多种宿麦，花果稀少。风俗粗犷暴烈，语言和中印度不同。不喜好学术，但知道信仰佛法。寺院有五十多所，僧徒三千多人，都研习小乘佛教正量部佛法。天祠有二十多所，信仰者都是涂灰一派外道。

注释　**1** 臂多势罗国：国名，其地在今巴基斯坦信德省南部，都城可能在今海德拉巴德。

一、城北诸遗迹

城北十五里大林中，有窣堵波，高数百尺，无忧王所建也。中有舍利，时放光明。是如来昔作仙人，为

在城北十五里处的大树林中，有一座佛塔，高几百尺，是无忧王所建造的。里面有舍利子，时常放射光芒。这里是如来从前做仙人，被国王所杀

国王所害之处。

此东不远有故伽蓝，是昔大迦多延那大阿罗汉之所建立[1]。其傍则有过去四佛座及经行遗迹之处，建窣堵波以为旌表。

从此东北行三百余里，至阿耸荼国。西印度境。

害的地方。

在佛塔东面不远，有一所旧寺院，是从前大迦多延那大阿罗汉所建造的。旁边有过去四佛的座位和散步遗迹的场所，建立佛塔来加以纪念。

从臂多势罗国向东北行走三百多里，到达阿耸荼国。（在西印度境内。）

注释 1 大迦多延那大阿罗汉：又称迦多衍那等，据说是佛陀十大弟子中号称议论第一的摩诃迦旃延的儿子。

阿耸荼国[1]

原文

阿耸荼国周二千四五百里，国大都城周二十余里。无大君长，役属信度国。土宜稼穑，宿麦特丰，花果少，草木疏。气序风寒，人性犷烈。言辞朴质，不尚学业，然于三宝，守心淳信。

译文

阿耸荼国方圆两千四五百里，国家的都城方圆二十多里。没有君主，隶属于信度国。土地适宜种植农作物，宿麦尤其多，花果不多，草木稀疏。气候寒冷多风，人们性格粗犷暴烈。言语朴实，不崇尚学业，但对于佛教，却虔诚信仰。寺院有二十多所，伽蓝二十余所，僧徒二千余人，多学小乘正量部法。天祠五所，并涂灰外道也。

僧徒两千多人，大多研习小乘佛教正量部佛法。天祠有五所，信徒都是涂灰一派外道。

注释 1 阿軬（fàn）荼：又作軬荼，其地在今巴基斯坦信德省北部。

一、大竹林附近诸遗迹

城东北不远，大竹林中伽蓝余趾，是如来昔于此处听诸苾刍着亟缚屣[1]。唐言靴。傍有窣堵波，无忧王所建也，基虽倾陷，尚高百余尺。其傍精舍，有青石立佛像，每至斋日，或放神光。次南八百余步，林中有窣堵波，无忧王之所建也。如来昔日止此，夜寒，乃以三衣重覆，至明旦，开诸苾刍著复纳衣。此林之中，有佛经行之处，又有诸窣堵波，鳞次相望，并过去四佛坐处也。其窣堵波中有如来发、爪，每至斋日，多放光明。

在都城东北不远，大竹林中有寺院的遗址，这里是如来从前允许比丘穿亟缚屣(唐朝语言称为靴。)的地方。旁边有一座佛塔，是无忧王所建造的，塔基虽已倾斜陷落，但还有一百多尺高。旁边的精舍中，有青石制的站立佛像，每到斋日时，往往放出神光。再往南八百多步，树林中有一座佛塔，是无忧王所建造的。如来从前住在这里，夜晚寒冷，便以三种法服重叠盖在身上，到了天明，允许比丘可以同时穿几套法服。这片树林中，有佛陀散步的地方，又有一些佛塔，接连相望，都是过去四佛坐禅的地方。佛塔中有如来的头发、指甲，每到斋日时，常放射光芒。

从此东北行九百余里，至伐剌拿国。西印度境。

从阿耆茶国向东北行走九百多里，到达伐剌拿国。(在西印度境内。)

注释 1 亟缚屣：厚皮靴。按佛教戒律，便靴只能用植物材料制成，不能使用皮革。但在某些特殊情况下，仍可使用。

伐剌拿国[1]

原文

伐剌拿国周四千余里，国大都城周二十余里。居人殷盛，役属迦毕试国。地多山林，稼穑时播。气序微寒，风俗犷烈。性急暴，志鄙弊，语言少同中印度。邪正兼崇，不好学艺。伽蓝数十，荒圮已多，僧徒三百余人，并学大乘法教。天祠五所，多涂灰外道也。

城南不远有故伽蓝，如来在昔于此说法，示教利喜[2]，开悟含生。其侧

译文

伐剌拿国方圆四千多里，国家的都城方圆二十多里。居民众多，隶属于迦毕试国。土地中多山林，庄稼适时播种。气候稍微寒冷，风俗粗犷刚烈。人们性情急躁凶暴，志趣低下，语言和中印度稍有相同。邪教、佛教都尊崇，不喜好学术。寺院有几十所，荒废倒塌的已很多，僧徒三百多人，都研习大乘佛教。天祠有五所，大多是涂灰一派外道。

在都城南面不远有一所旧寺院，如来从前在这里说法，训示诱导，使其得利，心中欢喜，以促使众生觉悟。旁

有过去四佛座及经行遗迹之处。

闻诸土俗曰：从此国西接稽疆那国[3]，居大山间，川别立主，无大君长。多羊、马，有善马者，其形殊大，诸国希种，邻境所宝。

复此西北，逾大山，涉广川，历小城邑，行二千余里，出印度境，至漕矩吒国。亦谓漕利国。

边有过去四佛的座位和散步遗迹的场所。

听当地人传说：这个国家的西部邻接稽疆那国，位处大山之间，各处自立首领，没有统一的君主。该国羊、马多，有一种良马，体形高大，和各国的种类不同，为邻国所珍视。

再从伐剌拿国向西北翻越大山，渡过大河，经过小城镇，行走两千多里，走出印度疆域，到达漕矩吒国。（也称为漕利国。）

注释　1 伐剌拿国：又作跋那、筏剌拿，其地在今巴基斯坦西北境，都城在今天的班努。　2 示教利喜：开悟众生的具体方法。示是示人以好丑善恶；教是教言，使人舍恶行善；利是加以引导，使人得大利益；喜是赞美所做善事，使人心喜。　3 稽疆那国：传说中的国家，故地待考。

卷第十二　二十二国

三藏法师玄奘奉诏译
大总持寺沙门辩机撰

漕矩吒国[1]

原文

漕矩吒国周七千余里。国大都城号鹤悉那[2]，周三十余里，或都鹤萨罗城[3]，城周三十余里，并坚峻险固也。山川隐轸，畴垄爽垲。谷稼时播，宿麦滋丰。草木扶疏，花果茂盛，宜郁金香，出兴瞿草[4]，草生罗摩印度川[5]。鹤萨罗城中踊泉流派，国人利之，以溉田也。气序寒烈，霜雪繁多。人性轻躁，情多诡诈。好学艺，多技术，聪而不明，日诵数万言。文字言辞，异于诸国。多饰虚谈，少成事实。虽祀百神，

译文

漕矩吒国方圆七千多里。国家的都城被称为鹤悉那，方圆三十多里，有时又会定都于鹤萨罗城，城池方圆三十多里，都坚固险峻。境内山川地势高，田地土质干爽。庄稼适时播种，宿麦尤其丰盛。草木扶疏，花果繁茂，适宜生长郁金香，出产兴瞿草，这种草长在罗摩印度川。鹤萨罗城中泉水涌流，国人加以利用，用来灌溉田地。气候严寒，霜雪很多。人们性情轻浮急躁，多耍欺诈手腕。喜好学术，擅长技艺，耳聪目明却心智不颖悟，每日诵读几万字。文字言辞和各国不同。爱夸夸其谈，很少干成实事。虽然祭祀众多的神灵，但对佛

敬崇三宝。伽蓝数百所，僧徒万余人，并皆习学大乘法教。今王淳信，累叶承统，务兴胜福，敏而好学。无忧王所建窣堵波十余所。

教尊敬崇拜。寺院有几百所，僧徒一万多人，都研习大乘佛教。当代的国王淳厚信实，数代继承国位，致力兴办慈善事业，聪明而好学。无忧王所建造的佛塔，共有十多座。

注释 **1** 漕矩吒国：又作漕矩、诃达罗支等，其地在今阿富汗东部。**2** 鹤悉那：又作哥疾宁，即今阿富汗的加兹尼。**3** 鹤萨罗：城名，城址当在今阿富汗加兹尼以西的赫尔曼德河流域。**4** 兴瞿草：又称兴渠，是辛蒜一类植物。按佛教戒律，僧尼禁食这类植物。**5** 罗摩印度川：河流名，疑即今赫尔曼德河。

一、崇奉稿那天[1]

天祠数十，异道杂居，计多外道，其徒极盛，宗事稿锄句反，下同。那天。其天神昔自迦毕试国阿路猱山徙居此国南界稿那呬罗山中[2]，作威作福，为暴为恶。信求者遂愿，轻蔑者招殃，故远近宗仰，上下招惧。邻国异俗君臣僚庶，每岁嘉辰不期而会，或赍金银奇宝，或以牛马驯畜，竞兴

天祠有几十座，异道信徒混杂居住。外道种类多，信徒极盛，敬奉稿那天。这位天神从前从迦毕试国的阿路猱山迁居到这个国家南部的稿那呬罗山中，作威作福，为非作歹。信仰、祈求他的人如愿以偿，轻蔑他的人招致祸殃，所以无论远近的人都景仰他，上上下下都恭敬畏惧他。邻国不同风俗的君臣僚属，在每年的佳节，都不约而同地聚会，有的带着金银珠宝，有的送上牛马牲畜，竞相贡

贡奉，俱伸诚素。所以金银布地，羊马满谷，无敢觊觎，唯修施奉。宗事外道，克心苦行，天神授其咒术，外道遵行多效，治疗疾病，颇蒙痊愈。

从此北行五百余里，至弗栗恃萨傥那国。

奉，都表达出诚心。因此，这里金银布满大地，羊马布满山谷，没有人敢生非分之想，只是一心施舍敬奉。敬奉的外道，潜心苦行，天神传授给他咒术，外道遵照实行，多有效用，治疗疾病者，不少得以痊愈。

从漕矩吒国向北行走五百多里，到达弗栗恃萨傥那国。

注释 **1** 穇那天：婆罗门教的天神之一，为太阳神。 **2** 阿路猱山：山名，在今阿富汗西部。阿路猱意为红色，犹指日出时的红色。穇那呬罗山：山名，在今阿富汗东部，该山名意译为“太阳神之山”。

弗栗恃萨傥那国[1]

原文

弗栗恃萨傥那国东西二千余里，南北千余里。国大都城号护苾那[2]，周二十余里。土宜风俗，同漕矩吒国，语言有异。气序寒劲，人性犷烈。王，突厥种也，深信三宝，尚学遵德。

译文

弗栗恃萨傥那国东西长两千多里，南北宽一千多里。国家的都城称为护苾那，方圆二十多里。土地物产和风俗，与漕矩吒国相同，语言有差异。气候寒冷凛冽，人们性情粗犷暴烈。国王是突厥族人，深深地信仰佛教，崇尚学术，遵守道德。

注释 1 弗栗恃萨傥那国：又作佛栗氏萨傥那，其方位无定论，可能在今阿富汗喀布尔河流域。 2 护苾那：又作护闻，城址一说在今阿富汗加兹尼以北的胡皮安，一说即今喀布尔。

婆罗犀那大岭[1]

从此国东北，逾山涉川，越迦毕试国边城小邑，凡数十所，至大雪山婆罗犀那大岭。岭极崇峻，危隥攲倾[2]，蹊径盘迂，岩岫回互。或入深谷，或上高崖，盛夏合冻，凿冰而度。行经三日，方至岭上。寒风凄烈，积雪弥谷，行旅经涉，莫能伫足。飞隼翱翔，不能越度，足趾步履，然后翻飞。下望诸山，若观培塿[3]。赡部洲中，斯岭特高。其巅无树，唯多石峰，攒立丛倚，森然若林。

又三日行，方得下岭，至安呾罗缚国。

从弗栗恃萨傥那国的东北，翻过山岭，越过河流，经过迦毕试国边境的小城镇，共几十所，到达大雪山的婆罗犀那大岭。山岭极为高大险峻，峭拔的石阶倾斜欲坠，小路盘旋迂回，危岩险峰交相遮蔽。有时进入深谷，有时登上高崖，即使盛夏时节也结冰，只有凿开冰块后才能通过。走了三天，才到岭上。寒风凄厉猛烈，积雪遍布山谷，行人经过这里，不能停下脚步。苍鹰猛隼飞到这里，也不能飞过，必须走到山岭，然后飞翔。从山顶看下面山峰，如同小坟堆。在赡部洲中，这个山岭特别高大。山顶上没有树，只有石峰，聚积成堆，阴森得如同树林。

从山顶再走三天，才能下岭，然后到达安呾罗缚国。

注释　1 婆罗犀那大岭：山岭名，或以为即今阿富汗东北部的卡瓦克山口。　2 隥（dèng）：阶梯，石级。　3 培塿（lǒu）：冢，小土丘。

安呾罗缚国[1]

原文

安呾罗缚国，睹货逻国故地也，周三千余里。国大都城周十四五里。无大君长，役属突厥。山阜连属，川田隘狭。气序寒烈，风雷凄劲。丰稼穑，宜花果。人性犷暴，俗无纲纪，不知罪福，不尚习学，唯修神祠，少信佛法。伽蓝三所，僧徒数十，然皆遵习大众部法。有一窣堵波，无忧王建也。

从此西北，入谷逾岭，度诸小城，行四百余里，至阔悉多国。

译文

安呾罗缚国，是睹货逻国旧日的属地，方圆三千多里。国家的都城方圆十四五里。没有君主，隶属于突厥。境内山脉丘陵绵亘，平原田地狭小。气候严寒凛冽，风雷凄厉强劲。庄稼茂盛丰饶，适宜花果生长。人们性情粗犷暴烈，习俗中缺乏纲常法纪，不懂得罪孽与福德，不喜好学习，只知道崇拜神祠，很少有人信仰佛法。寺院有三所，僧徒几十人，但都遵奉、研习大众部佛法。有一座佛塔，是无忧王建造的。

从这里向西北方，进入山谷，越过山岭，经过一些小城镇，行走四百多里，到达阔悉多国。

注释 **1** 安呾罗缚国：国名，其地在今阿富汗东北境，都城在今卡瓦克山口以西的印达拉布。

阔悉多国[1]

原文

阔悉多国，睹货逻国故地也，周减千里。国大都城周十余里。无大君长，役属突厥。山多川狭，风而且寒。谷稼丰，花果盛。人情犷暴，俗无法度。伽蓝三所，僧徒鲜少。

从此西北，逾山越谷，度诸城邑，行三百余里，至活国。

译文

阔悉多国，是睹货逻国旧日的属地，方圆不到一千里。国家的都城方圆十多里。没有君主，隶属于突厥。山地多，平地狭，风暴大而且严寒。谷物庄稼丰饶，花果茂盛。人们性情粗犷暴烈，习俗中缺乏法度。寺院有三所，僧徒很少。

从阔悉多国向西北方，翻越山谷，经过一些城镇，行走三百多里，到达活国。

注释 **1** 阔悉多国：国名，其地在今阿富汗阿姆河上游支流霍斯特河流域。

活　国[1]

原文

活国，睹货逻国故地也，周二千余里。国大都城周二十余里。无别君长，役属突厥。土地平坦，谷稼时播，草木荣茂，花果具繁。气序和畅，风俗淳质。人性躁烈，衣服毡褐。多信三宝，少事诸神。伽蓝十余所，僧徒数百人，大小二乘兼功综习。其王突厥也，管铁门已南诸小国[2]，迁徙鸟居，不常其邑。

译文

活国是睹货逻国旧日的属地，方圆两千多里。国家的都城方圆二十多里。没有另设君主，隶属于突厥。土地平坦，按时播种庄稼，草木繁华，花果茂盛。气候温和舒畅，风俗淳厚质朴。人们性情急躁暴烈，衣服用毛皮粗布制成。很多人敬奉佛教，少数人侍奉各种神祇。寺院有十多所，僧徒几百人，大小二乘佛教综合学习。国王是突厥人，管辖铁门以南地区各个小国，随季节迁徙，不常住在一地。

注释　1 活国：又作遏换、阿缓等，其国都城在今阿富汗东北境的昆都士。　2 铁门：关隘名，在今乌兹别克斯坦共和国南部达尔本特以西。

葱　岭

从此东入葱岭。葱岭者，据赡部洲中，南接大雪

从活国向东进入葱岭。葱岭位于赡部洲的中部，南面邻接大雪山，北面

山,北至热海、千泉,西至活国,东至乌铩国,东西南北各数千里。崖岭数百重,幽谷险峻,恒积冰雪,寒风劲烈。多出葱,故谓葱岭,又以山崖葱翠,遂以名焉。

东行百余里,至瞢健国。

抵达热海、千泉,西面到活国,东面到乌铩国,东西南北各有几千里。崇山峻岭有几百重,幽深的山谷和险要的山峰,长年积有冰雪,寒风强劲凛冽。出产的葱很多,所以称葱岭,又因为山崖上林木葱茏,就以葱岭为名。

从葱岭向东行走一百多里,到达瞢健国。

瞢健国[1]

原文

瞢健国,睹货逻国故地也,周四百余里。国大都城周十五六里。土宜风俗,大同活国。无大君长,役属突厥。

北至阿利尼国。

译文

瞢健国,是睹货逻国旧日的属地,方圆四百多里。国家的都城方圆十五六里。土地物产和风俗,大体上与活国相同。没有君主,隶属于突厥。

从瞢健国向北到达阿利尼国。

注释 1 瞢健国:国名,其地约在今阿富汗东北部。在今巴达克山以南,仍有地称为瞢章。

阿利尼国[1]

原文

阿利尼国，睹货逻国故地也，带缚刍河两岸，周三百余里。国大都城周十四五里。土宜风俗，大同活国。

东至曷逻胡国。

译文

阿利尼国，是睹货逻国旧日的属地，沿着缚刍河两岸，方圆三百多里。国家的都城方圆十四五里。土地物产和风俗，大体上与活国相同。

从阿利尼国向东，到达曷逻胡国。

注释 1 阿利尼国：国名，其地可能在今阿富汗北部昆都士之北的哈兹拉特·伊芒。

曷逻胡国[1]

原文

曷逻胡国，睹货逻国故地也，北临缚刍河，周二百余里。国大都城周十四五里。土宜风俗，大同活国。

译文

曷逻胡国，是睹货逻国旧日的属地，北面濒临缚刍河，方圆二百多里。国家的都城方圆十四五里。土地物产和风俗，大体上与活国相同。

从瞢健国东逾峻岭，越洞谷，历数川城，行三百余里，至讫栗瑟摩国。

从瞢健国向东翻过崇山峻岭，越过壑谷，经过若干平原、城镇，行走三百多里，到达讫栗瑟摩国。

注释 1 曷逻胡国：国名，其地约在今阿富汗东北部科克查河及阿姆河之间。

讫栗瑟摩国[1]

原文

讫栗瑟摩国，睹货逻国故地也，东西千余里，南北三百余里。国大都城周十五六里。土宜风俗，大同瞢健国，但其人性暴，愚恶有异。

北至钵利曷国。

译文

讫栗瑟摩国，是睹货逻国旧日的属地，东西长一千多里，南北宽三百多里。国家的都城方圆十五六里。土地物产和风俗，大体上与瞢健国相同，但居民的性情暴躁，愚蠢和凶恶与瞢健国有差异。

从讫栗瑟摩国向北，到达钵利曷国。

注释 1 讫栗瑟摩国：国名，其地约在今阿富汗东北境法扎巴德西南的基希姆周近地区。

钵利曷国[1]

原文

钵利曷国，睹货逻国故地也，东西百余里，南北三百余里。国大都城周二十余里。土宜风俗，大同讫栗瑟摩国。

从讫栗瑟摩国，逾山越川，行三百余里，至呬摩呾罗国。

译文

钵利曷国，是睹货逻国旧日的属地，东西一百多里，南北三百多里。国家的都城方圆二十多里。土地物产和风俗，大体上与讫栗瑟摩国相同。

从讫栗瑟摩国出发，翻山渡河，行走三百多里，到达呬摩呾罗国。

注释　1 钵利曷国：国名，其地在今阿富汗科克查河的支流瓦尔撒克河附近。

呬摩呾罗国[1]

原文

呬摩呾罗国，睹货逻国故地也，周三千余里。山川逦迤[2]，土地沃壤，宜

译文

呬摩呾罗国，是睹货逻国旧日的属地，方圆三千多里。山川连绵起伏，土地肥沃优良，适宜种植谷物庄稼，宿

谷稼，多宿麦，百卉滋茂，众果具繁。气序寒烈，人性暴急，不识罪福，形貌鄙陋。举措威仪，衣毡皮褐，颇同突厥。其妇人首冠木角，高三尺余，前有两岐，表夫父母。上岐表父，下岐表母，随先丧亡，除去一岐。舅姑俱殁[3]，角冠全弃。其先强国，王，释种也，葱岭之西，多见臣伏。境邻突厥，遂染其俗。又为侵掠，自守其境，故此国人流离异域，数十坚城，各别立主。穹庐毳帐，迁徙往来。西接讫栗瑟摩国。

东谷行二百余里，至钵铎创那国。

麦尤其多，花卉繁荣，果木茂盛。气候严寒凛冽，人们性情暴烈急躁，不懂得罪孽福德，形体、容貌粗俗丑陋。他们的举止仪表，所穿皮衣粗布，和突厥有些相同。妇人的头上戴着木角，高三尺多，前面有两个分叉，代表着丈夫的父母。上叉表示父亲，下叉表示母亲，依据谁先死亡，去掉代表谁的叉。公婆都去世后，整个木角都去掉。这个国家先前是强国，国王是释迦族人，葱岭以西，多向他称臣。疆域邻近突厥，于是沾染上突厥风俗。又受到突厥侵犯劫掠，依靠自己的力量守卫边境，所以这个国家的人往往流落异国，几十个坚固的城池，各自拥立酋长。居住在毡帐中，迁徙于各地。西部边境邻接讫栗瑟摩国。

从呬摩呾罗国向东，在山谷中行走两百多里，到达钵铎创那国。

钵铎创那国[1]

原文

钵铎创那国，睹货逻国故地也，周二千余里。国大都城据山崖上，周六七里。山川逦迤，沙石弥漫。土宜菽麦，多蒲陶、胡桃、梨、柰等果。气序寒烈，人性刚猛，俗无礼法，不知学艺。其貌鄙陋，多衣毡褐。伽蓝三四所，僧徒寡少。王性淳质，深信三宝。

从此东南，山谷中行二百余里，至淫薄健国。

译文

钵铎创那国，是睹货逻国旧日的属地，方圆两千多里。国家的都城位据山崖上，方圆六七里。境内山川连绵起伏，沙石弥漫。土地适宜种植菽和麦子，多产葡萄、胡桃、梨、柰等水果。气候寒冷凛冽，人们性格刚猛，习俗中缺乏礼法，不知道学术。相貌粗俗丑陋，多穿毛料粗布。寺院有三四所，僧徒很少。国王秉性淳厚质朴，诚心信仰佛教。

从这里向着东南方向，在山谷中行走两百多里，到达淫薄健国。

注释　1 钵铎创那国：又作波多叉拿等，其地在今阿富汗东北巴达赫尚地区，都城则在今法扎巴德附近。

淫薄健国[1]

原文

淫薄健国，睹货逻国故地也，周千余里。国大都城周十余里。山岭连属，川田隘狭。土地所产、气序所宜、人性之差，同钵铎创那，但言语少异。王性苛暴，不明善恶。

从此东南，逾岭越谷，峡路危险，行三百余里，至屈居勿反。浪拿国。

译文

淫薄健国，是睹货逻国旧日的属地，方圆一千多里。国家的都城方圆十多里。境内山岭相连，平原田地狭小。土地物产、气候状况、民众性格，与钵铎创那国相同，但语言稍微有差别。国王秉性苛刻暴虐，不能辨清是非善恶。

从这里向东南翻山越谷，途中小路艰险难走，行走三百多里，到达屈浪拿国。

注释 **1** 淫薄健国：国名，其地在今阿富汗科克查河流域哲尔姆一带地方。

屈浪拿国[1]

原文

屈浪拿国，睹货逻国故地也，周二千余里。土地山川，气序时候，同淫薄健国。俗无法度，人性鄙暴，多不营福，少信佛法。其貌丑弊，多服毡褐。有山岩，中多出金精[2]，琢析其石，然后得之。伽蓝既少，僧徒亦寡。其王淳质，敬崇三宝。

从此东北，登山入谷，途路艰险，行五百余里，至达摩悉铁帝国。亦名镇侃，又谓护蜜。

译文

屈浪拿国，是睹货逻国旧日的属地，方圆两千多里。土地山川，气候状况，和淫薄健国相同。习俗中没有法度，人们性情贪鄙暴躁，大多不修福德，很少有人信仰佛法。人们形貌丑陋，多穿毛料粗布。有一处山岩中，出产很多的金精，敲碎、剖开山石后，就可以得到。寺院不多，僧徒也很少。国王淳厚质朴，敬奉、崇拜佛教。

从这里向东北，翻过山峰进入峡谷，沿途道路艰险，行走五百多里，到达达摩悉铁帝国。（也称为镇侃，又称为护蜜。）

注释　1 屈浪拿国：又作俱兰、俱罗弩等，其地在今阿富汗东北境科克查河最上游的一段河谷地区。　2 金精：即水晶。

达摩悉铁帝国[1]

原文

达摩悉铁帝国在两山间，睹货逻国故地也，东西千五六百余里，南北广四五里，狭则不逾一里。临缚刍河，盘纡曲折，堆阜高下，沙石流漫，寒风凄烈。唯植麦豆，少树林，乏花果。多出善马，马形虽小，而耐驰涉。俗无礼义，人性犷暴。形貌鄙陋，衣服毡褐。眼多碧绿，异于诸国。伽蓝十余所，僧徒寡少。

译文

达摩悉铁帝国处在两条山脉之间，是睹货逻国旧日的属地，东西长一千五六百余里，南北宽四五里，窄的地方还不超过一里。濒临缚刍河，迂回曲折，山丘高低不一，沙石弥漫，寒风凄厉凛冽。仅种植麦子和豆类，树林少，花果缺乏。出产很多的好马，马的形体虽然小，却有奔跑跋涉的耐力。习俗中没有礼义，人们性情粗犷暴烈。形体、容貌粗俗丑陋，衣服用毛料粗布。眼睛大多数是碧绿色，和各国不同。寺院有十多所，僧徒很少。

注释　1 达摩悉铁帝国：又作休密、胡密、达摩悉须多等，其地在今阿富汗东北境的瓦罕地区。

一、昏驮多城伽蓝[1]

昏驮多城，国之都也。中有伽蓝，此国先王之所建立，疏崖奠谷，式建堂宇。此国之先，未被佛教，但事邪神，数百年前，肇弘法化。初，此国王爱子婴疾，徒究医术，有加无瘳。王乃躬往天祠，礼请求救。时彼祠主为神下语："必当痊复，良无他虑。"王闻喜慰，回驾而归。路逢沙门，容止可观，骇其形服，问所从至。此沙门者，已证圣果，欲弘佛法，故此仪形。而报王曰："我，如来弟子，所谓苾刍也。"王既忧心，即先问曰："我子婴疾，生死未分。"沙门曰："王先灵可起，爱子难济。"王曰："天神谓其不死，沙门言其当终，诡俗之人，言何可信？"迟至宫中，爱子已死。匿不发丧，

昏驮多城是帝国的都城。城中有一所寺院，是这个国家先代君王所建造的，在开凿山崖填平深谷后，建起了殿堂屋宇。这个国家在早先没有传播佛教，只是敬奉邪神，直到几百年前才开始弘扬佛法。当初，这个国家的君王的爱子患病，多方寻求疗疾之术，病情有增无减。国王于是亲自前往天祠，恭敬地祈求救助。这时祠主代替天神传下话："你的儿了定会痊愈，实在不必有什么忧虑。"国王听说后欢喜宽慰，起驾回宫。路上遇到沙门，容貌动人，国王惊讶他的形貌、服饰，问他从哪里来。这位沙门，已经证得了圣果，想要弘扬佛法，所以显示出这种仪表形貌。他回答国王说："我是如来的弟子，所谓比丘是也。"国王心中忧虑，就先问道："我的儿子患病，生死未见分晓。"沙门说："大王先人的灵魂尚可唤起，爱子的病却难挽救了。"国王说："天神说他不会死，沙门说他命该绝，这种诓骗俗人的人，说的话怎可相信呢？"国王从容地回到宫中，爱子已

更问神主，犹曰："不死，疹疾当瘳。"王便发怒，缚神主而数曰："汝曹群居长恶，妄行威福。我子已死，尚云当瘳，此而谬惑，孰不可忍？宜戮神主，殄灭灵庙。"于是杀神主，除神像，投缚刍河。回驾而还，又遇沙门，见而敬悦，稽首谢曰："曩无明导，伫足邪途，浇弊虽久，沿革在兹。愿能垂顾，降临居室。"沙门受请，随至中宫。葬子既已，谓沙门曰："人世纠纷，生死流转，我子婴疾，问其去留，神而妄言，当必痊差。先承指告，果无虚说。斯则其法可奉，唯垂哀愍，导此迷徒。"遂请沙门揆度伽蓝，依其规矩，而便建立。自尔之后，佛教方隆。故伽蓝中精舍，为罗汉建也。

伽蓝大精舍中有石佛像，像上悬金铜圆盖，

经死去。国王秘不发丧，再询问神主，对方还回答说："不会死，疾病定会痊愈。"国王于是发怒，绑住神主而斥责他说："你们聚集在一起，助长邪恶，作威作福。我的儿子已经死了，还说会痊愈。这样的欺诈迷惑如果能容忍，还有什么不能容忍？应该处死神主，毁掉灵庙。"于是杀死神主，拆除神像，投到缚刍河中。他返回宫中时，又遇到沙门，见面后充满敬慕喜悦之情，叩首道歉说："往日没有贤明人士的指导，在邪路上徘徊，这种流弊虽然已久，但现在可以革除。希望您眷顾，光临我的居室。"沙门接受邀请，随国王到了宫中。国王安葬儿子后，对沙门说："人世间纠纷不断，生死流转不息。我的儿子患病，询问他的生死，天神妄言，说他必定痊愈。先前承蒙您的指教，果然不错。这说明佛法可以遵奉，希望得到您的哀怜，引导迷途中的人。"于是请沙门规划寺院，根据他的设计，就动工建造起来。从此以后，佛教才兴盛起来。所以寺院中有一所精舍，是为这位罗汉建造的。

寺院大精舍中有一座石佛像，像

众宝庄严。人有旋绕，盖亦随转，人止盖止，莫测灵鉴。闻诸耆旧曰：或云圣人愿力所持，或谓机关秘术所致。观其堂宇，石壁坚峻；考厥众议，莫知实录。

逾此国大山北，至尸弃尼国。

上悬挂着金铜制成的圆盖，用各种珍宝装饰。人们围绕佛像旋转，圆盖也旋转，人停圆盖也停，灵验神妙莫测。听老年人讲：有人说是圣人的愿力所导致，有人说是巧妙的机关秘术所引发。观察精舍的殿堂屋宇，石壁坚固；考察众人的议论，不知哪种说法属实。

翻越这个国家的大山向北行走，到达尸弃尼国。

注释　1 昏驮多城：城名，在今阿富汗瓦罕地区的汗杜德。

尸弃尼国[1]

原文

尸弃尼国周二千余里，国大都城周五六里。山川连属，沙石遍野。多宿麦，少谷稼，林树稀疏，花果寡少。气序寒烈，风俗犷勇，忍于杀戮，务于盗窃，不知礼义，不识善恶，迷未来祸

译文

尸弃尼国方圆两千多里，国家的都城方圆五六里。山川连绵，沙石漫山遍野。盛产宿麦，谷类作物不多，树林稀疏，花果很少。气候严寒凛冽，风俗粗犷勇猛，狠心杀戮，专门从事抢窃、偷盗，不知道礼义，不识别善恶，迷惑于将来的祸福，畏惧今世的

福，惧现世灾殃。形貌鄙陋，皮褐为服。文字同睹货逻国，语言有异。

越达摩悉铁帝国大山之南，至商弥国。

灾殃。形体、容貌粗俗丑陋，以毛皮粗布为衣服。文字和睹货逻国相同，语言有差别。

越过达摩悉铁帝国大山向南行走，到达商弥国。

注释 1 尸弃尼国：又作识匿、瑟匿等，其地在今帕米尔的舒格南地区。

商弥国[1]

原文

商弥国周二千五六百里。山川相间，堆阜高下。谷稼备植，菽麦弥丰，多蒲陶。出雌黄，凿崖析石，然后得之。山神暴恶，屡为灾害，祀祭后入，平吉往来。若不祈祷，风雹奋发。气序寒，风俗急。人性淳质，俗无礼义，智谋寡狭，伎能浅薄。文字同睹货逻国，语言别异。多衣毡褐。其王释

译文

商弥国方圆两千五六百里。境内高山平原相间，丘陵起伏。种植各种庄稼，菽与麦子尤为丰盛，盛产葡萄。出产雌黄，开凿山崖剖开石头，然后可以得到。山神凶暴作恶，屡次造成灾害，祭祀后进山，方可平安往来。如不加以祈祷，就骤降风暴冰雹。气候严寒，风俗急躁。人们性情淳厚质朴，习俗中没有礼义，智谋短浅，技能低下。文字和睹货逻国相同，语言不相同。多穿毛料粗布衣服。国王

种也，崇重佛法，国人从化，莫不淳信。伽蓝二所，僧徒寡少。

是释迦族人，崇拜敬重佛法，民众遵从教化，没有不虔诚信仰的。寺院有两所，僧徒很少。

注释 1 商弥国：又作双靡、赊弥等，其地在今巴基斯坦北部的奇特拉尔和马斯图吉。

波谜罗川[1]

国境东北，逾山越谷，经危履险，行七百余里，至波谜罗川。东西千余里，南北百余里，狭隘之处不逾十里。据两雪山间，故寒风凄劲，春夏飞雪，昼夜飘风。地碱卤，多砾石，播植不滋，草木稀少，遂致空荒，绝无人止。

在商弥国疆域东北，翻过高山越过峡谷，经过危险的路段，行走七百多里，到达波谜罗川。波谜罗川东西长一千多里，南北宽一百多里，狭窄的地方不超过十里。它位于两座雪山之间，所以寒风凄厉强劲，春夏时节依然飞雪，日夜刮风。土地是盐碱地，遍地碎石，庄稼不能生长，草木稀少，以至于空旷荒芜，没有人在这里居住。

波谜罗川中有大龙池[2]，东西三百余里，南北五十余里，据大葱岭内，当赡部洲中，其地最高也。水乃澄清皎镜，莫测其深，色带青黑，味甚甘美。潜居则鲛、螭、

波谜罗川中有个大龙池，东西三百多里，南北五十多里，处于大葱岭内，在赡部洲中，这片土地地势最高。水面清澈如镜，不能测知它的深度，颜色青黑，味道十分甘甜。潜居水中

鱼、龙、鼋、鼍、龟、鳖[3]，浮游乃鸳鸯、鸿雁、駕鹅、鹔、鸨[4]。诸鸟大卵，遗㲉荒野[5]，或草泽间，或沙渚上。池西派一大流，西至达摩悉铁帝国东界，与缚刍河合而西流，故此已右，水皆西流。池东派一大流，东北至佉沙国西界，与徙多河合而东流，故此已左，水皆东流。

的有鲛、螭、鱼、龙、鼋、鼍、龟、鳖，浮游在水面上的有鸳鸯、鸿雁、駕鹅、鹔、鸨。各种鸟类产下的大蛋，以及蛋壳遍布荒野，有的在草泽上，有的在沙洲上。龙池西面分流出一条大河，向西流到达摩悉铁帝国的东部边界，和缚刍河汇合后再西流，所以龙池的右侧，水都向西流。龙池的东面分流出一条大河，向东北流到佉沙国的西部边界，和徙多河汇合后再东流，所以龙池的左侧，水都向东流。

波谜罗川南，越山有钵露罗国，多金银，金色如火。

从波谜罗川向南，越过山岭是钵露罗国，该国多产金银，金子的颜色如火一般亮。

自此川中东南，登山履险，路无人里，唯多冰雪。行五百余里，至朅盘陁国。

从波谜罗川向东南方，攀过山峰，越过险阻，路上没有人烟，只有满地的冰雪。行走五百多里，到达朅盘陁国。

注释　1 波谜罗川：又作播蜜川、播蜜等，即今帕米尔高原。　2 大龙池：即今卡拉库尔湖，又名大帕米尔湖。　3 鲛(jiāo)：鲨鱼。螭(chī)：传说中没有角的龙。鼋(yuán)：巨型鳖。鼍(tuó)：爬行动物，体长两米多，背部、尾部有鳞甲。又称鼍龙或扬子鳄，通称猪婆龙。　4 駕(jiā)鹅：野鹅。鹔(sù)：水鸟，雁的一种。长颈，其羽毛可制为裘。鸨(bǎo)：鸟类的一属，头小，颈长，背部平，尾巴短，不善飞，能涉水。　5 㲉(què)：鸟卵，卵已孵，卵壳。

朅盘陁国[1]

原文

朅盘陁国周二千余里，国大都城基大石岭，背徙多河，周二十余里。山岭连属，川原隘狭。谷稼俭少，菽麦丰多，林树稀，花果少。原隰丘墟，城邑空旷。俗无礼义，人寡学艺，性既犷暴，力亦骁勇。容貌丑弊，衣服毡褐。文字语言，大同佉沙国。然知淳信，敬崇佛法。伽蓝十余所，僧徒五百余人，习学小乘教说一切有部。

译文

朅盘陁国方圆两千多里，国家的都城建造在大石岭上，背靠徙多河，方圆二十多里。境内山岭相连，平原地带狭小。庄稼种类少，菽与麦子种植很多。树林稀疏，花果很少。高地与低洼地荒芜，城镇人口少。习俗中没有礼义，人们缺乏学术，性情粗犷暴烈，刚健勇猛。容貌丑陋，衣服用毛料粗布。文字和语言，大体上和佉沙国相同。懂得淳厚信实，敬奉崇拜佛法。寺院有十多所，僧徒五百多人，研习小乘佛教说一切有部。

注释　1 朅（qiè）盘陁国：又作渴盘陁、汉盘陀等，其地在今新疆塔什库尔干。

一、建国传说

今王淳质，敬重三宝，仪容闲雅，笃志好学。建国已来，多历年所。其自称云是至那提婆瞿呾罗[1]。唐言汉日天种。此国之先，葱岭中荒川也。昔波利剌斯国王娶妇汉土，迎归至此。时属兵乱，东西路绝，遂以王女置于孤峰，极危峻，梯崖而上，下设周卫，警昼巡夜。时经三月，寇贼方静，欲趋归路，女已有娠。使臣惶惧，谓徒属曰："王命迎妇，属斯寇乱，野次荒川，朝不谋夕。吾王德感，妖气已静。今将归国，王妇有娠。顾此为忧，不知死地。宜推首恶，或以后诛。"讯问喧哗，莫究其实。时彼侍儿谓使臣曰："勿相尤也，乃神会耳。每日正中，有一丈夫从日轮中乘马会

当今国王淳厚质朴，尊敬珍重佛教，仪态悠闲高雅，专心好学。建国以来，已经历了长久的岁月。他自称出身于至那提婆瞿呾罗。（唐朝语言称汉日天种。）这个国家的先辈，住在葱岭的荒川上。从前波利剌斯国王到汉地娶妻，迎亲归国时路过这里。当时遇上战乱，东西之间的道路断绝，于是把国王之妻安置到孤峰顶上，山峰极为险峻，攀着悬崖才能上去，峰下四面设置警卫，日夜巡逻。过了三个月，寇乱才平定下来，正要踏上归路，女子已经怀孕了。使臣惶恐不安，对下属说："国王命令我们迎娶新妇，碰上了这场寇乱，露宿于荒野上，朝不保夕。仰仗国王德化的感召，妖贼已经肃清。现在就要回国，国王的新妇却怀孕了。这件事令人担忧，不知道会葬身何处。应该查出首恶分子，我们或许可以延缓死期。"追查搞得一片喧嚣，也没查出实情。这时，那女子的侍童对使臣说："不要互相责怪了，这是神来相会的结果。每天正午，有一个男子从太阳中骑

此。”使臣曰：“若然者，何以雪罪？归必见诛，留亦来讨，进退若是，何所宜行？”佥曰：“斯事不细，谁就深诛？待罪境外，且推旦夕。”于是即石峰上筑宫起馆，周三百余步。环宫筑城，立女为主，建官垂宪。至期产男，容貌妍丽。母摄政事，子称尊号。飞行虚空，控驭风云，威德遐被，声教远洽，邻域异国，莫不称臣。其王寿终，葬在此城东南百余里大山岩石室中。其尸干腊，今犹不坏，状羸瘠人，俨然如睡，时易衣服，恒置香花。子孙奕世，以迄于今。以其先祖之世，母则汉土之人，父乃日天之种，故其自称汉日天种。然其王族，貌同中国，首饰方冠，身衣胡服。后嗣陵夷，见迫强国。

马，到这里来相会。”使臣说：“如果是这样，怎么能洗刷罪过呢？回去后一定会被诛杀，留下来国王也会派兵来征讨，进退都如此为难，该怎么办呢？”众人都说：“这件事不一般，谁能去伏罪受死？不如在境外待罪，暂且拖延一些时日。”于是在石峰上建筑宫室，方圆三百多步。围着宫室筑城，拥立女子为君主，设置官职，制定法律。到了产期，女君主生下男孩，孩子容貌英俊。母亲代行政事，儿子则称王。他能在空中飞行，驾驭风云，威名恩德广布，教化远传，邻境外国，无不向他称臣。国王寿终正寝后，被安葬在这座城东南一百多里大山岩的石室中。他的尸体风干了，至今还不腐烂，样子如瘦弱的病人，仿佛睡着了似的，经常变换衣服，时时安放香花。子孙相传，直到当今。因他们祖先那一代，母亲是汉地的人，父亲是日天之种，所以自称种族为汉日天种。王族的人，容貌和中国人相同，头上戴方帽，身上却穿着胡服。后代受到强国的逼迫，逐渐衰微。

注释　1 至那提婆瞿呾罗：种族名。得名由来详见本条。

二、童受伽蓝

无忧王命世，即其宫中建窣堵波。其王于后迁居宫东北隅，以其故宫为尊者童受论师建僧伽蓝[1]。台阁高广，佛像威严。尊者，呾叉始罗国人也，幼而颖悟，早离俗尘，游心典籍，栖神玄旨，日诵三万二千言，兼书三万二千字。故能学宬时彦，名高当世，立正法，摧邪见，高论清举，无难不酬，五印度国咸见推高。其所制论凡数十部，并盛宣行，莫不玩习，即经部本师也[2]。当此之时，东有马鸣，南有提婆，西有龙猛，北有童受，号为四日照世。故此国王闻尊者盛德，兴兵动众，伐呾叉始罗国，胁而得之，建此伽蓝，式昭瞻仰。

无忧王当政时，在其宫中建造佛塔。这位国王后来迁居到宫殿的东北角，把旧日的宫殿为童受论师建成一所寺院。台轩楼阁高大，佛像庄严威武。尊者是呾叉始罗国人，年幼时聪颖，很早就脱离凡尘，潜心于典籍，钻研佛学要旨，每天诵读三万二千字，并书写三万二千字。所以能够享有一世高名，扶持佛法，摧毁邪见，高深而清雅的谈论，没有什么论难不能解答，在五印度各国，都受到推崇。他所写作的论著共有几十部，都广泛流传，人人都研习，他就是创立经量部的大师。在这时，东有马鸣，南有提婆，西有龙猛，北有童受，号称“四日照世”。所以这个国家的君王听到尊者崇高的德行，就兴兵动众，讨伐呾叉始罗国，胁迫后得到了尊者，建造这所寺院，供人瞻仰。

注释 1 童受论师：即拘摩罗逻多论师。参见本书卷三“呾叉始罗国”条。 2 经部本师：创立经量部的大师。

三、二石室入定罗汉

城东南行三百余里，至大石崖，有二石室，各一罗汉于中入灭尽定。端然而坐，难以动摇，形若羸人，肤骸不朽，已经七百余岁。其须发恒长，故众僧年别为剃发易衣。

从都城向东南行走三百多里，到达大石崖，有两个石室，各有一个罗汉在里面入灭尽定。他们端正地坐着，身体不动摇，样子如瘦弱的人，皮肤不腐烂，已经七百多年了。罗汉的胡须、头发总是生长，所以僧人们每年都为罗汉剃发换衣服。

四、奔穰舍罗[1]

大崖东北，逾岭履险，行二百余里，至奔逋论反。穰舍罗。唐言福舍。葱岭东冈，四山之中，地方百余顷，正中垫下。冬夏积雪，风寒飘劲。畴垅舄卤，稼穑不滋，既无林树，唯有细草。时虽暑热，而多风雪，人徒才入，云雾已兴。商旅往来，苦斯艰险。闻诸耆旧曰：昔有贾客，其徒万余，橐驼数千，赍货逐利，

从大石崖向东北翻山越岭，经历险阻，行走两百多里，到达奔穰舍罗。（唐朝语言称福舍。）福舍在葱岭东冈，四山环抱之中，有块土地面积一百多顷，正中部位低陷。冬夏都有积雪，大风寒冷强劲。田地是盐碱地，庄稼不能生长，没有树林，只有细草。即使是炎热的夏天，也有很多风雪，行人刚一进入，云雾就升起来。商人来往，对这段路的艰险感到痛苦。听老年人讲：从前有个商人，他的属下有一万多人，骆驼几千头，带着货物经商营利，遭遇

遭风遇雪，人畜俱丧。时朅盘陁国有大罗汉，遥观见之，愍其危厄，欲运神通，拯斯沦溺。适来至此，商人已丧。于是收诸珍宝，集其所有，构立馆舍，储积资财，买地邻国，鬻户边城，以赈往来。故今行人商旅，咸蒙周给。

从此东下葱岭东冈，登危岭，越洞谷，溪径险阻，风雪相继，行八百余里，出葱岭，至乌铩国。

到了风雪，人和骆驼都死了。其时朅盘陁国有个大罗汉，远远地望见了，他可怜这些人遭遇厄运，想要运用神通力，拯救他们出离苦难。刚来到这里，商人已经死去，于是收集各种珍宝，汇聚所有物品，建立馆舍，储积资财，向邻国买地，从边城买来人户，以赈济往来的行人。所以现在的旅客商人，都受到福舍的周济供给。

从这里向东走下葱岭的东冈，登上陡峭的山岭，越过峡谷，沿途小路崎岖难行，风雪交加，行走八百多里，走出葱岭，到达乌铩国。

注释 1 奔穰舍罗：施舍医药、食物的福舍。

乌铩国[1]

原文

乌铩国周千余里，国大都城周十余里，南临徙多河。地土沃壤，稼穑殷盛，林树郁

译文

乌铩国方圆一千多里，国家的都城方圆十多里，南部濒临徙多河。土地肥沃，庄稼茂盛，树林浓郁，花

茂，花果具繁。多出杂玉，则有白玉、鷖玉、青玉[2]。气序和，风雨顺。俗寡礼义，人性刚犷，多诡诈，少廉耻。文字、语言少同佉沙国。容貌丑弊，衣服皮褐。然能崇信，敬奉佛法。伽蓝十余所，僧徒减千人，习学小乘教说一切有部。自数百年王族绝嗣，无别君长，役属朅盘陁国。

果繁多。盛产各种玉石，有白玉、黑玉、青玉。气候温和，风调雨顺。习俗中缺少礼义，人们性情刚烈粗犷，诡计多，廉耻少。文字和语言，与佉沙国稍有相同。容貌丑陋，衣服用毛皮粗布。但能崇信佛教，敬奉佛法。寺院有十多所，僧徒将近一千人，研习小乘佛教说一切有部。几百年以来，王族后代断绝，没有另设君主，隶属于朅盘陁国。

注释　1 乌铩国：国名，确址众说不一，大约当在今新疆莎车地区。2 鷖（yī）玉：黑玉。

一、罗汉出定神变传说

城西二百余里至大山，山气巃嵸[1]，触石兴云，崖隒峥嵘，将崩未坠。其巅窣堵波，郁然奇制也。闻诸土俗曰：数百年前，山崖崩圮，中有苾刍，瞑目而坐，躯量伟大，形容枯槁，须发下垂，被肩蒙面。有田猎者见已白王，王躬观

从都城向西走两百多里，到达一座大山，山上雾气蒸腾，碰上岩石形成为云，悬崖峥嵘，形状如同将崩溃而未坠落的样子。山巅上有一座佛塔，形制奇特。听当地人讲：几百年前，山崖崩塌，里面有个比丘闭目而坐，身材高大，面容枯瘦，胡须、头发下垂，披到肩上蒙住了脸。有个狩猎的人见到后，便禀报国王，国王亲自前去观看行礼。

礼。都人士子，不召而至，焚香散花，竞修供养。王曰："斯何人哉？若此伟也！"有苾刍对曰："此须发垂长而被服袈裟，乃入灭心定阿罗汉也[2]。夫入灭心定者，先有期限，或言闻揵椎声，或言待日光照，有兹警察，便从定起。若无警察，寂然不动，定力持身，遂无坏灭。段食之体[3]，出定便谢。宜以酥油灌注，令得滋润，然后鼓击，警悟定心。"王曰："俞乎！"乃击揵椎。其声才振，而此罗汉豁然高视，久之，乃曰："尔辈何人？形容卑劣，被服袈裟？"对曰："我苾刍也。"曰："然，我师迦叶波如来今何所在？"对曰："入大涅槃，其来已久。"闻而闭目，怅若有怀，寻重问曰："释迦如来出兴世耶？"对曰："诞灵导世，已从寂灭。"闻复俯首，久

城内人士，没被招集却纷纷赶来，焚香散花，竞相恭敬供养。国王说："这是什么人，是如此地高大！"有个比丘回答说："这位须发长长地垂下、穿披袈裟的人，是入灭心定的罗汉。所谓入灭心定的人，是预先有期限的，有人说是听到揵椎声，有人说是等到日光照射，有这种警讯的话，他便从禅定中起身。如果没有这种警讯，他便寂然不动，以其定力保持自身，不会毁坏朽烂。依靠食物的身体，一出定就会死去。应该用酥油浇灌他的身体，使他肌肤滋润，然后敲击揵椎，把他从入定中唤醒。"国王说："就如此吧！"于是敲击揵椎。声音刚一响起，这个罗汉就豁然张目观望，过了很久才说："你们是什么人，容貌丑陋矮小，却穿着袈裟？"对方回答说："我是比丘。"罗汉问："那么，我的老师迦叶波如来现在在哪里？"比丘回答说："他已入大涅槃，岁月很久远了。"罗汉听说后闭上眼睛，怅然若失，思考了一会，随之又问道："释迦如来出世了吗？"比丘回答："圣灵降临世间引导凡人，已经归于寂灭。"罗汉听说后又低下了头，很久才起身，升入

之乃起，升虚空，现神变，化火焚身，遗骸坠地。王收其骨，起窣堵波。

从此北行，山碛旷野五百余里，至佉沙国。旧谓疏勒者，乃称其城号也。正音宜云室利讫栗多底。疏勒之言，犹为讹也。

空中，显现神通变化，化出火来焚烧自身，遗骸落下来。国王收拾起罗汉的遗骨，建造佛塔。

从这里向北行走，经过山岭、沙碛、旷野五百多里，到达佉沙国。（旧日称疏勒，是采用它都城的名称。正确的读法应叫室利讫栗多底。疏勒的称呼，该算为错误。）

注释 1 巃嵸（lóng zōng）：峻拔高耸的样子，或云气蒸腾的样子。2 灭心定：又称灭尽定、灭受想定，是灭除一切意识作用、精神作用的禅定。这是不还果以上的圣者所修的禅定。 3 段食：又称团食、抟食，泛指一切欲界之食物。因为欲界食物皆是分段而食，以资益身体。

佉沙国[1]

原文

佉沙国周五千余里，多沙碛，少壤土。稼穑殷盛，花果繁茂。出细毡褐，工织细氎、𣰽毹。气候和畅，风雨顺序。人性犷暴，俗多诡

译文

佉沙国方圆五千多里，沙石多，农田土地少。庄稼茂盛，花果繁多。出产细毛毡和粗布，擅长编织细棉布地毯。气候温和舒畅，风调雨顺。人们性情粗犷暴烈，惯于使用诡计，礼

诈，礼义轻薄，学艺肤浅。其俗生子，押头匾虒，容貌粗鄙，文身绿睛。而其文字，取则印度，虽有删讹，颇存体势。语言辞调，异于诸国。淳信佛法，勤营福利。伽蓝数百所，僧徒万余人，习学小乘教说一切有部。不究其理，多讽其文，故诵通三藏及《毗婆沙》者多矣。

从此东南行五百余里，济徙多河，逾大沙岭，至斫句迦国。旧曰沮渠。

义轻薄，学术肤浅。当地的风俗，生下男孩，把头夹偏，容貌粗俗丑陋，有文身的习惯，眼睛是绿色的。他们的文字，取法于印度，虽然有删改讹变，仍大体保存了原来的样式。语言的声调，和各国有差异。虔诚信奉佛法，勤于求取福德。寺院有几百所，僧徒一万多人，研习小乘佛教说一切有部。不推究其中要义，只是多念经文，所以通读过三藏和《毗婆沙》的人很多。

从这里向东南行走五百多里，渡过徙多河，翻过大沙岭，到达斫句迦国。（旧称沮渠。）

注释　1 佉沙国：又作竭石、竭叉、沙勒等，其地当为以今新疆喀什为中心的地区。

斫句迦国[1]

原文

斫句迦国周千余里。国大都城周十余里，坚峻险

译文

斫句迦国方圆一千多里。国家的都城方圆十多里，坚固险峻，居民

固，编户殷盛。山阜连属，砾石弥漫。临带两河[2]，颇以耕植，蒲陶、梨、柰其果实繁。时风寒，人躁暴。俗唯诡诈，公行劫盗。文字同瞿萨旦那国，言语有异。礼义轻薄，学艺浅近。淳信三宝，好乐福利。伽蓝数十，毁坏已多，僧徒百余人，习学大乘教。

国南境有大山，崖岭嵯峨，峰峦重叠，草木凌寒，春秋一贯，溪涧浚濑[3]，飞流四注，崖龛石室，棋布岩林。印度果人[4]，多运神通，轻举远游，栖止于此。诸阿罗汉寂灭者众，以故多有窣堵波也，今犹现有三阿罗汉居岩穴中，入灭心定，形若羸人，须发恒长，故诸沙门时往为剃。而此国中大乘经典部数尤多，佛法至处，莫斯为盛也。十万颂为部者，凡有十数。自兹已降，其流实广。

从此而东，逾岭越谷，

众多。境内山岭相连，沙石弥布。靠近两条河流之处，耕地较多，葡萄、梨、柰这类水果充足。气候多风寒冷，人们性情急躁暴烈。习俗中惯于欺诈，公然进行抢劫。文字和瞿萨旦那国相同，言语有差别。礼义很淡薄，学术很肤浅。但虔诚信仰佛教，喜好营求福德。寺院有几十所，多已毁坏。僧徒一百多人，研习大乘佛教。

该国南部疆域有大山，峻岭高耸，峰峦重叠，草木经得起严寒，从春天到秋天都是绿色，山间溪流湍急，飞泻的流水四溅，山崖上开凿的石室，星罗棋布。印度证得圣果的人，多运用神通力，飞行远游，在这里栖息。阿罗汉在这里寂灭多，所以佛塔为数也多。现在还有三位罗汉身居岩穴中，入灭心定，样子如枯瘦的人，须发一直在生长，所以僧人们时常前去为他们剃发。这个国家中大乘佛教经典的数量格外多，在佛法传播到的地方，没有比这里更兴盛的。以十万颂为一部的经典，共有十几部，十万颂以下的，流传就更广泛了。

从这里向东，翻山越岭，行走八

行八百余里，至瞿萨旦那国。唐言地乳，即其俗之雅言也。俗语谓之汉那国，匈奴谓之于遁，诸胡谓之豁旦，印度谓之屈丹。旧曰于阗，讹也。

百多里，到达瞿萨旦那国。（唐朝语言称作地乳，这是当地的雅称。俗语称作汉那国，匈奴称作于遁，胡人称作豁旦，印度称作屈丹。旧称于阗，是错误的。）

注释　1 斫句迦国：又作子合国、朱驹波等，其地在今新疆叶城。2 两河：指叶尔羌河、提孜那甫河。3 浚濑（lài）：湍急的水。4 果人：果上的人，完成修行的人。即佛、辟支佛、阿罗汉三种。三者都是已证得觉悟之果、得解脱者。

瞿萨旦那国[1]

原文

瞿萨旦那国周四千余里，沙碛太半，壤土隘狭。宜谷稼，多众果。出氍毹细毡，工纺绩絁䌷[2]，又产白玉、瑿玉。气序和畅，飘风飞埃。俗知礼义，人性温恭。好学典艺，博达技能。众庶富乐，编户安业。国尚乐音，人好

译文

瞿萨旦那国方圆四千多里，沙石地带占了一大半，农田土地狭小。适宜种植谷物，各类果物多。出产毛毯细毡，擅长纺织粗绸，又出产白玉、黑玉。气候温和舒畅，刮风时尘土飞扬。人们懂得礼义，性情温和恭敬，喜爱学习典籍，博通各种技能。民众富足快乐，居民安于本业。

歌舞。少服毛褐毡裘，多衣絁䌷白氎。仪形有体，风则有纪。文字宪章，聿遵印度，微改体势，粗有沿革。语异诸国，崇尚佛法。伽蓝百有余所，僧徒五千余人，并多习学大乘法教。

国家崇尚音乐，人民喜好歌舞。不大穿皮毛毡裘，多穿粗绸棉布。仪态得体，行为合于纲纪。文字及其法则，依照印度，略微改变体势，大体上沿袭。语言和各国有差异，崇敬佛法。寺院有一百多所，僧徒五千多人，都研习大乘佛教。

注释　1 瞿萨旦那国：又名于阗、五端等，其地在今新疆和田地区。2 絁䌷（shīchóu）：一种粗绸。

一、建国传说

王甚骁武，敬重佛法，自云毗沙门天之祚胤也[1]。昔者，此国虚旷无人，毗沙门天于此栖止。无忧王太子在呾叉始罗国被抉目已，无忧王怒谴辅佐，迁其豪族，出雪山北，居荒谷间。迁人逐牧，至此西界，推举酋豪，尊立为王。当是时也，东土帝子蒙谴流徙，居此东界，群下劝进，

国王十分骁勇，崇敬佛法，自称是毗沙门天的后裔。从前这片国土空旷无人，毗沙门天在这里栖息。无忧王太子在呾叉始罗国被挖去眼睛后，无忧王愤怒地遣散辅佐官员，迁徙豪族到雪山以北，住在荒谷之中。被迁徙的人逐水草放牧，到了这个国家的西部地区，推举一个首领，拥立为国王。在这个时候，东方皇帝的儿子被贬斥流徙，住在这个国家的东部地区，属下劝进，又自称为王。经过很长岁月，两

又自称王。岁月已积，风教不通。各因田猎，遇会荒泽，便问宗绪，因而争长。忿形辞语，便欲交兵。或有谏曰：“今何遽乎？因猎决战，未尽兵锋。宜归治兵，期而后集。”

于是回驾而返，各归其国，校习戎马，督励士卒。至期兵会，旗鼓相望。旦日合战，西主不利，因而逐北，遂斩其首。东主乘胜，抚集亡国。迁都中地，方建城郭，忧其无土，恐难成功，宣告远近，谁识地理。时有涂炭外道，负大瓠，盛满水而自进曰：“我知地理。”遂以其水屈曲遗流，周而复始，因即疾驱，忽而不见。依彼水迹，峙其基堵，遂得兴功，即斯国治，今王所都于此城也。城非崇峻，攻击难克，自古已来，未能有胜。

其王迁都作邑，建国

国政教风俗不相通。一次，双方各自狩猎，在荒野中相逢，互问世系，因而争执谁为尊长。愤怒见于言辞，眼看要动手打起来。有人规劝说：“现在何必匆忙动手呢？因为打猎而决战，没有动用所有兵力，应该回去训练军队，定下日期后相约交战。”

于是，各自回马，返归本国，操练兵马，督促激励士卒，到了交战期限，兵马会合，旗鼓相望。第二天交战，西方君主不利，东方军队追击，斩下他的首级。东方君主乘胜前进，安抚被灭之国的百姓。他打算迁都到中部地区，计划建造城邑，忧虑那里没有黏土，恐怕难以成功，便向远近的人宣告，征求识得地理的人。这时有个涂灰外道，背着一个葫芦，装满了水，而自荐于国王说：“我懂得地理。”于是把水弯弯曲曲地倒出来，倒了一次又重新开始，随后就急速跑开，忽然不见了。人们依照他洒下的水迹，在上面建立墙基，动工修筑，便成为国都，当今国王就以它为都城。城池并不高大险峻，但是很难攻克，自古以来，没有人能攻下它。

安人，功绩已成，齿耋云暮，未有胤嗣，恐绝宗绪。乃往毗沙门天神所，祈祷请嗣。神像额上，剖出婴孩，捧以回驾，国人称庆。既不饮乳，恐其不寿，寻诣神祠，重请育养。神前之地忽然隆起，其状如乳，神童饮吮，遂至成立。智勇光前，风教遐被，遂营神祠，宗先祖也。自兹已降，奕世相承，传国君临，不失其绪。故今神庙多诸珍宝，拜祠享祭，无替于时。地乳所育，因为国号。

古代那位国王建城迁都，安抚民众，功业成功后，已到老年，没有子嗣，担心宗绪断绝。于是前往毗沙门天神那里，祈求赐予子嗣。天神像前额上，分离出一个婴儿来，国王抱着他回来，举国欢庆。随后因婴儿不吃人奶，国王担心他寿命不长，又前往神祠，请天神哺育。神像前的地面忽然隆起，形状像乳房，神童吮吸，直至成人。他的智慧威武超过前人，声威教化远传，于是建造神祠，奉天神为祖先。从此以后，世代相承，历代统治国土，没有间断。所以现在神庙中珍宝很多，跪拜祭祀，从不误时。由于先王是地乳所哺育，便把“地乳”作为国号。

注释 1 毗沙门天：古代印度施福之神，佛教奉为四天王之一，为守护北方之神。

二、毗卢折那伽蓝

王城南十余里有大伽蓝，此国先王为毗卢折那唐言遍照。阿罗汉建

都城以南十多里，有一所大寺院，是这个国家的前代君王为毗卢折那（唐朝语言称遍照。）阿罗汉所建造的。从

也[1]。昔者,此国佛法未被,而阿罗汉自迦湿弥罗国至此林中,宴坐习定。时有见者,骇其容服,具以其状上白于王。王遂躬往,观其容止,曰:“尔何人乎,独在幽林?”罗汉曰:“我,如来弟子,闲居习定。王宜树福,弘赞佛教,建伽蓝,召僧众。”王曰:“如来者,有何德,有何神,而汝鸟栖,勤苦奉教?”曰:“如来慈愍四生,诱导三界,或显或隐,示生示灭。遵其法者,出离生死,迷其教者,羁缠爱网。”王曰:“诚如所说,事高言议。既云大圣,为我现形。若得瞻仰,当为建立,罄心归信,弘扬教法。”罗汉曰:“王建伽蓝,功成感应。”王苟从其请,建僧伽蓝,远近咸集,法会称庆,而未有揵椎扣击召集。王谓罗汉曰:“伽

前,这个国家还未传播佛法,阿罗汉从迦湿弥罗国到了这里的树林中,打坐修习禅定。当时见到他的人,惊讶他的容貌服饰,便把这个情况禀报给国王。国王亲自前往,观察他的举止,说:“你是什么人,独自坐在幽深的树林中?”罗汉说:“我是如来的弟子,在这里闲居,修习禅定。大王应培植福德,弘扬佛教,建立寺院,招集僧人。”国王说:“如来有什么德行?有什么神通?他怎么使你们如鸟儿栖息在树林一般,殷勤地崇奉他的教化呢?”罗汉说:“如来怜悯一切众生,诱导三界中的众生,或明或暗,向他们展示生与灭的道理。遵循佛法的人,脱离生死轮回。怀疑佛法的人,则受到欲爱之网的束缚。”国王说:“果真如你所说,事实应当胜于言辞。既说如来是大圣人,请为我现身。如果能瞻仰到他的容貌,我将为之建立寺院,尽心归顺,弘扬佛法。”罗汉说:“大王建立寺院,建成后如来自会有感应。”国王姑且听从他的请求,建立了寺院,远近的人都汇集而来,举行法会庆祝,却没有揵椎用来敲击,招集大众。国王对罗汉说:“寺院已建成,佛在哪里?”罗汉说:

蓝已成,佛在何所?”罗汉曰:“王当至诚,圣鉴不远。”王遂礼请,忽见空中佛像下降,授王揵椎,因即诚信,弘扬佛教。

“国王应诚心皈依,圣人显现就不远了。”国王于是行礼邀请,忽然看见佛像从空中下降,把揵椎授予国王,国王从此竭诚信仰,传播佛教。

注释　**1** 毗卢折那阿罗汉:罗汉名,又称毗卢遮那、毗卢舍等,意译为遍照。他曾引导于阗王信奉佛教。早期记载见于《洛阳伽蓝记》卷五、《北史》卷九十七。

三、瞿室餕伽山

王城西南二十余里,有瞿室餕伽山。唐言牛角。山峰两起,岩隒四绝。于崖谷间建一伽蓝,其中佛像时烛光明。昔如来曾至此处,为诸天人略说法要,悬记此地当建国土,敬崇遗法,遵习大乘。

在都城西南二十多里,有座瞿室餕伽山。(唐朝语言称牛角。)山顶有两峰耸起,四周为重叠的岩石隔绝。山崖峡谷中建造了一所寺院,里面的佛像时常放射光芒。从前如来曾到过这里,为天神大众讲说佛法要旨,预言这里将建立国家,敬仰尊崇佛法,遵循、研习大乘佛教。

牛角山岩有大石室,中有阿罗汉,入灭心定,待慈氏佛,数百年间,供养无替。近者崖崩,掩塞门径。国王兴兵欲除崩石,即黑

牛角山的山崖上有个大石室,里面有阿罗汉,入灭心定,等待慈氏菩萨的出世,几百年间,供养没有间断。近年山崖崩塌,堵塞了门口的通道。国王派军队,准备清除崩塌下来的石头,

峰群飞,毒螫人众,以故至今石门不开。

立刻就有黑蜂成群飞舞,用毒针螫伤众人,因此到现在石门仍没有打开。

四、地迦婆缚那伽蓝

王城西南十余里,有地迦婆缚那伽蓝。中有夹纻立佛像[1],本从屈支国而来至止。昔此国中有臣被谴,寓居屈支,恒礼此像。后蒙还国,倾心遥敬,夜分之后,像忽自至,其人舍宅,建此伽蓝。

在都城西南十多里,有一所地迦婆缚那寺院。里面有用夹纻方法制成的站立佛像,是从屈支国来到这里而留下来的。从前这个国家中有位大臣被流放,寄居在屈支国,时常礼拜这尊佛像。后来获赦免回国,依然诚心地遥遥致敬,半夜之后,佛像忽然自行到来,这位大臣于是施舍住宅,建立起这所寺院。

注释 **1** 夹纻:古代的一种雕塑方法。是把原型塑土脱出,以干漆涂成,即后代的所谓"脱沙"。

五、勃伽夷城[1]

王城西行三百余里,至勃伽夷城。中有佛坐像,高七尺余,相好允备,威肃嶷然,首戴宝冠,光明时

从都城向西行走三百多里,到达勃伽夷城。里面有佛陀坐像,高七尺多,相貌庄严佳妙,威武肃穆,头上戴着宝冠,时时放射出光芒。听当地人

照。闻诸土俗曰：本在迦湿弥罗国，请移至此。昔有罗汉，其沙弥弟子临命终时，求酢米饼[2]。罗汉以天眼观，见瞿萨旦那国有此味焉，运神通力，至此求获。沙弥啖已，愿生其国。果遂宿心，得为王子。既嗣位已，威摄遐迩，遂逾雪山，伐迦湿弥罗国。迦湿弥罗国王整集戎马，欲御边寇。时阿罗汉谏王："勿斗兵也，我能退之。"寻为瞿萨旦那王说诸法要。王初未信，尚欲兴兵。罗汉遂取此王先身沙弥时衣，而以示之。王既见衣，得宿命智，与迦湿弥罗王谢咎交欢，释兵而返，奉迎沙弥时所供养佛像，随军礼请。像至此地，不可转移，环建伽蓝，式招僧侣，舍宝冠置像顶。今所冠者，即先王所施也。

讲：这尊佛像本在迦湿弥罗国，是礼请移到这里的。从前有位罗汉，他的沙弥弟子将要去世时，索求酢米饼。罗汉用天眼观察，见到瞿萨旦那国有这种食品，就运起神通力，到这里来求取。沙弥吃过酢米饼，发愿生到这个国家。后来果然实现夙愿，成为王子。继位之后，声威慑服远近，于是翻越雪山，征伐迦湿弥罗国。迦湿弥罗国王整顿、调集军队，准备抵御外敌进犯。这时阿罗汉规劝国王："不要以军队相对抗，我能使他们退兵。"旋即为瞿萨旦那王演说佛法要旨。瞿萨旦那王起初不相信，还要交兵。罗汉于是取出这位国王前世当沙弥时的衣服给他看。这位国王见到衣服后，就证得了宿命智，向迦湿弥罗王谢罪，两相和好，罢兵返回。他还奉迎做沙弥时所供养的佛像，随军行礼祈祷。佛像到了这里，不能再移动，就围绕着佛像建造寺院，招集僧徒，并且施舍宝冠，安放在佛像头顶。现在所戴的宝冠，便是先王所施舍的。

注释 1 勃伽夷城：城名，约在今新疆皮山县东南的装桂牙附近。
2 酢（cù）米饼：带酸味的米饼。

六、鼠壤坟传说

王城西百五六十里，大沙碛正路中，有堆阜，并鼠壤坟也。闻之土俗曰：此沙碛中，鼠大如猬，其毛则金银异色，为其群之酋长，每出穴游止，则群鼠为从。昔者，匈奴率数十万众，寇掠边城，至鼠坟侧屯军，时瞿萨旦那王率数万兵，恐力不敌，素知碛中鼠奇，而未神也。洎乎寇至，无所求救，君臣震恐，莫知图计，苟复设祭，焚香请鼠，冀其有灵，少加军力。其夜瞿萨旦那王梦见大鼠曰："敬欲相助，愿早治兵。旦日合战，必当克胜。"瞿萨旦那王知有灵祐，遂整戎马，申令将士，未明而行，长驱掩袭。匈奴之闻也，莫不惧焉，方欲驾乘被铠，而诸马鞍、人服、弓弦、甲縺，凡厥带系，鼠皆啮

在都城以西一百五六十里，大沙漠的正路上，有一些土丘，都是鼠壤坟。听当地人讲：在这片沙漠中，老鼠大如刺猬，毛色金银相间者，是鼠群的首领，每当出洞游走时，鼠群都随从着。从前，匈奴率领几十万兵马，劫掠边境，到了鼠坟旁驻扎下来，这时瞿萨旦那王率领几万军队抵抗，担心兵力不够，一向知道沙漠中的老鼠奇特，却未视为神物。等到敌寇到来，没有地方求救，君臣震惊害怕，不知如何是好，就姑且设立祭坛，烧香祈请老鼠，希望它们显灵，以稍增兵力。这天夜里，瞿萨旦那王梦见大老鼠说："我们要恭敬地相助，希望你及早整顿兵马。明日早晨交战，一定会取胜。"瞿萨旦那王知道有神灵佐助，就整顿兵马，命令将士，天不亮就出发，长驱奔袭。匈奴人听说大军到来，莫不畏惧，正要驾兵车、披铠甲，而那些马鞍、衣服、弓弦、甲縺，凡是用来系物品的东西，老鼠都已咬断了。兵马到来时，匈奴人只能束手就擒，任人杀戮。瞿萨旦那

断。兵寇既临，面缚受戮。于是杀其将，虏其兵，匈奴震慑，以为神灵所祐也。瞿萨旦那王感鼠厚恩，建祠设祭，奕世遵敬，特深珍异。故上自君王，下至黎庶，咸修祀祭，以求福祐。行次其穴，下乘而趋，拜以致敬，祭以祈福。或衣服弓矢，或香花肴膳，亦既输诚，多蒙福利。若无享祭，则逢灾变。

王于是下令杀死匈奴的将领，俘虏匈奴兵士，匈奴震惊害怕，以为是神灵庇佑对方。瞿萨旦那王感激老鼠的大恩，建立祠堂设立祭祀，历代遵循、崇敬，特别地珍视、守护。所以上自君王，下到黎民百姓，都修祠祭祀，以祈求降福保佑。行路经过鼠洞时，要下马步行，叩拜致敬，祭祀以祈祷赐福。有时施以衣服、弓箭，有时献上香花、佳肴，在诚心祭祀后，多能得到福利。如果不奉献祭祀，就会遭受灾患。

七、娑摩若僧伽蓝

王城西五六里，有娑摩若僧伽蓝。中有窣堵波，高百余尺，甚多灵瑞，时烛神光。昔有罗汉自远方来，止此林中，以神通力，放大光明。时王夜在重阁，遥见林中光明照曜，于是历问，佥曰："有一沙门自远而至，宴坐林中，示现神通。"王遂命驾，躬往观察。

在都城以西五六里，有一所娑摩若寺院。寺内有佛塔，高一百多尺，灵验、祥瑞很多，时常放射神光。从前有位罗汉从远方而来，停歇在这里的树林中，以其神通力，放射出大片光芒。当时国王夜晚正在楼阁中，遥远地看见树林中光芒照耀，就一一询问臣属，都说："有一位沙门从远方而来，静坐在树林中，显示神通。"国王于是命令驾车，亲自前往观看。在看到得道贤

既睹明贤，心乃祇敬，钦风不已，请至中宫。沙门曰："物有所宜，志有所在。幽林薮泽，情之所赏，高堂邃宇，非我攸闻。"王益敬仰，深加宗重，为建伽蓝，起窣堵波。沙门受请，遂止其中。顷之，王感获舍利数百粒，甚庆悦，窃自念曰："舍利来应，何其晚欤？早得置之窣堵波下，岂非胜迹？"寻诣伽蓝，具白沙门。罗汉曰："王无忧也，今为置之。宜以金银铜铁大石函等，以次周盛。"王命匠人，不日功毕，载诸宝舆，送至伽蓝。是时也，王宫导从、庶僚凡百，观送舍利者，动以万计。罗汉乃以右手举窣堵波，置诸掌中，谓王曰："可以藏下也。"遂坎地安函，其功斯毕，于是下窣堵波，无所倾损。观睹之徒，叹未曾有，信佛之心弥笃，敬法之志

人后，心中产生敬意，钦慕不已，请他到宫中去。沙门说："万物各有适宜之处，每人志向各有所在。幽深的山林和草泽，是我心中所欣赏的，高大深邃的屋宇，不是我所爱听到的。"国王更加敬仰他，深深地加以尊崇，为他建立寺院，修建佛塔。沙门接受邀请，就居住在寺院中。不久，国王因感动神灵而获得几百粒舍利子，十分庆幸喜悦，暗自思量："舍利子作为感应而来，为何这么晚呢？如早日得到放在佛塔下，岂不是一处胜迹？"随之前往寺院，告诉了沙门。罗汉说："大王不必忧虑，现在就为您安放。应该用金、银、铜、铁和大石做成匣子，依次盛上舍利。"国王命令工匠，没几天就做成匣子，用宝车装上，送到寺院。这时，王宫的前导随从、官吏百姓，观看护送舍利的人，数以万计。罗汉便用右手举起佛塔，放在手掌中，对国王说："可以放进舍利了。"人们于是掘地安放舍利匣，在这些事情结束后，罗汉放下佛塔，没有丝毫的倾斜、损坏。观看的人，都赞叹从前没有这种事，信仰佛法的心愿更加虔诚，崇敬佛法的志向更加坚定。国王对官员

斯坚。王谓群官曰:“我尝闻佛力难思,神通难究。或分身百亿,或应迹人天。举世界于掌内,众生无动静之想,演法性于常音,众生有随类之悟。斯则神力不共,智慧绝言。其灵已隐,其教犹传。餐和饮泽,味道钦风,尚获斯灵,深赖其福。勉哉凡百,宜深崇敬,佛法幽深,于是明矣。”

们说:“我曾听说佛的力量不可思议,神通难以推究。他有时分身成百亿人,有时同时现身于天神大众前。他能把世界举在掌内,使众生没有动静的感觉,用平常言辞演说佛法,使众生随其根性而觉悟。这说明神力无可比拟,智慧空前绝后。他的圣灵已经退隐,但他的教化却传下来。我们沐浴他的恩泽,如品味佳肴般钦慕他的风范,现在获得这些灵物,全仗佛陀赐福。各位努力吧,应该虔诚地信仰佛法。佛法幽深,在经历这件事后已很分明了。”

八、麻射僧伽蓝及蚕种之传入

王城东南五六里,有麻射僧伽蓝,此国先王妃所立也。昔者,此国未知桑蚕,闻东国有之,命使以求。时东国君秘而不赐,严敕关防,无令桑蚕种出也。瞿萨旦那王乃卑辞下礼,求婚东国。国君有怀远之志,遂允其请。瞿萨

在都城东南五六里,有一所麻射寺院,是这个国家先代君王的妃子所建造的。从前,这个国家不知道桑蚕,听说东方的国家有,就命令使者索求。当时东方的国君保守秘密,不赐予使臣,还严令边关,不能使桑蚕种子出境。瞿萨旦那王于是以谦卑的言辞和礼仪,向东方的国家求婚。东国之君有怀柔远方的志向,就答应了他的请

旦那王命使迎妇，而诫曰："尔致辞东国君女，我国素无丝绵桑蚕之种，可以持来，自为裳服。"女闻其言，密求其种，以桑蚕之子置帽絮中，既至关防，主者遍索。唯王女帽不敢以检。遂入瞿萨旦那国，止麻射伽蓝故地，方备仪礼，奉迎入宫，以桑蚕种留于此地。阳春告始，乃植其桑，蚕月既临，复事采养。初至也，尚以杂叶饲之，自时厥后，桑树连荫。王妃乃刻石为制，不令伤杀，蚕蛾飞尽，乃得治茧，敢有犯违，明神不祐。遂为先蚕建此伽蓝[1]。数株枯桑，云是本种之树也。故今此国有蚕不杀，窃有取丝者，来年辄不宜蚕。

求。瞿萨旦那王命令使者迎娶新妇，而告诫他说："你告诉东国君主的女儿，我国向来没有丝绵桑蚕的种子，请她带过来，以便为自己做衣裳。"新妇听说后，秘密地求取种子，把桑蚕的种子藏在帽子的棉絮中。到了边防检查处，官员到处检查，只有国王女儿的帽子不敢检验。于是进入瞿萨旦那国，停留在麻射寺院这个地方，这才准备礼仪，迎接新妇入宫，而把桑蚕种子留在了这里。春天开始，便种植桑树。到了养蚕之月，又开始采叶养蚕。刚到时，还用杂叶饲养蚕。经过一段时间后，桑树茂密成荫。王妃于是在石头上刻下制令，不准杀伤蚕蛾，等蚕蛾飞尽之后，才可以缫丝，谁胆敢违犯，神明不再保佑。随之为蚕神建立这所寺院。现在有几株已枯萎的桑树，据说是建寺时所栽种的树。所以这个国家至今不杀有蛾的茧，偷偷缫丝的，来年就不宜养蚕了。

注释　1 先蚕：传说中最初教民养蚕之神。相传封建王朝由王后主祭先蚕。

九、龙鼓传说

城东南百余里有大河[1]，西北流，国人利之，以用溉田。其后断流，王深怪异。于是命驾问罗汉僧曰："大河之水，国人取给，今忽断流，其咎安在？为政有不平，德有不洽乎？不然，垂谴何重也？"罗汉曰："大王治国，政化清和。河水断流，龙所为耳。宜速祠求，当复昔利。"王因回驾，祠祭河龙。忽有一女凌波而至，曰："我夫早丧，主命无从。所以河水绝流，农人失利。王于国内选一贵臣，配我为夫，水流如昔。"王曰："敬闻，任所欲耳。"龙遂目悦国之大臣。王既回驾，谓群下曰："大臣者，国之重镇；农务者，人之命食。国失镇则危，人绝食则死。危死之事，

在都城东南一百多里，有一条大河，向西北方向流，国中百姓利用河水，以灌溉农田。后来河水断流，国王深感怪异。于是命令驾车，亲自去询问罗汉僧，说："大河里的水，国人取而用之，现在忽然断流，罪责在哪里？是施政不公正，还是仁德不周遍？不然的话，上天的谴告怎么这样严厉呢？"罗汉说："大王治国，政治清明，教化协和。河水断流，只是龙所为。应赶紧去祭祀祈求，便可恢复以前的利益。"国王于是回去，祭祀河龙。忽然有一位女子踏着波浪而来，说："我的丈夫早死，使我没有夫主之命可以听从。所以河水断流，农民失去灌溉之利。国王可在国内选择一个显贵的臣属，配给我为丈夫，河水就会像从前一样流动了。"国王说："恭敬地听到了您的意愿，丈夫任您挑选。"龙女于是观察，爱上了国王的大臣。国王回宫后，对群臣说："大臣是国家的栋梁，农业是人民的生命。国家失去栋梁就危险，人民断绝粮食就死亡。遇上危险、死亡的事，该怎么办呢？"大臣走出

何所宜行？”大臣越席，跪而对曰：“久已虚薄，谬当重任。常思报国，未遇其时。今而预选，敢塞深责。苟利万姓，何吝一臣？臣者国之佐，人者国之本，愿大王不再思也。幸为修福，建僧伽蓝。”王允所求，功成不日。其臣又请早入龙宫，于是举国僚庶，鼓乐饮饯。其臣乃衣素服，乘白马，与王辞诀，敬谢国人。驱马入河，履水不溺，济乎中流，麾鞭画水，水为中开，自兹没矣。顷之，白马浮出，负一旃檀大鼓，封一函书。其书大略曰：“大王不遗细微，谬参神选，愿多营福，益国滋臣。以此大鼓，悬城东南，若有寇至，鼓先声震。”河水遂流，至今利用。岁月浸远，龙鼓久无。旧悬之处，今仍有鼓。池侧伽蓝，荒圮无僧。

座位，跪着回答说：“我很久以来尸位素餐，忝居重要地位。常常思念报效国家，没有遇到时机。现在被选上，愿以此来弥补重大责任。如果有利于广大的百姓，何必吝惜一个臣子？臣子是国君的辅佐，而人民是国家的根本，希望大王不要再考虑了。唯愿大王为我修福，建立寺院。”国王答应了他的请求，没多少天就建成了。大臣又请求早日进入龙宫。于是全国的官吏百姓，击鼓奏乐，设宴为他饯行。这位大臣穿上素色服装，骑着白马，和国王告别，向人们致谢。他坐着马进入河流，踩水而不沉溺，到了中央，挥着皮鞭画水，水为之分开，他便从中间沉下去。过了一会儿，白马浮出水面，驮着一个檀木大鼓，还有一封信。信上的大意是说：“大王不遗弃细微的人物，使我有幸为神挑选，希望陛下多积福德，有益于国家，施恩于臣下。请把这个大鼓悬挂在都城东南，如果有敌寇到来，大鼓就会事先发声震响。”从此河水重新流淌，至今为百姓利用。岁月已久，龙鼓早已没有了。旧日悬鼓之处，现在别有一鼓。池水旁边的寺院，则已荒芜倒塌，没有僧人了。

注释 1 大河：当指今玉珑喀什河。

十、古战场

王城东三百余里大荒泽中，数十顷地，绝无蘖草，其土赤黑。闻诸耆旧曰：败军之地也。昔者，东国军师百万西伐，此时瞿萨旦那王亦整齐戎马数十万众，东御强敌，至于此地，两军相遇，因即合战。西兵失利，乘胜残杀，虏其王，杀其将，诛戮士卒，无复孑遗。流血染地，其迹斯在。

在都城以东三百多里的大荒泽之中，有几十顷土地，寸草不生，土质呈赤黑色。听老年人讲：这是军队战败的地方。从前，东方的国家几百万军队西征，其时瞿萨旦那王也整顿兵马，达几十万人，往东抵御强大的敌人。到了这里，两军相遇，便立即交战。西方的军队失利，东方的军队乘胜追杀，俘虏了西方的国王，杀害他的将领，屠杀他的兵士，不留一个活口。鲜血染红了大地，这个遗迹就留在这里。

十一、媲摩城雕檀佛像[1]

战地东行三十余里，至媲摩城。有雕檀立佛像，高二丈余，甚多灵应，时烛光明。凡有疾病，随其痛处，金薄帖像，即时痊复。虚心请愿，多亦遂求。闻之土俗曰：此像，昔佛在世憍赏弥国邬陀衍那王

从古代战场向东行走三十多里，到达媲摩城。城中有檀木所雕的站立佛像，高二丈多，十分灵验，时常放射光芒。凡是有疾病的人，按照自己的疼痛部位，用金箔贴到佛像上，马上就可痊愈。诚心祈求，多能达到愿望。听当地人讲：这座佛像，是从前佛陀在世时憍赏弥国邬陀衍那王所制作的。佛

所作也。佛去世后，自彼凌空至此国北曷劳落迦城中。初，此城人安乐富饶，深著邪见，而不珍敬，传其自来，神而不贵。后有罗汉礼拜此像，国人惊骇，异其容服，驰以白王。王乃下令，宜以沙土坌此异人[2]。时阿罗汉身蒙沙土，糊口绝粮。时有一人，心甚不忍，昔常恭敬尊礼此像，及见罗汉，密以馔之。罗汉将去，谓其人曰："却后七天，当雨沙土，填满此城，略无遗类。尔宜知之，早图出计。由其坌我，获斯殃耳。"语已便去，忽然不见。其人入城，具告亲故，或有闻者，莫不嗤笑。至第二日，大风忽发，吹去秽壤，雨杂宝满衢路。人更骂所告者。此人心知必然，窃开孔道，出城外而穴之。第七日夜，宵分之后，雨沙土

陀去世后，佛像从憍赏弥国腾空飞到这个国家北部的曷劳落迦城中。起初，这座城中的居民生活安乐，家庭富裕，深染邪道学说见解，不珍重佛像，虽听说佛像是自动飞来，只是感到神奇而不敬重。后来有位罗汉向这尊佛像行礼，人们感到惊讶，以其容貌服饰有异，跑去报告国王。国王于是下令，用沙土堆积在这个怪人身上。当时阿罗汉身上蒙着沙土，要糊口却没有粮食。这时有一个人心中十分不忍，他从前常常恭敬礼拜这尊佛像，当他看到罗汉后，就暗中送饭给他。罗汉将要离去时，对这个人说："七天之后，天要降沙土，填满这座城市，不留一个人。你应知道这件事，早作打算。这是他们要掩埋我，才遭到这个灾祸。"说完就离开，忽然不见了。这位好心人进城后，把消息全部告诉了亲戚朋友。一些听到的人，无不讽刺讥笑。到第二天，大风忽然刮起来，吹走脏土，降下各种珍宝，满街都是。人们更加咒骂告诉他们消息的人。这个人心中知道必定有灾祸到来，暗自挖了一条地下通道，通到城外，住在洞穴内。到了第七天夜晚，半夜之后，天降下的

满城中。其人从孔道出，东趣此国，止媲摩城。其人才至，其像亦来，即此供养，不敢迁移。闻诸先记曰：释迦法尽，像入龙宫。今曷劳落迦城为大堆阜，诸国君王、异方豪右，多欲发掘，取其宝物。适至其侧，猛风暴发，烟云四合，道路迷失。

沙土填满城中。这个人从通道中出来，往东来到这个国家，住在媲摩城。这个人刚到，佛像也来了，于是就在这里供养，不再迁移。听先前的记载说：释迦佛法灭尽后，佛像将进入龙宫。现在的曷劳落迦城已经成为大土丘，各国君王、各地豪强，大多想要发掘，取走宝物。刚到土丘旁，便狂风大作，烟云会合，使人迷失了道路。

注释　**1** 媲摩城：城名，故址约在今新疆策勒县以北。　**2** 坌（bèn）：聚集，堆积。

十二、尼壤城[1]

媲摩川东入沙碛，行二百余里，至尼壤城，周三四里，在大泽中。泽地热湿，难以履涉。芦草荒茂，无复途径，唯趣城路，仅得通行，故往来者莫不由此城焉。而瞿萨旦那以为东境之关防也。

从媲摩川向东进入沙漠，行走二百多里，到达尼壤城，该城方圆三四里，在一片大沼泽中。沼泽地闷热潮湿，难以行走。芦苇荒芜，杂草丛生，不再有路径可寻，只有取道这座城，才可以通行，所以来往的人，无不经过这个城池。而瞿萨旦那国也就把这座城视为东部边境的关口了。

注释　**1** 尼壤城：城名，遗址在今新疆民丰县城以北一百多公里的沙漠中。

大流沙以东行程[1]

从此东行，入大流沙。沙则流漫，聚散随风，人行无迹，遂多迷路。四远茫茫，莫知所指，是以往来者聚遗骸以记之。乏水草，多热风。风起则人畜昏迷，因以成病。时闻歌啸，或闻号哭，视听之间，恍然不知所至，由此屡有丧亡，盖鬼魅之所致也。

行四百余里，至睹货逻故国。国久空旷，城皆荒芜。

从此东行六百余里，至折摩驮那故国，即沮末地也[2]。城郭岿然，人烟断绝。

复此东北行千余里，至纳缚波故国，即楼兰地也[3]。

从这里向东行走，进入大沙漠地带。沙土弥漫，随风时聚时散，行人走过没有痕迹，以致很多人迷路。四方都茫茫无际，不知道方向，所以来往的人堆积死人遗骨来做标记。缺乏水草，经常刮热风。风一起人畜就昏迷，因而得病。不时可以听到歌声啸声，有时还听到啼哭声，在观看聆听之际，恍然不知声音来自何处，因此常有人丧亡，这大概是鬼魅作祟的缘故。

行走四百多里，到达睹货逻国旧日属地。该国早已空旷，城池都荒芜了。

从这里往东行走六百多里，到达折摩驮那旧日的属地，也就是沮末地区。城池岿然耸立，人烟却已断绝了。

再从这里向东北行走一千多里，到达纳缚波国旧日的属地，也就是楼兰地区。

注释　**1** 大流沙：指今塔克拉玛干沙漠。　**2** 沮末：又作且末等，在今新疆且末县。　**3** 楼兰：又名鄯善，其地在今新疆若羌县。

推表山川，考采境壤，详国俗之刚柔，系水土之风气。动静无常，取舍不同，事难穷验，非可仰说。随所游至，略书梗概，举其闻见，记诸慕化。斯固日入已来，咸沐惠泽，风行所及，皆仰至德。混同天下，一之宇内，岂徒单车出使，通驿万里者哉！

本书描绘山川形势，考察疆域环境，详述各国风俗的刚柔，罗列水土的风貌气候。因各地情形不一致，取舍之间有不同，事物难以彻底验证，不可凭空臆说。只是根据所到之处，略微记下梗概，列举所见所闻，记下一些仰慕教化之情。从太阳没入之处往东，全都沐浴大唐的恩泽，风教所及之处，尽皆钦仰陛下的盛德。这是天下大同，宇宙统一，岂止是靠单独出使域外，通驿于万里之外呢！

记赞[1]

原文

记赞曰：大矣哉，法王之应世也！灵化潜运，神道虚通。尽形识于沙界[2]，绝起谢于尘劫[3]。形识尽，虽应生而不生；起谢绝，示寂灭而无灭。岂实迦维降神，娑罗潜化而已。固知应物效灵，感缘垂迹，嗣种刹利，绍胤释迦，继域中之尊，擅方外之道。于是舍金轮而临制法界，摛玉毫而光抚含生。道洽十方，智周万物，虽出希夷之外[4]，将庇视听之中。三转法轮于大千[5]，一音振辩于群有，八万门之区别[6]，十二部

译文

记赞说：多么伟大啊，法王应世而生！圣灵的教化在潜移默化中发挥作用，神妙的佛法幽然地传布天下。穷尽恒河沙数世界中的形色和识知，杜绝无限久远时间中的生起与灭谢。形色、识知穷尽了，即使应该产生的也不产生；生起、灭谢断绝了，显示出寂灭而本质没有消灭。法王岂止是在迦维罗卫城降生，在娑罗树下入灭而已。他顺应世人，显示灵验，感应因缘，留下圣迹，他出身于刹帝利种姓，是释迦族后裔，本应继承王位，却专心于出世的学说。于是抛舍金轮王位，出家为佛教之首，普照佛光，抚育天下众生。佛法沾润十方，智慧遍及万物，虽然幽而不显，却涉及一切可以闻见之事。他在大千世界中三转法轮，以一种声音震撼世人心灵，

之综要[7],是以声教之所沾被,驰骛福林;风轨之所鼓扇,载驱寿域。圣贤之业盛矣,天人之义备矣!然忘动寂于坚固之林,遗去来于幻化之境。莫继乎有待,匪遂乎无物。

其学说有八万法门的区别,以十二部类来综括要旨,所以教义广泛传布,遍及福德之林;仪则规范世人行为,囊括一切享受太平长寿的地域。圣贤的事业盛大啊,天人的道义都已完备!然而,他在坚固之林中忘却了动与静,在幻化之境中遗弃了去与来。人间没有后继者,无人再探讨空无之理。

注释 1 记赞:本记赞传为辩机所撰,内容包括对佛法的赞颂,对玄奘的表彰,结尾部分则有不少自我标榜之语。而对《大唐西域记》这部书,则未提及与评议。从记赞体裁的角度而言,这是很费解的。有的论者认为,这篇记赞并非辩机专为《大唐西域记》所作,有后人拼凑之嫌。这个推测,是不无道理的。 2 形识:形,形色,是物质存在的形态;识,识知,指一切精神现象。沙界:如恒河沙数的世界,数之不尽的世界。 3 起谢:即生灭。事物因缘和合则生起,因缘离散则灭谢。 4 希夷:幽而不显。语出《老子》第十四章:"视之不见名曰夷,听之不闻名曰希。" 5 三转法轮:佛陀在鹿野苑对五比丘讲说苦、集、灭、道四谛时,有示、劝、证的步骤,即示以四谛之所在,劝以修行,并以己身示证,此即所谓"三转法轮"。 6 八万门:八万四千法门的略称。佛教认为世间烦恼极多,而消除这些烦恼的佛法也极多,达八万四千法门。 7 十二部:根据形式与内容,佛教经典分为十二个部分。

尊者迦叶妙选应真,将报佛恩,集斯法宝。《四含》总其源流[1],三藏括其

迦叶尊者挑选合适的罗汉,意欲报答佛恩,汇集佛学经典,四部《阿含经》综述了佛学源流,三藏概括了佛学

枢要。虽部执兹兴，而大宝斯在。越自降生，洎乎潜化，圣迹千变，神瑞万殊。不尽之灵逾显，无为之教弥新。备存经诰，详著记传。然尚群言纷纠，异议舛驰。原始要终，罕能正说。此指事之实录，尚众论之若斯，况正法幽玄，至理冲邈，研核奥旨，文多阙焉。是以前修令德，继轨逸经之学；后进英彦，踵武缺简之文。大义郁而未彰，微言阙而无问。法教流渐，多历年所，始自炎汉，迄于圣代。传译盛业，流美联晖。玄道未摅，真宗犹昧，匪圣教之行藏，固王化之由致。我大唐临训天下，作孚海外，考圣人之遗则，正先王之旧典。阐兹像教，郁为大训，道不虚行，弘在明德。遂使三乘奥义，郁于千载之下；十力遗灵[2]，

枢要。虽然各个部派兴起，而佛法依然存在。自从佛陀诞生，一直到他涅槃，圣迹千变万化，祥瑞千差万别。无穷无尽的灵验更加明显，无为而化的教法更加清新。这些完备见之于经诰，详细记载在记传中。不过仍然众说纷纭，各种议论互较短长，探究事物的起源和结果，很少能正确叙说。这是事实的真实记录，尚且有这么多的议论，何况是佛法幽深，最高的道理邈远，研究深奥的意旨，文字记载大多缺略呢？所以前代有德之人，相继钻研遗经要旨；后世的杰出之士，接连探讨缺略的简文。大义隐晦而不昭明，微言缺失而无法揭示。佛法在中华大地流传，经历了很长岁月，开始于汉代，直到当代。翻译佛经的事业，历代相承如日月连辉。但玄妙的道理仍未抒发，真谛仍在掩蔽之中，这并不是由于圣教的隐晦，而是政治教化所导致。我大唐统驭天下，诚信著于海外，考定圣人的遗训，修正先王的旧典。阐扬佛教义理，尊为重大训诫，大道不虚行，广泛地昌明德行。于是使三乘的深奥道理，大明于千年之后；十种智慧力的灵验，幽深于万里之外。神

阏于万里之外[3]。神道无方，圣教有寄，待缘斯显，其言信矣。

圣的大道没有方位，圣人的教化有所寄托，等到因缘便显现，这话是准确的。

注释 1《四含》：指《长阿含经》《中阿含经》《杂阿含经》《增一阿含经》。 2 十力：佛所特有的智慧力。 3 阏（bì）：闭，关闭。

夫玄奘法师者，疏清流于雷泽[1]，派洪源于妫川[2]。体上德之祯祥，蕴中和之淳粹，履道合德，居贞葺行。福树曩因，命偶昌运。拔迹俗尘，闲居学肆，奉先师之雅训，仰前哲之令德。负笈从学，游方请业，周流燕赵之地，历览鲁卫之郊，背三河而入秦中，步三蜀而抵吴会。达学髦彦，遍效请益之勤；冠世英贤，屡申求法之志。侧闻余论，考厥众谋，竞党专门之义，俱嫉异道之学。情发讨源，志存详考。属四海之有截，会八表之无虞，以贞观三年仲秋朔旦[3]，褰裳遵路，杖锡遐征。

玄奘法师，先世可以追溯到虞舜的渔于雷泽，家族的洪源在舜娶尧女的妫川。聚集至德的祯祥，蕴结中和的精华，遵循正道合于德行，操守坚贞行为端方。先世早积福因，命运遇上昌明时代，行迹超脱尘俗，久住于佛学场所，奉行先师的谆谆教诲，仰慕前贤的美好德行。背着书籍游学，到各地请教受业，周游燕赵故地，遍览鲁卫城郊，越过三河地带进入关中，步履涉三蜀之地而抵达吴郡会稽。向博通的前辈学人，勤奋地求教问难；对当代杰出之士，多次表达求法的志向。他从旁听到议论，考察众人的见解，都是竞相维护一家的学说，而忌妒别派的学问。于是发愿探究源头，立志详细考索佛学宗旨。正好遇上四海统一，八方没有祸乱，在贞观三年仲秋的初一早晨，撩起衣裳上路，负着锡杖远征了。

注释 1 雷泽:传说中舜的故乡。其地在今山东菏泽东北。 2 妫川:传说中陈姓的发源地，而陈姓为舜的后裔。妫川在今山西永济南，源出历山，西流入黄河。 3 “以贞观”句:“三年”，据史实当作“元年”。

资皇化而问道，乘冥祐而孤游，出铁门、石门之厄，逾凌山、雪山之险。骤移灰管[1]，达于印度。宣国风于殊俗，喻大化于异域。亲乘梵学，询谋哲人。宿疑则览文明发，奥旨则博问高才，启灵府而究理[2]，廓神衷而体道，闻所未闻，得所未得，为道场之益友，诚法门之匠人者也。是知道风昭著，德行高明，学蕴三冬，声驰万里。印度学人，咸仰盛德，既曰经笥[3]，亦称法将。小乘学徒，号木叉提婆，唐言解脱天。大乘法众，号摩诃耶那提婆。唐言大乘天。斯乃高其德而传徽号，敬其人而议嘉名。至若三轮

他凭借君主的教化而询问道路，依靠神灵的保佑而孤身出游，走出了铁门、石门的关隘，翻越了凌山、雪山的险阻。光阴荏苒，终于抵达印度。宣扬国家的风尚于异族，传播深远的教化于外国。亲自接受梵文教学，求教于博学之人。往日的疑难，阅览梵文佛典后豁然开朗，深奥的旨意则广泛请教高明之人，启发心智而推究佛理，开拓胸襟而体察佛道，听到了闻所未闻的事情，得到了从未得到的东西，成为道场的益友，法门的巨匠。从而道德风范著称一世，德操品行超越常人，学习经过三个冬春，声名远播万里之外。印度的学者，都仰慕他的大德，既说他是装满佛经的箱子，又称他是宣扬佛法的大将。小乘教派信徒，称他为木叉提婆，(唐朝语言称解脱天。)大乘教派信徒，称他为摩诃耶那提婆。(唐朝语言称大乘天。)这是因为他们推重法师的德行而传称尊号，敬重法师的为人而拟定嘉名。至于佛经要义，舍利弗

奥义，三请微言[4]，深究源流，妙穷枝叶，奂然慧悟，怡然理顺，质疑之义，详诸别录。

等人三次请求方可听到的经典，他彻底探索其源流，领悟所有的分支，很快获得慧悟，愉快地贯通事理，而质疑的义理，则详细地记录在别录中。

注释 1 灰管：古代占气候的器具。以葭莩之灰置于律管中，故名。代指岁月。 2 灵府：指心。语出《庄子·德充符》"不可入于灵府"。 3 经笥：装经书的箱子，后用以比喻学问的博通。 4 三请微言：指佛陀演说妙法。据《法华经》，在舍利弗三请之后，佛陀才说《法华经》，后又因弥勒三请而说法。

既而精义通玄，清风载扇，学已博矣，德已盛矣，于是乎历览山川，徘徊郊邑。出茅城而入鹿苑，游杖林而栖鸡园，回眺迦维之国，流目拘尸之城。降生故基，与川原而膴膴[1]，潜灵旧趾，对郊阜而茫茫。览神迹而增怀，仰玄风而永叹，匪唯《麦秀》悲殷[2]，《黍离》愍周而已[3]。是用详释迦之故事，举印度之茂实，颇采风壤，存记异说。

既而精通义理，声誉如清风般传播，学识渊博了，德业盛大了，然后历览山川，来往于城乡。出上茅宫城后进入鹿野苑，游过杖林山后在鸡园寺休息，回头眺望迦维国，放眼观览拘尸城。佛陀降生的旧址，已成为肥美的平原；隐居的故地，面对茫茫的荒丘。游览神圣的遗迹更增缅怀之情，仰慕玄妙的风范而深深的慨叹，这岂止是箕子作《麦秀》之诗悼殷之亡、周大夫作《黍离》哀怜周室而已。所以详载释迦牟尼的故事，列举印度的史实，采访风俗民情，保存种种传说。

注释 1 膴（wǔ）膴：土地肥美。 2《麦秀》悲殷：据《史记·宋微子世家》，箕子朝周，过殷墟，感宫室毁坏，生禾黍，心伤之，因作《麦秀》之诗以抒发悲伤的情怀。 3《黍离》愍周：《黍离》为《诗经》篇名，据《诗序》，西周亡后，周大夫过故宗庙宫室，尽为禾黍，彷徨不忍去，乃作此诗。

岁月遄迈，寒暑屡迁，有怀乐土，无忘返迹。请得如来肉舍利一百五十粒；金佛像一躯，通光座高尺有六寸，拟摩揭陁国前正觉山龙窟影像；金佛像一躯，通光座高三尺三寸，拟婆罗痆斯国鹿野苑初转法轮像；刻檀佛像一躯，通光座高尺有五寸，拟憍赏弥国出爱王思慕如来刻檀写真像；刻檀佛像一躯，通光座高二尺九寸，拟劫比他国如来自天宫降履宝阶像；银佛像一躯，通光座高四尺，拟摩揭陁国鹫峰山说《法花》等经像；金佛像一躯，通光座高三尺五寸，拟那揭罗曷国伏毒龙所留影像；刻檀佛像一躯，通光座高尺有三寸，拟吠舍厘国巡城行化像。大乘经二百二十四部；大乘论

岁月流逝，寒暑变迁，他虽流连乐土，而不忘回归故里。先后请得如来的肉舍利一百五十粒：金佛像一尊，其通光座高一尺六寸，模拟摩揭陁国前正觉山龙窟内的影像；金佛像一尊，其通光座高三尺三寸，模拟婆罗痆斯国鹿野苑初转法轮的像；刻檀佛像一尊，其通光座高一尺五寸，模拟憍赏弥国出爱王思慕如来时的刻檀写真像；刻檀佛像一尊，其通光座高二尺九寸，模拟劫比他国如来从天宫降临宝阶的像；银佛像一尊，其通光座高四尺，模拟摩揭陁国鹫峰山演说《法华》等经的佛像；金佛像一尊，其通光座高三尺五寸，模拟那揭罗曷国降伏毒龙所留的影像；刻檀佛像一尊，其通光座高一尺三寸，模拟吠舍厘国巡城行化的佛像。此外，还有大乘经二百二

一百九十二部；上座部经律论一十四部；大众部经律论一十五部；三弥底部经律论一十五部[1]；弥沙塞部经律论二十二部；迦叶臂耶部经律论一十七部；法密部经律论四十二部；说一切有部经律论六十七部；因论三十六部；声论一十三部。凡五百二十夹，总六百五十七部。将弘至教，越践畏途，薄言旋轫，载驰归驾。出舍卫之故国，背伽耶之旧郊，逾葱岭之危隥，越沙碛之险路。

十四部；大乘论一百九十二部；上座部经律论十四部；大众部经律论十五部；三弥底部经律论十五部；弥沙塞部经律论二十二部；迦叶臂耶部经律论十七部；法密部经律论四十二部；说一切有部经律论六十七部；因论三十六部；声论十三部。总共五百二十夹，六百五十七部。为了弘扬佛教，踏上可怕的归途，乘上还乡的车辆，奔驰返归。离开舍卫国故址，分别伽耶城的旧郊，翻越高耸的葱岭，越过沙漠的险要路段。

注释　1 三弥底部：即小乘佛教正量部。

十九年春正月，达于京邑，谒帝雒阳。肃承明诏，载令宣译，爰召学人，共成胜业。法云再荫，慧日重明，黄图流鹫山之化[1]，赤县演龙宫之教。像运之兴，斯为盛矣。法师妙穷梵学，式赞深经，览文如已，转音犹响。敬

十九年春正月，到达京城，在洛阳拜见皇帝。他恭敬地接受诏令，诏令让他翻译佛典，于是招集学者，共同完成这一大业。由于佛法之云的庇荫，智慧之日重放光明，长安流传鹫山的教化，中国演说龙宫的佛法。佛教的兴盛，这时达到顶峰。法师精通佛学，辨明深奥的经典，刚看过典籍，其转读之音马上浮现出来，敬顺圣人的旨意，不加以

顺圣旨，不加文饰。方言不通，梵语无译，务存陶冶，取正典谟，推而考之，恐乖实矣。

文饰。有些方言不相通，在梵文中没有对应关系的词汇，必经过一番推敲，依典籍加以判断，推测考证，唯恐乖误失实。

注释 1 黄图：记载秦汉长安地理状况与人文景象者，魏晋以来有部专书名曰《三辅黄图》。后因以黄图代指长安都城与皇宫。

有搢绅先生动色相趋[1]，俨然而进曰："夫印度之为国也，灵圣之所降集，贤懿之所挺生。书称天书，语为天语，文辞婉密，音韵循环，或一言贯多义，或一义综多言，声有抑扬，调裁清浊。梵文深致，译寄明人，经旨冲玄，义资盛德。若其裁以笔削，调以宫商，实所未安，诚非说论。传经深旨，务从易晓，苟不违本，斯则为善。文过则艳，质甚则野。谠而不文，辩而不质，则可无大过矣，始可与言译也。李老曰[2]：'美言者则不信，信言者则不美。'韩子曰：'理正者直

有一位官员动情地前来，矜持庄重地说："印度这个国家，是圣人降临、贤哲诞生的地方。书称为天书，语言称为天语，文辞婉转严密，音韵循环往复，有时一字包含多层意思，有时一个意思错综了好多字，发声有高低抑扬，语调有清浊洪细。梵文深远有理致，翻译依靠贤明之人，经典旨意高远玄妙，阐发义理仰仗盛德之士。如果加以删削，配以高低声调，实在不妥当，不是完善的议论。传达出经典中深奥的意旨，要致力于简易通俗。如能不违背原义，就是完美的。文饰过了头就会艳丽浮华，质朴过了度就会粗俗浅陋。只有文义正确而不华丽，意思清楚而不粗俗，才可没有大的失误，这样才开始谈得上翻译。老子说：'华丽的言辞不可信，信实的话不华丽。'韩非子说：

其言，言饰者昧其理。'是知垂训范物，义本玄同，庶祛蒙滞，将存利喜。违本从文，所害滋甚。率由旧章，法王之至诫也。"缁素佥曰[3]："俞乎，斯言谠矣！昔孔子在位听讼，文辞有与人共者，弗独有也。至于修《春秋》，笔则笔，削则削，游夏之徒[4]，孔门文学，尝不能赞一辞焉。法师之译经，亦犹是也，非如童寿逍遥之集文[5]，任生、肇、融、睿之笔削[6]。况乎园方为圆之世[7]，斫雕从朴之时，其可增损圣旨，绮藻经文者欤？"

'道理纯正的言辞就直率，对言辞加以修饰的道理就隐晦。'从而可知圣贤留下训诫以规范事物，义理本是相同的，去掉含混不清之处，才能使众人受益喜爱。违背本义而专事辞藻，危害是很大的。一切遵循本来的旨意，这是法王的最高告诫。"僧俗之众都说："是啊，这话是对的。从前孔子在位时听取诉讼，言辞很多与人相同，不是独有的。但到修撰《春秋》时，该记载就记载，该删去就删去，子游、子夏等人，在孔门中以文学见长，都不能改动一个字。法师翻译佛经，也是如此，不像童寿在逍遥园集中人力译经，任凭道生、僧肇、道融、僧睿笔削。何况是在当今将方木削圆之世，弃除雕饰返归淳朴之时，怎么能擅自增删圣人意旨，只为使经文绮丽华美呢？"

注释　**1** 搢（jìn）绅：古代称有官职或做过官的人。　**2** 李老：指老子李耳。以下引文见《老子》第八十一章。　**3** 缁素：僧徒衣缁，故称缁徒、缁流。素，指俗众。　**4** 游夏：指孔子的学生子游、子夏。
5 童寿：是北朝时著名僧人鸠摩罗什之名的意译。后秦弘治三年（401），后秦君主姚兴将他迎至长安，在逍遥园集其弟子八百人翻译佛经。
6 生、肇、融、睿：指鸠摩罗什四个著名的弟子道生、僧肇、道融、僧睿。
7 园方为圆：削方木为园。园，通"刓"，语出《楚辞·九章》："刓方以为圜兮，常度未替。"

辩机远承轻举之胤，少怀高蹈之节，年方志学[1]，抽簪革服[2]，为大总持寺萨婆多部道岳法师弟子。虽遇匠石，朽木难雕，幸入法流，脂膏不润。徒饱食而终日，诚面墙而卒岁[3]。幸借时来，属斯嘉会。负燕雀之资，厕鹓鸿之末[4]。爰命庸才，撰斯方志。学非博古，文无丽藻，磨钝励朽，力疲曳蹇。恭承志记，伦次其文，尚书给笔札而撰录焉。浅智褊能，多所阙漏；或有盈辞，尚无刊落。昔司马子长，良史之才也，序《太史公书》，仍父子继业，或名而不字，或县而不郡。故曰一人之精，思繁文重，盖不暇也。其况下愚之智，而能详备哉？若其风土习俗之差，封疆物产之记，性智区品，炎凉节候，则备写优

辩机的先辈是得道仙人，从年幼时就怀有避世的志向，年龄刚到十五岁，便削发出家，换上僧服，成为大总持寺萨婆多部道岳法师的弟子。虽然遇到了巨匠，我却如朽木一般难以雕琢，有幸进入佛门，却如同在脂膏中而不能自润。徒然饱食终日，如面墙而立虚度光阴。很幸运地是时机到来，遇上了译场嘉会，凭借燕雀般的小本领，追随在鹓鸰、鸿鹄之后。圣上命我这样的庸才，撰述这部方志。学识不能博古通今，文笔没有华丽辞藻，如同钝刀雕朽木，精力疲乏如拖着拐杖的瘸子。恭敬地依照志记，编排次第，尚书供给纸笔而撰述抄录。因智能浅薄，遗漏的地方很多；有些多余的文辞，还没有删去。以前的司马迁，是位优秀的史学家，撰写《太史公书》，是父子相继成文，有的称名而无表字，有的记县名而不载郡名。所以说凭一个人的精力，思虑繁复而文章篇幅又很大，大概就无暇顾及细微之处了。何况是像我这样下等智力的人，如何能详尽周备呢？关于风土习俗的差别，疆域物产的记载，性格才智的区分，寒暑节令的变迁，都详细地描述优劣，核查实情。至于胡人、戎人

薄，审存根实。至于胡戎姓氏，颇称其国。印度风化，清浊群分，略书梗概，备如前序。宾仪、嘉礼、户口、胜兵、染衣之士，非所详记。然佛以神通接物，灵化垂训，故曰神道洞玄，则理绝人区，灵化幽显，则事出天外。是以诸佛降祥之域，先圣流美之墟，略举遗灵，粗申记注。境路盘纡，疆埸回互，行次即书，不存编比。故诸印度无分境壤，散书国末，略指封域。书行者，亲游践也；举至者，传闻记也。或直书其事，或曲畅其文。优而柔之，推而述之，务从实录，进诚皇极。二十年秋七月，绝笔杀青。文成油素[5]，尘黩圣鉴，讵称天规？然则冒远穷遐，实资朝化；怀奇纂异，诚赖皇灵。逐日八荒，匪专夸父之力[6]；凿

的姓氏，多称所在国度。印度的风俗教化，有清浊的分别，只是略微记下梗概，一如前面的序文所说。而宾仪、嘉礼、户口、兵力、僧徒人数，不在详细记载之列。佛陀以广大神通待人接物，显示灵验后垂示训诫，所以说神道深邃玄妙，佛理高于世俗之法，灵验时隐时现，事情出自天外。因此诸佛显示祥瑞的地域，先代圣人留下美名的胜迹，都略举遗迹，粗略记录。疆域道路曲折起伏，国界互相交叉，行程所至就记下来，不再一一编排。所以五印度之地不做疆域划分，散记于各国之末，大略指出它的区域。凡是书写为"行"的，是亲身游历过的；书写为"至"的，则是根据传闻记载。有的直接叙述史事，有的委婉曲折地表达。经过剪裁加工，推究后予以撰述，务必依据实录，把可靠的材料献给皇上。二十年秋七月，全书完稿。抄写在白绢上，以凡俗之作供圣主明鉴，怎敢说符合圣主旨意？然而冒险远至穷乡僻壤，实是依赖朝廷的教化；心怀好奇而编纂异事，确是仰仗皇上威灵。追逐太阳到八荒之地，不是专门夸饰夸父的力量；开通西域至千里以外，岂止是博望侯张骞一人的功劳？

空千里，徒闻博望之功？鹫山徙于中州，鹿苑掩于外囿，想千载如目击，览万里若躬游，夐古之所不闻，前载之所未记。至德焘覆，殊俗来王，淳风遐扇，幽荒无外。庶斯地志，补阙《山经》[7]，颁左史之书事[8]，备职方之遍举[9]。

把鹫峰山迁徙到中原，将鹿野苑作为唐皇室的外苑，遥想千年之上如亲眼所见，浏览万里之外如亲身游历。这是自古以来没有听说过，前代典籍也未加记载的。至高的德行遍布天下，不同风俗的国家前来称臣，淳朴的风尚吹拂大地，辽远荒芜的地区没有例外。也许这样一部地方志，可以补充《山海经》的缺略，供左史用为记事的材料，备职方氏主四方职责。

注释　1 志学：十五岁。语出《论语·为政》“吾十有五而志于学。” 2 抽簪：抽去簪子，剪下头发。革服：换上僧衣。 3 面墙：比喻不学，如面向墙而一无所见。 4 鹓（yuān）鸿：鹓鸰和鸿鹄，都是凤凰一类的鸟。 5 油素：光滑的白绢。多用于书画。 6 夸父：古代神话人物。首见《山海经》。 7《山经》：即《山海经》。书中记载各地山川、道里、部族、物产、祭祀、医巫、原始风俗，往往参杂怪异，保存远古的神话传说和史地文献材料甚多。大约成书于战国时期。今本十八篇。 8 左史：官名。周代史官分为左史和右史，左史记行动，右史记言语。 9 职方：官名。《周礼·夏官》有职方氏，掌天下地图，主四方职责。

图书在版编目(CIP)数据

大唐西域记/周国林注译．—长沙：岳麓书社，2021.8(2023.9 重印)
ISBN 978-7-5538-1313-4

Ⅰ．①大… Ⅱ．①周… Ⅲ．①西域—历史地理—唐代②《大唐西域记》—译文 Ⅳ．①K928.6②K935.06

中国版本图书馆 CIP 数据核字(2021)第 088844 号

DATANG XIYU JI
大唐西域记
注　　译：周国林
责任编辑：刘书乔
责任校对：舒　舍
封面设计：罗志义

岳麓书社出版发行
地址：湖南省长沙市爱民路 47 号
邮编：410006

版次：2021 年 8 月第 1 版
印次：2023 年 9 月第 3 次印刷
开本：890mm×1240mm　1/32
印张：20.5
字数：510 千字
书号：ISBN 978-7-5538-1313-4
定价：68.00 元

承印：湖南省众鑫印务有限公司
如有印装质量问题，请与本社印务部联系
电话：0731-88884129